Traumdeutung

Walter O. Hermann

Traumdeutung

Die Träume – unser Spiegelbild

WERDVERLAG

Illustrationen: Mark Sasvary, Zürich
Lektorat: Sabine Eden, Freiburg i. Br.
Korrektorat: Ruth Schmid, Zürich
Gestaltung: Thomas Dätwyler, Pfäffikon/ZH
Herstellung: Katrin Zbinden

ISBN 3-85932-363-6
www.werdverlag.ch

Inhaltsverzeichnis

Seite

Seite

Traum gibt,
was Tag verschloß;
nachts, wenn der
Wille erliegt,
streben befreite
Kräfte empor,
göttlicher Ahnung
folgend.

Hermann Hesse

Träume sind mehr als Schäume

Der Traum – unser Spiegelbild

In der Nacht geht die Seele auf Reisen

Jeder Mensch träumt im Schlaf. Manchmal aber vergisst er die Träume noch vor dem Aufwachen und glaubt, nicht geträumt zu haben. Unsere Träume sind sehr persönlicher Natur und deshalb ein Spiegelbild unserer Seele, die in der Nacht auf Reisen geht. Sie zeigen uns gleichnishaft unsere Triebe und Affekte, unsere Wünsche und Ängste. In Träumen verarbeiten wir die Erlebnisse des Tages, sie dramatisieren banale Ereignisse, offenbaren unsere Hoffnungen und Sorgen und führen uns tief hinab zu verschütteten Gefühlen.

Äußere Einflüsse können Träume auslösen oder die Traumhandlung verändern. Wer kaum mehr zu atmen vermag, weil er seinen Kopf zu tief ins Kissen vergraben hat, kann schreckliche Angstträume erleben. Ein leises Klingelzeichen wird im Traum zum Sturmgeläut, ein Luftzug zum Tornado. Auch Gerüche beeinflussen die Traumhandlung. So kann ein Hauch von Parfüm einen Liebestraum auslösen.

Traumdeutung im Wandel der Zeit

Mit der Traumdeutung beschäftigen sich die Menschen seit Jahrtausenden (vgl. Die Geschichte der Traumdeutung). Assyrer und Babylonier gingen regelmäßig zu Traumdeutern, die sehr angesehen waren. Im alten Ägypten deuteten Priester die Träume. Von den alten Griechen und Römern sind vielfältige Traumdeutungen überliefert. Im Mittelalter verkam die Traumdeutung zu einer okkulten Wissenschaft. In der Neuzeit haben vor allem zwei Persönlichkeiten der Traumdeutung neue Impulse verliehen: Sigmund Freud mit der psychoanalytischen Traumarbeit, seiner Suche nach dem Unbewussten, und C. G. Jung, der die Träume als Botschaften der Seele interpretierte, die spontan und unabhängig vom bewussten Willen auftreten.

Heute spielt die Traumdeutung in Psychoanalyse und Psychotherapie eine wichtige Rolle. Schlaf- und Traumforschung wird auf breiter Basis betrieben. Dabei stellte man fest, dass der Schwerpunkt unserer Träume im persönlichen Bereich liegt. Bedeutungsvolle Träume können uns in ein Haus führen, das die Lebenssituation symbolisiert, in der man sich gerade befindet. Oft sind wir auch auf der Flucht oder gehen durch fremde Straßen, benutzen ein Verkehrsmittel und erreichen das gewünschte Ziel nicht. Häufig sind Flug- und Fallträume. In sehr verschlüsselter Form beschäftigen wir uns im Traum mit unseren Liebes- und Partnerschaftsproblemen.

Frauen träumen anders

Calvin S. Hall, Professor am Institut für Traumforschung in Miami, stellte anhand von zehntausend Träumen jüngerer und älterer Amerikaner fest, dass angenehme Träume seltener sind als unangenehme, Traurigkeit häufiger erlebt wird als echtes Glück.

Unterschiedlich sind die Träume von Frauen und Männern. Frauen träumen farbenprächtiger und fantasievoller. Ihre Traumhandlungen werden stark von den Mondphasen und vom Biorhythmus beeinflusst. Frauen sind in ihren Träumen den echten Gefühlen näher als im Wachzustand, zu oft müssen sie diese im Alltag unterdrücken. Wasser in Frauenträumen kann auch den Geburtsvorgang symbolisieren. Häufiger als bei Männern rankt sich ihr Traumgeschehen um die Familie, besonders um die Kinder, bei Singles um ihre Beziehungen oder die Arbeit.

Männer, die ihre seelischen Probleme tagsüber oft verdrängen, sind in ihren Träumen viel in Bewegung. Sie reisen, kämpfen, siegen und verlieren nur ungern. Sie bewähren sich als Helden und versinken in Liebesabenteuern. Mit diesen lebhaften Träumen überspielen sie Niederlagen im Alltagsleben. In wirklich schwierigen Zeiten erleben sie oft grässliche Alpträume.

Botschaften aus dem Unbewussten

Wir alle haben unsere ganz individuellen Träume. Sie machen uns auf unsere Bedürfnisse, unsere Hoffnungen, Ängste und Probleme aufmerksam. Sie vernetzen Gegenwart und Vergangenheit, zeigen Banales, Ungereimtes und Wertvolles. Wer sich mit ihnen beschäftigt, kann die Botschaften aus dem Unbewussten empfangen und zur Selbsterkenntnis nutzen.

Der Schlaf – die Wiege der Träume

Unterschiedlicher Schlafbedarf

Nacht für Nacht entführt uns der Schlaf in eine andere Welt. Er wird vom Gehirn gesteuert, das nie schläft. Etwa ein Drittel unseres Lebens verbringen wir schlafend. Länger als elf Tage kommt kaum ein Mensch ohne Schlaf aus. Der Schlafbedarf ist unterschiedlich: Säuglinge und Kleinkinder schlafen täglich 14 bis 16, Erwachsene 6 bis 9 Stunden. Im Alter wird die Schlafzeit in der Nacht kürzer, dafür nickt man tagsüber öfters ein.

Der Schlaf ist kein einheitlicher psychischer Zustand. Er beginnt im Auge mit der Verengung der Pupille. Dann wandert der Augapfel nach oben, und die Muskulatur schließt das Lid. Der normale Schlaf von sieben bis acht Stunden verläuft in fünf Stadien mit periodischen Phasen rascherer Augenbewegung, den 1953 von Aserinsky und Kleitmann entdeckten REM-Phasen (Rapid Eye Movement).

Schwache elektrische Vorgänge im Gehirn, die Alpha-, Beta-, Theta- und Deltawellen, bestimmen die Schlaftiefe. Dabei sind die fünf Schlafstadien in ihren physiologischen Merkmalen sehr unterschiedlich.

Fünf Schlafstadien

1. Die Zeit unmittelbar vor dem Einschlafen wird von den Alpha- und Betawellen bestimmt. Es tauchen spontane Gedanken auf.
2. Das Einschlafen geht in einen sehr leichten Schlaf über. Die langsameren Thetawellen lösen die Betawellen nach und nach ab. Es kommt zu eindrücklichen optischen und akustischen Sinnestäuschungen.
3. In der Leichtschlafphase verarbeitet man Tageserinnerungen.
4. Bei der mittleren Schlaftiefe stellen sich langsame Deltawellen ein. Es kommt zu irrealen und gefühlsbetonten Träumen.
5. Der Tiefschlaf umfasst etwa ein Fünftel der gesamten Nachtruhe und nimmt mit dem Alter kontinuierlich ab. Es dominieren die Deltawellen.

Während einer Nacht erleben wir die Schlafstadien zwei- bis fünf-, mindestens jedoch viermal. Dabei wird die Tiefschlafphase immer kürzer.

Bis zum Ende der 1970er Jahre glaubte man, dass Träume nur in den REM-Phasen möglich sind. Die erste REM-Phase beginnt ungefähr eine Stunde nach dem Einschlafen. REM- und NREM (Nicht REM)-Phasen wechseln sich während der normalen Schlafdauer vier- bis fünfmal ab.

Im Schlaf lernen?

Forscher des Weizmann-Instituts in Tel Aviv fanden 1993 heraus, dass wir den

REM-Schlaf benötigen, um bestimmte Fertigkeiten zu erlernen, die man nur durch ständiges Wiederholen erwerben kann. Andere Schlafforscher bezweifeln diese Ergebnisse.

Ebenso umstritten blieb die Theorie von Michel Jouvet von der Universität in Lyon, der zufolge der REM-Schlaf der Programmierung des Gehirns diene und im Genom angelegte Verhaltensmuster in Nervenbahnverknüpfungen umsetze.

Im Schlaflabor werden die Träume entschlüsselt

Dank der Möglichkeit, die Hirnströme während aller Schlafphasen im Schlaflabor aufzuzeichnen, gewinnen die Forscher immer neue Erkenntnisse. Langsam entschlüsseln sie, was nachts in unserem Gehirn vor sich geht.

1998 entdeckte der britische Neuropsychologe Mark Solms, dass die Träume in dem Hirnteil entstehen, der für unsere Wünsche und Bedürfnisse wie Lust und Verlangen, Durst und Hunger zuständig ist. Er bewies zudem, dass wir nicht nur in den hektischen REM-Phasen, sondern während der ganzen Schlafzeit träumen können.

Die Geschichte der Traumdeutung

Die ältesten Zeugnisse

Seit Menschen denken und sich verständigen können, beschäftigen sie sich mit ihren Träumen. Schon die Urvölker versuchten, die seltsamen nächtlichen Botschaften zu verstehen. Das älteste Zeugnis aufgezeichneter Träume und ihrer Deutung ist eine über 3500 Jahre alte ägyptische Papyrusrolle. Sie wird im Britischen Museum in London aufbewahrt und ist nach ihrem Stifter Chester Beatty benannt. Darin sind 200 Träume von Personen der Oberschicht festgehalten, die als Prophezeiungen gedeutet wurden. Im alten Ägypten nahm man an, dass die Götter die Träume sandten. Gott Amun soll König Amenophis III. (1402–1364 v. Chr.) im Traum besucht und ihm Mut zugesprochen haben. Zu Ehren Amuns, von den Griechen Zeus und von den Römern Jupiter genannt, wurde der Tempel Luxor erbaut.

Träume kommen von Göttern oder Dämonen

Die Menschen, die vor 4000 bis 2000 Jahren im fruchtbaren Zweistromland Mesopotamien zwischen Euphrat und Tigris lebten, glaubten, dass Götter oder Dämonen die Träume schicken. Viele wichtige Entscheidungen wurden von einem besonderen Traum und seiner Auslegung abhängig gemacht. In der Bibliothek des assyrischen Königs Assurbanipal (668–ca. 627 v. Chr.) in Ninive befanden sich in Keilschrift dokumentierte Träume und Vorschriften zur Traumdeutung. Teile dieses Gedankengutes gelangten nach Ägypten, Indien, Griechenland und Rom.

Im Alten und Neuen Testament finden sich viele Stellen, die von wegweisenden Träumen berichten. Darin gab Gott seinen Auserwählten Befehle oder warnte sie. Auch die heilige Schrift des Judentums, der Talmud, beschäftigt sich mit dem Thema Traum. Jüdische Gelehrte in der nachbiblischen Zeit fanden alle Träume bedeutsam, ausgenommen durch Fasten entstandene.

In der Geschichte des Islam spielen Träume eine große Rolle. Der Prophet Mohammed soll seine ersten Eingebungen im Schlaf erhalten haben. Die arabischen Märchen, Sagen und Erzählungen sind ohne Traumschilderungen nicht vorstellbar. Arabische Ärzte beachteten sie bei der Krankheitsdiagnose. Je merkwürdiger ein Traum war, umso eher besaß er einen tiefen Sinn.

Traumdeutung im antiken Griechenland

Im antiken Griechenland sprachen die Götter im Traum zu den Menschen, erteilten Befehle oder warnten sie. Wahre Träume hatten mit Horn zu tun, falsche mit Elfenbein. Seit dem 5. Jahrhundert v. Chr. wanderten Pilger zu abseits gelegenen Tempeln. Die Heiligtümer waren Äskulap, dem Gott der Heilkunst, geweiht. In unterirdischen Gemächern musste der Kranke am Boden oder auf einer Kline (Pritsche) ruhen und träumen. Eine weihevolle Stimmung, vielleicht auch narkotisierende Getränke und Weihrauch, verhalfen zu einem tiefen Schlaf. Ein Priester deutete die Träume. Im

Namen Äskulaps gab er auch Ratschläge zur Heilung der Krankheit. Das Orakel des Amphiaraos wurde noch in nachchristlicher Zeit besucht. Eine Ähnlichkeit mit heutigen Wallfahrtsorten wie Lourdes ist unverkennbar.

Krankheit wird in Träumen sichtbar

Griechische Philosophen der damaligen Zeit bezweifelten den göttlichen Ursprung der Träume. Demokrit (um 460 v. Chr.) nahm an, dass die Träume von außen kommen und nichts mit dem Schlafenden zu tun haben. Der berühmte Arzt Hippokrates (460–370 v. Chr.) suchte in den Träumen seiner Patienten nach körperlichen Krankheitszeichen und glaubte, dass die Konstellationen am Sternenhimmel für einen Teil der Trauminhalte verantwortlich seien. Aristoteles (384–322 v. Chr.) verneinte die göttliche Herkunft der Träume. Sie würden schon am Tage vorbereitet. Er war, wie Hippokrates, der Ansicht, dass beginnende Krankheiten in Träumen sichtbar werden, und veröffentlichte drei Schriften zum Thema Traum: »Über das Schlafen und Wachen«, »Über die Wahrsagung aus Träumen« und »Über den Traum«.

Der bedeutendste griechische Traumforscher der Antike ist Artemidoros von Daldis (um 150 n. Chr.). Er entschlüsselte 3000 Träume, die er nach Inhalt und Aussage ordnete. Obwohl man damals vom Traum in erster Linie Aufschluss über die Zukunft erwartete, beschäftigte ihn das ganze Traumgeschehen, das er den sechs Kategorien Natur, Gesetz, Brauch, Beruf, Kunst und Name zuordnete. Er unterschied zwischen bedeutungsvollen, in die Zukunft weisenden Träumen und wirkungslosen, die aus Tagesereignissen und Körperreizen stammen. Sein fünfbändiges Werk »Orneiokritika« ist in Übersetzungen erhalten geblieben und bis zum 18. Jahrhundert als Grundstock für allerlei Traumbücher verwendet worden. Leider wurde dabei die wichtige Erkenntnis des Artemidoros – dass nämlich die Bedeutung des Traumbildes bei verschiedenen Träumern und in verschiedenen Träumen eine andere ist – häufig unterschlagen.

Vom antiken Rom bis zur Zeit der Romantik

Dem antiken Rom war Traumdeutung suspekt

Im antiken Rom war der Obrigkeit die Traumdeutung suspekt. Kaiser Augustus (63 v. Chr.–14 n. Chr.) verlangte, dass alle Träume, die sich auf den Staat beziehen, zu melden seien. Der Staatsmann und Redner Cicero (106–43 v. Chr.) bezweifelte Jahre zuvor, dass Träume Zukunftsvorhersagen enthalten könnten. Er glaubte vielmehr, die Beachtung der Träume schwäche das Denken. In der römischen Literatur spielten Träume eine bedeutende Rolle. Der Enzyklopädist Plinius (23–79 n. Chr.) beschäftigte sich eingehend mit seinen eigenen. Kaiser Nero (37–68 n. Chr.), der einen Teil von Rom niederbrennen ließ, hatte in seinen letzten Lebensjahren grauenvolle Angstträume.

Träume brachten den Tod

Die frühe Geschichte des Christentums mit ihren Missionaren und Heiligen ist voll von Traumlegenden. Die junge Kirche aber war der Traumdeutung nicht wohlgesinnt. Papst Gregor II. (668–731) hat sie nach 715 unter Androhung der Todesstrafe verboten. Zur Zeit der Hexenverbrennung im Mittelalter haben viele Ketzergerichte die Unglücklichen auf Grund ihrer Träume, die ihnen angeblich von dämonischen Mächten eingeflüstert worden waren, zum Tod auf dem Scheiterhaufen verurteilt.

Martin Luther: Im Traum wird man sich seiner Sünden bewusst

Der Reformator Martin Luther (1483–1546) glaubte, der Mensch könne sich im Traum seiner Sünden bewusst werden und Buße tun. Der Naturforscher und Arzt Paracelsus (1493–1541) unterschied zwischen wahren und falschen Träumen. Er erkannte eine enge Verbindung zwischen der Person des Träumenden und seinem Traum und nahm an, dass die Seele im Traum auf Reisen ist und den schlafenden Körper als Ätherleib (Evestrum) verlässt.

Goethe war im Traum ein Käfer

Der englische Philosoph Hobbes (1588–1679), der in seiner Staatslehre den Absolutismus rechtfertigte, war sich sicher, dass Träume ausschließlich durch körperliche Reize entstehen. Auch Voltaire (1694–1778) und Kant (1724–1804) waren dieser Ansicht, ließen als Traumauslöser aber auch eruptiv auftretende Leidenschaft zu. Der Philosoph Leibniz (1646–1716) vertrat die Auffassung, dass sich der Mensch im Traum an alles Erfahrene und scheinbar Vergessene erinnern könne. Von Johann Wolfgang von Goethe (1749–1832) ist bekannt, dass er ein starker Träumer war. Manchmal sah er sich, wie er in seinem Studierzimmer unter der Decke als großer Käfer im Kreis herumflog.

1861 veröffentlichte der Franzose Alfred Maury Ergebnisse seiner Traumforschung. Er glaubte, dass die Traumentstehung in erster Linie physische Ursachen habe. Als er sich im Schlaf mit einer Gänsefeder an der Nase kitzeln ließ, entstand ein Alptraum.

Traum und Fantasie sind Geschwister

Mit der Romantik, die um die Wende zum 19. Jahrhundert Aufklärung und Klassizismus ablöste, interessierten sich die Menschen wieder für die Dinge, die sich mit der Vernunft allein nicht erklären ließen. Das Irrationale und die Gefühle waren gefragt und damit auch die Traumwelt. Der Philosoph und Schriftsteller Herder (1744–1803), ein Vorläufer der Romantik, hielt Traum und Fantasie für Geschwister. Der Philosoph Fichte (1796–1879) machte die Fantasie für die Träume verantwortlich. Im Traumzustand sei der Mensch wesentlich geistvoller und unternehmungslustiger als am Tag. Während der französische Dichter Viktor Hugo (1802–1885), der seine eigenen Träume notierte, noch davor warnte, sich in seinen Träumen zu verlieren, wurden die Traumforscher in der spätromantischen Zeit mutiger. Sie erkannten die Bedeutung des individuellen Seelenlebens und verwendeten erstmals den Begriff das »Unbewusste«. Der Beginn der industriellen Revolution beendete die Zeit der Romantik.

Sigmund Freud, der Begründer der Psychoanalyse

Mit dem Wiener Arzt und Psychiater Sigmund Freud (1856–1939), dem Begründer der Psychoanalyse, beginnt die moderne Traumdeutung. Freud, im heutigen Příbor in Mähren geboren, studierte in Wien Medizin. Nach erfolgreichem Abschluss war er zuerst Assistent bei Th. H. Meynert am Wiener Allgemeinen Krankenhaus. Der Neurologe Josef Breuer weckte sein Interesse an Hysterie und Neurosen. Deshalb übersetzte Freud die Vorlesungen, die der berühmte französische Arzt Jean-Martin Charcot zum Thema Hysterie ausgearbeitet hatte, ins Deutsche. Ab 1886 war Freud Nervenarzt, Hypnosetherapeut und Dozent für Neuropathologie in Wien. 1895 veröffentlichte er mit Breuer die »Studien zur Hysterie«.

»Die Traumdeutung«, Freuds bedeutendstes Werk

1902 wurde Freud zum Professor ernannt. Er lebte bis zum Anschluss Österreichs an Nazideutschland in Wien. 1938 emigrierte er nach London, wo er 1939 an Kehlkopfkrebs starb.

Mit 39 Jahren entschloss sich Freud zu einer Selbstanalyse, die vier Jahre dauern sollte. Er hatte in seiner Praxis festgestellt, dass ihm seine Patienten oft spontan ihre Träume erzählten. Diese bildeten mit fünfzig eigenen und sehr kritisch analysierten Träumen die Grundlage für das 1900 erschienene Werk »Die Traumdeutung«. Das auslösende Schlüsselerlebnis für die vierjährige Arbeit, sein Traum von »Irmas Injektion«, wird in der Fachwelt immer wieder zitiert und neu gedeutet. Freud erkannte in seinem Traum eine Wunscherfüllung und die Bestätigung, dass er als Arzt bei der Behandlung einer Patientin, die er Irma nannte, keinen Fehler begangen hatte.

Freud wirkte in einer sexuell verklemmten bürgerlichen Welt. Er versuchte mit Hilfe der Träume sein Innerstes und das seiner Patienten, die oft an Neurosen litten, zu ergründen. Freud erblickte in den Träumen den »Schlüssel zum Unbewussten«. Sein umfangreiches Werk »Die Traumdeutung« hat die Traumforschung bis auf den heutigen Tag beeinflusst, auch wenn sich moderne Psychologen weitgehend einig sind, dass Freud die Rolle der Sexualität erheblich überschätzte. Freud war als Psychoanalytiker der Ansicht, dass nur eine Person, die mit der Traumsprache vertraut ist, Träume entschlüsseln kann. Er nahm an, dass der Traum, um unbewusste Wünsche zu tarnen, zwei Gedanken zu einem Bild verdichtet. Freuds Theorie von der Verschiebung geht davon aus, dass alles, was im Traum geschieht, nicht das ist, was es zu sein vorgibt. Er glaubte, der Traum stelle von seinem inneren Wesen her einen Kompromiss zwischen dem Unbewussten und dem Bewussten dar. Die Entwicklung des Bewusstseins beginne in den ersten Lebensjahren und sei mit Mund, Anus und Genitalien verbunden. Nach Freud stammen Träume aus körperlichen Quellen, Tagesresten, die in der Regel mit etwas Bedeutsamen verknüpft sind, und Kindheitserinnerungen. Die Urwünsche im Traum sind nach Freud immer libidinöser Natur und die sexuellen Symbole universell.

Der Schlüssel zum Unbewussten

Freud, ein städtischer Jude, ist von einer jungen und schönen Mutter erzogen worden, die sein Frauenbild mitbestimmte. Ihm war bewusst, dass seine Ideen wegen des latenten Antisemitismus auf Kritik stießen. Er war deshalb froh, als er 1907 den jungen Schweizer Psychiater Carl Gustav Jung kennen lernte. Dieser stammte aus einer bürgerlich protestantischen Familie. Freud sah in ihm einen Nachfolger an der Spitze der psychoanalytischen Bewegung, da er als Nichtjude weniger angreifbar war. Die fast sechsjährige Freundschaft – eine fruchtbare Vater-Sohn-Beziehung – zerbrach, als Jung zwei Hypothesen von Freud öffentlich ablehnte. Der Schweizer Psychologe verneinte, dass die menschliche Motivation ausschließlich sexuell und das Unbewusste nur persönlich für das Individuum sei.

Freud war von der Richtigkeit seiner psychoanalytischen Theorien und Grundsätze überzeugt. Er beschrieb als Erster den Ödipuskomplex und die Urangst vor der Kastration. Viele Erkenntnisse schöpfte er aus seinen Träumen, die Didier Anzieu 1990 neu interpretierte. Freuds Arbeiten entstanden im Zeitgeist des frühen 20. Jahrhunderts. Tief greifende politische und gesellschaftliche Veränderungen sind seither eingetreten, neue wissenschaftliche Erkenntnisse liegen in der Traumforschung vor. Dennoch ist die Bedeutung Freuds für die moderne Psychoanalyse unbestreitbar. Nicht zu Unrecht nannte er die Traumdeutung den Königsweg zur Erforschung des Unbewussten.

Der Königsweg zur Erforschung des Unbewussten

Die analytische Psychologie von Carl Gustav Jung

Carl Gustav Jung (1875–1961) hat die moderne Traumdeutung entscheidend beeinflusst. Mit dem Satz »Mein Leben ist die Geschichte einer Selbstverwirklichung des Unbewussten« beginnt die Autobiografie des Schweizer Gelehrten, der die Religion mit der Psychoanalyse versöhnte und die Weisheit des Ostens mit unserem Wissen von der Seele verband.

Carl Gustav Jung versöhnte die Religion mit der Psychoanalyse

Jung wurde als einziger Sohn des Dorfpfarrers von Kesswil am Bodensee geboren und wuchs mit seiner neun Jahre jüngeren Schwester Gertrud in der Nähe von Basel auf. Seine Mutter, Emilie Preiswerk (1848–1923), stammte aus einer spiritistischen Pfarrersfamilie. Sein Großvater, auf dessen Name er getauft wurde, war Rektor der

Universität Basel. Jungs Vater, mehr ein toleranter Freigeist als ein gläubiger Pfarrer, verstarb als sein Sohn – inzwischen 21 Jahre alt – in Basel Naturwissenschaften und Medizin studierte. Jung, der in seiner Schulzeit noch ein in sich zurückgezogener, nachdenklicher Einzelgänger war, entpuppte sich während seiner Studienzeit als überaus neugieriger und weltoffener junger Mann. Neben dem Studium, das er mit dem Ziel, Psychiater zu werden, begonnen hatte, besuchte er die Séancen seiner Cousine Hélène Preiswerk, die ein bekanntes Medium war.

Jung: Meine Erkenntnis ist mein grösster Schatz

In der Autobiografie »Erinnerungen, Träume und Gedanken« berichtet Jung von einem für ihn wegweisenden Traum während der Studienzeit. Er war mit einem kleinen flackernden Lichtlein in einer stürmischen Nebelnacht unterwegs, eine schwarze Gestalt verfolgte ihn. Als er erwachte, war ihm klar, dass das Gespenst sein eigener durch das Lichtlein verursachter Schatten war. »Ich wusste«, schrieb er, »dass das Lichtlein mein Bewusstsein war; es ist das einzige Licht, das ich habe. Meine eigene Erkenntnis ist der einzige und größte Schatz, den ich besitze.«

Nach dem Studium wurde Jung 1900 Assistent von Professor Eugen Bleuler (1857–1939), dem Leiter der Psychiatrischen Klinik Burghölzli in Zürich. Bleuler ist besonders durch die Erforschung der manisch-depressiven Erkrankungen, die er Schizophrenie nannte, bekannt geworden. Er erkannte Jungs außerordentliche Begabung und ermunterte ihn zur Mitarbeit an dem Wortassoziationstest von Sir Francis Galton (1822–1911). Bleuler machte Jung zu seinem Stellvertreter und setzte seine Ernennung zum Privatdozenten für Psychiatrie und Psychotherapie an der Universität Zürich durch.

Das kollektive Unbewusste

Während seiner psychiatrischen Tätigkeit im Burghölzli wollte Jung herausfinden, was in Geisteskranken vorgeht. Er hielt den Schizophrenen für »einen Träumer in der wachen Welt« und glaubte, in seinen experimentellen Untersuchungen Beweise für Freuds Verdrängungstheorie gefunden zu haben. Vor Beendigung ihrer sechsjährigen Freundschaft haben Jung und Freud gegenseitig ihre Träume analysiert. Jung träumte, er befinde sich im obersten Stockwerk eines Hauses. Das Traumhaus war für ihn das Abbild der Psyche. Der Raum im obersten Stock repräsentiere das Bewusstsein. Die erste Schicht des Unbewussten – die er später das »persönliche Unbewusste« nannte – befinde sich im Erdgeschoss. In den allertiefsten Schichten erreiche man das »kollektive Unbewusste«, die Archetypen. Nach Jung verknüpfen die Archetypen das Universale mit dem Individuellen, das Allgemeine mit dem Einzigartigen (vgl. Archetypische Träume).

1903 heiratete Jung Emma Rauschenbach (1882–1955), die Tochter eines reichen Unternehmers, die ihm vier Töchter und einen Sohn gebar. Sie zogen 1908 in ein eigenes Heim am Zürichseeufer in Küsnacht, in dem sie bis zu ihrem Tod lebten. 1913 erlitt Jung eine psychische Störung. Sie wird von seinen Anhängern heute als »Schöpferische Krankheit« bezeichnet, die bei Künstlern vorkommt. Jung verglich sie mit Odysseus' Besuch im Totenreich. Nach seiner Genesung erschien das Werk »Psychologische Typen«, in dem er zum Schluss kommt, dass es grundsätzlich eine introvertierte und eine extrovertierte Einstellung gibt.

Von 1920 an beschäftigte sich Jung bis an sein Lebensende mit der persönlichen Wandlung und dem geistigen Wachstum. 1929 führten ihn zwei Schlüsselträume dazu, sich mit alchemistischen Texten zu befassen. Er erblickte in der Alchemie einen Vorläufer seiner »Psychologie des Unbewussten«.

Jung war ein ebenso universeller wie unkonventioneller Denker und als Professor an den Universitäten von Basel und Zürich hoch angesehen. In seine Praxis in

Zürich kamen Menschen aus allen Schichten und Ländern, um sich beraten zu lassen. »Der Mensch kann ein sinnloses Leben nicht ertragen«, fand Jung, »der Sinn des Lebens kommt aus der ungeteilten Bejahung des Selbst.«

Altern ist kein Abstieg

Jung betrachtete das Altern nicht als Abstieg, sondern als die Zeitspanne der Veredelung des Wesentlichen, der Weisheit. Das Endziel sei, lebendig zu sterben. In diesem Sinn wandte er sich der Erforschung der Mythen und der Religionen zu.

Bis ins hohe Alter – Jung starb im 86. Lebensjahr nach zwei Schlaganfällen – hat er seine Träume als einen wesentlichen Teil seiner Selbst empfunden. Seine Traumtheorie unterscheidet sich in wichtigen Punkten von Freuds Auffassungen. Jung glaubte nicht, dass Träume unterdrückte Wünsche symbolisieren. Er hielt sie für spontane Ereignisse, die sich unabhängig vom bewussten Willen ereignen und sowohl zielgerichtet als auch ausgleichend wirken. Traumsymbole waren für Jung keine einfachen Zeichen, sondern sie besaßen eine zeitlose seelische Funktion. Das Unbewusste hatte für Jung keine greifbare Gestalt, er sah in ihm das individuelle Archiv eines jeden Menschen mit eigenen und archetypischen Bildern, die im Traum abrufbar sind (vgl. Traumsymbole).

Die moderne Traumforschung

Angesichts der großen Fortschritte in Wissenschaft und Technik sind heute viele Menschen verunsichert. Die Großfamilie gibt es nicht mehr. Die Kleinfamilie ist gefährdet. Der Halt, den viele Menschen in der christlichen Religion gefunden haben, bröckelt. Die Seele vermag die neuen Eindrücke nicht so schnell aufzunehmen und zu verarbeiten, wie es für eine positive geistige Entwicklung notwendig wäre. Sie findet kaum noch Schutzräume, in denen sie sich erholen kann. In den Träumen steigen aus dem Unbewussten entsprechende Ängste empor. Vermischt mit der Verarbeitung der Tagesereignisse ist unsere Traumwelt ein wesentlicher Teil unseres Lebens, unserer Wirklichkeit.

Träume lösen Probleme

Sigmund Freud und C. G. Jung waren in einem Punkt einig: Die Träume stammen aus dem Unbewussten. Heute gibt es in der Traumdeutung eine gegenteilige Auffassung. Positive und negative Erlebnisse im wachen Leben rufen Träume hervor. Sie haben eine problemlösende Funktion. Die bedeutendsten Verfechter dieser Theorie sind:

1. Der österreichische Arzt und Tiefenpsychologe Alfred Adler (1870–1937). Er ist der Begründer der Individualpsychologie und stellte die provozierende These auf, dass das menschliche Verhalten maßgeblich durch das Geltungsbedürfnis und das Machtstreben bestimmt wird.
2. Der Psychoanalytiker Erich Fromm (1900–1980) war ein führender Vertreter der Neopsychoanalyse. Er betonte, im Gegensatz zu Freud, die kulturellen und sozialen Einflüsse auf den Einzelmenschen, die sich auch in den Träumen widerspiegeln.

Calvin S. Hall: Es gibt eine Verbindung zwischen Traum und wachem Leben

3. Calvin S. Hall (1909–1985) ist der Begründer der quantitativen Trauminhaltsanalyse. Er wies nach, dass zwischen Traum und Wachzustand eine Verbindung besteht. Als Leiter des Traumforschungsinstituts in Miami entwickelte er zusammen mit Robert Van de Castle, Bill Domhoff und Vernon Nordby ein Klassifikationssystem für Trauminhalte. Es basiert auf der Auswertung von über 50 000 Träumen, wobei der Trauminhalt u. a. nach den auftretenden Personen, Gegen-

ständen, Orten der Traumhandlung, Traumstimmung, Aktionen usw. aufgeschlüsselt wird. Hall fand mit seiner Methode Trauminhalte, die bei Träumern aus den verschiedensten Schichten und Kulturen immer wieder auftreten. Es sind dies die Verfolgung des Träumenden, Fliegen und Fallen, Angst- und Alpträume, Prüfungen, Liebe und Sex, Unfälle und Krankheit, Tiere, Wasser, Feuer und Aggressionen sowie Reisen. Hall schloss daraus, dass es typische Träume gibt, die bei allen Menschen und in den verschiedensten Kulturen vorkommen können. Einer größeren Öffentlichkeit bekannt wurde C. S. Hall mit seinen Büchern »The Meaning of Dreams« (1953) und »The Individual and His Dreams« (1972).

Nach Günter Ammon (1918–1985), dem Begründer der so genannten dynamischen Psychiatrie, ist der Mensch ein Beziehungswesen. Er sei auch in seinen Träumen kein Einzelgänger. Seine persönliche Entwicklung und sein Gruppenverständnis lasse sich aus seinen Träumen ablesen.

Traumwelt ist wichtiger als das wache Leben

Mit Hilfe der Inhaltsanalyse von Calvin Hall fanden in letzter Zeit mehrere kulturübergreifende soziologische Untersuchungen statt, bei denen auch das Phänomen Traum berücksichtigt wurde. Dabei zeigte sich, dass beispielsweise die australischen Ureinwohner, die Aborigines, den Träumen große Bedeutung zumessen. Die Mae Enga in Neuguinea glauben, dass eine fremde Person und nicht der Träumende im Traum erscheint. Einige Indianerstämme, wie zum Beispiel die Mohave, die Yuma und die Irokesen, unterscheiden zwischen großen Träumen, die nur von Stammesoberen, Häuptlingen, Priestern oder Heilern geträumt werden, und gewöhnlichen Alltagsträumen. Die so genannten »großen Träume« sind Botschaften für den ganzen Stamm. In einigen so genannten primitiven Kulturen ist die Traumwelt wichtiger als das wache Leben.

Die Familie der Träume

Unbewusste Traumarbeit

Unsere Träume stammen aus verschiedenen Quellen, die dem Unbewussten entspringen. Dabei sind »das Bewusste« und »das Unbewusste« zwei verschiedene Bewusstheitsebenen der Psyche einer Person. In der Psychologie spricht man von einem persönlichen, einem kollektiven und einem familiären Unbewussten. Das persönliche Unbewusste ist die Summe jener Erfahrungen und Erinnerungen, die man aus verschiedensten Gründen verdrängt und die im Wachleben kaum mehr gegenwärtig sind, in Träumen aber auftauchen können. Das kollektive Unbewusste (vgl. Archetypische Träume) ist die Gesamtheit der seit Jahrtausenden vererbten Reaktionsweisen auf Gefahren, Naturereignisse, Tod oder bestimmte Personen, wie beispielsweise auf Geistliche, Polizisten, den alten Mann oder die Mutter. Das familiäre Unbewusste umfasst die gemeinsam vorhandenen, aber oft verborgenen Gedanken, Neigungen und Wünsche der Familienmitglieder, die teilweise aus dem persönlichen Unbewussten stammen.

Frühkindliche Erlebnisse werden im Unbewussten aufbewahrt

Der Inhalt des persönlichen Unbewussten besteht aus allen verarbeiteten oder unverarbeiteten Erlebnissen seit unserer Geburt. Viele sind von neuen Ereignissen überlagert oder verdrängt worden. Sie ruhen auf dem Grund der Seele im »Unbewusstgewordenen« und warten darauf, ob sie im Traum gebraucht werden. Es war S. Freud, der nachdrücklich darauf aufmerksam machte, dass sich frühkindliche und oft traumatische Erlebnisse im späteren Leben auswirken und vermischt mit aktuellen Ereignissen im Traum auftauchen. Freud wies auch darauf hin, dass der Traum manchmal mehrere Personen zu einer einzigen zusammenfasst oder den Träumer in verschiedenen Gestalten auftreten lässt.

Vom Unbewussten gehen viele lebensbejahende Impulse und Träume aus, die unser Fühlen, Handeln und Denken positiv beeinflussen. Können wir unsere guten Seiten im Alltag zu wenig ausleben, erscheinen als Botschafter der Seele wegweisende Träume. Sie machen uns auf vieles, was wir im Wachsein zu wenig wahrnehmen, aufmerksam. Sie erinnern uns daran, dass wir unsere Ideale und Ziele nicht aufgeben und angeborene Talente entwickeln und nutzen sollten.

Ein weiteres Kennzeichen des Traumes ist, dass die einzelnen Elemente nicht nach Bedeutung geordnet erscheinen. Häufig dominiert Nebensächliches, und das Entscheidende ist kaum mehr erkennbar.

Der Traum besitzt eigene Kriterien

»Der Traum gehorcht nicht unserem Willen, er hat eine selbstständige Funktion«, sagt C. G. Jung. Die »Autonomie des Unbewussten« steht oft in grellem Gegensatz zu den wohl überlegten Absichten des Bewusstseins. Gelegentlich kann es vorkommen, dass der Traum mit Inhalt und Tendenz des Bewusstseins übereinstimmt. »Das Unbewusste ist eine Kraft, die stärker in unser Schicksal hineinwirkt, als wir für gewöhnlich annehmen.«

Archetypische Träume

Die Seele bewahrt das kollektive Unbewusste

Archetypen sind Urbilder, die in unseren Träumen auftauchen und die die dramatischen Erfahrungen des Menschen in seiner Frühzeit und seine geistige Entwicklung in späteren Jahrtausenden widerspiegeln. Sie leben in den Mythen, Sagen, Märchen, Religionen und der Kunst in allen Kulturkreisen. Im tiefsten Grund unserer Seele wird dieses kollektive Unbewusste aufbewahrt und an die nachfolgenden Generationen weitergegeben.

C. G. Jung fand mit seiner Lehre von den Archetypen und ihren archaischen und prähistorischen Wurzeln einen neuen Zugang zum menschlichen Innenleben. Für ihn besteht das Unbewusste – unsere Seele – aus zwei Schichten. Die äußere Ebene, die oberflächliche Schicht, sortiert unsere ganz persönlichen Erfahrungen und Gedanken. Hier werden sie kritisch begutachtet und gespeichert. In der inneren tiefen Schicht sind die Archetypen zu Hause. Sie zeigen uns im Traum die positiven und negativen Aspekte für die heute noch gültigen ewigen Symbole. Diese stehen mindestens gleichberechtigt neben dem von Freud entdeckten persönlichen Unbewussten.

Gegenwart und Zukunft wird verbunden

»Jeder Traum ist eine psychische Einheit«, sagt der Schweizer Psychoanalytiker Ernst Aeppli im Geiste C. G. Jungs: »Die ältesten Bilder der Menschheit, in unserem kollektiven Unbewussten aufbewahrt zu stets neuem Dienst, enthalten den Keim und das Gleichnis gegenwärtigen und zukünftigen Lebens. In den Träumen tritt dieses Älteste an uns heran, und wir verbinden damit unsere Gegenwart und Zukunft.«

Die Zahl der menschlichen Urerlebnisse und damit die der archetypischen Symbole ist beeindruckend, aber begrenzt. Nicht alle Archetypen sind uns immer gegenwärtig. Einige werden von neuen wissenschaftlichen Entdeckungen, vom täglichen Lebenskampf und der Hektik in unseren Tagen zugeschüttet, sind im Traum kaum mehr abrufbar, obwohl sie uns, nach C. G. Jung, seit der Geburt beeinflussen.

Mit den Archetypen allein können wir weder unsere Träume verstehen noch unsere Seele ergründen. Erst das Zusammenspiel der vererbten Anlagen mit den Einflüssen aus dem Alltag und den Bildern aus der menschlichen Vergangenheit schafft das im Traum sichtbar werdende Spiegelbild des eigenen Ich.

Die ältesten Archetypen

Zu den ältesten Archetypen gehören das Bild der »Großen Mutter«, oft verwoben mit dem Aspekt »Mutter Erde«, der »Weise Alte Mann«, das »Kreuz«, »Kreise« und die Urschlange »Uroboros«.

Der Archetyp »Große Mutter« beinhaltet den Hinweis auf »Mutter Erde« und auf alle positiven und negativen Aspekte der Weiblichkeit. Neben dem Mütterlichen erscheinen gleichberechtigt Hinweise auf Intuition, warme Empfindungen, Gefühle, Selbstbewusstsein, Instinkt, Gebären, Leben, Tod und Wiedergeburt.

Der »Weise Alte Mann« zeichnet sich durch seine Erfahrung aus. Er ist Ratgeber, bietet Schutz, ist der Fels in der Brandung. Seine Persönlichkeit wird nicht nur vom Intellekt, sondern auch vom Gefühl und der Intuition geprägt. Er appelliert an die Weisheit, über die wir dank jahrtausendealter Erfahrung verfügen sollten.

Mandalas, archetypische Schlüssel

C. G. Jung sah in Zeichnungen seiner Patienten, die einen Kreis zeigen, das Symbol für Ganzheit und das Selbst. Er übernahm für diese Kreise das altindische Wort »Mandala«. Es weist auf archetypische Bilder hin, die in fernöstlichen Religionen schon lange als Meditationsgrundlage, als Objekt der Versenkung und Verinnerlichung dienten.

Die Urschlange »Uroboros«, die sich selbst in den Schwanz beißt, gilt als Sinnbild für den Beginn des menschlichen Bewusstseins. In der Antike war sie das Symbol für Unendlichkeit, für den ewigen Kreislauf, der ohne Anfang und Ende ist.

Zu den ältesten Archetypen gehören Feuer und Wasser, Meer, Baum und Wälder, viele Tiere, die unseren Urahnen Furcht einflößten, die Vögel, von denen man früher annahm, sie seien die Seelenboten mit magischen Kräften. Über diese und alle weiteren Archetypen wird im letzten Kapitel »Lexikon der Traumsymbole« berichtet.

Von der Außenwelt ausgelöste Träume

»Rettet mich!«, ruft Thomas im Schlaf und keucht verzweifelt. Er liegt in einem kühlen Zimmer schräg im Bett und seine Füße baumeln über den Bettrand hinaus. Er träumt, er liege am Rand einer tiefen Gletscherspalte und würde jeden Augenblick abstürzen. Auslöser für Thomas' Traum war seine ungemütliche Lage im Bett. Weil er an den Beinen fror, träumte er von einer eisigen Gletscherwelt.

Auch eine durch falsche Körperhaltung eingeschlafene Hand kann Furcht erregende Träume auslösen. Eine Frau sah sich im Traum auf dem Operationstisch liegen und schaute entsetzt zu, wie ihr der Chirurg ohne Narkose die Finger abtrennte.

Geräusche als Traumauslöser

Die Ansicht, dass die unmittelbare Schlafumgebung viele Träume verursacht, trifft nicht zu. Die Außenwelt, die wir im Schlaf wahrnehmen, wird jedoch häufig zum Traumauslöser. Ein fernes Donnergrollen wird zu einem ohrenbetäubenden Trommelwirbel, ein frühmorgendlicher Vogelruf zum Angstschrei, und das leise Knarren einer Tür führt zum Traum von einem Einbrecher.

Gerüche, die im Schlaf wahrgenommen werden, können zu lebhaften Traumszenen führen. Durch Experimente im Traumlabor stellte man fest, dass der Duft bestimmter Parfums erotische Bilder auslöst. Tabakrauch führte zu unterschiedlichen Träumen – von fröhlichen Wirtshausszenen bis hin zu brennenden Häusern.

Viele äußere Reize finden keinen Eingang in unsere Träume. So hat eine weibliche Testperson während des Schlafes weder das Weinen eines Kindes noch den Lärm eines Düsenjägers in ihren Traum aufgenommen.

Traumarbeit hängt vom Seelenzustand ab

Die Verarbeitung äußerer Reize im Traum hängt vom seelischen Befinden, von der aktuellen Lebenslage und den persönlichen Interessen ab. Etwa in jedem dritten Traum spielen Außenreize eine Rolle. Dabei werden sie oft so umgestaltet, dass der ursprüngliche Reiz nicht mehr identifiziert werden kann.

Falls im Traumgeschehen, das von Außenreizen ausgelöst oder mitbestimmt wird, Herzbeschwerden oder andere körperliche Missempfindungen in der biologischen Krisenzeit zwischen zwei und fünf Uhr morgens auftreten, sollten diese Träume sorgfältig analysiert werden. Es könnten Hinweise auf Krankheitssymptome sein.

Wunschträume

Viele persönliche Wünsche werden im Traum symbolisch befriedigt. Damit will das Unterbewusstsein Spannungen abbauen und zum inneren Frieden beitragen. Sowohl scheinbare als auch geheimste Wünsche sind schwierig zu deuten. Sie treten zu verschlüsselt auf. Dies ist besonders der Fall, wenn es um ausgefallene sexuelle Begehren, Rachegefühle und andere im normalen Leben verbotene Dinge geht.

Der Traum – die Brücke zwischen Wunsch und Wirklichkeit

Wer möchte nicht ewig glücklich sein? Leider ist dieser Wunsch nur im Traum erfüllbar. Die bewussten oder unterschwelligen Hoffnungen und Erwartungen übersteigen die vorhandenen Möglichkeiten. Je größer die Kluft zwischen Wunsch und Wirklichkeit ist, umso stärker ist die innere psychische Spannung. Wunschträume helfen, diese abzubauen. Sie erlauben ein Ausleben unerfüllbarer Pläne und Ideen.

Wunschträume fügen sich nicht in übliche Denkschemata ein und zeigen die Umwelt auf ungewöhnliche Weise.

Wunscherfüllung jenseits der Normen

Die Scheinbefriedigung von Wünschen verschiedenster Art ist eine wichtige Traumfunktion. Manchmal machen erst solche Traumbilder auf Bedürfnisse aufmerksam, die wir im Wachzustand verdrängt haben oder die unsere Gesellschaftsnormen nicht zulassen. Befreit von allen äußeren Zwängen können wir uns im Traum ausleben. Wir müssen uns nicht anpassen, nicht verteidigen. Der Erfolg, der uns im Alltag verwehrt ist, stellt sich ein. Hindernisse in der Liebe gibt es nicht.

Typisch dafür ist der Traum von einem glücklichen Beischlaf. Die Liebesnacht mit dem Chef oder der Chefin ist selten ein Zeichen für ein entsprechendes Begehren. Sie symbolisiert vielmehr den Wunsch nach beruflicher Förderung. Ebenso verhält es sich mit dem Traumkuss. Er versinnbildlicht nicht nur erotische Liebesgefühle, sondern zeigt das Bedürfnis nach mehr geistiger Kommunikation mit dem Partner. Rachegefühle können im Wunschtraum befriedigt werden, ein Lottogewinn bringt großen Reichtum, oder ein Konkurrent wird erfolgreich ausgeschaltet. Der Traumerfolg ist zwar unwirklich, aber ein klein wenig befriedigend.

In einigen Träumen, die verschlüsselt oder unverschlüsselt Wünsche anzeigen, werden realisierbare Lösungen angeboten. Sie stammen aus dem Fundus an Erfahrung und Wissen, das wir im Unterbewusstsein gespeichert, im Alltag aber verdrängt haben. Leider sind viele Vorschläge im Wachleben nicht durchführbar.

Kinder haben viele Wünsche

Kinder haben viele Wunschträume. Sie sind meistens nicht verschlüsselt und sehr direkt. Groß ist dann die Enttäuschung, wenn nach dem Erwachen kein Kätzchen auf dem Kopfkissen schnurrt, wenn weder Heinzelmännchen noch Supermann die lästigen Hausaufgaben gelöst haben.

Nehmen die Wunschträume überhand und lassen den Träumenden eher entmutigt als befreit zurück, müssen die Hintergründe für das Traumgeschehen analysiert werden. Manchmal gehen Wunschräume in Wachträume über. Man schaltet im Alltag ab und webt im wachen Zustand an seinen irrealen Vorstellungen weiter.

Kreative Träume

Der Keim der Kreativität liegt im Unbewussten. Hier werden die Träume geboren, die schöpferische Einfälle ermöglichen. Im Unterschied zum analytischen Denken sind im Traum unkonventionelle Lösungen denkbar. Für Objekte und Sachverhalte entwickelt sich ein neues Beziehungsgeflecht. Alltägliche Gegenstände werden auf verblüffend ungewöhnliche Art benutzt, die sich kühn und fantasievoll über die Denkgewohnheiten im Wachleben hinwegsetzen. Weil schöpferische Kräfte im Schlaf echte Problemlösungen anbieten, unterscheidet sich der Kreative Traum von den meist unerfüllbaren Wunschträumen.

Schöpferische Kräfte am Werk

Wer in der Forschung um eine wissenschaftliche oder technische Erkenntnis ringt oder als Dichter, Maler, Bildhauer oder Musiker im Wachsein sehr angestrengt nach einer überzeugenden künstlerischen Lösung sucht, befindet sich in einer für jeden kreativen Prozess beschwerlichen Vorbereitungsphase. Das am Tag Gedachte wird im Kopf gespeichert. Und je länger diese Entwicklung dauert, umso tiefer dringen die Gedanken und Fakten in das Unbewusste ein, um dort nicht nur abgelegt, sondern geprüft und verarbeitet zu werden. Irgendwann entsteht auf wissenschaftlich noch nicht geklärte Weise ein Kreativer Traum, der die erleuchtende Idee, die Lösung des Problems, präsentiert.

Kreatives Träumen ist im Schlaf oder Halbschlaf möglich. Oft tritt die Inspiration in oder nach einem tranceähnlichen Zustand ein. Manchmal gibt es zuvor größere Phasen der Entspannung, der Ablenkung und des geistigen Nichtstuns. Bei Künstlern ist es oft schwierig festzustellen, ob das Werk im Traum oder einem traumähnlichen Zustand geboren wurde. Traumnachahmende Schöpfungen haben nichts mit dem kreativen Träumen zu tun.

Sechs Atome tanzen im Kreis

Eines der bekanntesten Beispiele für einen wissenschaftlichen Kreativtraum ist die Entdeckung der Ringformel für Benzol. Der Chemiker Friedrich August Kekulé von Stradonitz (1829–1896) sah 1865 im Traum sechs im Kreis tanzende Atome, die sich wie Schlangen wendeten und drehten, wobei eine der Schlangen den eigenen Schwanz packte. Er erwachte blitzartig und erarbeitete noch in der Nacht die Formel für das Benzolmolekül mit seinen sechs ringförmig angeordneten Atomen.

Unerwartete Hilfe im Halbschlaf

Der russische Chemiker Dimitrij I. Mendelejew (1834–1907) sah 1869 im Halbschlaf eine Tabelle, in der sich die chemischen Elemente wie von Zauberhand einordneten. Nach dem Erwachen schrieb er das Geträumte auf. Er hatte ein Periodensystem der chemischen Elemente entwickelt, dank dem er das Vorhandensein und die Eigenschaften neuer Elemente voraussagen konnte.

Carl Friedrich Gauß (1777–1855), Mathematiker und Astronom, Begründer der modernen Zahlentheorie, soll zur Lösung schwieriger mathematischer Aufgaben in seinen Träumen bewusst nach dem richtigen Ergebnis geforscht haben.

Gregor Johann Mendel (1822–1884), der aus Kreuzungsversuchen, u. a. mit Bohnen und Erbsen, die Vererbung einfacher Merkmale, die so genannten mendelschen Gesetze, ableitete, sah im Traum ein vielfarbiges Kleefeld. Nachdem er sich über Jahre intensiv mit dem Thema Vererbung beschäftigt hatte, kam ihm die entscheidende Idee im Traum: Er sah, wie sich die verschiedenfarbigen Kleeblüten in Gruppen ordneten.

Niels Hendrik David Bohr (1885–1962), der dänische Atomforscher und Nobelpreisträger für Physik, fand im Traum die Struktur des Atoms. Später erzählte er: »Ich sah, wie Planeten an der Sonne vorbeischossen. Sie waren durch dünne Bänder an die Sonne gebunden, auf der ich saß. Wir waren von brennendem Gas umgeben. Plötzlich wurde das Gas fest. Sonne und Planeten wurden Körper, die ich greifen konnte. Dann erwachte ich. Die Sonne und die Planeten waren der Atomkern und die Elektronen. Eine heute alltägliche Vorstellung.«

Schöpferisch-kreative Träume hatten viele Dichter und Künstler. Goethe berichtete, er habe den »Werther« unbewusst, einem Träumenden gleich, geschrieben. Ähnlich äußerte sich die französische Schriftstellerin George Sand (1804–1876), die acht Jahre lang ein leidenschaftliches Liebesverhältnis mit Chopin hatte, für die Frau die totale Freiheit forderte und eine der ersten französischen Frauenrechtlerinnen war. Auch Georges Simenon (1903–1989), der die Figur des Kommissars Maigret erfand, sagte, er habe seine wichtigsten Romane aus dem Unbewussten geschrieben.

Stevenson fand seine fantastischen Geschichten im Schlaf

Robert Louis Stevenson (1850–1894), der schottische Schriftsteller und Autor der »Schatzinsel«, der wegen eines Lungenleidens viele seiner Abenteuerromane und fantastischen Geschichten im Bett geschrieben hatte, fand seine Gestalten und Handlungen in wilden nächtlichen Träumen, die sich oft zu Wach- und Tagträumen wandelten. Dabei entstanden u. a. die Traumgeister »Brownies« (Heinzelmännchen) oder »Die kleinen Leute«. Auch die Idee zu »Dr. Jekyll und Mr. Hyde«, diese grandiose Beschreibung einer Persönlichkeitsspaltung, fiel ihm im Traum ein.

Der Renaissancemaler Raffael (1483–1520) soll viele seiner Madonnen- und Engelsbilder, bevor er sie schuf, im Traum gesehen haben. Auch von Michelangelo (1475–1564) wird berichtet, dass ihm die Urvorstellung für einige seiner Werke im Traum erschienen ist. Anselm Feuerbach (1829–1880), Arnold Böcklin (1827–1901) und moderne Maler wie Salvador Dali (1904–1989) bekennen wie viele andere Künstler auch, dass einige ihrer Bilder traumartig auftauchten, bevor sie die Staffelei aufstellten.

Die schöpferischen Träume der Künstler

Einen schöpferischen Traum hatte auch Georg Friedrich Händel (1685–1759). Er erlebte den Schluss seines Oratoriums »Der Messias« im Traum und konnte die Noten nach dem Erwachen niederschreiben. Von Wolfgang Amadeus Mozart (1756–1791) wird berichtet, ihm seien viele Melodien, ob im Wachen oder Träumen, intuitiv eingefallen.

Viele Künstler sind Träumer. Sie benötigen Traumbilder und Wunschvorstellungen, Hellsichtigkeit und Fantasie für eine schöpferische Leistung. Manchmal sind Kreative Träume hilfreich. Gefährlich kann eine zu starke Öffnung zum Unbewussten werden. Eine überbordende Traumwelt verdrängt die Realität, schwere kreative Krisen brechen aus. Es ist höchste Zeit für vernunftbetontes Handeln.

Wachträume

Der Wach- oder Klartraum, das luzide Träumen, tritt oft nach einem besonders aufreibenden Tagesgeschehen auf. Auch intensive geistige Aktivitäten vor dem Einschlafen sowie Lebensumstände, die uns besonders bedrücken oder erregen, können luzide Träume auslösen. Dabei ist dem Betroffenen bewusst, dass er träumt. Vom Inhalt her sind die Wachträume, die sich meistens am Morgen einstellen, sehr gefühlsintensiv, die Traumszenen sind klar und leicht deutbar. Sie entstehen, wenn wir aus einem Traum aufwachen und feststellen, dass wir geträumt haben, dann aber rasch wieder in einen leichten Schlaf fallen.

Die moderne Traumforschung nimmt an, dass über fünfzig Prozent aller Träumerinnen und Träumer gelegentlich solche Traumereignisse haben. Wer luzid, das heißt durchsichtig träumt, hat einen besonders guten Zugang zu seinen inneren Gefühlen.

Die luziden Träume

In luziden Träumen ist man dem Wachzustand näher als dem Schlaf. Dabei handelt es sich meistens um in die Zukunft gerichtete Wunschträume. Sie ersetzen fehlende Befriedigung. Auch das, was man aus gesellschaftlichen oder beruflichen Gründen verdrängen muss, kann in diesen Wachträumen erscheinen.

Manchmal werden luzide Träume in Fortsetzungen geträumt, was besonders dann möglich ist, wenn es sich um ein sehr wirklichkeitsnahes Traumgeschehen handelt. Dem Träumenden ist dabei oft unklar, wo die Grenze zwischen Wachen und Schlafen liegt. Es kann vorkommen, dass er sie mehrmals überschreitet.

Im luziden Traum befindet sich der Träumer auf mindestens zwei Bewusstseinsebenen. Das bemerkt er zwar, kann jedoch die Traumlandschaft nicht immer entscheidend beeinflussen.

Wahrträume

Träume weisen in die Zukunft

Zukünftige Ereignisse können sich in präkognitiven, vorausahnenden Träumen ankündigen. Im Gegensatz zur heutigen psychoanalytischen Deutung sind Träume früher – und das über Jahrtausende – ausschließlich als Vorhersagen für zukünftige Ereignisse ausgelegt worden. In der Antike waren es die Seher und Priester, die sich darauf spezialisiert hatten, aus den Träumen hellsichtiger Frauen und einiger weniger Männer den prophetischen Gehalt herauszulesen.

Viele Wissenschaftler stehen Wahrträumen sehr skeptisch gegenüber und akzeptieren sie höchstens als parapsychologische oder übersinnliche Wahrnehmung. Tatsächlich aber sind seit vorchristlicher Zeit bis zum heutigen Tag prophetische Träume belegt, die ein späteres Geschehen exakt vorausgesagt haben.

Einige Menschen, in der Mehrzahl Frauen, erleben in ihren Träumen sehr präzise Vorahnungen. Bewiesen sind Wahrträume von einem Flugzeugabsturz, einem Verkehrsunfall oder einer Brandkatastrophe. Hinweise auf eine bald ausbrechende Krankheit oder falsche Lebensweise finden sich in eindrücklichen Traumbotschaften.

Träume ermöglichen keine Prognosen

Bei positiven Voraussagen im Traum ist Vorsicht geboten. Glück im Spiel oder Erfolg im Beruf sind reine Wunschgedanken. Sehr pessimistische Zukunftsträume können durch Ängste ausgelöst werden, sie haben also nichts mit einem voraussagenden Traum gemein, sondern sie sind Spiegel für eine als problematisch wahrgenommene Gegenwart.

Prophetische Gefahrenträume zeigen oft kein bevorstehendes Unglück an. Sie entstehen im Unbewussten, das mit diesen Träumen vor möglichen falschen Entscheidungen im bewussten Leben warnt.

Wahrträume sind auch bei den Träumenden schwer überprüfbar. Historische Beispiele aber gibt es genug:

Der amerikanische Präsident Abraham Lincoln (1809–1865) träumte wenige Tage vor seiner Ermordung, er schreite durch das Weiße Haus und alle Zimmer waren leer. Erst im Ostzimmer erblickte er trauernde Menschen. In der Mitte des Raumes stand ein Sarg. »Wer ist gestorben?«, fragte er einen Anwesenden. »Der Präsident ist ermordet worden«, war die Antwort.

J. W. von Goethe (1749–1832) schildert in »Dichtung und Wahrheit« einen Wahrtraum seines Großvaters. Der habe sich als junger Mann in der Ratsversammlung gesehen. Ein kurz zuvor verstorbener Schöffe habe sich von seinem Sitz erhoben und ihn höflich gebeten, seinen Platz einzunehmen. Tatsächlich ist der Großvater kurz darauf zum Nachfolger für den Verstorbenen bestimmt worden.

Garibaldi sah die tote Mutter

Guiseppe Garibaldi (1807–1882), der italienische Freiheitskämpfer, sah sich am 19. März 1852 im Traum an einer Beerdigung in seiner Heimat teilnehmen, während er als Kapitän der »Carmen« auf dem Weg von Chile nach Asien war. Der Sarg war von einem schwarzen Tuch bedeckt. Er hob es auf und erblickte seine Mutter, die kalt und starr dalag. Tatsächlich ist Garibaldis Mutter genau zur Traumzeit in Nizza verschieden.

Der Psychiater Dr. von Gudden, der Leibarzt König Ludwigs II. von Bayern (1864–1886), träumte, er habe im Wasser mit einem fremden Mann um sein Leben gekämpft und sei ertrunken. Tatsächlich fand von Gudden am 13. Juni 1886 im Starnberger See zusammen mit dem König den Tod, als er dessen Selbstmord verhindern wollte.

Die Bombardierung Rotterdams vorausgesehen

Vor und während des 2. Weltkrieges hatten viele sensible Menschen Wahrträume, in denen sie die schrecklichen Bombardierungen und Brände sowie den Tod geliebter Menschen exakt voraussahen. Der holländische Psychiater de Zoete sah in seinen Träumen die Bombardierung von Rotterdam und SS-Razzien in seinem Wohngebiet voraus. Er konnte mit seiner Familie noch rechtzeitig fliehen.

Wahrträume sind manchmal mit außersinnlichen Wahrnehmungen verbunden. Ferdinand Schmidt und Christiane Lange berichten in »Der Traum, dein Charakter, dein Schicksal« von dem französischen Wissenschaftler P. S. Saumaise, bei dem ein Mann erschien, der noch nie ein Wort Griechisch gehört hatte. Dieser habe im Traum einige ihm unverständliche Worte vernommen und phonetisch aufgezeichnet. Die Traumbotschaft lautete: »Verlass sofort dein Haus. Gefahr droht.« Der Mann befolgte zum Glück den Rat, denn zwei Tage später stürzte ein Teil seines Hauses ein.

Frauenträume

Der Lebenslauf einer Frau mit Menstruation, Schwangerschaft, Gebären, Kindererziehung und den Wechseljahren beeinflusst die weibliche Traumwelt in hohem Maße. Ob dabei die Erziehung, die Umwelt und die Erfahrungen als Frau eine größere Rolle spielen als Erbmasse und Gene, konnte die Wissenschaft noch nicht restlos klären. Sicher ist, dass in Frauenträumen sehr spezifische weibliche Komponenten dominieren. Frauen sind im Traum ihren echten Gefühlen näher als im Wachzustand. In ihren nächtlichen Träumen geht es oft lebhafter und erotischer zu als im Alltag.

Eine Besonderheit der Frauenträume ist, dass sie kleine Alltagserlebnisse dramatisch verarbeiten. Familie und häusliche Atmosphäre tauchen in vielfältiger Weise auf. Ist die Träumerin mit ihrem Alltag zufrieden, träumt sie positiv, begegnet Freundinnen oder Freunden in schönen Szenen.

Frauenträume sind manchmal sehr farbenfroh. Die Farben erlauben aussagekräftige Deutungen. Rot steht für Gefühl und Leidenschaft, Grün weist auf seelische Reife und Naturverbundenheit hin, Blau auf geistige Ziele.

Der Einfluss des Mondes

Frauenträume sind ein Spiegel des Lebenszyklus. Mondphasen und Biorhythmus beeinflussen sie. Während der Schwangerschaft sind sie besonders intensiv, beschäftigen sich direkt oder verschlüsselt mit der Zunahme des Fruchtwassers, mit der Angst, ob die Leibesfrucht hält und das Kind gesund zur Welt kommt. Treten in dieser Zeit Wasserträume auf, symbolisieren sie meist den Geburtsvorgang. Weitere Schwangerschaftssymbole sind Gärten, Blumen und Früchte, schwere Taschen, Blut und kuschelige Tiere. Schwangere gehen im Traum auf Reisen und erleben den Ehemann, je nach den Umständen, als hilfreich oder schwierig.

So wie sich der weibliche Körper von der Kindheit bis zu den Wechseljahren verändert, wandeln sich die Traumbilder der Frauen. Vor dem Beginn der Periode haben junge Mädchen friedvolle, manchmal märchenhafte Träume. Dann beginnt der Wunsch nach Unabhängigkeit. Die ambivalenten Gefühle den Eltern gegenüber bestimmen die Traumszenen. Da kann sich die Mutter in ein Tier, der Vater in einen Kerkermeister verwandeln. Die ersten Begegnungen mit jungen Männern zeigen sich in lebhaften Traumbildern, es kommt zu Anziehung oder Ablehnung.

In der ersten Hälfte des Menstruationszyklus träumen Frauen vermehrt von Verlust und Zerstörung, von sozialen Kontakten zu Männern und sexuellen Erlebnissen. In der zweiten Hälfte des Menstruationszyklus erscheinen der Träumenden Babys, reife Früchte oder mit Wasser oder anderen Flüssigkeiten gefüllte Gefäße.

Langweiliger Alltag, spannende Träume

Junge Frauen sind in ihren Träumen stark mit ihren Beziehungen beschäftigt. Verläuft der Alltag ereignislos, wird er manchmal mit einer besonders intensiven Traumwelt kompensiert. Häufig träumen sie von ihrem persönlichen Bereich, von geschlossenen Räumen, vom Badezimmer und den allernächsten Bezugspersonen in der Familie und im Beruf. Ein eintöniges Liebesleben kann amouröse Traumabenteuer auslösen. Bei sehr lebhaft träumenden Frauen kommt es zu einem Blutandrang in der Klitoris. Die Brustwarzen erigieren und die Traumwelt atmet Erotik.

In den Wechseljahren erleben die Frauen problembeladene Träume. Darin spiegeln sich gespannte Beziehungen zum Partner oder Unlust im Alltagsleben.

Wenn Frauen vom Feuer träumen, vielleicht eine alte Scheune oder das Auto in der Garage brennen sehen, symbolisieren die Flammen sexuelle Erregung. Ein Feuertraum ist fast immer Ausdruck starker Gefühle, die ungebändigt gefährlich sein können.

In gewalttätigen Träumen sind Frauen selten die Angreiferinnen, häufiger Opfer. Sie setzen sich in gefährlichen Situationen auf typisch weibliche Weise durch; dabei werden sie öfter von anderen Frauen gerettet. Auch dunkle, im Unbewussten verborgene Seiten der Träumerin steigen empor und zwingen sie, sich mit dem eigenen Ich auseinander zu setzen.

Manche Frauen verarbeiten in ihren Träumen bedrückende Ereignisse, mit denen sie in der wachen Welt nicht fertig werden. Dabei kann das Unbewusste bei der Problemlösung behilflich sein. Eine Frau, die ihre Träume wahrnimmt und selbstkritisch überdenkt, wird feststellen, dass sie viele wertvolle Hinweise enthalten.

Fast alle Frauen, auch kinderlose, können von einer Geburt träumen. Viele Traum-

Positive Geburtsträume

forscher halten Geburtsträume für archetypische, das heißt urtümliche Träume. Die amerikanische Psychologin Patricia Garfield sagt: »Wann immer eine Frau von einem Kind träumt, regt sich in ihr neues Leben. Schwanger oder nicht, Mutter oder nicht. Der Traum von einem wunderbaren Kind spricht davon, dass in der Träumerin neues Leben geboren wird.« Allgemein weisen Geburtsträume auf den Beginn einer positiven Lebensphase hin. Da Gebären mit Schmerzen verbunden ist – und diese im Traum erlebt werden – kann es sein, dass sich die Träumerin vor der Mutterrolle fürchtet.

In ganz unterschiedlichen Träumen wird die Einstellung der Träumerin zu Liebe und Sex sichtbar. Frauen erleben Sex im Traum mit jemandem, den sie kennen, gelegentlich auch mit Stars aus der Film- und Musikwelt. Nackt zu sein, allein mit dem Partner oder unter fremden Menschen, ist ein häufiger Frauentraum. Zuweilen weist das Symbol Nacktheit auf unterdrückte sexuelle Bedürfnisse hin. Angenehme Liebesträume sind mit sexueller Erregung verbunden. Wilde Sexträume warnen vor zu viel Leidenschaft oder sind ein Ventil für unbefriedigenden oder fehlenden Geschlechtsverkehr. Frauen, die mit ihrem Partner Probleme haben, halten sich manchmal einen Traumliebhaber, der so ist, wie ihr Mann sein sollte.

Hochzeitsträume haben zwei Gesichter

Hochzeitsträume haben zwei Gesichter. Einmal kommen sie als Alpträume, dann wieder als glückselig machende Wunschbilder vor. Wenn die Traumbraut dem Mann ihres Herzens ohne Vorbehalte die Hand reicht, dürfte sie, gleichgültig ob ledig oder gebunden, ihrer Gefühle sicher sein. Ist das nicht der Fall und quälen sie vor einer ehelichen Verbindung schwere Alpträume, dann gehört sie zu den Frauen, die sich im Unbewussten vor dem Verheiratetsein fürchten. Sie denken im Unterbewusstsein an Eheschwierigkeiten und an die Möglichkeit einer Scheidung. Offen wollen sie nicht darüber reden, aber die Ängste im Inneren lösen den Alptraum einer missglückten Hochzeit aus. Wer von einer Heirat träumt, der prüft sein Innerstes, steht vor bedeutsamen Entscheidungen im seelischen oder persönlichen Bereich.

Vieldeutige Scheidungsträume

Scheidungsträume ohne realen Hintergrund haben symbolische Bedeutung und wenig mit Ehe oder Partnerschaft zu tun. Sie können auf einen Wohnungsumzug oder einen Arbeitsplatzwechsel hinweisen. Träumt ein Single von Scheidung, dann warnt das Unbewusste vor einer Beziehung. Eine verheiratete Frau, die sich mit Scheidungsgedanken trägt, wird sich im Traum mit diesem schwer wiegenden Schritt auseinander setzen. In diesem Fall sind die Traumbilder, wie in vielen anderen Frauenträumen, ein Barometer für die inneren Gefühle.

Ist die Hauptperson in einem Frauentraum ein Baby, dann verfolgt die Träumende vielleicht ein neues berufliches oder persönliches Projekt. Sie fühlt sich durch ihren Schaffensdrang wie neu geboren. Manchmal können Babyträume auch mit Schwangerschaft, Geburt oder dem intensiven, aber noch nicht erfüllten Wunsch nach einem Kind zusammenhängen. Ob das zutrifft, ergibt sich aus der realen Lebenssituation. Möglich ist auch, dass häufige Babyträume auf eine kindliche Unreife hindeuten, sie verraten den Wunsch, gehätschelt und umsorgt zu werden.

Im Alter sind Erinnerungsträume häufig. Schwierige Lebensphasen melden sich zurück. Auch der Gesundheitszustand spielt eine Rolle. Oft tauchen Szenen von verlorenen oder verlegten Gegenständen auf, immer wieder erscheinen dem Träumenden die Kinder in jungen Jahren oder längst Verstorbene. Nur gelegentlich tauchen romantische oder erotische Bilder auf. Archetypische Figuren, wie ein Priester oder eine wundertätige Frau, machen auf spirituelle Wünsche aufmerksam. Wer von der Vorstellung des eigenen bevorstehenden Todes gepeinigt wird, kann im Traum durch Bilder voller Licht und Harmonie getröstet werden.

Männerträume

Die Traumwelt der Männer ist eher kraftvoll, selten feinfühlig. Niedliche Katzen und Kuscheltiere treten nur in Ausnahmefällen auf, dafür bevölkern große Raubtiere oder bekannte Sportler die Traumszenen.

Erfolgreicher Sex ist häufiger als romantische Liebesspiele. Und falls bei den Männern, die vorwiegend schwarzweiß träumen, Farben auftauchen, sind sie kräftig und fast aufdringlich. Pastelltöne fehlen.

Persönliche Erfolge sind wichtig

Männer lieben im Traum schnelle Autos und ein dickes Bankkonto. Die amerikanische Traumforscherin Patricia Garfield stellte fest, dass für Männer persönliche Erfolge auf allen Gebieten wichtiger sind als partnerschaftliches Zusammenleben und gemeinsame Erfolge.

Männerträume spielen oft in fernen oder unbekannten Ländern. Die häusliche Umgebung erscheint dem Träumenden nur dann, wenn sie im Wachleben gefährdet ist. Männer möchten auch im Schlaf dominieren oder Macht ausüben. Sie kämpfen gern, wollen siegen und können schlecht verlieren.

Im Männertraum blitzt und donnert es, toben Unwetter und heult der Sturm, nur selten bleibt die Natur friedlich, blühen Blumen, spielen Kinder im Garten.

Ängste lösen Alpträume aus

Männer, die hart arbeiten und in ihrem Beruf Erfolg haben, sind in ihren Träumen nicht immer die großen Gewinner. Im Wachleben unterdrückte Zweifel und Ängste bleiben im Unbewussten haften und lösen unter Umständen schwere Alpträume aus. Viele Schläfer sind dauernd in Bewegung, reisen um die ganze Welt. Wenn Männer ernsthafte Probleme haben, gleichgültig welcher Art, werden sie in ihren Träumen mit schwierigen Situationen konfrontiert, die ihre Lage im Wachsein verdeutlicht. Sind sie unglücklich, unzufrieden oder erfolglos, kompensieren sie ihr Schicksal in Wunschträumen, in denen sie ihres Glückes Schmied sind.

Für viele Männer ist das Berufsleben ein wesentlicher Teil des Traumgeschehens. Zur Erholung besitzen sie hochtourige Motorräder, Rennwagen, schnittige Boote oder Flugzeuge, die sie meisterlich beherrschen. Männer können im Alltag Unangenehmes so geschickt verdrängen, dass es auch im Schlaf nur noch selten auftaucht. Sie träumen lieber von Erfolg, Reichtum und Aufstieg im Berufsleben. Technisch Interessierte lösen im Schlaf schwierigste Probleme, landen auf dem Mars oder erfinden fantastische Maschinen.

Aktives Liebesleben

In seinen Träumen entwickelt der Mann ein aktives Liebesleben, fühlt sich den Frauen überlegen oder lässt sich von ihnen maßlos verwöhnen. Romantische Stunden sind selten. Erfolgreich flirten sie mit weiblichen Stars, die sie aus Film und Fernsehen kennen. In ihren Sexträumen erobern sie hemmungslos die Nachbarin, Mitarbeiterinnen, Bekannte und nicht ungern die Freundinnen ihrer Frau, die sie im Wachleben nicht anzufassen wagen. Die eigene Partnerin taucht in ihren erotischen Traumbildern selten auf. Zart besaiteten, feinfühligen Männern sind diese wilden Erfolgsträume fremd. Sie erleben in der Nacht eher beklemmende Angst- und Versagensträume, oder aber sie ruhen sich bei sanften, liebevollen und einfühlsamen Traumfrauen aus.

Kinderträume

Kinder befreien sich in ihren Träumen von bedrückenden Gefühlen und Sorgen. Sie äußern ihre Wünsche und lassen uns mit der Traumerzählung an ihrem Innenleben teilnehmen. Oft träumen sie kunstvoll und kreativ, sehen leuchtende Farben und schöne Landschaften. Ihre Träume sind fantasievoller als die der Eltern. Wenn sie sich fürchten, entstehen grauenvolle Schreckensbilder.

Jede Altersstufe hat ihre typischen Träume. Bis zum 3. Lebensjahr unterscheiden Kleinkinder kaum zwischen Traumwelt und Wirklichkeit. In den ersten vier bis sechs Lebensjahren haben die Kinder unseres Kulturkreises ähnliche Traumbilder. Sobald sie sich einigermaßen verständlich machen können, berichten sie von dem erlebten Traum, wobei ihre Schilderungen oft recht knapp ausfallen. Zum Beispiel: »Diese Nacht hatte ich es sehr lustig. Papi hat mich gekitzelt. Ich habe viel gelacht.«

Tiere spielen eine große Rolle

Ältere Kinder verarbeiten in ihren Träumen Themen wie das Festhalten am Vertrauten oder die notwendige, aber manchmal gefahrvoll erscheinende Selbstständigkeit. Groß ist die Angst vor dem Alleinsein und dem Verlassenwerden. Eine wichtige Rolle spielen die Tiere. Der amerikanische Traumforscher Van de Castle hat bei einer Untersuchung von 450 Kinderträumen festgestellt, dass in 61 Prozent aller Kinderträume von Vierjährigen Tiere vorkommen, bei den Achtjährigen sind es noch 28 Prozent und bei den Vierzehnjährigen nur noch 16 Prozent. Dabei erscheinen in Mädchenträumen kleinere, aber auch recht große Säugetiere, während die Jungen Riesentiere und Reptilien bevorzugen. Van de Castle glaubt, dass die Tiere archetypische Symbole sind und aus dem kollektiven Unbewussten stammen, aus der Zeit als die wilden Tiere noch die Menschen bedrohten. Nach C. G. Jung deuten die Traumtiere auf die verschiedenen Wesensmerkmale des Träumenden hin.

Auffallend ist, dass die Vier- bis Sechsjährigen wenig von den Eltern träumen, ausgenommen es bestehen Spannungen in der Familie. Da das Kind in diesem Alter stark mit Mutter und Vater verbunden ist, spürt es verheimlichte Differenzen im Unterbewusstsein. Die Vorschulkinder beschäftigen sich neben den Tieren mit den Gestalten aus der Märchen- oder Fernsehwelt. Es ist schön, wenn Kinder den Erwachsenen ihre Träume freiwillig berichten. Allerdings sollte man nicht allzu genau nachfragen, sonst wird der Traum sehr schnell fantasievoll erweitert oder umgedichtet.

Mit der Einschulung ändern sich die Träume

Mit der Einschulung beginnt ein neuer Lebensabschnitt. Die Sieben- bis Zehnjährigen machen neue Erfahrungen außerhalb des Elternhauses. Ihre Träume werden länger, komplizierter. Die Konflikte in der Familie tauchen auf, unbeliebte Mitschüler und Lehrer können eine Rolle spielen, aber häufiger als Schulprobleme sind Abenteuer-, Tier- sowie Flug- und Fallträume. Die Traumwelt ist jetzt voller Symbolik. Die Fallträume, zum Beispiel der Sturz in eine tiefe Grube, ist ein Hinweis auf eine unmittelbare Gefahr. Der Unterschied zwischen den Traumszenen bei Mädchen und Jungen ist größer geworden. In der Trotzphase, wenn das Kind selbstständig wird, kommt es zu wirrem und aggressivem Traumgeschehen. In der vorpubertären Zeit ärgern die Jungen die Mädchen oder interessieren sich für sie und umgekehrt. Mädchen verleugnen oft das Weibliche und sind in ihren Träumen, mehr als im Alltag, wild und kämpferisch.

Das Erwachen der Sexualität prägt die Traumarbeit

In den Träumen der Vierzehn- bis Sechzehnjährigen spielt das Erwachen der Sexualität eine entscheidende Rolle. Für Mädchen sind Emotionen, Wärme und eine gute Beziehung wichtig und Bestandteil von ihren Wunschträumen. Die Jungen kämpfen um Anerkennung, Selbstständigkeit und Erfolg im Sport und in der beruflichen Ausbildung. Die Erkenntnis, dass man für das andere Geschlecht interessant wird, führt zum Erleben von Annäherung und Ablehnung in Liebesszenen. Angst mischt sich mit Hoffnung. Die Traumbilder sind denen der Erwachsenen ähnlich.

Die häufigsten Traumarten

Alltagserlebnisse im Traum

In unseren ganz normalen Träumen von gestern und heute gleiten die einzelnen Bilder an uns vorüber, wie eine Landschaft, die wir vom Schnellzug aus erhaschen. Hie und da schleichen sich Traumszenen von tieferer Bedeutung ein. Häufig signalisieren die Bilder, dass wir im Leben etwas versäumt haben.

Einblick in die eigene Persönlichkeit

Zwei Drittel unserer Träume sind Alltagsträume. In der Regel spiegeln sie unbedeutende Situationen. Sie dienen dem Abbau innerer Spannungen und haben keinen tieferen Sinn. Andere jedoch sind aussagekräftiger, sie gewähren uns Einblick in die eigene Persönlichkeit und geben uns Aufschluss über unser Verhalten im Alltag. Da kann ein Streit, über den wir uns geärgert haben, so überzeichnet nachgestellt werden, dass wir erkennen, wie unfair wir uns in dem Disput verhalten haben. Vielleicht zeigt uns das Unbewusste auch Möglichkeiten für die Überwindung einer Schwierigkeit. Allerdings bieten unsere Träume oft Scheinlösungen an, die nicht realisierbar sind.

Schon wieder den Zug verpasst

Zu den Alltagsträumen gehört oft das Bild, dass wir einen Termin oder eine Fahrgelegenheit verpassen. Wir hetzen zum Bahnhof, und der Zug fährt uns vor der Nase ab. Diese Träume von versäumten Verkehrsmitteln oder geplatzten Verabredungen sind Angstvisionen, die nichts mit mangelnder Pünktlichkeit zu tun haben. Sie weisen darauf hin, dass wir in unserem Innersten befürchten, den Lebensanforderungen nicht gewachsen zu sein. Vielleicht haben wir eine berufliche Chance übersehen, die Vertiefung einer persönlichen Beziehung vernachlässigt oder eine uns entgegengebrachte große Liebe nicht ausreichend gewürdigt.

Bei der Untersuchung von über 1000 Alltagsträumen stellte der amerikanische Psychologe C. Hall fest, dass mehr als die Hälfte aller Träume in fremden Umgebungen spielen. 50 Prozent der handelnden Personen waren dem Träumer bekannt. Die Aktivitäten im Traum verteilten sich fast gleichmäßig auf Sprechen und Fortbewegung. In jedem vierten Traum wechselte die Umgebung mehrmals. Zu aggressiven Aktionen kam es in knapp der Hälfte der Träume, wobei die träumende Person häufig das Opfer war. Freundliche Begegnungen waren in jedem zweiten Traum vorhanden, sexuelle in jedem zehnten.

Im Rahmen der experimentellen Traumforschung stellten Inge Strauch und Barbara Meier 1992 fest, dass wir uns die Themen für unsere Träume selten auswählen können. Sie werden oft durch die Dinge angeregt, die uns tagsüber beschäftigen. Dabei lässt sich der Traum nicht vorschreiben, in welche Bilder er die Erlebnisse umsetzt.

Nächtliche Seelenhygiene

Träume, in denen wir das Tagesgeschehen verarbeiten, dienen der seelischen Hygiene. Sie sorgen dafür, dass wir den Kopf frei haben, für die Bewältigung des täglichen Lebens. Eine tiefere Bedeutung besitzen die Alltagsträume, die in der Regel nur wenig verschlüsselt und deshalb leicht deutbar sind, höchst selten.

Krankheit im Traum

Egal, ob man im Traum von einer schweren Krankheit heimgesucht wird oder im Operationssaal auf den Chirurgen wartet – körperliches Leid erleben Träumende häufig sehr eindrücklich. Wer diese nächtlichen Botschaften entschlüsseln will, steht vor einer schwierigen Doppelaufgabe: Einerseits dürfen Krankheitsträume nicht zu wörtlich genommen werden, andererseits kann es sich um einen körperbedingten Traum handeln.

Das Unbewusste warnt

Die moderne Traumforschung hat festgestellt, dass es Träume gibt, die auf eine begonnene Erkrankung hinweisen, die man bewusst noch gar nicht wahrgenommen hat. Manchmal weisen Traumszenen sogar in aller Deutlichkeit auf die betroffenen Körperstellen hin. Wahrscheinlich ist die Ablenkung im Alltag so groß, dass die Warnsignale nicht bemerkt werden. Im Schlaf verschwinden die Umwelteinflüsse und die vom vegetativen Nervensystem registrierten körperlichen Veränderungen alarmieren das Gehirn. Nach C. G. Jung wird das Bewusste von dem Unbewussten informiert und löst die Warnträume aus.

Traumbilder von einer Krankheit können von einer psychosomatischen Störung ausgehen, die infolge schwerer seelischer Belastung zu einer organische Erkrankung führt. Verwirrend ist, dass sich manche Krankheitsträume gar nicht auf den ersten Blick als solche zu erkennen geben.

Atemnot im Schlaf

So träumte eine junge Frau zum Beispiel wiederholt, dass sie in einer fremden Stadt durch enge Gassen spaziert oder im Gebirge auf schmalen Pfaden zwischen hohen Felswänden wandert und dann in Panik gerät, weil sich Häuser oder Felsen immer mehr zusammenschieben und sie zu zerquetschen drohen. Der zu Rate gezogene Psychotherapeut fand heraus, dass die Frau an einer Erkrankung der Atmungsorgane litt. Die Atemnot im Schlaf löste das Traumbild von der bedrohlichen Enge aus.

Symbolträume, die verschlüsselt auf Krankheiten hinweisen, können folgende Inhalte haben: Wer im Traum auf einer Schaukel sitzt und diese lebhaft in Schwung hält, leidet im Schlaf an Beklemmungsgefühlen. Träume von dunklen Höhlen können ein Hinweis auf schlechte Zähne sein, die behandelt werden sollten. Eine Zimmerdecke, die sich bedrohlich senkt und vielleicht sogar den Kopf des Träumenden berührt, deutet seelische Konflikte an, die Kopfschmerzen verursachen. Wer im Traum viel Blut sieht, könnte ein Nerven- oder Herzleiden haben. Eine Überfunktion der Schilddrüse kann wilde Tanzträume auslösen.

Krankheitsträume enthalten Botschaften der Seele

Die meisten Träume von einer Erkrankung verweisen eher auf einen psychischen Erschöpfungszustand als auf körperliches Leid. Das Unbewusste suggeriert beispielsweise im Traum eine Herzkrankheit, weil es vor einer Verschwendung der Kräfte warnen will. Es löst schwere Fieberträume aus, weil die Glut der Leidenschaften bedrohlich geworden ist. Wer im Wachleben mit harten Tatsachen nicht fertig wird, sie sozusagen nicht verdaut, ist im Traumgeschehen magenleidend. Und wer eine Niederlage im Tagesgeschehen rasch wegzustecken versucht, kann im Traum plötzlich nicht mehr weitergehen, ist gelähmt. Das Unbewusste mahnt ihn, nicht vor Problemen zu flüchten, sondern sie zu überdenken.

Erlebte Verletzungen und Wunden im Traum schmerzen im Allgemeinen nicht, sie machen darauf aufmerksam, dass die Psyche leidet. Augenprobleme zeigen, dass man die eigene Lebenslage nicht richtig sieht.

Führende Psychoanalytiker sind der Ansicht, dass viele Träume von psychisch Kranken chaotische und archaische Inhalte besitzen und stark selbstzerstörerische

Elemente aufweisen. Krankheitsträume dieser Art sind Botschaften aus dem Innersten und zeigen, wie sehr Körper und Seele miteinander verbunden sind. Sie sollten beachtet werden, damit wir keinen seelischen Schaden erleiden.

Todesträume

Seit Urzeiten hat sich der Mensch mit dem Tod auseinander gesetzt. Unsere vielschichtigen Todesträume belegen, dass die Gedanken an das Sterben als archaisches Geschehen tief im Unbewussten verankert sind. Dennoch haben die Träume vom Lebensende, vom Verlust eines Mitmenschen oder die Begegnungen mit Verstorbenen nur ausnahmsweise mit dem eigenen leiblichen Tod zu tun. Auch Traumszenen, in denen wir selbst sterben oder die trauernden Hinterbliebenen über uns reden hören, verkünden keine Todesnachricht. Die vielen oft seltsamen Bilder vom Sterben besagen, dass wir an einem inneren Wendepunkt stehen. Ein Lebensabschnitt ist beendet, ein neuer beginnt. Vielleicht zerbricht eine Liebe, eine Freundschaft, vielleicht suchen wir im Beruf eine neue Herausforderung oder mehr seelischen Halt.

Todesträume weisen auf Lebenskrisen hin

Todesträume sind Sendboten aus dem Unbewussten, aus der Seele, die uns bevorstehende Veränderungen im realen Leben anzeigen. Sie sind häufig beim Übergang von der Pubertät zum Erwachsensein, während der Wechseljahre der Frauen und der Männer und beim bevorstehenden Eintritt in den Ruhestand. Sie treten in mannigfacher Art bei Lebenskrisen auf und machen uns darauf aufmerksam, dass wir das Vergangene, das Abgestorbene hinter uns lassen, Zukunftspläne schmieden und nach neuen Möglichkeiten Ausschau halten sollten.

Die Träume von Toten beziehen sich kaum einmal auf andere Personen, sie gehen uns selbst an. Wird in unserem Traum ein Mensch ermordet, ertrinkt er oder stürzt er ab, sollten wir prüfen, welche Wünsche, Gedanken, Hoffnungen und Pläne wir in letzter Zeit zu Grabe getragen haben. Vielleicht sind Lebenskräfte aufgebraucht worden, die jetzt fehlen.

Falls Sterbende Todesträume haben, setzen sie sich mit dem Abschied vom Leben auseinander. Das kommt jedoch eher selten vor. Offenbar ist – wie C. G. Jung feststellte – unser Unterbewusstsein am Tod des Körpers kaum interessiert und reagiert so, als würde das psychische Leben nach dem Tod weitergehen. Träumen wir vom Tod eines uns nahe stehenden Menschen, wollen wir uns geistig von ihm lösen, ungeachtet ob er noch lebt oder tatsächlich gestorben ist.

Eine Todesnachricht, die wir im Traum erhalten, ist eine verschlüsselte Botschaft der Seele an unser Bewusstsein. Vielleicht sollten wir uns um den angeblich Verstorbenen mehr kümmern, von ihm angebotene Hilfen prüfen oder nicht mehr mit ihm verkehren, da er in unserem Innern keine Rolle mehr spielt, also gestorben ist.

Erscheint ein Verstorbener immer wieder in unseren Träumen, dann will er uns daran erinnern, dass er wirklich tot ist und wir uns endgültig von ihm verabschieden und dem eigenen Leben zuwenden sollten. Viele Todesträume ohne realen Hintergrund fordern uns auf, die innere Lebenseinstellung zu überprüfen und einen Neuanfang zu wagen.

Begräbnis: Ein vieldeutiges Symbol

Sargträume haben mit dem Tod wenig zu tun. Oft schwimmt der Sarg wie ein Boot auf dem Wasser oder schwebt, von unsichtbaren Kräften gelenkt, über Felder und Wiesen ins helle Licht. Auch diese Traumszenen umschreiben ein notwendiges Abschiednehmen von unerfüllbaren Wünschen oder Erlebtem.

Ein Begräbnis, dem wir im Traum als Beteiligter oder Zuschauer beiwohnen, ist ein vieldeutiges Symbol. Vielleicht möchten wir von einem bestimmten Menschen nichts mehr wissen, wünschen uns insgeheim, er wäre tot, oder wir sind unzufrieden, fühlen uns überfordert, sind im Innersten einsam und wollen alle Schwierigkeiten begraben. Ein Begräbnis kann auf tatsächliche oder eingebildete alte Schuldgefühle hinweisen, die uns immer wieder einholen und endgültig versenkt werden sollten. Nehmen wir an einer Beerdigung teil, müssen wir uns mit einem Verlust abfinden.

Im Traumgrab liegen die verlorenen Hoffnungen, die unerfüllten Wünsche. Vielleicht deutet die tiefe Grube im Erdreich auf eine schwierige Lebenssituation hin, aus der wir keinen Ausweg finden. Das Symbol Friedhof kann ähnlich gedeutet werden. Wir trauern aus manchmal unerfindlichen Gründen, suchen Trost und den Zugang zu unserem Innersten. Das »zu Grabe tragen« weist auf die Unerfüllbarkeit eigener Wünsche und Pläne hin, wobei sich neue Lebenswege öffnen können. Wer im Traum beerdigt wird oder beerdigt werden möchte, leidet unter Depressionen, ist unter Umständen suizidgefährdet.

Leichenträume deuten auf seelisch Belastendes hin, das man noch nicht losgeworden ist. Vielleicht findet man im Kofferraum eines Autos eine Leiche, oder sie fällt unversehens aus dem Kleiderschrank. Solche grauenvollen Traumbilder zeigen, dass wir unser Lebensgepäck mit viel zu viel Ballast an Totem und Abgestorbenem, an Seelenschmerz und Urängsten beladen haben.

Die Toten leben in uns weiter

Beruhigend sind die Bilder von lieben Verstorbenen, die uns im Traum als Lebende begegnen. Einmal gehen sie wortlos dicht neben uns, oder sie reden eindringlich auf uns ein, ein anderes Mal sind sie in weiter Ferne nur schemenhaft erkennbar. Träume dieser Art beweisen, dass die Toten in unserer Seele nicht gestorben sind, sondern in uns weiterleben.

Angst- und Alpträume

»Hilfe!, Hilfe!«, schreit die Träumerin im Schlaf und wacht schweißgebadet auf. »War das schrecklich«, stöhnt sie, »ein unbekannter Mann hat mir Ziegelsteine auf die Brust gelegt.« Ein solcher Alptraum kann sowohl durch äußere Einflüsse – wie zum Beispiel eine viel zu schwere Bettdecke – als auch durch seelische Probleme ausgelöst worden sein.

Wenn der Alptraum kommt, dann ist es mit unserer Ruhe vorbei. Schreckliche Bilder bedrohen uns. Der Körper macht keinen Unterschied zwischen Realität und Traum. Er reagiert wie im Wachleben. Die Puls- und Herzfrequenz erhöht sich, die Atmung wird flacher, der Blutdruck steigt an. Wir fangen an zu schwitzen. Im schlimmsten Fall wachen wir voller Panik mit einem gellenden Schrei auf und wissen zuerst nicht, wo wir uns befinden. Es dauert einige Zeit, bis wir merken, dass wir geträumt haben und die Geister und Schatten, die uns bedrohten, nur in unserer Traumfantasie existierten. Ein Alptraum will uns immer etwas sagen. Zum Beispiel, dass wir mit einer Lebenssituation nicht klarkommen.

Unsere dunklen Seiten

Angst- und Alpträume lassen sich nicht immer eindeutig voneinander abgrenzen. In beiden Fällen sind Angstgefühle die Ursache dafür, dass man aus dem Schlaf aufschreckt. Das ist besonders bei Alpträumen der Fall, die Herz- und Atembeschwerden auslösen oder von diesen Leiden ausgehen. Früher nahm man an, ein böser Geist, der Alp, habe sich dem Schläfer auf die Brust gesetzt. Im Mittelalter hat in den Angstträumen der Teufel in vielerlei Gestalt sein Unwesen getrieben. Heute übernehmen ein uns feindlich gesinnter Vorgesetzter, eine unheimliche Maschine oder ein auf uns zu rasendes Auto die Rolle des Satans. Jung sah in den Alpträumen die archaischen Sendboten der dunklen Seiten unserer seelischen Triebkräfte.

Frühere Fehler rächen sich

Angstbeladene Träume haben oft einen realen Hintergrund, hängen mit Sorgen und Befürchtungen im Wachzustand zusammen. Sie treten auch auf, wenn wir befürchten, etwas zu verlieren, was uns lieb ist. Ebenso können berufliche oder persönliche Krisen, sexuelle Probleme und Zukunftsangst die Ursache sein. Einige Alpträume werden durch eine schwere Geburt oder traumatische und unbewältigte Kindheitserlebnisse immer wieder ausgelöst. Ebenso kann ein in der Vergangenheit begangener Fehler einen seelischen Konflikt hervorrufen, der im Traum sichtbar wird. Freud glaubte, dass Alpträume durch Neurosen entstehen. Vielleicht führt der unbewusste Wunsch nach Bestrafung zu einem Alptraum. Ernest Jones, Freuds Biograf, glaubte, dass Alpträume durch unbewusste Inzestwünsche ausgelöst werden könnten.

Sicher ist, dass Alkohol, Drogen und Medikamente eine wesentliche Rolle bei der Entstehung von Alpträumen spielen. Auch Betablocker sowie Medikamente gegen Schlaflosigkeit, Schmerzen und Erkältungen können Auslöser sein.

Träume bauen Spannungen ab

Nach dem Aufwachen aus dem Alptraum haben wir manchmal körperliche Schmerzen, einen verspannten Nacken, einen trockenen Gaumen oder steife Glieder. Das beweist, wie stark der Körper auf das Traumgeschehen reagiert. Schrecken wir aus einem Alptraum nicht hoch, erwachen wir am nächsten Morgen mit bedrückenden und unguten Gefühlen.

Alpträume spiegeln Konflikte

Die Mehrzahl der Alpträume spiegelt einen Konflikt und fordert zur Auseinandersetzung mit den Problemen auf. Manchmal liefert das Traumgeschehen Hinweise für die Lösung einer unerfreulichen Situation, manchmal helfen sie innere Spannungen abzubauen.

Typische Traumsymbole sind der Abgrund, der für drohende Gefahr steht, unüberwindbare Hindernisse, die auf Hemmungen aufmerksam machen, riesige Schatten und bedrohliche Verfolger, die darauf hinweisen, dass wir uns im Dickicht des Lebens nicht mehr zurechtfinden. Sind wir im Traum das Opfer, werden wir verfolgt oder gejagt, könnte das eine unbewusste Verschleierungstaktik sein, die uns vor unseren eigenen aggressiven Impulsen schützt.

Geister- und Katastrophenträume umschreiben die Angst des Träumenden vor dem realen Leben. Wiederholen sich die Angst- und Alpträume in bedrohlicher Weise, ist es ratsam, einen Psychologen oder Therapeuten aufzusuchen.

Flug- und Fallträume

Herrlich ist es, im Traum schwerelos und ohne Fluggerät zu schweben. Unten eine wunderbare Landschaft, darüber eine strahlende Sonne, ein tiefblauer Urlaubshimmel. Wer so träumt, ist glücklich. Der Wunsch, frei zu sein, hat sich für ein paar Augenblicke erfüllt. Manchmal steigen wir in einen Lift und gleiten mit ihm empor, ohne Halt, durch das Dach, bis zu den Wolken. In anderen Träumen stehen wir auf einer Terrasse, werden schwerelos und heben ab in den Sternenhimmel. Ob es sanft oder stürmisch zugeht, ob man ganz langsam gleitet oder pfeilschnell über Berge, Wälder und Seen jagt, hängt von der Lebenssituation ab.

Traumbilder vom Fliegen sind uralt

Flug- und Fallträume gehören zu den typischen Traumbildern. Manche bestehen nur aus Fliegen, bei anderen dominieren Fall und Sturz. Traumbilder vom Fliegen sind uralt. Sie wurden schon von ägyptischen Traumdeutern analysiert. Sie glaubten, dass jemand, der im Traum zum Himmel schwebt, einen Ausweg aus einer schwierigen Situation findet. Goethe erzählte, dass er in Träumen sehr oft und gänzlich unbeschwert unter der Zimmerdecke im Kreis herumflog.

In unserer Zeit sind Flugträume recht häufig. Kein Wunder, denn schließlich nutzen wir Flugzeuge mit allergrößter Selbstverständlichkeit, wir fliegen mit ihnen in die Ferien oder sehen sie an klaren Tagen als Kometenstreifen hoch oben im Himmelsblau.

Fliegen und Schweben: Ein Liebesrausch

Der Wunsch, sich zum Himmel emporzuschwingen, sich von der Erde zu lösen, ist leicht nachvollziehbar. Vielleicht sehnt man sich nach mehr Anerkennung, oder man möchte der gegenwärtigen Situation entfliehen. Da kommt im Schlaf der Flugtraum zu Hilfe, schenkt uns für einen Augenblick das Gefühl grenzenloser Freiheit und Schwerelosigkeit.

Hinter den Flugträumen steht oft der Wunsch, sich aufzuschwingen, um einen besseren Überblick zu gewinnen, um hinter die Dinge zu sehen. Sigmund Freud war der Ansicht, dass Flugträume auf unerfülltes sexuelles Verlangen hinweisen. Fliegen und Schweben seien wie ein Liebesrausch.

Wer unbeschwert vom Fliegen träumt, ist im »Traumreich Luft« zu Hause und gehört zu den Menschen, die das Leben von der heiteren Seiten nehmen und die sich vielleicht allzu sorglos dem Genuss hingeben.

Leider ist Fliegen oft mit einem Fall, mit einem Absturz verbunden. Solange man fliegt, werden im Traum die Alltagslasten zur Seite geschoben. Die Landung – oder ein Absturz – bringt den Träumenden wieder zurück zu den Problemen und Sorgen, die ihn bedrücken. Calvin Hall glaubt, dass Fallträume eine Bestrafung darstellen, weil man gegen sein Gewissen gehandelt hat.

Der Fall symbolisiert Zweifel, Unsicherheit und Lebensangst. Gerade für Frauen sind Fallträume typisch. Der Sturz ist oft eine Mahnung, er warnt vor Leichtsinn und vor oberflächlicher Betrachtungsweise. Frauen, die sich immer beherrschen und nicht gehen lassen wollen, erinnert der Traum daran, dass die Erfüllung eines unterdrückten Wunsches die Seele beglückt. Allgemein weisen Fallträume auf Hilflosigkeit und fehlende Selbstkontrolle hin.

Kommen Fliegen und Fallen im selben Traum vor, dann fällt dem Träumer im Alltag eine Entscheidung schwer. Der Versuch, Menschen oder Situationen einzuschätzen, führt zu keinem schlüssigen Ergebnis.

Angst vor Flugreisen

Träumen schwangere Frauen von einer Flugreise und fühlen sich dabei nicht wohl oder ängstigen sich gar, dann ist das typisch für die Zeit vor der Geburt, sagt Patricia Garfield.

In den Wechseljahren haben Frauen häufiger Fall- als Flugträume. Sie dürften meist körperlich und nur selten seelisch bedingt sein. Typisch für dieses nächtliche Erlebnis ist, dass die Träumerin schweißgebadet aufwacht und das Gefühl hat, aus dem Nichts in die Tiefe gefallen zu sein.

Flug- und Fallträume können manchmal körperliche Auslöser wie Herzrhythmusstörungen oder eine gestörte Atemrhythmik haben. Wenn man während eines Falles noch vor dem Aufschlag verängstigt erwacht, dann ist möglicherweise eine kleine Kreislaufstörung die Ursache für das plötzliche Traumende. Auch seelisches Unwohlsein, die Angst vor einer Trennung, vor Versagen im Beruf oder in der Partnerschaft lösen Fallträume aus. Sie deuten auf innere Zweifel hin und verraten eine gewisse Lebensangst.

Im Gegensatz zu Fallträumen sind viele Flugträume sehr angenehm. Sie ermöglichen ein glückliches Erwachen. Wer krank ist, erlebt einen beklemmenden Flugtraum, der sich nicht selten zu einem bedrückenden Verfolgungstraum auswächst, in dem sich unheimliche Gestalten und schreckliche Tierfratzen im Flugzeug herumtreiben.

Zu den häufigsten Ursachen für angenehme Flugträume gehören:
- Der Wunsch nach Verwirklichung eines geheimen Anliegens
- Die Sehnsucht, sich über das Alltagsleben hinwegzusetzen
- Die Flucht vor der harten Wirklichkeit als Balsam für die Seele
- Beglückende sexuelle Wunschvorstellungen

Wasserträume

Wasser: Ursprung des Lebens

Im Wasser liegt der Ursprung allen Lebens. In unseren Träumen ist das Wasser sowohl das Symbol für das Unbewusste in uns als auch für Energie und seelische Kraft. Traumszenen mit Wasser verkörpern unser Seelenleben mit allen bewussten oder im Unterbewusstsein wirksamen Gedanken.

Das Leben beginnen wir als Wassergeschöpfe. Wir schweben im Mutterschoß in einem Meer voll Flüssigkeit. Während dieser Zeit muss die schwangere Frau viel trinken. Verständlich, dass in ihren Träumen das Wasser eine große Rolle spielt, sagt Patricia Garfield.

Glückliche Wasserträume zeigen, dass wir seelisch gefestigt sind. Manchmal warnen sie auch vor Selbstzufriedenheit. Wir sollten uns immer wieder bemühen, unsere Energien und seelischen Kräfte sinnvoll einzusetzen. Badeszenen, in denen wir uns reinigen, verraten, dass wir uns von seelischen Lasten befreien wollen. Sie deuten den Wunsch nach einer inneren Neugeburt an.

Wer im Wasser schwimmt, ein fernes Ufer erreichen will, möchte sein gegenwärtiges Leben verändern; wer dabei in einen Sturm gerät und mit den Wellen kämpft, muss im Wachleben schwierige Situationen meistern.

Ruhiges Wasser steht für seelisches Gleichgewicht

Wenn das Wasser im Traum ruhig strömt oder sanft dahinplätschert, ist das Seelenleben im Lot. Überschwemmungen warnen vor übermächtigen Gefühlen und Maßlosigkeit. Das Traumbild des Ertrinkens weist auf Hilflosigkeit und mangelndes Selbstvertrauen hin, man will Unangenehmes nicht erkennen oder verdrängen.

In Frauenträumen ist Wasser oft das Symbol für Zeugung und Geburt. In Schwangerschaftsträumen verrät es den seelischen Zustand der Träumerin und ihre um das Baby kreisenden Hoffnungen und Ängste.

Steigt jemand ins klare Wasser und schwimmt darin, möchte er zu neuen Ufern aufbrechen. Trübes Wasser deutet auf eine schwierige Lebensphase hin.

Die wohlgefällige Betrachtung seines Spiegelbildes im dunklen Wasser warnt den Träumenden vor Illusionen, macht ihn auf seine Schattenseiten aufmerksam. Ist man mit dem Spiegelbild unzufrieden, sollte man seine Lebenseinstellung überdenken.

Traumbilder vom Meer symbolisieren unsere Verbundenheit mit der menschlichen Entwicklung seit Urzeiten. Ebbe und Flut machen auf die eigene Gefühlswelt aufmerksam. Sehen wir einen Fluss, einen Strom, der ins Meer mündet, möchten wir unser Leben neu gestalten. Auch die Art und Weise, wie wir im Traum einen Fluss überqueren, gibt uns Hinweise auf die aktuelle Lebenssituation – je nachdem, ob es sich als einfach, schwierig oder unmöglich erweist.

Wer taucht, sucht sich selber

Auftauchen aus dem Wasser könnte die Entstehung einer Idee symbolisieren. Besonders bedeutungsvoll sind Traumbilder vom Tauchen. Sie stehen für den Wunsch, in das Unbewusste einzutauchen, um sich selbst zu finden.

Feuerträume

Feuer – das Symbol für Geist, Liebe und Begierde

Der Urmensch hat das ihn bedrohende Feuer gezähmt und es sich für seine Zwecke nutzbar gemacht. Heute ist Feuer das Symbol für Geist, Liebe und Begierde. Es ist nicht nur das gleichnishafte Bild für unsere Sinnenlust, sondern auch ein Hinweis auf einen Läuterungsprozess, der Überholtes verbrennt. In der Traumsprache zeigt das Feuer an, was in unserer Seele glüht, uns beflügelt, wärmt oder vernichtet. Die im Traum gesehenen und nicht bedrohlich wirkenden Flammen symbolisieren psychische Energie. Die Hitze des Feuers weist, je nach Traumhandlung, auf starke positive oder negative Gefühle hin.

Wem im Traum ein bedrohliches Feuer entgegenschlägt, sollte seine gegenwärtige Situation kritisch hinterfragen. Die Bilder von einem Großfeuer weisen auf Verbotenes oder Gefährliches hin, warnen unter Umständen vor einer verzehrenden Leidenschaft.

Erloschenes Feuer zeigt erloschene Hoffnung

Wenn im Traum Freudenfeuer brennen, entsteht Neues. Erlischt das Traumfeuer und lässt nur noch Asche zurück, stimmen die Wünsche und Hoffnungen nicht mit der Wirklichkeit überein. Kleine, aber doch bedrohliche Traumfeuer zeigen an, dass das innere Gleichgewicht gefährdet oder bereits aus den Fugen geraten ist. Wo ein Kaminfeuer angenehme Wärme verbreitet, sehnt man sich nach Geborgenheit in der Familie.

Einzelne Flammen symbolisieren das männliche Geschlecht. Erlöschen sie in einem Männertraum, dann fürchtet der Träumer um seine Liebeskraft. Hohe, lodernde Flammen deuten auf eine verzehrende Leidenschaft hin.

Brennt es in einer Wohnung oder im Haus, stehen wichtige Veränderungen im wachen Leben bevor.

Wer ausgelassen um ein Feuer tanzt, möchte seinen Gefühlen freien Lauf lassen und ist offen für neue Begegnungen oder einem Abenteuer nicht abgeneigt. Wärmt man sich an einem offenen Feuer, ist man bereit, mit Energie und Tatkraft Pläne zu schmieden oder neue Aufgaben zu übernehmen. Taucht im Traum die Feuerwehr auf, bekämpft sie symbolisch die Sorgen, die unsere Seele belasten.

Feuerträume sind immer bedeutungsvoll. Sie müssen ernst genommen werden, denn sie machen in eindrücklicher Weise auf positive oder negative Entwicklungen aufmerksam.

Tierträume

Tiere: Ein häufiges Traumthema

Tiere erscheinen in vielen Träumen. Sie sind entweder ein Symbol für das Gezähmte oder das Ungezähmte in uns, und sie erinnern an die eigenen Leidenschaften, Instinkte und Triebe. Tiere waren einst mächtiger als der Mensch. Sie wurden zu Göttern erhoben und verehrt. Im alten Ägypten hatten viele Gottheiten eine menschliche Gestalt mit mächtigen Tierköpfen. In der frühchristlichen Kunst waren Tiere Symbole für das Göttliche, das Lamm für den Opfertod Christi und die Taube für den Heiligen Geist.

Tiermärchen sind auf der ganzen Welt verbreitet. Dichter verwenden immer wieder handelnde und sprechende Tiere, um menschliche Charaktere mit ihren Schwächen und Stärken darzustellen. In den Vorstellungen verschiedenster Kulturen gibt es eine verblüffende Übereinstimmung der Tierdarstellungen in Sagen, Märchen und der Folklore.

Unsere Eigenschaften werden nicht selten mit denen von Tieren verglichen: »Du bist stumm wie ein Fisch« oder »Sie ist falsch wie eine Schlange« sind gebräuchliche Redewendungen. Aber nicht immer sind solche Vergleiche zutreffend.

Sinnbilder für menschliche Eigenschaften

Tierträume führen uns oft zurück in die menschliche Vergangenheit. Die Tiere erscheinen dann als Sinnbilder für unser Tun. So reich wie die Tierwelt sind in der Traumsprache die Tiersymbole, manchmal leicht verständlich, manchmal vieldeutig.

Vergangene Erlebnisse mit Tieren können im Traum symbolhaft wieder auftauchen. Unser Zusammentreffen und der alltägliche Umgang mit Tieren spielen in das nächtliche Erleben hinein. Wunder der Tierwelt, wie die Wandlung der Raupe zur Larve und dann zum Schmetterling, können in abgewandelter Form in Tierträumen vorkommen. Dabei ist die plötzliche Verwandlung eines sanften Kätzchens zum reißenden Tiger häufiger als umgekehrt. Tiere, denen wir im Alltag kaum begegnen, wie etwa Gorillas oder Elefanten, haben fast immer Symbolcharakter. Primaten weisen auf Dreiecksverhältnisse hin.

Traumtiere verkörpern unsere eigenen Wünsche, unsere unterdrückten oder gebändigten Urtriebe. Sie symbolisieren die so genannte Naturseite. Raubtiere weisen auf aggressive sexuelle Tendenzen hin. Wer ihnen im Traum bewundernd begegnet oder selbst als Tiger eine Party besucht, ist auf eine Eroberung aus. Tauchen im Traum gefährliche Tiere auf, fühlt man sich im Wachleben bedroht und in die Ecke gedrängt. In Frauenträumen machen Raubtiere auf verdrängte sexuelle Emotionen aufmerksam.

Mädchen träumen manchmal von niedlichen Kleintieren, die sie, an Stelle eines jugendlichen Partners, streicheln und verhätscheln. Erscheint ihnen die Mutter als gefährliches Tier, ist die Abnabelung von ihr aktuell und verläuft problematisch.

Wenn Frauen über Vierzig im Traum mit Tieren spielen, haben sie Probleme mit dem Älterwerden. Vielleicht erinnern sie sich an unbeschwerte Kindertage und möchten wieder jung oder zwanzig sein.

Tierträume während der Schwangerschaft

Aufschlussreich sind die Tierträume der Frauen während der Schwangerschaft. Zuerst tauchen Amphibien auf, dann Vögel und zuletzt große Säugetiere; ein Hinweis auf die stammesgeschichtliche Entwicklung der Lebewesen. Im ersten Schwangerschaftsdrittel träumen Frauen auch von kleinen Fischen und Reptilien. Man könnte annehmen, dass die werdende Mutter im Schlaf den winzigen Embryo sieht, der in ihrem Leib die Evolution von den Meerestieren zu den Landsäugetieren durchläuft. Im zweiten Schwangerschaftsdrittel sind Träume mit jungen Hunden und Katzen, mit niedlichen Küken und kuscheligen Tieren häufig. Sie sind ein Sinnbild für den wachsenden Fötus.

In den letzten drei Schwangerschaftsmonaten werden die Traumtiere immer größer. Je nach den Lebensumständen verhalten sie sich liebevoll oder bedrohlich. Lebt die Schwangere in einem harmonischen Umfeld, erscheinen in ihren Träumen friedliche Tiere, hat sie Probleme, werden die Träume wirrer und die Tiere agieren bedrohlich.

Die Bewegungen des Kindes im Mutterleib wirken in die Träume hinein. »In mir lief eine Schildkröte auf und ab«, erzählte eine Frau nach dem Erwachen ihrem Mann, der diese gepanzerten Tiere besonders liebte. Im Traum hatte sie nicht nur die Bewegungen des Kindes registriert, sondern auch das gute Verhältnis zu ihrem tierliebenden Gatten verarbeitet.

Naht die Zeit der Geburt, wird die Frau sehr direkt von ihrem Baby und seinem Wohlergehen träumen. Vielleicht tauchen in den Träumen größere und affenähnliche Tiergestalten auf.

Viele Lebewesen in weiblichen Träumen können als Symbole für männliche Genitalien gedeutet werden. Träumt eine Frau von Tieren mit langen Schwänzen, dann signalisiert ihr Unterbewusstsein, dass sie an einen Penis denkt. In dieselbe Richtung weisen auch Traumtiere, die dem männlichen Glied ähneln, wie zum Beispiel ein Aal, eine Schlange, der Rüssel des Elefanten oder gut sichtbare Stacheln von Insekten.

Symbole für Männlichkeit

Tiere, die traditionell als männlich angesehen werden, wie etwa der Hund und besonders der Stier, sind Traumsymbole für den Penis. Bei sehr friedlichen Traumszenen haben sie keine sexuelle Bedeutung. Dann kann zum Beispiel der Stier, der sonst den Wunsch nach ausgeprägter Männlichkeit und Potenz verrät, Tatkraft und Durchsetzungsvermögen der Träumerin symbolisieren.

Frauen träumen oft von Katzen. Sie gelten als typisch weibliche Tiere. Sie machen auf das Katzenhafte im fraulichen Wesen aufmerksam, öffnen die Gefühlsseite. Das Katzenverhalten im Traum kann eine ausgeprägte Individualität oder andere hervorstechende Charakterzüge der Träumerin offen legen. Das Spiel mit Katzen verrät sexuelle Neigungen und Wünsche. Die wilde Katze symbolisiert verdrängte Triebe.

Pferde sind symbolträchtig

Unter den vielen Tieren, die häufig in Frauenträumen erscheinen, sind Pferde besonders symbolträchtig. Das Pferd verkörpert nicht nur Instinkte, Leidenschaft und Begierde, sondern auch Sinnlichkeit und Sexualität. Die Stute verrät Sanftmut und Weiblichkeit, der Hengst steht für Wildheit und Vitalität. Wer sein Traumpferd gut behandelt und gern mit ihm ausreitet, kann seine Leidenschaft zügeln. Gehen die Pferde durch, darf man keine übereilten Entschlüsse fassen. Aus den Pferdeszenen kann die Träumende erkennen, ob sie ihre Triebe im Griff hat und ob ihr erotisches Leben glücklich oder gestört ist. Schwarze Traumpferde sind Träger der Angst oder ein Zeichen für nachlassende Vitalität oder abgekühlte Libido. Wird eine Frau im Traum von einer Herde wilder Pferde verfolgt, dann ängstigt sie sich vor triebhaften Menschen. Weiße Traumpferde verraten eine sensible Persönlichkeit, die zu geistigschöpferischen Leistungen fähig ist, der aber manchmal der gesunde Realitätssinn fehlt. Die Frau, die sich im Traum frohgemut auf den Rücken eines edlen Pferdes schwingt und glückselig durch eine blühende Landschaft reitet, ist voller Tatendrang und genießt das gegenwärtige Leben.

In Männerträumen symbolisieren die Tiere das Triebhafte und die eigene Lebenskraft. Je nach der Art des Tieres und seinem Erscheinen im Traum weisen die Tierszenen auch auf Charaktereigenschaften des Träumers hin und zeigen seine innere Einstellung. Tiere, die in Männerträumen Furcht auslösen, verraten Unsicherheit und ein schlechtes Gewissens.

Die Fischträume von Frauen und Männern sind von ganz unterschiedlicher Art. Weil der Fisch seit frühester Zeit wertvolle Nahrung aus dem Wasser war, versprechen viele Fischträume, dass der Hunger der Seele gestillt wird. Gefährlich sind große Traumfische, die uns bedrohen, ja verschlingen wollen, sie kommen aus dem Unbewussten als Boten unserer tiefsten Ängste. C. G. Jung war der Ansicht, dass der Fisch Sinnbild für die ganze Persönlichkeit des Träumenden sei.

Drachen im Traum – mal friedlich, mal gefährlich

Fabelwesen wie Meeresungeheuer, Riesenspinnen, Vampire oder Drachen sind sehr oft in unserer Fantasie entstandene Gestalten. Sie stehen im Mittelpunkt schrecklicher Angstträume. Sie deuten auf schwere Gewissenskonflikte hin, es sei denn, man hat vor dem Einschlafen einen Horrorfilm gesehen. Ein weiblicher Drache kann die Mutter symbolisieren, die die Familie tyrannisiert. Ist der Traumdrache friedlich oder hat man ihn überlistet und besiegt, dann war er vielleicht der Hüter von Gold und Schmuck oder Schätzen, die man besitzen wird. Während der Drache in China ein

Glückssymbol ist, wird er bei uns negativ gedeutet, so wie auch alle übrigen Ungeheuer. Wer sich selbst im Traum als Drachen sieht, der möchte sich über alles hinwegsetzen, um seine Ziele zu erreichen.

Blumen- und Pflanzenträume

Ein Sinnbild der Seele

Der Kreislauf im Leben einer Pflanze – vom Keimen, Wachsen, Blühen, Früchte tragen bis hin zum Absterben – symbolisiert die seelische Entwicklung des Menschen von der Geburt bis zum Tod.

Unsere Träume, in denen Blumen und Pflanzen eine bedeutende Rolle spielen, verraten die Stimmung, in der wir uns befinden, und offenbaren unsere Gefühle.

In der Regel sind Blumen- und Pflanzenträume ein Sinnbild für das menschliche Innenleben. Gleichnishaft spiegeln sie unsere Seelenlage.

Von besonderer Bedeutung sind Landschafts- und Gartenträume. Der gepflegte und der wildromantische Garten sind Ausdruck für angenehme Gefühle. Aus seinem Zustand sind Rückschlüsse auf das seelische Befinden möglich. Allgemein weist der Garten auf Lebensfreude und wohltuende Ruhe hin. Gartenarbeit sagt uns, dass wir die zwischenmenschlichen Beziehungen pflegen müssen. Ein kaum gepflegter Garten kann eine Mahnung sein, sich mehr um einen nahe stehenden Menschen zu kümmern. Ein einsamer, von hohen Hecken umgebener Traumgarten warnt vor zu viel Einsamkeit, oder er verheißt – je nach Lebenslage – stilles Glück. Wer in einer schönen Gartenanlage im Traum zufrieden spazieren geht, befindet sich in einer positiven und ausgeglichenen Lebensstimmung.

Blumenträume überbringen Botschaften

Frauen erleben oft Blumenträume. Sie überbringen eine Botschaft, und jede Blüte, jede Farbe hat ihre eigene Bedeutung. Rote Blumen verraten leidenschaftliches Begehren, gelbe Blüten sind ein Zeichen für Gerechtigkeitssinn und Harmoniebedürfnis, blaue Sträuße verraten seelische Ausgeglichenheit, und weiße Blumenkelche deuten auf unschuldig liebevolle Gefühle hin. Allgemein sind schöne Blumenträume Ausdruck wertvoller Gedanken und tiefer Gefühle.

Blumenträume verraten auch sexuelle Wünsche. Sich öffnende und schließende Blüten sind ein Hinweis auf die weiblichen Sexualorgane. Verwelkende Blumen deuten das Ende einer Beziehung oder eines Lebensabschnittes an. Wer Blumen zertritt, der ist in seinem Gefühlsleben verunsichert, will vielleicht eine sich dem Ende zuneigende Liebe auslöschen.

Ein prachtvolles und besonders farbenfrohes Blühen warnt vor übertriebener Selbstdarstellung. Blätter versinnbildlichen das Werden und Vergehen unserer Gedanken. Grüne, saftige Blätter sind ein Zeichen für eine mögliche Wunscherfüllung. Bunte Blätter zeigen Enttäuschungen an. Junge, sprießende Blätter machen auf seelische Bedürfnisse aufmerksam, fallende warnen vor Haltlosigkeit.

Träume von einzelnen Pflanzen und Blumen tauchen in der Regel dann auf, wenn ein entsprechendes Alltagserlebnis vorliegt, man einen seltenen Baum gesehen oder ein besonders schönes Blumengeschenk erhalten hat.

Kleider- und Nackträume

Sabine hatte einen seltsamen Traum. Sie geht zum Abendessen zu guten Freunden. Nach der Begrüßung stellt sie fest, dass sie vollständig overdressed ist. Alle sind einfach gekleidet, nur sie trägt Schmuck im Überfluss und ein tief ausgeschnittenes grellrotes Abendkleid. Sie kommt sich lächerlich vor, will sich zurückziehen, aber alle Türen sind verriegelt.

Splitternackt beim Einkaufsbummel

Männer verlieren plötzlich die Hose oder tragen im kalten Winter nur ein T-Shirt. Peinlich sind die Träume, in denen man splitternackt ins Theater geht oder einen Einkaufsbummel macht. Diese Träume deuten auf die Angst vor einer Bloßstellung hin. Man zweifelt an seiner Anziehungskraft, hat wenig Selbstbewusstsein oder befürchtet, durchschaut zu werden. Je nach Traumszene können Nacktträume zu mehr Offenheit auffordern. »Gib dich endlich so, wie du bist«, rät das Unterbewusstsein. Wer sich in einem Nackttraum überhaupt nicht schämt, als einziger unbekleidet im Büro oder in der Öffentlichkeit zu erscheinen, dürfte im Wachleben ein Einzelgänger sein. Glückliche Nacktträume weisen auf den Wunsch nach persönlicher Unabhängigkeit hin. Hinter vielen steht die Sehnsucht, unschuldig wie ein Kind zu sein.

Kleider machen Leute

Kleiderträume verraten, was man selbst sein will und wie man auf die Umwelt wirken möchte. Vielleicht erscheint ein smarter Kaufmann, der lieber Landwirt wäre, in fein gekleideter Gesellschaft als einziger in Jeans und Farmerhemd.

Oft trägt man in seinen Träumen die Kleider aus Kindertagen. Ein Beweis dafür, dass man in seinem Innersten immer noch ein Kind sein möchte. Der Hut des Mannes weist auf seine Potenz hin. Frauen, die riesige und bunt geschmückte Hüte tragen, haben sinnliche Sehnsüchte. Der Mantel verhüllt einen ausgefallenen Wunsch, eine eigene Schwäche, ein Geheimnis oder eine stille Liebe. Wer einen anderen oder sich mit einem Mantel bedeckt, möchte, dass irgendetwas im Verborgenen bleibt. Häufig wird von Schuhen geträumt. Sie können auf Liebeserlebnisse hinweisen, wobei das Anziehen eines Schuhes den sexuellen Akt symbolisiert. Wenn der Schuh im Traum Schmerzen verursacht, ist wahrscheinlich die Seele bedrückt.

Sexträume

Lange gehörte die Sexualität zu den großen Tabus. Heute werden sexuelle Bedürfnisse und Probleme recht freimütig diskutiert. Die Traumsprache ist deshalb direkter geworden, obwohl sie über die sexuellen Bereiche immer noch verschlüsselt berichtet.

Erotische Symbole verraten geistige Bedürfnisse

Viele erotische Träume von Mann oder Frau haben wenig mit sexuellen Bedürfnissen zu tun. Sie machen vielmehr auf persönliche Probleme aufmerksam, wie zum Beispiel auf einen Mangel an Zuwendung, Anerkennung und Anteilnahme. Vielfach werden in sexuellen Traumszenen Schwierigkeiten in der Partnerschaft angesprochen. Manchmal weist ein dramatischer Sextraum auf verborgene Seelenängste hin oder auf die Furcht, im Wachleben plötzlich allein zu sein. Sexuelle Vereinigung im Traum bleibt oft Wunschdenken. Freud, der in allen Traumerzählungen das Sexuelle suchte, übersah, dass viele erotische Symbole auf geistige Bedürfnisse hinweisen. So verbirgt sich hinter einem Phallustraum weniger der Wunsch nach heißem Sex als vielmehr die Sehnsucht nach Vitalität und geistiger Erneuerung.

Geträumte Sexualität schafft manchmal einen Ausgleich zum anstrengenden Berufsleben, sie entspringt dem Bedürfnis nach mehr Verständnis und menschlicher Anteilnahme. Vielleicht begehrt man im Sextraum sein Ebenbild.

Männer erleben sich im Traum oft nackt und möchten damit die Aufmerksamkeit des anderen Geschlechts auf sich lenken. Zeigen sie dabei auch ihre Genitalien, werben sie um Beachtung, die ihnen im Alltag vielleicht fehlt. Erleben sie eine Szene, in der eine Frau ihnen die Augen zuhält, dann fürchten sie sich vor persönlichem Versagen. Der Mann, der im Traum in einem tollen Auto mit quietschenden Reifen durch die Kurven jagt, hofft auf ein wildes sexuelles Erlebnis. Je schöner der Traumwagen, desto größer der Wunsch nach einer attraktiven und verführerischen Frau. Träumt der Mann von einem großen Busen, sucht er Zärtlichkeit und mütterliche Liebe. Erblickt er eine besonders gut aussehende Frau mit langen Haaren, möchte er verführt werden. Der Mann, der von einem Wolf träumt oder sich selbst als Rudelführer sieht, hat Mühe, sich zu beherrschen.

Die weiblichen Sexträume sind feinfühliger, subtiler. Die moderne Frau, die ein natürliches Verhältnis zum Sex hat, wird in ihren Träumen viele Liebeszeichen entdecken. Diese sind oft symbolisch verschlüsselt. So kann es sein, dass ein Pfirsich, in den sie in ihrem Traum lustvoll hineinbeißt, ein Hinweis auf ihre Vagina ist. Eine Vase, eine Schale, ein dunkler Raum mit einer Tür, ein Boot oder ein Ring zeigen an, dass die Träumende sich im Unterbewusstsein mit ihren Genitalien beschäftigt.

Sehnsucht nach dem idealen Partner

Junge Frauen befassen sich in ihrer Traumwelt häufig mit persönlichen Beziehungen. Vielleicht träumen sie von Filmhelden, Rockstars oder Sportlern. Manchmal erscheint auch ein gesichtsloser, aber sehr attraktiver Mann, ein moderner Märchenprinz. Unerfahrene Frauen werden in ihren Träumen von sexuellen Erlebnissen angezogen oder abgestoßen. Immer wieder tauchen auch verführerische und begehrenswerte Männer auf, die die Träumerin küssen und umarmen. Problematisch sind Traumszenen, in denen sich Tiere wild und abstoßend paaren oder abscheuliche Gestalten ein romantisches Schäferstündchen stören. Reifere Frauen, deren Alltag ereignislos verläuft, finden fehlende Abwechslung in besonders lebhaften Träumen. Dabei spielt auch Sex eine Rolle.

Viele Bilder in Liebesträumen machen verborgene Ansprüche deutlich. Da kann der Wunsch, den Geliebten für immer zu besitzen und zu beschützen, im Traum zu wilden Eroberungen und stürmischen Sexspielen führen.

Liebhaber in Frauenträumen haben verschiedene Bedeutungen. Vielleicht ist die

Träumende mit ihrem Partner nicht restlos zufrieden und hat im Innersten tiefe Sehnsucht nach dem idealen Mann. Wer im Wachsein eine notwendige Trennung verdrängt, dem erscheinen aus dem Unbewussten immer wieder Bilder von einer neuen Beziehung.

Tiere verraten sexuelle Wünsche

Wenn Frauen im Traum an männliche Genitalien denken, dann werden sie in den seltensten Fällen einen großen Penis sehen. Verschlüsselt erscheinen dafür ein Messer, eine Kerze, ein Pinsel oder längliche Nahrungsmittel, wie Bananen, Gurken oder Würstchen. Der Wunsch nach männlicher Sexualität verbirgt sich auch in Träumen, in denen Schlangen, Hunde, Pferde und Vögel sowie Tiere mit langen Schwänzen auftreten.

Der Geschlechtsverkehr kommt in Frauenträumen seltener vor als bei Männern. Sexualforscher stellten fest, dass Frauen lustvoll davon träumen, wie ihr Liebhaber sie auf die verschiedensten Arten erobert, verführt und in sie eindringt. Löst die Berührung im Traum Schrecken oder Schmerzen aus, dann hat die Träumerin vermutlich keinen befriedigenden Sex erlebt, oder sie fürchtet sich vor dem Geschlechtsakt.

Zu den schönsten weiblichen Symbolen der Liebe gehört das Bild der Meerjungfrau. Es zeigt, dass die Träumende mit ihren Gefühlen zufrieden ist und sich in ihrer Sexualität zu Hause fühlt. Die Traumforscherin Karen A. Signell weist darauf hin, dass die Meerjungfrau ein sehr altes archetypisches Traumbild ist. Unsere Träume von ihr, so sagt sie, zeigen, dass die Formen der Meerjungfrau in unserem Unbewussten noch sehr lebendig sind. Mit ihrem geschmeidigen Schwanz, ihren nackten Brüsten und ihrem Zuhause im Meer, dem uralten Symbol des Weiblichen, stelle sie die Verbindung der Träumerin zur Quelle des Lebens, der Liebe und der Sexualität dar.

Farben im Traum

Farben spielen in unserem Leben eine große Rolle. Sie umgeben uns in der Arbeitswelt und in unserem Heim. Mit leuchtenden Farben begrüßt uns eine sonnendurchflutete Natur. Dunkel ist die Nacht.

Farben symbolisieren unser Innenleben

Die Wirkung der Farben auf den Menschen wird in den Träumen symbolisch sichtbar. Dabei sind Frauen deutlich im Vorteil. Sie träumen farbiger als Männer, deren Träume oft nur in schwarzweißen Bildern ablaufen. Ursache für diese unterschiedliche Wahrnehmung ist die Netzhaut der Frauen, die für Farbeindrücke empfindlicher ist als die der Männer. Auch im Alltag sind Frauen in der Regel sehr viel farbbewusster als Männer.

Farberlebnisse im Traum beruhen auf seelischen Erfahrungen, sind Ausdruck für bestimmte Zustände unseres Innenlebens. Der Symbolgehalt einer Farbe ist nicht bei allen Menschen identisch, er variiert je nach den persönlichen Erfahrungen und dem Charakter des Träumenden.

In der Traumanalyse deutet man die Farben wie folgt:

Blau Die Himmelsfarbe steht für geistige und spirituelle Erlebnisse. Sie deutet auf seelische Ausgeglichenheit und Hoffnung hin, im Zusammenhang mit anderen Traumsymbolen auch auf Anpassung. Sehr zarte Blautöne verraten seelische Gelöstheit, sind ein Hinweis auf sanfte Weiblichkeit. Manchmal verrät ein helles Blau im Traum eine milde, feinsinnige und in sich ruhende Lebensgestaltung.

Braun Die Farbe der Erde ist das Symbol für einen klaren und abwartenden Verstand. Wer in sanften Brauntönen träumt, will Konflikten aus dem Weg gehen, bleibt ruhig, urteilt warmherzig und wirkt ausgeglichen. Dominiert im Traum dunkles Braun, sehnt man sich nach einem naturnahen Leben.

Gelb Es besteht ein Unterschied zwischen hellem, strahlendem Gelb und den matten Gelbtönen. Das leuchtende Gelb steht für Eigenschaften wie Neugierde, Güte und Harmonie. Strahlend gelbe Traumbilder weisen auf emotionales Denken und Lebenskraft hin. Es ist auch Symbol für Glauben, Gerechtigkeit und Intuition. Das matte, fast schmutzige Gelb verrät ein konfliktreiches Leben, häufig auch Neidgefühle.

Grün Die häufigste Farbe in unserer Natur lässt verschiedene Traumdeutungen zu. Wenn sich Grün im Traumgeschehen mit warmherzigen Empfindungen paart, ist es ein Hinweis auf Geborgenheit. Grün verrät auch Empfindsamkeit, Harmoniebedürfnis und Naturverbundenheit. Wer nach depressiven Phasen von grünen Wiesen und friedlichen Landschaften träumt, ist wieder zu einem aktiven Leben bereit.

Orange Orange ist ein Symbol für Heiterkeit und den Wunsch nach einem ungebundenen Leben. In Träumen deutet Orange manchmal auf Begeisterungsfähigkeit hin. Träumen Jugendliche von orangerotem Himmel oder orangefarbenen Gegenständen und Kleidern, sind sie idealistisch eingestellt. Wenn ältere Menschen im Traum öfter dunkelorangerote Bilder sehen, sind sie wahrscheinlich von ihrem Leben enttäuscht.

Rot Bei der Farbe Rot ist zu unterscheiden zwischen Dunkelrot, das auf Leidenschaft und Energie hinweist, und Hellrot, das Wärme und Zuneigung signalisiert. Tritt die rote Farbe in positivem Sinne auf, verrät sie Leidenschaft, vielleicht ist auch Angriff im Spiel. Eine seelische Explosion kündigt sich an, wenn sich Rot im Traum mit Wut oder sexuellen Ausschreitungen paart.

Schwarz Symbolisiert nicht nur Trauer. Tiefschwarze Bilder deuten in Frauenträumen auf einen Einbruch des Männlichen in den persönlichen Lebensbereich hin. Im europäischen Kulturkreis wird Schwarz mehrheitlich negativ gedeutet, ist Sinnbild für Nacht und Schatten, macht im Traum die dunklen Seiten einer Person sichtbar.

Violett Steht für Selbstbesinnung und Selbsterforschung, die manchmal bis zur Selbstzerfleischung betrieben wird. Bei jüngeren und noch nicht ausgereiften Menschen verrät sie die Sehnsucht nach Harmonie und Führung, bei älteren Menschen verrät ein Traum mit dunkelvioletten Tönen Resignation.

Weiß In unserem Kulturkreis ist Weiß das Symbol für Unschuld und Reinheit. Wer in seinem Traum viel Weiß erlebt, träumt in der Regel jenseits von Gut und Böse. Je nach der Traumszene fordert ein Weiß zu mehr Aktivität auf. Manchmal signalisieren die Bilder Kälte und Gefühlsarmut.

30 Traumbeispiele aus der Praxis

Ich möchte sterben

Anita (34), kaufmännische Angestellte, wird im Traum verfolgt.

In einem schrecklichen Traum werden mein Vater, meine Freundin Irene, mein Ex-Verlobter Peter und ich von einer Horde bewaffneter Jugendlicher verfolgt. Wir rennen durch ein wüstenähnliches Gebiet und flüchten in eine verlassene Fabrik. In einem Lift, der immer schneller nach unten rast, versuchen wir uns zu retten. Aber unsere Verfolger feuern aus allen Gewehren auf uns und verwunden Peter und mich. Wir bluten, aber ich habe keine Schmerzen. Meine Freundin wirft sich über Peter und küsst ihn, was ich sehr seltsam finde. Mein Vater reißt die Lifttüre auf und zerrt uns in eine düstere Halle. Ich möchte sterben. Plötzlich spüre ich, wie meine Freundin mich festhält und umarmt, während mein Vater mit Peter davonrennt.

Ihr Traum deutet an, dass Ihr Gefühlsleben durcheinander geraten ist. Wahrscheinlich fühlen Sie sich Ihrem Ex-Verlobten noch immer verbunden. Das Traumbild Landschaft steht für unerfüllte Wünsche. Das wüstenartige Gebiet ist ein Hinweis auf seelische Vereinsamung. Die wilden Jugendlichen, die Sie bedrohen und verfolgen, symbolisieren seelische Ängste, die Sie im Augenblick empfinden. Die Flucht verrät, dass Sie unangenehme Erlebnisse verdrängen wollen und offenbar zu einer kritischen Selbstanalyse noch nicht in der Lage sind. Dass in Ihrem Traum Ihr Ex-Verlobter, Ihr Vater und Ihre Freundin eine große Rolle spielen, zeigt, dass diese drei Personen für Sie sehr wichtig sind. Von Ihrem Vater erwarten Sie Hilfe bei Ihren Beziehungsproblemen. In Ihrem Traum tritt er einerseits als Retter auf, andererseits verschwindet er mit Ihrem Peter und zeigt Ihnen damit, dass Sie ohne Ihren Ex-Verlobten leben müssen. Das ist Ihnen im Unbewussten klar, aber Sie wollen es noch nicht wahrhaben. Die Freundin spielt eine Doppelrolle. Sie ist ein Teil Ihrer Persönlichkeit: mitfühlend und hilfsbereit. Weil Sie wissen, dass Sie Ihrem Ex-Verlobten nicht mehr nahe sein können, küsst ihn Irene an Ihrer Stelle. Und sie tröstet Sie und hält Sie fest, wenn Vater und Peter davoneilen. Auch im Schlaf scheinen Sie genau zu wissen, dass Sie keinen Verlobten mehr haben. In Ihrem Traum wird geschossen. Die Gewehre, die Sie gesehen haben, sind das Sexualsymbol für den Penis des Geliebten. Auch Ihr Blutverlust deutet Ihren Liebesverlust an und verrät zugleich, dass Ihre seelische Wunde noch offen ist. Der Traumgedanke, sterben zu wollen, markiert das Ende eines Lebensabschnitts. Aber Ihre letzte Traumszene sagt Ihnen auch, dass Sie nicht allein sind, dass Sie getröstet werden und auf einen guten Neubeginn hoffen dürfen.

→ Angst- und Alpträume
→ Sexträume

Ein Flugzeug stürzt ab

Jasmin (58), Krankenschwester, träumte immer wieder von einem Flugzeugabsturz.

Ich befinde mich im Freien, in einer manchmal bewohnten, manchmal unbewohnten Gegend. Die äußeren Umstände sind ruhig und friedlich, ich bin entspannt. Dann beobachte ich, wie ein Flugzeug am Himmel in großer Höhe zu schwanken beginnt. Es besteht kein Zweifel, es wird abstürzen. Das Flugzeug verschwindet aus meinem Gesichtsfeld, und obwohl ich es nicht mehr sehe, weiß ich, dass ich Zeugin eines Flugzeugabsturzes geworden bin.
Das letzte Mal träumte ich diesen Traum in einer veränderten Version: Ich sehe das abstürzende Flugzeug und erlebe auch den Aufprall, sehe Feuer und Rauch, Metallteile fliegen durch die Luft. Eine Frau, die in meiner Nähe steht, wird durch ein heißes Teilchen verletzt. Ich schreie ihr zu, sie solle sich in die taufeuchte Wiese legen und ihre Verbrennungen kühlen. Plötzlich trifft auch mich ein heißes Metallstück an der Hand. Ich laufe auf die Wiese und lege meine Hand auf den Boden.

Das Traumsymbol Flugzeug verrät den Wunsch, sich über den Alltag zu erheben. Es ist ein Hilferuf der Seele, die mehr beachtet werden will.

In Ihren früheren Träumen haben Sie den Flugzeugabsturz nicht miterlebt, nur vermutet. Also dürfte Ihre seelische Situation noch nicht so angespannt gewesen sein wie beim letzten Traum. Da sahen Sie den Aufprall auf den Boden sowie Feuer und Rauch. Feuer gehört zu den wichtigsten archetypischen Traumbildern. Es symbolisiert auf der einen Seite sinnliche Leidenschaft und große Lebenslust, auf der anderen Seite warnt es vor Katastrophen. Loderndes Feuer kann das Sinnbild für absolute Hingabe sein. Der Rauch, den Sie gesehen haben, zeigt, dass Sie sich gegenwärtig in einer unklaren Lebenslage befinden.

Die fremde Frau symbolisiert die Anima, das heißt Ihre unbewusste psychische Seite. Die Traumszene, in der die Frau verletzt wurde, deutet an, dass Sie – ohne sich dessen voll bewusst zu sein – innerlich verletzt sind. Das letzte Traumerlebnis, bei dem auch Sie verwundet werden, bestärkt mich in dieser Annahme. Die taufeuchte Wiese ist ein positives Traumsymbol, das inneres Wachstum verspricht. Sie und die unbekannte Frau, die ein Teil von Ihnen ist, werden geheilt. Die Verletzung der Hand deutet an, dass Ihre Handlungsmöglichkeiten gegenwärtig eingeschränkt sind.

Ihr Traum, der sich wiederholt, zeigt, dass Ihr Problem, immer noch ungelöst ist.

➔ Unbewusste Traumarbeit
➔ Flug- und Fallträume
➔ Feuerträume

Der Pfirsichtraum

Elena (29), Reiseleiterin, hat einen erotischen Traum.

In den letzten Wochen sah ich in meinen Träumen wunderbares frisches Obst, das ich genießen wollte. Manchmal stehen Früchte in großen runden Schalen auf dem Küchentisch, manchmal direkt vor meinem Bett. Immer wenn ich eine Frucht nehme und hineinbeißen will, wird sie mir von einer riesigen Hand weggenommen. In meinem letzten Traum sehe ich ganz verschwommen meinen Freund, der mir eine Schüssel Pfirsiche wegnimmt und dafür eine brennende Kerze hinstellt.

Ihre Träume gehören zu den typischen Liebesträumen. Sie verraten den Wunsch nach sexueller Befriedigung. Das letzte Traumbild zeigt, dass die Beziehung zu ihrem Freund im Augenblick etwas problematisch ist.

Die Pfirsiche, die Sie im Traum sahen, sind das Symbol für starke erotische Wünsche. Die runde weiche Frucht mit einer Spalte symbolisiert den weiblichen Schoß. Ob Ihr Pfirsichtraum auf eine tiefe Liebesbeziehung oder einen flüchtigen Genuss hindeutet, können Sie selbst am besten einschätzen.

In Ihren Traumszenen erscheint auch eine Kerze. Sie ist seit dem Altertum Symbol für das männliche Geschlechtsorgan. Das Kerzenlicht wird oft als Flamme der Liebe gedeutet. Da in Ihrem Traum eine brennende Kerze vorkommt, ist die Liebe nicht am Erlöschen. Jedenfalls nicht von Ihrer Seite aus. Sie sehnen sich nach Ihrem Freund und seiner Zärtlichkeit. Leider sahen Sie das Kerzenlicht nur verschwommen. Das könnte ein Hinweis auf mangelnde Übereinstimmung im sexuellen Bereich sein.

➔ Frauenträume
➔ Sexträume

Der Kampf mit dem Drachen

Ellen (30), Werbeassistentin, berichtet:

Im Traum gehe ich mit Kolleginnen und Kollegen zu einem Empfang. Dort sollten wir erfahren, wer von uns befördert wird. Wir treffen uns in einem modernen Gebäude, alles nur Stahl, Glas, Spiegel und Marmor. Der Redner erscheint, ein unscheinbares Männchen. Er bahnt sich eine Gasse durch die Menge und verwandelt sich zuerst in eine kleine Echse, dann in ein immer größer werdendes Untier, einen Drachen. Als sich dieses Furcht einflößende Wesen meiner Gruppe nähert, gehe ich entschlossen auf es zu und reiße ihm den hässlichen Kopf ab. Es blutet ganz fürchterlich. Ich schreie auf und erwache.

Es geht in Ihrem Traum vordergründig um Ihre berufliche Zukunft, um Ihren Wunsch nach Beförderung. Der Drache steht symbolisch für Vitalität. Sein Erscheinen deutet auf unbewältigte Gewissenskonflikte hin. Die Enthauptung des Drachen zeigt, dass Sie den Kampf auf jeden Fall gewinnen wollen. Blut ist das Symbol für Lebenskraft und zeigt Ihren starken Durchsetzungswillen. Machen Sie sich vielleicht heimliche Vorwürfe, weil Sie für Ihre beruflichen Erfolge auch sehr stark Ihre Ellenbogen eingesetzt haben? Die Anwesenheit Ihrer Kollegen weist darauf hin, dass Sie ein geselliger Mensch sind. Die beeindruckende Umgebung – Marmorböden, Stahl- und Glaswände sowie die vielen Spiegel – sind weitere interessante Traumbilder. Marmor sehen bedeutet, dass man seine hoch gesteckten Ziele nur mit großer Anstrengung erreichen kann. Das Gebäude aus Stahl und Glas ist eine Warnung: Sie werden beobachtet. Die vielen Spiegel sagen, dass Sie Ihr Verhalten sorgfältig überprüfen sollten. Ihre Erfolgschancen sind groß, aber nehmen Sie Rücksicht auf Ihre Mitmenschen.

→ Wunschträume
→ Alltagserlebnisse im Traum

Ich fliege ohne Flügel

Carla (30), Sekretärin, fragt sich, was ihre Flugträume bedeuten.

Obwohl ich beruflich einige Sorgen habe und mich manchmal von meinem Freund etwas vernachlässigt fühle, erlebe ich öfter wunderbare Träume. Ich fliege ohne Flügel, aber in meinen besten Kleidern durch die Lüfte. Der Himmel ist hellblau, die Sonne scheint, und unter mir liegt eine romantische Landschaft mit Bergen, Seen und Burgen. Bei meinem letzten Traumflug aber habe ich mich sehr erschreckt: Ich verlor, allerdings ohne Schmerzen, mehrere Zähne.

Wenn Sie wie ein Vogel fliegen können, gleichgültig ob mit oder ohne Flügel, und einen blauen Himmel und schöne Landschaften sehen, sind Sie unbeschwert glücklich. Zugleich enthält Ihr Flugtraum eine Warnung aus dem Unbewussten: Sie dürfen auf keinen Fall den Boden der Tatsachen verlassen. Vielleicht möchten Sie im Alltagsleben die Mitmenschen überflügeln. Manchmal können Träume vom Fliegen auch mit schönen Kindheitserinnerungen verknüpft sein. Hat Sie Ihr Vater als Kleinkind vielleicht spielerisch hochgehalten und in die Luft geworfen? Das wäre eine weitere Möglichkeit, warum Sie heute so oft im Traum fliegen. Sie sehnen sich zurück nach Ihrer Kindheit.

Flugträume können durch körperliche Ursachen ausgelöst werden. Ein leichtes Essen am Abend und ein guter Blutkreislauf sind eine gute Voraussetzung für Flugträume. Da Sie bekleidet fliegen, sind Sie wahrscheinlich eine gute Selbstdarstellerin. Ihr Zahnverlust hat sexuelle Bedeutung. Sie denken, man nehme Sie zu wenig ernst und liebe Sie nicht innig genug. Darüber hinaus bedeutet Zahnausfall Energieverlust. Der kann beruflich oder persönlich bedingt sein.

➔ Flug- und Fallträume

Von der Bergtour in den Sarg

Ruth (51) führt mit ihrem Mann ein Geschäft. Beide sind begeisterte Bergsteiger. Sie fragen sich, ob sie nicht mehr Touren unternehmen sollten.

Ich gehe mit meinem Schatz in die Berge. Das Wetter ist fantastisch. Mein Mann läuft vor mir am Seil. Ich rufe ihm zu: »Ach, ist das herrlich!« Auf einem schmalen Berggrat rutsche ich aus. Der Sturz ist furchtbar. Dann kommt die Rettungsflugwacht. Ich sehe die Rotorenblätter dicht vor mir und fühle, wie sie mich wiederbeleben. Aber nur für kurze Zeit. Plötzlich sehe ich mich in einem weißen Sarg. Viele Menschen stehen um mich herum und weinen. Ich bin unsagbar traurig. Später kommen mein Mann und meine beiden Töchtern; sie legen mir lange rote Rosen auf die Brust und weinen sehr. Danach sitze ich mit einem fremden Mann an einem Tisch. Er tröstet mich, und wir reden miteinander. Langsam geht es mir besser.

Ihr Hobby ist das Bergsteigen. Der Traum beginnt in euphorischer Stimmung. Das wunderbare Wetter symbolisiert Optimismus und Selbstvertrauen. Ihr Mann geht am Seil voraus. Vermutlich hat er auch im Alltag eine behutsame Führungsrolle. Das Seil, das sie verbindet, verrät, dass Sie bereit sind, mit ihm zusammen das Leben zu meistern. Mit dem Symbol »Seil« sagt Ihnen das Unterbewusstsein, dass Sie gemeinsam über mehr seelische Kraft verfügen als allein. Das Traumbild »Bergsteigen« ist – sofern man aufwärts oder geradeaus schreitet – ein Zeichen für eine positive Lebenseinstellung.

Der schmale Berggrat warnt Sie. Das Unterbewusstsein erinnert Sie nicht nur an die Gefahren in den Bergen, sondern auch an die im Alltag. Der Sturz bringt Ihre Ängste zum Ausdruck. Er weist manchmal auf die Möglichkeit einer Wendung hin. Vielleicht wird damit die Frage, ob Sie mehr Bergtouren unternehmen wollen, angesprochen. Das Traumsymbol »Stürzen« deutet an, dass Sie manchmal zu wenig Vertrauen in Ihre eigenen Fähigkeiten haben. Die Rotorenblätter, in der Traumsprache die »Propeller«, zeigen, dass die bei Ihnen vorhandenen Energien im Augenblick nicht voll genutzt werden.

Der Sarg erinnert Sie an die Sterblichkeit. Er ist zugleich auch ein Symbol für die Auferstehung. Mit ihm wird Vergangenes begraben. Sie können jetzt neue Pläne schmieden. Die weiße Farbe im Zusammenspiel mit dem Sarg zeigt, wie sehr Sie bemüht sind, das Leben zu meistern, und wie gerne Sie dabei vollkommen wären. Die roten Rosen verraten Ihr Bedürfnis nach Liebe, Wärme und Anerkennung. Das Weinen deutet unbeherrschte Gefühle an und könnte ein Hinweis darauf sein, dass Sie sich in einer Übergangsphase (vielleicht mehr Bergsteigen?) befinden. Die Töchter an Ihrem Sarg symbolisieren die innere Verbundenheit, die zwischen ihnen besteht. Der unbekannte Mann könnte Ihr Gatte sein, von dem Sie, wie das Unterbewusste verrät, mehr getröstet werden möchten. Vielleicht aber ist er, wie in Frauenträumen häufig, der Animus, das heißt, Ihre eigene unbewusste männliche Seite, mit der Sie am Ende des Traumes ein positives Zwiegespräch halten.

➔ Frauenträume
➔ Todesträume

Drohende Schatten

Nadine (29), Drogistin, wird im Traum gerettet.

Ich werde von einem Kerl, den ich nur schemenhaft sehe, verfolgt. Sein drohender Schatten ist dicht hinter mir. Während ich davonrenne, schieben sich die hohen Häuser am Straßenrand immer enger zusammen. Ich sehe keinen Ausweg mehr und lasse mich erschöpft zu Boden fallen. Da werde ich von zwei starken Armen aufgefangen. Es ist mein Mann.

Verfolgungsträume sind häufig. Sie weisen oft auf Ängste und unterdrückte Gefühle hin, die man sich nur ungern eingesteht. Die zusammenrückenden Häuser deuten auf einen Engpass in Ihrem Leben hin, den Sie überwinden wollen. Die Straße ist das Traumsymbol für Ihren Lebensweg. Wahrscheinlich haben Sie gegenwärtig berufliche oder persönliche Schwierigkeiten. Der Schatten, der Sie verfolgt, ist das Ungewisse, das Sie ängstigt. Der Traumschluss ist sehr beruhigend. Er bestätigt, was Sie in Ihrem Innersten spüren: Sie können sich auf Ihren Mann verlassen.

➔ Angst- und Alpträume

Wild gewordene Pferde

Gabriella (57), Verlagsangestellte, hat seit dem Tod ihres Vaters schwere Träume.

Ich stehe auf einer sattgrünen Wiese, hinter mir ein steiler Abhang, vor mir zwei Pferde, braun glänzend, ungestüm. Eines davon rennt gegen ein zerfallenes Gebäude mit grauen schmalen Fenstern aus blindem Glas, die vergittert sind. Das Pferd holt mit dem rechten Vorderhuf aus und zertrümmert die Scheiben durch die Verstrebungen hindurch. Das Glas zerfällt in kleine, aber dicke und glänzende Stückchen. Das Pferd wird immer wilder. Wieder und wieder nimmt es Anlauf, steigt auf die Hinterbeine und versucht so auch an die oberen Scheiben zu gelangen. Es verletzt sich immer mehr. Dann rennt es in gestrecktem Galopp durch den Scheuneneingang und verschwindet im Inneren. In der nächsten Traumszene stehen beide Pferde rechts von mir, unter einem hohen Strauch. Das eine Pferd ist verletzt. Der Besitzer kommt mit einem großen Messer, und entsetzt sehe ich, wie er ihm die Halsschlagader aufschneidet und dann das Messer in die Halskuppe des Pferdes rammt, um es zu schlachten. In der letzten Sequenz stehe ich in einem kleinen Raum. Vor mir stehen zwei Pferde und ein mir unbekannter Mann. Wir sind wie in einem Dreieck angeordnet; die Pferde, etwas links von mir, sind wunderschön, gesund, mit seidig glänzendem Fell. Ein Pferd ist rötlich, das andere dunkel. Sie tun mir nichts. Der Mann, etwas rechts von mir, wendet mir den Rücken zu, hat aber nichts Abweisendes, eher etwas Abwartendes.

Die sattgrüne Wiese symbolisiert Ihren eigenen Lebensraum. Die ganze Umgebung signalisiert eine positive Lebenseinstellung. Pferde sind ein archetypisches Symbol. Es steht für Lebenskraft, macht aber auch auf dunkle, bedrohliche Seiten aufmerksam. Auf einer Wiese weidende Pferde symbolisieren Unabhängigkeit. Diese wird durch die Traumszenen mit dem Pferd, das sich bäumt und Scheiben zerschlägt, stark eingeschränkt. Ein verendendes Pferd – in Ihrem Traum wird es brutal getötet – steht für den Verlust, den Tod Ihres Vaters.

Das Töten weist auf unterdrückte Gefühle hin und symbolisiert das Absterben von Gefühlen, die Sie gegenwärtig nicht akzeptieren.

Das Gebäude spiegelt Ihren inneren Zustand wider. Die Fassade symbolisiert die der Außenwelt zugewandte Seite Ihrer Persönlichkeit. Öffnungen und Fenster werden dem erotischen Bereich zugeordnet. Sie sind in Ihrem Traum klein, ein Zeichen, dass Sie keine sexuellen Kontakte wünschen.

Positiv ist die letzte Traumszene. Der stille, abwartende Mann vermittelt Ruhe, und die friedfertigen Pferde sagen Ihnen, dass auch Sie Ihre innere Unruhe bald werden abstreifen können.

→ Archetypische Träume
→ Tierträume

Ich will tanzen und singen

Karin (29), Sekretärin, hatte diesen Traum in letzter Zeit schon zum dritten Mal.

Es ist ein wunderschöner und warmer Spätherbsttag. Ich spaziere durch einen großen Park, in dem letzte Rosen und Astern blühen. Ein fremder Mann nimmt mich in die Arme und tanzt mit mir. Dabei zertrampeln wir viele Blumen, aber sie richten sich sofort wieder auf, größer und schöner als zuvor. Im Schatten eines mächtigen Baumes will mich der Unbekannte küssen. Das will ich nicht, ich möchte lieber weiter tanzen und singen. Plötzlich ist der Mann verschwunden. Mir wird kalt, und die Baumschatten werden immer größer.

Der Beginn Ihres Traumes deutet Wohlbefinden und Glück an. Die Blumen sind Sinnbild für tiefe Gefühle und Naturverbundenheit. Sie sind leicht verletzbar und leben nicht gedankenlos in den Tag hinein. Das ist aus dem Symbol der zertretenen und sich wieder aufrichtenden Blumen erkennbar. Lebensbejahung und die Gabe, sich unbeschwert freuen zu können, spiegeln sich im Traumbild des Tanzens. Sie lassen sich im Traum von einem Unbekannten in die Arme nehmen. Sofern Sie sich im Wachleben nicht in einen Mann verliebt haben, symbolisiert der Fremde in Ihrem Traum jene Charakterzüge von Ihnen, die Sie weniger schätzen, aber kennen. Der ausgeschlagene Kuss verrät Ihren Wunsch nach geistiger Kommunikation und nicht nach erotischen Stunden. In diese Richtung deutet auch das Bedürfnis zu tanzen und zu singen. Das Kältegefühl und die wachsenden Baumschatten stehen für die dunklen Seiten im Alltag. Sie haben, trotz vieler positiver Aspekte, das Gefühl, dass Ihnen Entscheidendes fehlt, um wirklich glücklich zu sein. Sie sehnen sich nach einem Leben voller Harmonie.

→ Blumen- und Pflanzenträume
→ Frauenträume

Lasst mich die Glocken läuten

Hilde (39), Programmiererin, ist mit ihrer Arbeit nicht mehr zufrieden.

In meinem Traum bin ich in einer Kapelle. Es ist Zeit, die Glocken zu läuten. Weil sonst niemand da ist, ziehe ich am Seil. Da ich dies unregelmäßig mache, läuten die Glocken nicht richtig. Plötzlich kommt aus dem Dunkeln der Kapelle ein Kollege, schreitet an mir vorbei und sagt: »Warum läutest Du die Glocken von Hand, wenn es eine automatische Anlage gibt?« Ich suche die Anlage, aber finde sie nicht. Dann taucht mein Mann auf und geht auf einen hölzernen Hebel zu. »Das ist die automatische Anlage«, sagt er ziemlich unhöflich. Ich entgegne: »Der Hebel ist aus Holz, das kann doch keine automatische Anlage sein.«

Das Traumsymbol Kapelle ist eine Mahnung. Falls Sie Pläne haben, an eine Änderung denken, sollten Sie sehr vorsichtig vorgehen. Sie versuchen eine Glocke zu läuten, aber weder Ihr Arbeitskollege noch Ihr Mann sind mit Ihrem Versuch zufrieden. Diese Traumszene verrät, dass Sie eine neue Lebensphase beginnen möchten. Symbolhaft wollen Sie eine Wende einläuten. Aber so ganz scheint es nicht zu gelingen. Die beiden Männer, Ihr Kollege und Ihr Gatte, versinnbildlichen Tatkraft und Willen. Deren kühles Verhalten deutet Härte und Aggressivität an. Müssen Sie sich vielleicht in einer Männerwelt behaupten? Und könnte es sein, dass Sie sexuelle Bedürfnisse haben, die gegenwärtig nicht erfüllt werden? Der Traumehemann ist nicht immer mit dem Lebenspartner identisch. Er tritt manchmal stellvertretend für einen anderen Mann auf, der in Ihrem Wachleben eine Rolle spielt, beispielsweise für Ihren Vorgesetzten. Die Vorwürfe im Traum zeigen, dass Sie mit Ihrer Arbeit unzufrieden sind. Sie möchten alles gut erledigen, aber es gelingt nicht immer. Das verrät Ihr hilfreiches Eingreifen im Traum. Sie sehen, es wäre Zeit, die Glocke zu läuten. Niemand tut es, also packen Sie das Seil. Aber dieser Aufgabe sind Sie nicht gewachsen. Man macht Ihnen Vorwürfe, und Sie wehren sich. Wahrscheinlich genau so, wie Sie es im Alltag auch tun. Ich halte Ihren Traum für ein symbolisches Spiegelbild Ihrer gegenwärtigen Lebenssituation.

➔ Der Traum – unser Spiegelbild
➔ Alltagserlebnisse im Traum

Ich gebäre ein Löwenbaby

Renate (52), Pflegerin, ist nach langer Zeit wieder verliebt.

Ich spüre plötzlich, dass ich gleich gebären werde. Deutlich fühle ich den Kopf zwischen meinen Beinen. Ich rufe um Hilfe. Mein Vater eilt herbei und zieht das Baby heraus. Es überrascht mich, dass ich keine Schmerzen habe. Kurze Zeit später wirft mir mein Vater das Neugeborene mit Schwung auf den Bauch. Jetzt erst sehe ich, dass es ein Löwenbaby ist. Es liegt ausgestreckt auf mir, hat ein schneeweißes, weiches Fell und schöne, große, dunkle Augen, mit denen es mich lieb ansieht. Ich bin sehr glücklich, zufrieden und nehme das weiche Geschöpf in meine Arme.

Möglicherweise ist der Wunsch, wieder Mutter zu sein, der Auslöser dafür, dass Sie von einer Geburt träumen. Dieses im Unbewussten vorhandene Verlangen ist nicht ungewöhnlich, wenn eine Frau frisch verliebt ist. Die Traumgeburt ist ein Symbol für die Entstehung von etwas Neuem. Für Sie beginnt ein interessanter Lebensabschnitt.

Ihr Traumbaby ist ein junger Löwe. Die schmerzfreie und reibungslose Geburt ist bei Traumgeburten häufig. Ihr verstorbener Vater ist Zeuge und Helfer. Diese Traumszene verrät, dass Sie annehmen, Ihr Vater würde Ihre neue Beziehung nicht nur tolerieren, sondern auch begrüßen. Die Art und Weise, wie Ihr Vater im Traum auftritt, lässt darauf schließen, dass Sie durch seine Erziehung nicht nur stark geprägt worden sind, sondern dass Sie ihm auch sehr ähnlich sind.

Das Tierbaby hat menschliche, warme Züge. Sein Erscheinen ist ein Hinweis auf Ihr Verlangen nach Liebe und Zärtlichkeit, die Sie sich von Ihrer neuen Partnerschaft erhoffen. Die dunklen Augen des Tieres bitten Sie, in Ihrer Beziehung auf dem Boden der Tatsachen zu bleiben. Das Streicheln des weichen Fells verrät erotische Wünsche. Das Traumsymbol Löwe zeigt, dass Sie über viel Tatkraft und Energie verfügen.

➔ Archetypische Träume
➔ Frauenträume
➔ Tierträume

Eine tiefe Liebe

Eliane (47), Gemeindeangestellte, begegnet im Traum ihrem verstorbenen Mann.

In meinem Traum schreite ich durch eine fremde, menschenleere Stadt. In einem großen Park setze ich mich auf eine schmale Bank. In den Bäumen sitzen kleine, bunt schillernde Vögel, die zu mir fliegen. Einige lassen sich sogar auf meinen Schultern nieder. Neben mir blühen exotische Blumen. Ein gewaltiges Gewitter überrascht mich. Die Vögel verschwinden; die Blumen werden geknickt. Ich stehe auf und begegne meinem vor zwei Jahren tödlich verunfallten Mann, den ich sehr liebte. Er hat seinen hellen Mantel an und kommt auf mich zu. Wir küssen und umarmen uns wortlos. Hand in Hand schreiten wir durch eine Straße, die seinen Namen trägt. Dann lässt er mich los, geht rasch voran und blickt nicht mehr zurück. In einer schmalen Seitengasse verschwindet er.

Die Zeit, die Sie mit Ihrem verstorbenen Mann verbracht haben, ist ein für Sie sehr wichtiger Lebensabschnitt. In Ihrer Erinnerung und Ihren Gedanken lebt er noch, also träumen Sie auch von ihm. Die menschenleere Traumstadt verrät, dass Sie sich gegenwärtig sehr einsam fühlen. Im Park möchten Sie sich erholen und vom Alltag befreien. In der Ihnen vielleicht nicht bewussten Hoffnung auf eine Begegnung mit einem mitfühlenden Menschen setzen Sie sich auf eine Bank. Die Bäume verraten Ihr Bedürfnis nach Sicherheit und Schutz. Die frei fliegenden Vögel verkörpern Ihre Seele. Diese möchte wieder so unbeschwert sein, wie sie es früher war. Einige Vögel setzen sich auf Ihre Schulter und deuten damit an, dass Sie über genügend Tatkraft und Energie verfügen, um den schmerzlichen Verlust Ihres Gatten zu überwinden. Die exotischen Blumen weisen auf sexuelle Bedürfnisse hin, die Sie gegenwärtig verdrängen. Das Gewitter ist ein Zeichen für Ihre inneren Spannungen. Das Traumsymbol »Mantel« zeigt, dass Sie die Erinnerung an Ihre Liebe bewahren wollen. Die Straße, die den Namen des Verstorbenen trägt, ist Sinnbild für Ihren Lebensweg, auf dem Sie den Mann, der Ihnen so viel bedeutet, getroffen und dann leider verloren haben. Das Hand-in-Hand-Gehen verrät die tiefen Gefühle, die Sie immer noch für ihn empfinden. Die stumme Traumbegegnung fordert Sie auf, dass Sie vermehrt an Ihre eigenen Bedürfnisse und Gefühle denken sollten. Im Traum verschwindet Ihr verstorbener Mann symbolisch in einer schmalen Seitengasse. Damit will Ihnen Ihr Unterbewusstsein zu verstehen geben, dass Sie sich aus der seelischen Verschmelzung mit ihm lösen sollten. Sie müssen ihn nicht vergessen, aber es wird langsam Zeit, dass Sie Ihr gegenwärtiges Leben neu gestalten.

➔ Todesträume

Der verführerische Fischer

Sabine (26), Sportlehrerin, träumt von einem Bund Petersilie.

Ich spaziere auf einem schmalen Weg am See entlang. Als ich zu einem kleinen Bootshaus komme, höre ich eine verführerische Stimme. Ein Fischer steht am Bootssteg und winkt mir zu. Er ist groß, stark und jung und gibt mir sofort die Hand. Wir lassen uns am Ufer nieder. Nach einer Weile geht er zuerst ins Bootshaus, dann in einen kleinen Gemüsegarten und kommt mit einem Fisch, einer Perlenschnur und einem Bund Petersilie zurück. Diese drei Dinge will er mir schenken, wenn er mich küssen und lieben darf. Ich lasse es zu, dass er mich leidenschaftlich küsst, mehr aber nicht. Als sich ein Motorboot nähert, erhebe ich mich, lasse Fisch und Perlenschnur liegen und nehme nur den Bund Petersilie mit. Was mag das wohl bedeuten?

Ihr Traum zeigt, dass Sie mit dem Vorschlag, sexuell ganz offen zu sein, nicht einverstanden sind. Der Fisch, den Sie abweisen, symbolisiert nicht nur das Unbewusste, sondern auch sexuelle Bedürfnisse, die abgelehnt oder unterdrückt werden. Perlen als Geschenk bringen nach alten Traumdeutungen Unheil und Kummer. In der modernen Traumsprache symbolisieren sie innere Zufriedenheit, die man jedoch nur durch schmerzhafte Selbstanalyse erlangen kann.

Da Sie Perlenkette und Fisch zurückweisen, sind Sie offenbar im Augenblick etwas verunsichert. Sie wissen nicht, ob das, was Sie im Augenblick erleben, gut für Sie ist. Vielleicht machen Sie sich auch zu viele Sorgen, denn das Bootshaus und der See sind deutlich positive Traumzeichen. Wer von einem See ohne Wellen und Sturm träumt, darf auf ruhige Zeiten hoffen. Und das kleine Bootshaus zeigt, dass Sie sich noch kein großes eigenes Heim wünschen. Die Gestalt des jungen Fischers fordert sie zu mehr Selbsterkenntnis auf. Sein stürmisches und teilweise akzeptiertes Liebeswerben zeigt, dass Sie begehrt und geliebt werden wollen. Ob Sie mit Ihrem gegenwärtigen, jüngeren Freund das große Liebesglück finden werden, geht aus Ihrem Traum nicht hervor. Er zeigt die Selbstzweifel an, die Sie offenbar haben. Dabei spielt das seltene Traumbild von einem Bund Petersilie eine Rolle. Es sagt, dass Sie einem Bekannten Ihre volle, aber auch kritische Aufmerksamkeit schenken sollten. Aber Vorsicht: Petersilie warnt vor verlustreichen Spekulationen. Das gilt auch für die Gefühlsebene.

➔ Tierträume
➔ Träume von Blumen und Pflanzen
➔ Frauenträume
➔ Wunschträume

Das Haus brennt

Karin (47), Lehrerin, spürt eine innere Hitze.

Oft verpasse ich in meinen Träumen einen Reisebus und stehe dann allein auf staubiger Straße, umgeben von seltsamen Gestalten, halb Mensch, halb Tier. Ich habe Durst, finde aber nur schmutziges Wasser in einer rostigen Tonne. In meinem letzten Traum bricht in unserem Haus Feuer aus. Mein Mann kommt mit dem Gartenschlauch angerannt und bespritzt mich mit einer ätzenden Flüssigkeit. »Lauf durch die Flammen«, ruft er, »sie können Dir jetzt nichts mehr anhaben.« Dann höre ich die Feuerwehr und erwache schweißgebadet.

Ihre Traumbilder sind typisch für die Wechseljahre. Der Östrogenanteil im Blut verringert sich. Dadurch kommt der Wärmehaushalt des Körpers vorübergehend aus dem Gleichgewicht. In Ihrem Fall spiegelt sich die innere Hitze in den Traumbildern einer staubigen Straße und einem Feuerausbruch in Ihrem Haus. Sie haben Durst und finden im Traum schmutziges Wasser in einer Tonne. Sie ist ein Symbol für den Schoß. Das schmutzige Wasser verrät, dass Sie sich mit Ihren Blutungen beschäftigen, die vielleicht schon unregelmäßig sind. Interessant ist, dass Sie in Ihren Träumen den Bus nicht mehr erreichen. Diese Szene könnte auf die Angst hinweisen, in Ihrem Leben etwas versäumt zu haben. Solche Befürchtungen, die meist unbegründet sind, treten oft in den Wechseljahren auf.

Ein sehr positives Zeichen ist das rettende Eingreifen Ihres Mannes. Es zeigt, dass Sie sich nicht allein, sondern von ihm behütet fühlen. Dass das Wasser aus dem Gartenschlauch auf Ihrer Haut brennt, dürfte ein natürliche Ursache haben: Bei Hitzewallungen hat man sehr oft das Gefühl, die Haut brenne.

➔ Frauenträume
➔ Angst- und Alpträume
➔ Feuerträume

Bin ich noch modern genug?

Hilde (47), Oberschwester, hat ein für die Wechseljahre typisches Traumerlebnis.

Obwohl ich mit beiden Beinen auf der Erde stehe, träume ich in letzter Zeit viele unsinnige Geschichten. Sehr oft bin ich auf der Reise und verirre mich dann. In meinem letzten Traum fahre ich zuerst mit einer Luftseilbahn zu einem mir unbekannten Berggipfel. Die Fahrt endet nicht in einer Station, sondern in einem unordentlichen und mit Schmutzwasser überschwemmten Zimmer. Ich renne davon, laufe über das Wasser eines kleinen Sees und erreiche einen Vorortszug. Als ich einsteige, bemerke ich, dass ich nur ein durchsichtiges Nachthemd und hohe Stiefel anhabe. Entsetzt steige ich aus und verirre mich in der Bahnhofsanlage. Penner betteln mich an und bewerfen mich mit einem klebrigen und scheußlich stinkenden Brei. Ein junges Mädchen beschimpft mich als »alte Sau« und »Spießerin«.

Ihre bizarren Traumbilder werden sowohl von Alltagsproblemen als auch von Gefühlen, die Sie im Innersten beschäftigen, ausgelöst. Die Bergfahrt mit der Luftseilbahn deutet an, dass Sie sich eine gute Beziehung und Sicherheit wünschen, gleichzeitig aber Pläne verfolgen, die noch nicht ausgereift und vielleicht auch gefährlich sind. Der Ausflug endet in einem Zimmer mit schmutzigem Wasser. Diese Traumszene deutet auf Ihre gegenwärtige Situation hin, mit der Sie nicht zufrieden sind. Das schmutzige Wasser ist ein Hinweis auf die Wechseljahre. Sie fühlen sich beschmutzt, ergreifen die Flucht und wollen damit die unangenehmen Gedanken verdrängen. Der kleine See symbolisiert Ihre erotischen Gefühle. Dass Sie auf dem Wasser gehen können, zeigt, dass Sie im Leben nicht kapitulieren, nicht untergehen wollen. Sie dürfen sich aber keine Illusionen machen. Im Alltagsleben sind selten Wunder möglich. Im Zug, ein Traumzeichen für Ihre Kontaktfreudigkeit, stellen Sie fest, dass Sie fast nackt sind. Wahrscheinlich fühlen Sie sich gegenwärtig seelisch entblößt. Die Stiefel deuten den Wunsch nach einem Liebeserlebnis an. Die Penner sind ein Hinweis auf gegenwärtig schwierige Lebensverhältnisse. Wahrscheinlich sind Sie gerade dabei, Ihre Lage kritisch zu analysieren. Das Erlebnis mit dem scheußlichen Brei, mit dem Sie beworfen werden, könnte durch einen im Schlaf entstandenen unangenehmen Geschmack im Mund ausgelöst worden sein. Allgemein bedeuten schlechte Gerüche im Traum Abneigung und Ablehnung. Das junge Mädchen, das Sie beschimpft, weist auf Torschlusspanik hin. Haben Sie vielleicht Angst, nicht mehr anziehend genug zu wirken? Die Beschimpfungen zeigen, dass Sie sich Gedanken machen, ob Ihre Lebenseinstellung noch modern genug ist. Das Umherirren im Bahnhof ist ein deutliches Signal: Sie möchten Ihre Lebenssituation verändern, haben aber noch keine machbare Lösung gefunden.

➔ Frauenträume
➔ Kleider- und Nacktträume

Mit den Kräften haushalten

Hans (50), Rechtsanwalt, erhält in seinem Traum die Aufforderung, sich zu erhängen.

Ich sitze in einem Klassenzimmer mit zwanzig Leuten an einem Schülerpult. Auf Weisung einer unsichtbaren Person muss ich eine grüne Schnur vorbereiten, um mich zu erhängen. Als ich die Schnur über einen Haken legen soll, regt sich in mir Widerstand. In diesem Moment erwache ich.

Die Schule ist der Ort des Lernens und der Prüfung. Mit Schulträumen macht uns das Unterbewusstsein klar, dass wir uns in einem stetigen Lernprozess befinden. Sie erhalten in Ihrem Traum den Befehl, Selbstmord zu begehen. Haben Sie keine Angst vor dieser Traumszene. Mit diesem Bild mahnt Sie das Unterbewusstsein, mit Ihren Kräften sparsamer umzugehen. Vielleicht sollten Sie an eine Änderung Ihrer Lebensweise denken. Die Schnur, in der Traumsprache ein Seil, symbolisiert Ihren Wunsch nach Vertiefung einer bestehenden Beziehung, in der Sie allerdings nicht dominiert werden möchten.

➔ Männerträume
➔ Todesträume

Die verhinderte Hochzeit

Andrea (29), Grafikerin, hat auf Wunsch ihres Mannes auf eine kirchliche Trauung verzichtet.

Es ist kurz vor der Hochzeit. In zwei Stunden soll die Trauung in einer alten Kapelle stattfinden. Ich ziehe ein wunderschönes weißes Hochzeitskleid an. Es ist plötzlich viel zu eng. Meine Mutter schneidet es hinten auf, sodass mein Rücken entblößt ist. Alex, mein Mann, verspätet sich. Er trägt Jeans und hat seinen schönen Anzug zu Hause gelassen. Als ich in meine Schuhe schlüpfen will, nimmt er sie mir weg. Ich weine und laufe barfuss zu einer großen Kutsche. Darin sitzt ein fürchterliches Ungeheuer, das mich beißen will. Ich schreie laut und erwache. Alex hält mich liebevoll fest.

Wer verheiratet ist und von seiner Hochzeit träumt, prüft seine gegenwärtige Lebenssituation. Ihr Traum verrät ernsthafte Probleme. Offensichtlich wären Sie gerne kirchlich getraut worden. Das verrät das Traumbild »Kapelle«. Ihr knappes Brautkleid deutet an, dass Sie sich seelisch eingeengt fühlen. Der entblößte Rücken zeigt symbolisch, dass Sie sehr verletzlich sind. Vielleicht haben Sie Angst, sich so zu geben, wie Sie sich fühlen. Ihr Mann kommt im Traum zu spät und in Jeans, was Sie enttäuscht und darauf aufmerksam macht, dass Sie im Wachzustand mit seinem Verhalten nicht immer einverstanden sind. Spezielle Bedeutung haben die Schuhe. Wenn eine Frau im Traum in schöne Schuhe schlüpfen will, möchte sie intim werden. Ihr Mann hat Ihnen die Schuhe weggenommen. Fehlen Ihnen vielleicht erotische Stunden mit ihm? Dass Sie barfuss gehen müssen, ist eine Mahnung: Sie sollen auf dem Boden der Tatsachen bleiben. Vielleicht haben Sie zu viele Illusionen. Die Kutsche könnte ein Fluchtsymbol sein: Wollen Sie der Realität entfliehen? Das Traumungeheuer, das Sie beißen will, verrät Angst und tiefe Unsicherheit. Wahrscheinlich wünschen Sie sich in Ihrer Ehe mehr Gemeinsamkeit und ein größeres Maß an seelischer Übereinstimmung.

➔ Kleider- und Nackträume
➔ Frauenträume

Der tote Wellensittich

Sonja (21), kaufmännische Angestellte, kann ihren traurigen Kindheitstraum nicht vergessen.

Als ich acht Jahre alt war, schenkten mir meine Eltern zwei Wellensittiche, ein weißes Weibchen und ein blau gemustertes Männchen. Der Käfig stand bei uns im Wohnzimmer. Ein Jahr später träume ich, dass der Vogelkäfig nicht mehr im Wohnzimmer, sondern auf dem Vorplatz steht. Im Käfig sind nicht nur zwei, sondern viele Wellensittiche, weiße und blaue, die dicht gedrängt auf ihren Stängelchen sitzen. Auf einmal fällt ein Wellensittich nach dem anderen auf den Boden. Nur wenige bleiben sitzen. Die auf dem Boden bewegen sich nicht mehr. Sie sind tot. Dann befinde ich mich plötzlich vor unserem Gartentor und schaue in unseren Briefkasten.
Ich erwachte mit einem unguten Gefühl, verspürte Angst und rannte ins Wohnzimmer zum Vogelkäfig. Ich weinte, denn mein blauer Wellensittich lag tot am Boden. Ich habe heute noch Angst, dass so etwas Schreckliches noch mal passieren könnte.

Ihr weit zurückliegender Traum hat symbolische Bedeutung. Der Vogelkäfig verrät, dass Sie vor der Traumzeit bedrückt waren und sich vermutlich wie in einem Käfig gefühlt haben. Die Wellensittiche im Vogelbauer können nicht fortfliegen, sind kraftlos geworden, sterben. Der Tod der Vögel ist ein Zeichen für Ihre damalige Lebensangst. Sie fühlten sich eingeengt, vielleicht auch unverstanden und wünschten sich ein anderes Leben. In der Traumsprache verkörpern die Vögel den Teil Ihrer Seele, der sich gern in den Himmel aufschwingen wollte, aber der Käfig ließ das nicht zu.

Der Briefkasten ist das Symbol für Vereinsamung. Fühlten Sie sich mit acht Jahren wirklich so unverstanden und einsam? Ich glaube, Sie waren – und sind es vermutlich heute noch – ein sehr sensibles Wesen. Deshalb hatten Sie auch den Wahrtraum, der den Tod des Wellensittichs voraussagt. Vielleicht befürchteten Sie schon seit einiger Zeit, Ihr Wellensittich könnte nicht mehr lange leben. Diese im Unterbewusstsein vorhandene Angst hat den Wahrtraum ausgelöst, der aber weniger auf den Tod des Vogels als auf eine notwendige geistige Neuorientierung hinwies.

➔ Wahrträume
➔ Kinderträume
➔ Tierträume

Ausflug in die Zauberwelt

Helga (74), Pensionärin, begegnet der unsichtbaren Frau.

Ich sitze in einem kleinen Boot und lasse mich treiben. Es geht flussabwärts und rechter Hand gibt es grüne Uferböschungen. Andere Menschen sehe ich nicht. Dann höre ich eine Frauenstimme, die leise Kommandos gibt. Die unsichtbare Frau sagt, dass sie mir etwas besonders Schönes zeigen will. Plötzlich schiebt sich die Uferböschung wie auf Knopfdruck zur Seite und gibt den Blick auf einen neuen Wasserweg frei. Ich gleite mit dem Boot ins Helle und sehe kristallklares Wasser in hellfarbigen Pastelltönen, grünlich und hellblau. Der klare, feinsandige Grund ist sichtbar. Es gibt herrliche Blüten und eine üppige Unterwasserflora. Besonders die Rottöne herrschen vor. Langsam gleitet das Boot in diese Zauberwelt hinein. Ich erwachte aus dem Traum mit einem Lächeln und fühlte mich den ganzen Tag über beschwingt.

Ihr wunderbarer und erholsamer Traum verrät Ihr reiches Gefühlsleben, das wohl in letzter Zeit etwas zu kurz gekommen ist. Deshalb meldet sich Ihre Seele. Das Boot ist Ihr Lebensschiff, die Uferböschung die Grenze zwischen Bewusstem und Unbewusstem. Das Wasser symbolisiert den Zustand Ihrer Seele. Weil es im Traum klar ist, verrät es Ihren Wunsch nach einem ausgeglichenen und harmonischen Lebensabend.

Die Farben weisen auf Ihre innere Einstellung und Ihre Erwartungen hin. Hellgrün steht für starke Naturverbundenheit, hellblau für geistige Ziele, die Sie noch erreichen möchten. Die Rottöne versinnbildlichen Ihre Gefühlswärme und Ihre Antriebskräfte. Dunkles Rot deutet unterdrückte Leidenschaften an. Die ganze Zauberwelt ist ein Sinnbild für Ihre unerfüllten Sehnsüchte und zugleich ein Trost für den Alltag.

➔ Wasserträume
➔ Farben im Traum

Ein Flugtraum voller Wünsche

Juliane (25) arbeitet als Krankenschwester und ist unsicher, was ihr Traum sagen will.

Ich stehe mit vielen Menschen in einer Kirche, die langsam einstürzt. Durch ein kleines Fenster fliege ich ins Freie und komme zu einem Haus, in dem ein junger Mann mit einem Hund wohnt. Wenn er zur Arbeit geht, hüte ich auf dem Balkon den Hund, was dem Mann missfällt. Also fliege ich wieder davon und gelange in ein fernes Land. Da treffe ich auf einem Spielplatz einen kleinen Jungen, mit dem ich herumtolle. Wir wollen auf das Karussell. Da gibt mir der Automat statt des Tickets einen Geldschein zurück, den ich einstecke. Ein Mann bemerkt das und will mich anzeigen. Ich renne davon und flüchte in eine Bäckerei, in der es herrlich nach frischem Brot duftet. Dann erwache ich.

Ihr Traum mit den rasch wechselnden Schauplätzen verrät Ihre Lebensfreude und Ihren Wunsch nach einem unbeschwerten Alltag. Das Bild der einstürzenden Kirche deutet auf schwere Kindheitserlebnisse hin, die ich nicht kenne. Das Traumsymbol Kirche zeigt an, dass man den Sinn des Lebens ergründen sollte. Das offene Kirchenfenster ist ein gutes Zeichen: Sie sind stark genug, um schwierige Situationen zu meistern. Das Haus, das Sie erreichen, stellt das Gehäuse Ihrer Seele dar. Der Balkon macht deutlich, dass Sie für zwischenmenschliche Beziehungen sehr offen sind. Der junge Mann weist auf sexuelle Wünsche hin. Ihr Traumhund unterstreicht dies. Sie hüten den Hund. Das bedeutet, dass Sie sowohl Ihre Gefühle als auch Ihre sexuellen Wünsche gut kontrollieren.

Das Fliegen in Ihrem Traum verrät einen Rauschzustand, der ähnlich dem Liebesrausch gedeutet wurde. Wer zu oft und zu hoch fliegt, hat ein überzogenes Selbstbewusstsein. Fliegen Sie schwerelos und glücklich, haben Sie die Alltagssorgen für einen Augenblick hinter sich gelassen. Nach dem problemlosen Flug landen Sie in einem fremden Land. Mit diesem Symbol erinnert Sie Ihr Unterbewusstsein daran, dass Sie Ihr Selbstbild annehmen müssen, auch wenn Sie nicht immer damit zufrieden sind. Ihr Traumkind, mit dem Sie so glücklich spielen, macht Sie symbolisch auf Möglichkeiten einer inneren oder äußeren Entwicklung aufmerksam, die Sie bisher nicht oder zu wenig beachtet haben. Das Bild des Karussells erinnert Sie an Ihre Kindheit und verrät Ihre Sehnsucht nach einem unbeschwerten Leben. Wer Geld gewinnt, wäre gerne reich.

Der Mann, der Sie im Traum anzeigen will, warnt Sie vor allzu großer Selbstsicherheit. Das Brot am Ende Ihres Traumes deutet an, dass Sie einen geliebten Menschen ganz für sich besitzen möchten.

→ Wunschträume
→ Flug- und Fallträume
→ Tierträume
→ Sexträume

Kühe wollen mich töten

Clara (26), Krankenschwester, hat schlechte Kindheitserinnerungen an Kühe.

Ich befinde mich außerhalb unseres Hauses auf der Wiese. Plötzlich sehe ich aus mehreren Richtungen Kuhherden auf unser Haus zu rennen. Ich bin mir ganz sicher, dass die Kühe es auf mich abgesehen haben und mich töten wollen. Bevor mich die erste Kuh erreicht, gelingt es mir im letzten Augenblick, mich durch eine Tür oder ein Fenster ins Haus zu retten. Ich fühle mich erleichtert und in Sicherheit. Danach wache ich mit Angstzuständen auf.

Ein immer wiederkehrender Alptraum ist eine starke Belastung. Er beruht auf Ihren Kindheitserlebnissen mit Kühen. Auch Ihre Angst vor Kühen spielt eine Rolle. Allerdings werden in Ihren gegenwärtigen Träumen nicht nur Vergangenheitserlebnisse angesprochen, sondern auch aktuelle Probleme.

Am Anfang Ihres Traumes befinden Sie sich auf einer erholsamen Traumwiese. Sie verrät Ihr Bedürfnis nach Ruhe und Entspannung. Mit den aus allen Richtungen auf Sie zu kommenden Kuhherden zeigt Ihnen Ihr Unbewusstes, dass Probleme, die Sie bedrängen, noch nicht gelöst sind. Auch Ihr Beruf kann für die Seele sehr belastend sein. Und all das, was Sie am Tage nicht bewusst verarbeiten können, löst in der Nacht Ihre Angstgefühle mit entsprechenden Traumszenen aus.

Ihre Kuhherden sind wild und furchteinflößend. Sie fühlen sich zur Flucht gezwungen. Vor wem oder was flüchten Sie im realen Leben? Vor der Verantwortung im Beruf? Vor sich, weil Sie sich in Ihrer Handlungsfreiheit eingeschränkt fühlen?

Positiv ist das Ende Ihres Traumes. Es gelingt Ihnen immer, wenn auch im letzten Augenblick, sich in das sichere Haus zu retten. Das bedeutet, dass Sie die Fähigkeit besitzen, im Alltag den Raum zu finden, der Ihnen Sicherheit bietet und neue Kraft gibt.

➔ Unbewusste Traumarbeit
➔ Angst- und Alpträume

Ein Fremder will mich heiraten

Anita (43), Erzieherin, fürchtet sich vor Schlangen.

Ich erwarte meinen Bekannten in seiner Wohnung in einem orientalisch eingerichteten Zimmer. Er erscheint mit einem Holzstab, um den sich eine kleine weiß-beige Schlange ringelt. Er hat sie aus ihrer Behausung, einer Deckenlampe, herabgeholt. Als ich sie erschreckt betrachte, stelle ich fest, dass sie tot ist. Um sie herum brennt ein bläuliches Feuer. Plötzlich bin ich an einem anderen Ort. Ein fremder Mann will mich heiraten, obwohl ich unvorteilhaft angezogen bin und mich meiner durchsichtigen Bluse schäme. Dann sitze ich in einem Zug, der zunächst noch wartend im Bahnhof steht. Im letzten Augenblick kommt mein Bekannter und muss auf den abfahrenden Zug aufspringen, kann aber die Tür nicht öffnen. Ich ziehe ihn unter Lebensgefahr hinein. Wir fahren gemeinsam irgendwohin, und mein Freund lacht, als sei nichts geschehen.

Ihr Traum zeigt, wie sehr Sie sich – und damit auch Ihr Unterbewusstsein – mit Ihrem Bekannten beschäftigen. Wahrscheinlich bedeutet er Ihnen viel. Möglicherweise sind Sie einer engen Liebesbeziehung nicht abgeneigt. Viele Traumsymbole deuten in diese Richtung. Das Zimmer, in dem Sie auf Ihren Bekannten warten, spiegelt Ihr eigenes Ich. Sie befinden sich in einer romantischen Lebensphase. Die orientalische Einrichtung weist auf Ihre Sehnsucht nach geistig-seelischer Bereicherung hin. Der Holzstab ist ein Phallussymbol und verrät sexuelle Bedürfnisse. Auch die Schlange deutet in diese Richtung. Das Traumsymbol Schlange weist auf Gefühle und Triebe hin, die aus dem Unbewussten stammen. Die weiß-beige Farbe zeigt an, dass Sie sich gern geistig weiterentwickeln möchten. Gleichzeitig enthält die Traumszene mit der toten Schlange eine Warnung: Sie sollten sich nicht von falschen Vorspiegelungen verführen lassen. Die Lampe als Schlangenheim steht für Ihren Wunsch nach Geborgenheit und mahnt bei bevorstehenden Entscheidungen zur Vorsicht. Die bläulichen Flammen sind ein positives Zeichen für seelische Gelöstheit. Die tote Schlange deutet an, dass Ihr Leben in eine neue Phase tritt. Der fremde Mann ist Ihr Bekannter. Im Unbewussten möchten Sie ihn heiraten, aber die durchsichtige Bluse verrät, dass Sie moralische Bedenken haben. Der Bahnhof ist Sinnbild dafür, dass Sie einen bedeutsamen Lebensabschnitt erreicht haben. Das Symbol Zug verrät Ihren Wunsch nach rascher Verwirklichung Ihrer Hoffnungen und Pläne. Die Türe, die Sie zur Rettung Ihres Bekannten öffnen können, symbolisiert den Zugang zu dem Menschen, den Sie lieben. Sein Lachen zeigt, dass er alles nicht so schwer und vielleicht auch Ihre Gefühle nicht so ernst nimmt, wie Sie es gern hätten.

→ Wunschträume
→ Frauenträume
→ Kleider- und Nackträume

Die Seele brennt

Brigitte (56), Direktionssekretärin, hat Kummer mit ihrem Geliebten.

Auf einer Wanderung durch eine schöne Gegend erreiche ich ein von vielen Gebäuden umgebenes Haus. Da alle Betten belegt sind, erhalte ich einen Platz unter einem grünen Baum. Dann gehe ich zu den Besitzern ins Haus. Plötzlich bricht ringsum Feuer aus. Wir eilen hinaus und versuchen, die geschlossenen Rollläden zu öffnen. Über dem Haus bilden die Flammen einen leuchtenden Strahlenkranz. Irgendwie gelingt es mir, einen Laden herauszureißen. Ich sehe in ein Schlafzimmer und bemerke, hier brennt es nicht. Schnell eile ich ins Haus und wate dabei durch das unter Wasser stehende Wohnzimmer. Obwohl mir das Wasser fast bis zum Hals reicht, ist es mir nicht unangenehm. Im Schlafzimmer liegen zwei Menschen, von denen ich nur die Füße sehe, friedlich übereinander im Bett. Ich erkenne meine Füße und die meines Geliebten.

Das Feuer, das in Ihrem Innersten brennt, löste den Traum aus. Ihr Liebeskummer und der Wunsch, dass sich alles wieder zum Guten wende, wird in dem Traum deutlich angesprochen. Zuerst wandern Sie durch eine schöne Gegend. Diese Traumszene verrät, dass Sie im Wachleben vorwärts kommen wollen. Das Haus, das Sie betreten, ist das Sinnbild für Ihre Persönlichkeit. Die Räume, die Sie sehen, entsprechen den seelischen Bereichen, die in Ihrem Unterbewusstsein in Aufruhr geraten sind. Allgemein vergleicht die Traumforschung die einzelnen Hausteile mit dem menschlichen Körper und dessen Funktionen. So steht das Dach und der Dachstuhl für den Kopf des Träumenden und für das, was darin vor sich geht. In Ihrem Traum bilden die Flammen einen Strahlenkranz über dem brennenden Haus. Dieses Symbol verrät unterdrückte Leidenschaft sowie erotische Wünsche. Gleichzeitig warnt es Sie aber auch davor, die Kontrolle über Ihre Gefühle zu verlieren. Gemeinsam mit dem Hausbesitzer versuchen Sie, den Brandherd zu löschen. Das bedeutet, dass Sie in Ihrem Innersten mit der seelischen Brandbekämpfung angefangen haben. Sie reißen einen Rollladen auf und schauen in das unversehrte Schlafzimmer. Der Blick ins Innere des Hauses zeigt, dass Sie die Hintergründe für Ihre gegenwärtigen Schwierigkeiten ergründen wollen. Das Schlafzimmer ist der Raum, in dem Sie in ein anderes Ich schlüpfen können, also in die Person, die Sie sein möchten und die keine Liebesprobleme hat. Das Wohnzimmer verrät Ihren Wunsch nach Erholung und Entspannung. Das Wasser, das fast bis zum Hals reicht, stört Sie nicht. Sie möchten aus der gegenwärtigen Situation gereinigt und sozusagen neu geboren herauskommen. Das unversehrte Schlafzimmer lässt hoffen: Alles wird wieder gut. Die Füße sind ein Liebessymbol. Sie weisen auch auf Ihre positive geistig-seelische Einstellung hin, falls Sie sich von Ihrem Geliebten trennen müssten.

➔ Wunschträume
➔ Feuerträume
➔ Wasserträume

Ich lege das Kind in den Sarg

Bettina (44), Hebamme und Hausfrau, hatte folgenden Traum.

Es ist Nacht, und ich befinde mich auf einem Hügel. Dort steht eine kleine Kirche, daneben ein Friedhof. Meine Mutter und eine Tante sind auch da. Ich knie am Boden und halte ein Baby im Arm. Es trägt ein langes weißes Kleid und eine weiße Haube. Ein kleiner Sarg steht bereit. Die Stimmung ist sehr traurig, und wir weinen. Als ich hochblicke, sehe ich eine Mauer mit einer schmiedeeisernen Verzierung. In der Ferne erkenne ich eine Hügelkette. Vorsichtig lege ich das Kind in den Sarg. In diesem Augenblick geht hinter den Bergen die Sonne auf. Dann erwache ich.
Ungefähr einen Monat später bekam ein gut befreundetes Ehepaar ihr lang ersehntes zweites Kind, worüber ich mich sehr freute. Umso niederschmetternder für mich die Todesanzeige zehn Monate später. Bei der Beerdigung lag die Kleine genau gleich gekleidet im Sarg, wie ich es im Traum gesehen hatte. Auch erkannte ich die Kirche auf einem Hügel, die Mauer mit dem schmiedeeisernen Gitter und die Bergkette in der Ferne.

Sie hatten einen Wahrtraum, haben den Tod des Kindes vorausgesehen.

Hier die Bedeutung der Symbole bezogen auf Ihren Traum: Der Hügel zeigt ein Hindernis auf dem Lebensweg an, mit der Aufforderung, es zu beseitigen. Die Kirche auf dem Hügel deutet auf geistige Reife und unerfüllte Bedürfnisse der Seele hin. Die Mauer verrät, dass Sie nach Schutz und Geborgenheit suchen. Das Gitter warnt vor unerfüllbaren Wünschen. Das weiße Totenkleid steht für Unschuld und Reinheit. Der Sarg symbolisiert den Tod, der gleichzeitig die Auferstehung beinhaltet. Der Sonnenaufgang ist ein starkes und verheißungsvolles Symbol der Seele. Es will Trost spenden und erinnert daran, dass jeder Tod ein Neuanfang ist.

➔ Wahrträume
➔ Farben in Träumen

Der Abschied im Traum

Eva (41), Mutter und Hausfrau, sieht den Tod eines Jugendfreundes voraus.

Ich will meiner Jugendliebe, die ich seit zwanzig Jahren nicht mehr gesehen habe, einen Krankenbesuch abstatten. Es kostet mich eine große Überwindung, und ich habe Angst vor einem Zusammentreffen mit dem schwer kranken Hans. Doch ich überwinde mich und gehe zu seinem Elternhaus. Sein Vater öffnet mir und ruft seinen Sohn. Wir warten im Treppenhaus. Mein Freund kommt die Treppe herunter, aber noch bevor wir uns begrüßen können, drängt sich eine Frau zwischen uns. Barsch sagt sie zu Hans: »Du kommst jetzt mit mir. Wir haben keine Zeit.« Hans zuckt mit den Schultern und antwortet: »Ich weiß auch nicht.« Er folgt der Frau, steigt auf sein Motorrad und fährt davon. Ich sehe, wie er auf den Wiesenweg bei meinem Elternhaus einbiegt. Dort steht ein großer Bretterzaun. Er fährt geradewegs darauf los. Ich spüre die Aufregung in mir und schreie: »Pass doch auf, der Zaun ...!« Hans lacht mir zu und fährt wie unsichtbar durch diesen Zaun hindurch. Der Zaun bleibt völlig unbeschädigt. Nur von Hans und dem Motorrad bleibt keine Spur zurück.
Beim Aufwachen war ich mir ganz sicher, dass Hans tot ist und sich im Traum von mir verabschiedet hat. Knapp eine Woche danach erhielt ich einen Anruf mit der traurigen Botschaft: Hans ist – erst 42-jährig – gestorben.

Bei sensiblen Menschen kann es vorkommen, dass sie von einem engen Freund träumen, den sie zwar lange nicht mehr gesehen haben, mit dem sie aber seelisch verbunden waren. Außergewöhnlich hellseherische Fähigkeiten besitzen nur wenige Menschen, und oft sind sie sich dieser Gaben gar nicht bewusst. Meiner Ansicht nach hatten Sie einen so genannten »Ahnungstraum«. Aus Ihren Angaben geht hervor, dass Sie von der lebensbedrohlichen Krankheit Ihres Freundes Kenntnis hatten. Damit war Ihr Unbewusstes informiert. Sie sorgten sich um ihn, und diese Sorgen flossen in ihren Traum ein. In Ihrem Innersten befürchteten Sie den Tod Ihres Jugendfreundes, der Ihnen so viel bedeutet hat. Viele Traumsymbole in Ihrem Traum beziehen sich jedoch auf Sie. Sogar hinter der fremden Frau, die Hans mahnt, keine Zeit zu verlieren, verbergen sich Ihre Ängste und Sie selbst. Mit dem Motorrad machen Sie sich Mut. Sie hoffen, dass Ihr Freund seinem Schicksal vielleicht doch noch entkommen könnte, aber der Zaun, die Schranke auf Ihrem Lebensweg, gebietet Halt. Hans entschwindet, weil Sie im Unbewussten ahnen, dass seine Tage gezählt sind. Der Zaun bleibt unbeschädigt, denn Sie leben weiter.

➔ Wahrträume

Erlebnisse in der Wanderhütte

Bettina (34), allein erziehende Mutter von zwei Kindern, hatte folgenden Traum.

Ich gehöre zu einer Wandergruppe. Gerade haben wir unser Ziel, eine Wanderferienhütte, erreicht. Ich sitze vor der Hütte und genieße das Gefühl des Alleinseins. Ein Hund leistet mir Gesellschaft, und ich spiele intensiv mit ihm. Drei junge Männer spazieren vorbei; der größte von ihnen bleibt stehen, um mir Ratschläge zu geben, wie ich mit dem Hund umgehen soll. In diesem Moment schnappt der Hund nach meinen Haaren, beginnt auf mir rumzutrampeln. Auf mein lautes Aus reagiert er nicht. Nun wehre ich mich mit Händen und Füßen. Der junge Mann greift ein, redet ruhig, aber bestimmt auf den Hund ein, der nun von mir ablässt und verschwindet. Der Helfer zupft mein Haar zurecht, und ich fühle mich wohl. Später suchen wir uns in der Hütte ein leeres Zimmer. Dort begegne ich Männern, die immer wieder verschwinden, und einer früheren Freundin, die nackt ist. Ich warne sie, nicht unbekleidet durch das Zimmer zu gehen, weil dort ein Mann liegt. Ihr aber ist das egal, was mich erstaunt. Schließlich lösche ich das Licht, das sie vorher angeschaltet hatte. Ich schlafe bei meinem neu gewonnenen Freund und fühle mich sehr wohl.

Ihr Traumbeginn mit der Wanderung und der Ferienhütte verrät, dass Sie im Wachleben Schritt für Schritt vorwärts kommen wollen. Ihre Freude am »Alleinsein« offenbart eine gewisse Scheu vor Menschen, die Ihnen unbekannt sind. Dennoch sind Sie recht unternehmungslustig und erhoffen sich in Ihrem Innersten schöne Begegnungen mit Männern. Der Hund weist auf ihre sexuellen Wüsche hin. Sie hätten gerne einen liebevollen Begleiter. Im Traum beginnt das Liebesspiel mit Aggressivität, die zuerst vom Hund ausgeht, der den Mann symbolisiert, den Sie suchen. Ihr Traummann hilft Ihnen, so wie Sie es sich wünschen. Die Suche nach einem guten Zimmer zeigt, dass Sie gegenwärtig eine nette, aber nicht voll befriedigende Beziehung haben. Die nackte Freundin, die in der Traumsprache einen Teil von Ihnen symbolisiert, deutet an, dass Sie auf erotisch-sexuellem Gebiet weniger Hemmungen haben sollten. Die Männer, die immer wieder verschwinden, zeigen Ihre starke Selbstkontrolle im Liebesleben. Unbewusst erfüllt Sie eine tiefe Sehnsucht nach Liebe und sexueller Erfüllung.

➔ Kleider- und Nackträume
➔ Sexträume

Eine Hand kommt aus dem Nichts

Sonja (31), Lebensmittelverkäuferin, hat seit ihrer Teenagerzeit häufig den gleichen Traum.

Immer wieder träume ich von meinem Elternhaus. Es ist Nacht, alles ist dunkel und still. Leise ziehe ich mich an und packe ein paar Sachen ein. Ängstlich bemühe ich mich, leise zu sein, sodass mich niemand hört. Ich schleiche um das Haus herum, laufe zur Straße. Dort steht ein Bus mit Menschen. Ich steige in den Bus und fühle mich endlich sicher, frei, wie erlöst. Ich atme tief durch. Aber bevor der Bus wegfährt, kommt aus dem Nichts eine Hand. Sie versucht mich aus dem Bus zu ziehen. Verzweifelt wehre ich mich dagegen. Ich nehme nur noch Hände und Arme wahr, die mich vom hellen Bus in diese dunkle Nacht ziehen wollen. Ich kämpfe um mein Leben. Schweißgebadet, zitternd und manchmal mit nassen Augen wache ich auf.

Sie träumen von Ihren Problemen im Elternhaus. Ein Zeichen dafür, dass Sie sich noch nicht vollständig abgenabelt haben. Es mag für Sie im Alltag nicht so aussehen, aber in Ihrem Innersten gibt es ungelöste Konflikte. Sie erhalten in Ihren Träumen keine Ratschläge, was zu tun ist, sondern müssen Verfolgungsängste durchstehen. Die Flucht ist ein symbolischer Hinweis, dass Sie sich im Lebenskampf durchsetzen müssen – und zwar ohne Eltern. Der erste Teil Ihrer Traumflucht ist erfolgreich. Das weist darauf hin, dass Sie sich auf Ihre eigenen Kräfte und Ihr Können verlassen dürfen. Der Omnibus signalisiert, dass Sie auf Ihrem Lebensweg gut vorankommen, wobei Sie sich wahrscheinlich in einer Gemeinschaft wohler fühlen denn als Einzelkämpferin. Die Hände, die nach Ihnen greifen und Sie aus dem Bus zerren, also von Ihrem Lebensweg abbringen wollen, zeigen Gefahren an. Gibt es vielleicht im Beruf oder in Ihrem Privatleben Anzeichen für eine Beeinflussung von Außen, gegen die Sie sich wehren? In Ihrem Traum kämpfen Sie verzweifelt, was sagen will, dass Sie einen Konflikt unbedingt lösen möchten. Da Sie denselben Traum schon seit vielen Jahren haben, könnte es auch sein, dass es immer wieder dieselben Probleme sind, die Sie bedrücken und vor denen Sie im Traum symbolisch fliehen.

➔ Angst- und Alpträume
➔ Unbewusste Traumarbeit

Ich verliere meine Zähne

Margot (52), Wirtin, träumte wiederholt vom Verlust ihrer Zähne.

Ich befinde mich in einer Gesellschaft. Wir essen und trinken zusammen. Dabei bricht mir der rechte Eckzahn heraus. Ich lasse ihn verschwinden und versuche, nicht mehr zu lachen oder zu sprechen. Es wird jedoch immer schlimmer. Meine Zähne bröckeln mehr und mehr, bis ich den ganzen Mund voll habe. Beim Aufwachen fühle ich mich erschöpft, bin jedoch beruhigt und glücklich, dass alle meine Zähne noch da sind.

Zahnträume sind gar nicht so selten. Man sieht und fühlt im Traum, wie die Zähne abbrechen, ausfallen, wachsen oder gezogen werden. Nach neuesten amerikanischen Traumforschungen spielen ausfallende Zähne bei Frauen in den Wechseljahren eine besondere Rolle. Das dürfte auch bei Ihnen der Fall sein. Der Eckzahn, den Sie im Traum verlieren, ist ein Hinweis darauf, dass Sie sich im Unterbewusstsein gegen den Fruchtbarkeitsverlust und das Älterwerden sowie gegen den damit verbundenen Energieverlust auflehnen. Weil Sie sich in Ihrem Traum in Gesellschaft befinden, kann man ihn auch als Aufforderung verstehen, weniger an das Nachlassen Ihrer Kräfte zu denken, als vielmehr aktiv am Leben teilzunehmen. Sie lassen den ausgefallenen Eckzahn verschwinden, das bedeutet, dass Sie das Älterwerden noch nicht akzeptieren. Die abbröckelnden Zähne sind eine Mahnung, sich nicht gegen den natürlichen Wandel zu stemmen.

Das Traumsymbol Trinken weist auf einen Mangelzustand hin. Vielleicht fühlen Sie sich ein wenig einsam, haben seelisch-geistige Bedürfnisse oder möchten etwas Bedrückendes überwinden. Nichts an Ihrem Zahntraum erscheint mir bedrohlich, er spiegelt Ihre gegenwärtige Lebenssituation wider, die Sie – entsprechend Ihren positiven Gedanken beim Aufwachen – meistern werden.

➔ Frauenträume

Die Taube beruhigt mich

Anita (57), Technische Sachbearbeiterin, flog in ihrem Traum wie ein Vogel.

Die Nacht ist klar und der volle Mond steht am Himmel. Ich trage schwarze nonnenhafte Kleider und schwebe ohne Flügel über dem Grundstück meines Freundes. Er hat abgeschnittenes Rebholz zu kleinen Häufchen geschichtet, die wie Grabsteine aussehen. Große schwarze Vögel verfolgen mich. Ich habe Angst und rette mich auf eine vorspringende Felsplatte. Unter mir auf dem Rasen sehe ich einen Mann und ein Kind mit schwarzen Kleidern und mumienartigen Gesichtern. Ich fordere sie auf, zu mir auf den sicheren Felsen zu kommen, aber sie fürchten sich und bleiben vor einem kleinen Bächlein stehen, das zwischen uns fließt. Da setzt sich ein Vogel zu mir auf den Fels, und ich sehe, dass es eine weiße Taube ist. Sie wirkt beruhigend auf mich, und ich habe keine Angst mehr. Sie hat mich gerettet. Die schwarzen Vögel sind davongeflogen.

Ihr Traumflug weist auf den Wunsch hin, sich frei wie ein Vogel über die alltäglichen Problemen zu erheben – vor ihnen zu fliehen. Die Nonnenkleidung könnte eine Warnung sein, sich nicht zu weit von der Realität zu entfernen. Das Traumbild Mond steht für das Intuitive, das Weibliche und für Sehnsüchte, die sich erfüllen können.

Die Symbole schwarze Vögel und Grabsteine sind Warnungen, die auf ernsthafte Lebenskonflikte hinweisen. Und die Traumvögel symbolisieren die gegenwärtige geistig-seelische Verfassung, verkörpern den eigenen Seelenzustand. Vermutlich befinden Sie sich in einer dunklen Phase. Auch die mumienartigen Gesichter deuten darauf hin, dass Sie mit Ihrer näheren Umgebung unzufrieden sind. Sie haben Schwierigkeiten, Ihre Lebenssituation zu ändern.

Die moderne Traumanalyse sieht im Bach ein Symbol für den Lebensverlauf. Da er nicht durchquert wird, müssen Sie mit heftigen Widerständen in Ihrer Beziehung rechnen. Wie gut, dass Sie sich im Traum auf eine Felsplatte retten können. Hier fühlen Sie sich sicher. Ein deutlicher Hinweis auf Ihre eigene Persönlichkeit, Ihre Standfestigkeit und Ihr Selbstvertrauen. Die weiße Taube symbolisiert Ihre Sehnsucht nach Liebe, Verständnis und Harmonie, und sie weist in eine positive Zukunft.

➔ Flug- und Fallträume
➔ Wunschträume

Der Ritt auf dem Stier

Veronika (35) arbeitet als Angestellte in einer landwirtschaftlichen Genossenschaft.

Ich befinde mich mit einem Unbekannten in den Ferien auf dem Lande. Wir laufen in Richtung Bauernhof. Als ich über meine Schulter zurückschaue, sehe ich, wie ein riesiger Bulle, beinahe ein Bison, langsam hinter uns herläuft. Obwohl er nicht bedrohlich wirkt, beginne ich zu rennen und will mich retten. Meine Begleitung warnt mich, nicht davonzulaufen, weil er mich sonst packe würde. In diesem Moment hebt mich der Stier auf die Hörner und plötzlich sitze ich auf seinem Nacken. Ich streichle und kraule ihn, rede beruhigend auf ihn ein, und tatsächlich duldet er mich auf seinem Rücken. Mir ist bewusst, dass ich keine Angst haben darf. Der Stier genießt meine Zuwendung und legt sich vertrauensvoll auf den Boden. Während ich ihn weiter an Kopf und Brust in seinem enorm dicken Fell kraule, überlege ich, wie ich mich entfernen könnte, da ich trotz allem Angst vor seiner immensen Kraft habe. Aber jedes Mal, wenn ich mich ein wenig von ihm entferne, packt er mich erneut, damit ich ihn weiterstreichle.

Vermutlich erleben Sie im Alltag nicht das, was Sie sich wünschen. Deshalb kompensieren Sie Ihre Bedürfnisse im Schlaf. Dank der Ferien waren Sie sehr entspannt. Der Beginn des Traumes ist idyllisch: Das Landleben steht für Ruhe und Erholung. Der Bauernhof signalisiert, dass Sie gut versorgt sind, sich sicher und mit der Natur verbunden fühlen.

Der Stier ist das Traumsymbol für Wollust und Triebhaftigkeit. Wenn er Sie auf die Hörner und dann auf den Nacken nimmt, fürchten Sie vielleicht um Ihre Vitalität. Amerikanische Psychoanalytiker sehen im Stier einen Hinweis auf sexuelle Wünsche. Mit dem Kraulen wollen Sie Ihren Traumpartner friedlich stimmen, gefügig machen. Vielleicht steht der Stier stellvertretend für Ihren Freund oder eine andere Person, der Sie gerne nahe sein möchten. Die Stimme, die Sie vor dem Davonlaufen warnt, ist Ihre eigene. Das dichte Fell des Tieres ist die äußere Schale, die einen weichen Kern beschützt. Der Traum verrät das Bedürfnis zu streicheln, Gutes und Liebevolles zu tun und Ihre Sehnsucht nach Anerkennung, Verständnis und Zärtlichkeit.

→ Wunschträume
→ Tierträume
→ Sexträume

Lexikon der 1000 Traumsymbole

A

Aal → Schlange

Aas Ein ekelhafter Tierkadaver zeigt, dass eine unangenehme Angelegenheit erledigt werden muss. Vielleicht ist eine Beziehung zu Ende oder ein Plan nicht mehr durchführbar. Ist das Tier erkennbar, ist das entsprechende Tiersymbol bedeutsam.

Abdanken Wer auf ein Amt verzichtet oder verzichten muss, ist einer Aufgabe nicht mehr gewachsen oder hat die Lust an der Arbeit verloren.

Abend Schöne Traumbilder von einem friedlichen Abend deuten auf eine entspannte Stimmung und den Wunsch nach Ruhe und Erholung hin. Ist der Abend wolkenverhangen, könnten die körperlichen oder seelischen Kräfte erschöpft sein. Bei älteren Menschen macht er auf den Lebensabend, bei jüngeren auf geheime Wünsche aufmerksam.
→ Nacht

Abendkleidung Wer festlich gekleidet ausgeht, möchte erfolgreich sein. Erscheinen fremde Traumgestalten im modernen Partylook oder in Ballkleidung, besteht die Gefahr, von Konkurrenten übertrumpft zu werden.

Abenteuer Sie verraten den Wunsch nach Freiheit und Selbstständigkeit. Dramatische Abenteuer warnen vor Gefahren, erotische weisen auf sexuelle Wünsche hin, angsterfüllte symbolisieren die Lebensangst.

Abfall Wer ihn beseitigt, möchte seelische Belastungen loswerden, wer ihn in irgendeiner Weise weiterverwertet, hofft auf bessere Zeiten, will Neues schaffen. Sind die Traumszenen voll Müll, dann wird zu viel Energie in aussichtslose Unternehmungen investiert.

Abführmittel Die Einnahme von Abführmittel ist eine Aufforderung aus dem Unbewussten, die Seele von belastenden Gefühlen zu reinigen. Konfliktsituationen sollten entschärft und der Körper entschlackt werden.

Abgrund Dieses häufige Traumbild ist von unterschiedlicher Bedeutung. Wer angstvoll in einen Abgrund blickt, fürchtet sich vor persönlichem Versagen. Ein steiler Hang warnt vor gefährlichen Unternehmungen. Felswände und tiefe Schluchten symbolisieren seelische Nöte. Wer plötzlich abstürzt, hat keinen inneren Halt mehr. Gelingt der Abstieg, kann eine ausweglos erscheinende Situation gemeistert werden. Eine Brücke über den Abgrund weist auf Rettungsmöglichkeiten in seelischen Schwierigkeiten hin. Führt ein Weg in den Abgrund und man beschreitet ihn im Traum, ist die Bereitschaft für eine Selbstanalyse vorhanden.
→ Abhang
→ Brücke
→ Stürzen

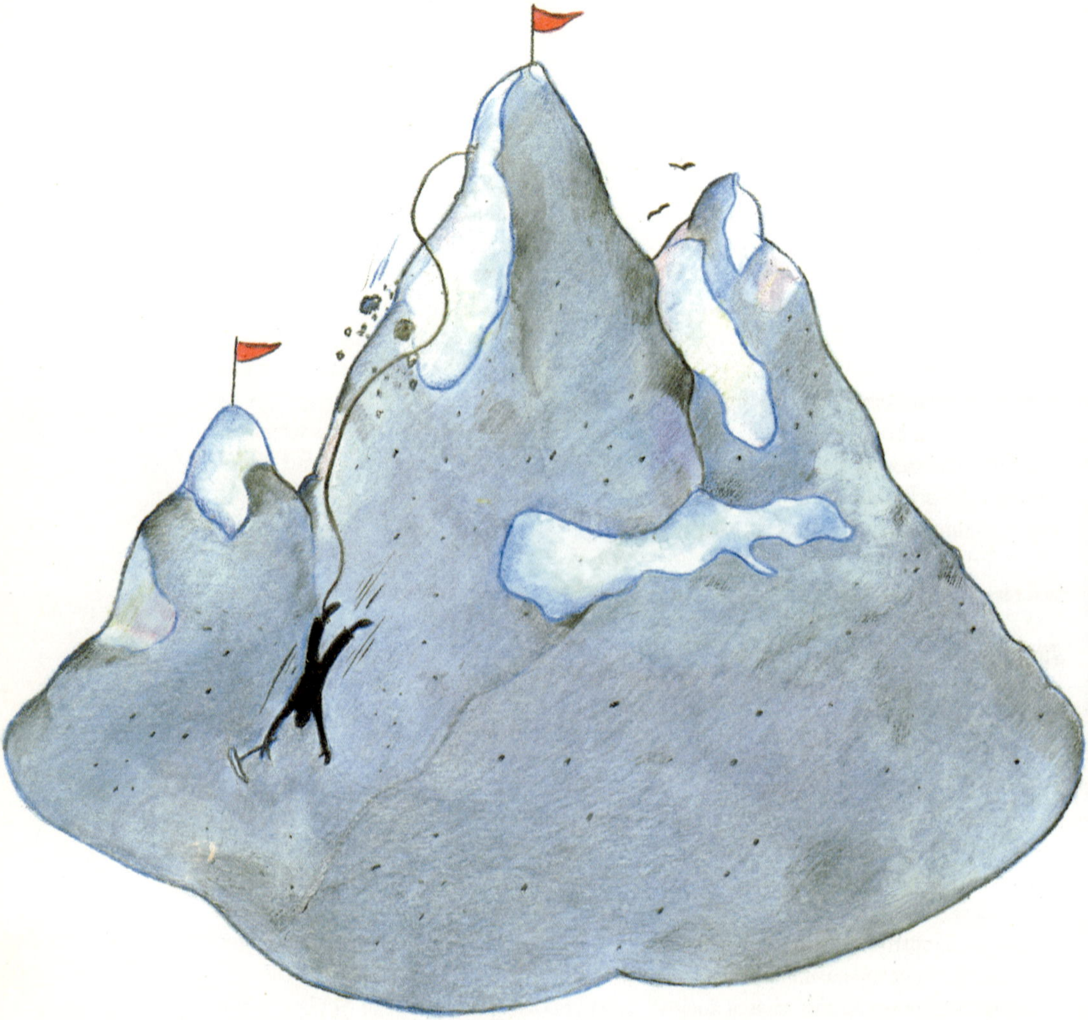

Abhang So wie der Abgrund symbolisiert auch der Abhang Versagensängste. Je steiler der Abhang, desto größer die Gefahr, dass sich der Träumende unbedacht in Gefahr bringt. Wer den Abhang nach oben klettert, den erinnert das Unterbewusstsein daran, dass im Alltag viele Hindernisse zu überwinden sind. Rutscht der Träumende ab, verliert den Halt, wird er vor falschen Entscheidungen gewarnt.
➔ Abhang
➔ Stürzen

Abitur ➔ Prüfung

Abschied Jeder Abschied ist das Zeichen für eine notwendige Trennung und einen Neubeginn. Manchmal stehen Personen, von denen sich der Träumende verabschiedet, auch für Gefühle, Ideen und Wünsche.

Bei jungen Menschen weist ein Traumabschied von den Eltern auf den Willen zu mehr Selbstständigkeit hin. Wer von alten Menschen Abschied nimmt, befürchtet, dass sie bald sterben werden.

Freut man sich bei der Trennung auf ein baldiges Wiedersehen, ist man der Person, auf die sich die Traumfigur bezieht, wohlgesinnt

Abmagern Wer sich mit dem Gedanken trägt abzumagern oder bereits eine entsprechende Kur begonnen hat, kann in seinen Träumen besonders schlanken oder übergewichtigen Personen begegnen, die alle keine besondere Bedeutung haben. Sie machen lediglich darauf aufmerksam, dass das Gesundheits- oder Schönheitsproblem den Betroffenen innerlich stark beschäftigt. Ohne diesen Hintergrund deutet der nur im Traum besonders schlanke, vielleicht sogar dürre eigene Körper entweder auf ein dünn gewordenes Seelenkostüm oder auf eine gesundheitliche Störungen hin.

Absperrung → Riegel

Abstürzen → Stürzen

Abt → Mönch

Abtreibung Ein normaler Schwangerschaftsabbruch hat heute im Traum nicht mehr dieselbe Bedeutung wie die früher illegalen Eingriffe. Dennoch werden Frauen, die – egal aus welchen Gründen – eine Abtreibung hatten, dieses Ereignis in ihren Träumen verarbeiten. Dabei können schwere Alpträume entstehen. Kommt es zu einem Abtreibungstraum ohne realen Hintergrund, schmerzt vermutlich eine Zurückweisung. Vielleicht muss ein Plan aufgegeben oder eine Hoffnung begraben werden. Möglich auch, dass das Unbewusste mit dem Bild des Schwangerschaftsabbruchs die Amputation von überflüssigen Gefühlen vorschlägt.
→ Schwangerschaft

Abzeichen Sie verraten den Wunsch nach Zugehörigkeit zu einer bestimmten Gruppe. Der Träumende will als Teil eines Ganzen anerkannt werden.
→ Amulett

Acht → Zahlen

Acker Er ist das Urbild des Mütterlichen und der Fruchtbarkeit. Allgemein das Symbol für Verbundenheit mit der Natur. Ein unbebauter Acker macht auf ungenützte Chancen aufmerksam. Ist er bebaut, steht er in voller Blüte oder reift das Korn gerade, ist es höchste Zeit, tatkräftig eine fruchtbare Lebensphase zu wagen. Der abgeerntete Acker warnt vor Selbstzufriedenheit nach einem Erfolg.
→ Garten
→ Wiese

Adler Fliegt der »Herr der Lüfte« hoch oben im Himmelsblau, hat sich der Träumende in seinen Gedanken von der Erde gelöst, verfolgt eigene geistige Ziele. Zieht der Adler ruhig seine Kreise, ist die Sehnsucht nach schrankenloser Freiheit groß. Stürzt er sich pfeilschnell hinab auf eine Beute, sind Unternehmungslust und Wagemut im Alltag oft zu groß. Ein Adler im Käfig deutet auf Gefühle hin, die nicht ausgelebt werden können. Für Freud war der Adler ein sehr starkes Sexsymbol.
→ Vogel

Affäre Ein entsprechendes Traumbild verrät den Wunsch nach verbotener emotionaler Befriedigung, die im Schlaf möglich ist.

Affe Der Affe im Traum ist das Zerrbild des eigenen Ich. Er deutet auf unsere tierischen Triebe hin, die wir vielleicht verheimlichen, aber doch so gern ausleben möchten. Spielen wir mit Affen, sollten wir uns vor schmeichlerischen Freunden hüten. Sehen wir kletternde oder munter spielende junge Affen, wünschen wir uns in einer Liebesbeziehung

A

mehr Erfolg. Kleine Affen, wie etwa Schimpansen, die gerade sexuelle Handlungen vornehmen, verdeutlichen entsprechende eigene Wünsche. Ein gewaltiger Gorilla verkörpert brutale Gewalt, vor der man sich fürchtet oder die man ausüben möchte.
→ Tierträume

Ähre → Getreide

Akkordeon Dieses Musikinstrument zeigt in der Regel an, dass der Träumende ausgelassen und fröhlich sein möchte. Je nach der gespielten Musik wird damit auch Fernweh oder die Sehnsucht nach romantischen Stunden angesprochen.
→ Musik
→ Singen
→ Tanz

Akt Die Bedeutung der sexuellen Vereinigung zwischen zwei Menschen ergibt sich aus dem Traumzusammenhang. Ein Akt als Statue in einem Park verrät den Wunsch, ohne Maske auftreten zu dürfen. Wer sich im Spiegel nackt betrachtet, will sein Innerstes ergründen. Das Aktporträt könnte Geltungssucht andeuten. Wer einen künstlerischen Akt zögernd und vielleicht schamvoll betrachtet, fürchtet sich vor der Entlarvung des eigenen Ich.
→ Nacktheit

Aktie Wer im Traum seine Ersparnisse in Aktien anlegt, sucht im Leben den Erfolg und vergisst manchmal das Risiko. Wer Aktien verkauft, hat vielleicht finanzielle Probleme.

Alibi Ist man zur Tatzeit nicht am Tatort gewesen, muss man im Strafverfahren seine Abwesenheit beweisen. Im Traum deutet die Suche nach einem Alibi innere Unsicherheit oder Schuldgefühle an. Gelingt der Beweis, kann eine seelische Krise gemeistert werden.

Alkohol Wer im Traum trinkt, hat Probleme. Vielleicht sehnt man sich nur nach einem beglückenden Erlebnis oder möchte eine bittere Wahrheit im Alltag verdrängen. Manchmal machen ein oder zwei Gläser Alkohol im Traum auf geheime Wünsche aufmerksam, oder aber sie fordern zu einem mutigeren Verhalten im wachen Leben auf. In einem schweren Traumrausch können alle Hemmungen abgestreift werden, nicht nur sexuelle. Man fühlt sich unheimlich stark und stellt sich jeder Herausforderung. Je nach Traumszene und persönlichen Verhältnissen ist der Rausch eine Aufforderung des Unbewussten, das Leben nüchterner zu betrachten.
→ Drogen
→ Rausch

Alleinsein → Einsamkeit

Alte Frau, alter Mann Die Frage ist, kennen wir sie im wachen Leben? Wenn Ja, dann vermitteln sie eine persönliche Botschaft, die sich direkt auf den Träumenden oder die erkannten Personen bezieht. Sind sie unbekannt, symbolisieren sie je nach ihrem Auftreten Weisheit oder Bösartigkeit. Bei gütigen alten Menschen kann man Rat holen, bösartige machen auf eigenes Fehlverhalten aufmerksam. Die alte Frau am Straßenrand symbolisiert das uralte Mütterliche, der alte Mann ist das Sinnbild für unendliche Erfahrung und tiefe Weisheit. Erscheinen die Alten im Traum in negativer Weise, muss man das eigene Verhalten den Mitmenschen gegenüber prüfen.

Alter Bei Menschen, die vom eigenen Alterungsprozess träumen, sind die Gedanken um Vergänglichkeit und Tod im Unbewussten sehr lebendig. Treten diese Traumbilder zu häufig auf, sollte die eigene Position im Leben überdacht werden.
→ Tod

A

Amboss Wer kennt heute noch einen Schmied, der auf dem Amboss ein glühendes Stück Eisen formt? Das alte Symbol für Tapferkeit und Stärke ist in der Traumsprache selten geworden. Sollte es dennoch erscheinen, deutet die Arbeit auf einem Amboss an, dass man sich gewaltsam aus einer schwierigen Lage befreien will. Sieht der Träumende nur zu, wie andere darauf hämmern, besteht die Gefahr, auf irgendeine Art missbraucht zu werden. Je nach der Traumszene kann der Amboss auch dazu auffordern, härter und entschlossener zu werden.
→ Hammer

Ameisen Die fleißigen Tiere, die fast alle in gut organisierten Staaten mit klarer Aufgabenverteilung leben, begegnen uns im Traum auf sehr unterschiedliche Weise. Wir träumen häufig von ihnen, wenn Arme und Hände oder Füße und Beine durch falsche Lagerung eingeschlafen sind und wir ein unangenehmes Kribbeln in den Gliedmaßen verspüren. »Aufwachen« lautet dann die Traumbotschaft. Wer im Traum Ameisen am eigenen Körper verspürt oder herumkrabbeln sieht, ist nervös oder erregt, sollte sich entspannen und eine Ruhepause einlegen. Wer achtlos in einen Ameisenhaufen tritt und die Insekten aufscheucht, befindet sich in einer nervlich schlechten Verfassung. Sehen wir den Ameisen bei ihren verschiedenen Tätigkeiten gelassen zu, fordert uns das Traumbild zu mehr Eigeninitiative, Fleiß und Beharrlichkeit auf.
→ Insekten

Amme In Frauenträumen kann sie den Wunsch nach einer Mutterschaft versinnbildlichen. Allgemein macht die Amme, je nach der Traumszene, in positivem oder negativem Sinn auf Empfängnis, Schwangerschaft oder Zeugung aufmerksam.
→ Hebamme

Amputation Wer im Traum sieht, wie ihm – meistens schmerzfrei – einzelne Gliedmaßen abgetrennt werden, befürchtet, dass er im Wachleben etwas verloren hat oder unterdrücken muss. Vielleicht sollte er sich von einem geliebten Menschen trennen, auf eine wichtige Aufgabe verzichten oder sich von einer drückenden seelischen Last befreien. Die exakte Bedeutung ergibt sich aus der Traumhandlung und dem abgetrennten Körperteil. Wer beispielsweise eine Hand verliert, fühlt sich im Wachleben eingeengt, kann sich zu wenig entfalten. Eine Beinamputation zeigt, dass es keine Fluchtmöglichkeit vor notwendigen Entscheidungen gibt. Bei Männern verraten Amputationsträume die Angst vor Impotenz. Wer geköpft wird, sollte in einer bestimmten Situation kühles Blut bewahren, den Verstand gebrauchen. Beobachtet der Träumende eine Amputation an einer anderen Person, macht ihn das Unbewusste auf eigene seelische Verluste aufmerksam.

Amulett Der oft mit einem Glückszeichen versehene Anhänger ist ein mystisches Symbol. Es soll Kraft verleihen und den Träumenden von allen Sorgen befreien, was allerdings im Wachleben selten gelingt.

Angeln Angler schwören auf die beruhigende Wirkung des Fischens. Als Traumsymbol ist das Angeln ein Hinweis darauf, dass man weder die Beherrschung noch die Geduld verlieren sollte. Wer im Traum schwungvoll eine Angel auswirft, hofft, dass ein kleiner oder großer Wunsch in Erfüllung geht. Steht eine Frau mit am Wasser, geht es um Glück in der Liebe. Wer erfolgsbetont angelt, also unbedingt einen Fisch fangen will, strebt entschlossen nach materiellem Gewinn. Wer die Angelschnur ruhig ins Wasser senkt, sehnt sich nach geistigen Werten. Über die Gemütsverfassung des

A

Träumenden gibt das Wasser Auskunft. So wie es sich darstellt – still, bewegt, stürmisch, klar oder trüb –, sieht es in der Seele aus.
➔ Fischer
➔ Wasser

Angriff ➔ Gewalt

Angst Angstträume haben seelische oder körperliche Ursachen. In den Träumen sichtbar werdende Lebensangst kann sich bis zur Todesangst steigern. Freud sah den Ursprung der Angst in der Geburtsangst und der Trennung des Neugeborenen von der Mutter. Angsterfüllte Traumbilder machen u. a. auf Hemmungen, Minderwertigkeitsgefühle, schwere Lebensprobleme und Schuldgefühle aufmerksam. Körperliche Ursachen sind eine vorhandene oder sich ankündigende Krankheit oder ein schweres Leiden.
➔ Angst- und Alpträume
➔ Krankheit im Traum

Anker Dieses Symbol weist auf innere Sicherheit, Standfestigkeit und Zuversicht hin. Es kann aber auch ein Rettungsanker gemeint sein, der in größter seelischer Not helfen soll. Wird ein Anker gelichtet und das Boot fährt ohne uns davon, dann erlischt alle Hoffnung auf eine glückliche Wendung. Muss der Anker wegen eines Unwetters gelichtet werden, befindet man sich in einer gefahrvollen Lebenssituation. Ein Anker, der festen Grund gefasst hat, oder ein Schiff, das mit gelichtetem Anker und dem Träumenden auf große Fahrt geht, sind positive Traumsymbole.

Ankunft Wer im Traum an einem Bahnhof, zu Hause, in einer ihm wohlbekannten Landschaft oder an irgendeinem Ort, wo er sich heimisch fühlt, ankommt, hat eine Episode oder einen Lebensabschnitt abgeschlossen. Er kann nach einer kurzen Ruhepause einen neuen Anfang wagen.
➔ Bahnhof
➔ Eisenbahn
➔ Reise

Ansprache Wer im Wachleben zu wenig Erfolg hat, tritt im Traum gern als Redner auf, will sich Gehör verschaffen. Bleibt die Ansprache im Traum unbeachtet, wird der Redner dauernd unterbrochen oder gar ausgepfiffen, ist der Träumende einsam und bleibt unverstanden. Bringt die Traumrede Erfolg, spendet das Unbewusste Trost und Zuversicht.

Antrag Wenn ein Verliebter im Traum seiner Herzallerliebsten einen Antrag macht, dürfte der Wunsch nach einer ehelichen Verbindung groß sein. Aber Vorsicht: Manchmal warnt das Unterbewusstsein mit diesem Traumbild vor einem voreiligen Schritt, besonders dann, wenn der Antrag kaum beachtet oder abgelehnt wird.

Handelt es sich um einen Antrag oder eine Bittschrift bei Behörden, kann man sich im Alltag nicht so durchsetzen, wie man möchte.

Anwalt Er macht auf eine verfahrene geschäftliche oder seelische Situation im Wachleben aufmerksam. Die Ratschläge im Traum sind oft unbrauchbar, wichtig ist allein der Hinweis, dass man die Angelegenheit regeln sollte.
➔ Richter

Apfel Im Altertum war der Apfel ein Symbol für Fruchtbarkeit. Der Traumdeuter Artemidoros (Geschichte der Traumdeutung) unterschied zwischen einem süßen Apfel, der Liebesgenuss, und einem sauren, der Unerfreuliches verhieß. Für C. G. Jung ist der Apfel Sinnbild des Lebens. In der Bibel wird er in Evas Hand zur Versuchung.

In der modernen Traumsprache sind viele Deutungen möglich. Wer einen Apfel schält und isst, will mehr Wissen erwerben, wer ihn keck anbeißt, denkt an eine intime Liebesbeziehung. Wurmstichige Äpfel deuten das Ende einer Beziehung an. Goldene Äpfel verhelfen zu Selbsterkenntnis, ein Korb voller Äpfel symbolisiert geistige Kraft und Lebensfreude. In erotischen Träumen ist der Apfel ein Sexualsymbol, erinnert in seiner Form an die weibliche Brust, die der Träumer auch im Wachleben streicheln und küssen möchte. Äpfel am Baum – im Christentum ist der Apfelbaum der Baum der Erkenntnis – wollen gepflückt werden, fordern uns auf, weniger selbstsüchtig zu sein und ein offenes Ohr für die Probleme anderer zu haben.

Apotheke Im Traum ein Hinweis, dass man sich in einer seelischen oder körperlichen Notlage befindet. Vielleicht gibt die Medizin, die man in der Apotheke erhält, einen Hinweis auf die Art der Beschwerden.
→ Arzt

Appetit Wer im Traum einen unglaublichen Appetit verspürt, hat weniger den Wunsch nach einem großen Essen als vielmehr nach geistiger Nahrung oder spiritueller Befriedigung. In Verbindung mit Durst ist Appetit manchmal auch ein Hinweis auf Lustgefühle und sexuelle Wünsche.

Arbeit Wer im Traum so weiterarbeitet wie im Wachleben, hat die Tageserlebnisse noch nicht abgelegt. Das Sprichwort »Arbeit macht das Leben süß« trifft nicht immer zu. Beschwerliche Aufgaben beeinträchtigen das Wohlbefinden und können bedrückende Träume auslösen. Wer im Traum erfolgreich und gern arbeitet, ist für den Alltag gerüstet. Muss man im Traum hart für einen Vorgesetzten oder Verwandten arbeiten, macht das Unbewusste darauf aufmerksam, dass man im Alltag ausgenutzt wird.

Arena Heute kennen wir sie nur noch als Sportstätte oder Zirkusbühne. Hier misst sich das eigene Ich im Traum mit Freunden oder Gegnern, oder aber der Träumende kommt als interessierter Beobachter. In der Traumarena stehen die seelischen Bedürfnisse im Mittelpunkt des Geschehens: Konflikte mit der Umwelt, aber auch die eigenen Stärken werden zur Schau gestellt. Treten Tiere auf, deuten sie auf die Schwachstellen des Träumenden hin.
→ Zirkus

Arm Hand und Arm symbolisieren im Traum die Grundlagen des Handelns. Ist der Arm verletzt, dürfte die Handlungsfähigkeit eingeschränkt sein. Wer nur einen Arm besitzt, hat Hemmungen. Gebrochene Arme sind ein Zeichen für Mutlosigkeit, Resignation. Wird im Traum ein Teil des Armes amputiert, ist die persönliche Freiheit gefährdet. Wer mit Händen und Armen gestikuliert, Zeichen gibt, will im Wachleben besser wahrgenommen werden, benötigt vielleicht seelische Hilfe. Eine schützende oder vertrauliche Armhaltung zeigt Verständnis und menschliche Nähe an.
→ Amputation
→ Hand

Armut Wer im bewussten Leben nicht arm ist, aber von Armut träumt, dem fehlt die menschliche Wärme, seine Seele friert. Vielleicht vermisst der Träumende auch eine schöne Umgebung oder fühlt sich am Arbeitsplatz allein. Sind finanzielle Schwierigkeiten oder Arbeitslosigkeit die Traumauslöser, dann ist der Traum von Armut ein Spiegelbild der Lebenssituation und verrät viel Hilflosigkeit.

Arrest → Gefängnis

Arznei Der Wunsch, eine Arznei einzunehmen oder in der Apotheke ein Medikament zu kaufen, ist ein Hilferuf aus dem Unbewussten. Der Träumende will von einer Krankheit oder einem seelischen Leiden geheilt oder aus einer verfahrenen Situation gerettet werden. Wird die Medizin eingenommen, besteht Hoffnung auf Heilung. Wer sich sträubt, eine Pille zu schlucken, hat den Ernst der Lage noch nicht erkannt.
➔ Apotheke
➔ Arzt
➔ Krankheit

Arzt Der Arzt ist ein vieldeutiges Symbol. Grundsätzlich ist sein Auftreten im Traum ein Hilferuf aus dem Unbewussten. Die Frage ist nur, welche Hilfe erwartet der Träumende. Hier kann das Erscheinungsbild des Arztes weiterhelfen. Ein Chirurg soll das bedrückende Übel radikal entfernen. Eine Träumerin erhofft sich von ihrem Frauenarzt menschliche Hilfe oder Beistand, beispielsweise bei einer Geburt oder einer Abtreibung. Wer zu einem Psychiater geht, hat eine kranke Seele oder befindet sich in einer schweren Lebenskrise. Oft ist der Traumarzt als Ratgeber, Tröster und Helfer gefragt. Erscheint der Arzt als weiser alter Mann, soll er einen Ausweg aus einer fast hoffnungslosen Lage zeigen. Wer sich selbst als Arzt sieht, möchte dessen Wissen besitzen und gesellschaftlich geachtet werden. Spricht das Traumgeschehen nicht für eine andere Deutung, symbolisiert der Arzt im Allgemeinen Heilung, er spendet Zuversicht und neuen Lebensmut.
➔ Alte Frau
➔ Alter Mann
➔ Arznei

Asche Sie ist das Symbol für erloschene Gefühle, Trauer, Erschöpfung, Buße und den Tod. Manchmal steht sie im Traum auch für Reue oder Kummer. Was vielleicht einmal eine lodernde Flamme der Leidenschaft war, ist verglüht – übrig bleibt eine Handvoll Asche. Sie kann auch auf eine innere Erneuerung hinweisen, damit man wie »Phönix aus der Asche« aufsteigt.
➔ Feuer

Ast In der Seelensprache ist der Ast ein Teil unseres Lebensbaumes. So wie er sich im Traum darstellt, ist es um die Seele des Träumenden bestellt. Abgestorbene Äste sind ein Zeichen für noch nicht völlig verarbeitete Verluste. Kräftige Äste mit Blättern und Blüten spiegeln innere Zufriedenheit. Wer auf einem schwankenden Ast sitzt, ist sich seiner Sache nicht sicher. Bricht der Ast, hat man zu hoch gepokert.
➔ Baum

Atem Es kommt nicht oft vor, dass man im Traum seinen Atem bewusst spürt. Spirituell ist der Atem das Sinnbild für die Seele. Wer im Traum heftig atmet, könnte unter vorübergehender Atemnot leiden, vielleicht hat der Träumende aber auch nur seinen Kopf zu tief in den Kissen vergraben. Beschwerliches Atmen weist auf eine Krankheit hin. Wer im Traumschlaf heftig um Atem ringt, fühlt sich im wachen Leben beengt, eingekreist, kann sich nicht entfalten.
➔ Luft

Atombombe ➔ Bombe

Auferstehung Auferstehungsträume verraten den Wunsch nach innerer Erneuerung, Wandlung und seelischer Reifung.

Aufstieg Jedes Aufsteigen in einer Traumszene ist ein positives Zeichen. Da kann es beispielsweise vorkommen, dass der Träumende mit dem Fahrstuhl nach oben fährt, mühelos alle Stockwerke überwindet und – wenn nicht gar im Himmel,

so doch zumindest auf dem Dach – aussteigt. Dieses Erlebnis zeigt, er hat Angst und Zweifel überwunden, glaubt an sich und seine inneren Kräfte. Wer einen hohen Berg besteigt, muss im wachen Leben eine schwere Aufgabe bewältigen; je mühsamer die Bergtour ist, umso größer sind die Hindernisse. Misslingt der Aufstieg, rät das Unbewusste von einem Vorhaben ab. Geht man auf einer Treppe aufwärts, will man im Wachleben vorwärts kommen. Tiefenpsychologisch ist ein müheloses Aufsteigen auf Leitern, Treppen, Abhängen oder Bergen ein Hinweis auf eine erfolgreich begonnene innere Erneuerung.
➔ Berg
➔ Fahrstuhl

Aufzug ➔ Fahrstuhl

Auge Im Traum symbolisiert das Auge sinnliche Wahrnehmung, Intelligenz, Neugier und Wissen. Als Spiegel der Seele gibt es Auskunft über die Gefühle der Liebe, des Schmerzes und der Trauer. Wer im Traum erblindet oder unscharf sieht, hat im Wachleben Mühe, die Wahrheit zu erkennen. Jede Behinderung der Sehfähigkeit im Traum, sei es eine Augenverletzung oder ein Augenleiden, weist auf eine problematische Lebenseinstellung hin, die man überprüfen sollte. Erblickt der Träumende ein übergroßes Auge, mahnt ihn das Unbewusste, sich seiner menschlichen Verantwortung zu stellen.
➔ Brille

Ausbildung Wer als Erwachsener von seiner längst vergangenen Ausbildungszeit träumt, hat das Gefühl, dass er den Anforderungen seines derzeitigen Lebens nicht gewachsen ist.
➔ Lehrer
➔ Schule

Ausgraben Es kommt sehr darauf an, was im Traum ausgegraben wird. Ist es ein Schatz, dann hofft man vergebens auf materiellen Gewinn im Wachleben. Stößt man auf eine Leiche, hat man ein schlechtes Gewissen. Wird der Fundgegenstand sofort wieder vergraben, will man ein unangenehmes Ereignis verdrängen. Vielleicht symbolisiert eine Ausgrabung ein vergessenes Ereignis, einen Gedanken oder Plan, den man aus den Augen verloren hat. Möglich ist auch, dass ein Ausgrabungstraum auf die Notwendigkeit aufmerksam macht, sich kritisch mit dem Zustand der eigenen Seele zu beschäftigen.
➔ Leiche

Ausland Wird ein farbenprächtiger und ereignisreicher Traumaufenthalt im Ausland nicht von Reiseerlebnissen oder Fernweh ausgelöst, dann möchte der Träumende dem Alltagstrott entfliehen, neue Aufgaben übernehmen. Kommt es im Traum zu unerfreulichen Situationen, wie zum Beispiel zu einer Auseinandersetzung mit Fremden oder materiellen Verlusten, ist man im Alltag verunsichert oder hat Mühe im Umgang mit den Ausländern in der eigenen Umgebung.
➔ Reise
➔ Urlaub

Ausreißen Wer im Traum allein oder gemeinsam mit anderen Menschen ausreißt, flüchtet vor Verantwortung oder schwierigen Aufgaben im Alltag. Vielleicht sind bedrückende materielle Sorgen vorhanden. Auch eine seelische Krise, in der man sich unverstanden fühlt und keinen Ausweg sieht, kann Fluchtträume auslösen.
➔ Flucht

Außerirdische Die Traumbegegnung mit Außerirdischen kann durch entsprechende Lektüre oder Filme inspiriert sein. Ist das nicht der Fall, spielen übersinnliche Gedanken oder Wahrnehmungen eine Rolle. Möglich ist auch, dass der

A

Träumende sich ein vollständig unkonventionelles Leben wünscht.

Ausrutschen Wer im Traum ausrutscht, steht im Wachleben nicht mehr sicher auf den Beinen. Vielleicht ist der Arbeitsplatz in Gefahr, vielleicht auch das Verhältnis zum Partner. Finanzielle Engagements können ebenfalls Träume vom Ausrutschen auslösen, wenn man dabei ein hohes Risiko eingegangen ist. Wie so oft kann auch dieser Traum als Warnung dienen, sich alles noch einmal durch den Kopf gehen zu lassen. Leichtsinn kann so manchen Ausrutscher zur Folge haben! Allgemein warnen Träume vom Ausrutschen, die mit einem Sturz verbunden sind, vor der »schiefen Bahn«.
➔ Stürzen

Austern Die Auster ist ein Fruchtbarkeitssymbol. In der Traumsprache kann sie auch äußere Härte und Verschlossenheit, gepaart mit einem gegensätzlichen feinfühligen Innenleben, repräsentieren. Austernträume haben oft einen erotischen Hintergrund, wobei sie mehr auf Wünsche als auf Erfüllung hindeuten.
➔ Muscheln

Auswandern Wer im Traum auswandert, will sein Leben grundlegend verändern. Dabei muss es sich nicht unbedingt um einen Ortswechsel oder eine neue berufliche Aufgabe handeln, auch eine geistige Neuorientierung ist möglich. Nicht auszuschließen, dass Auswanderungsgedanken im Traum das Ende einer starken seelischen Bindung andeuten.

Ausweis ➔ Pass

Ausziehen Wer sich im Traum entkleidet, will sich der Umwelt so zeigen, wie er wirklich ist. Selten werden mit dem Ausziehen erotische Wünsche geäußert.
➔ Nacktheit

Auto Das Auto ist ein modernes vielseitiges Symbol. Es verkörpert alles, was uns im Leben weiterbringen soll, zeigt dazu die Gefahren, die mit unserem Handeln verbunden sind. Die Szenen in denen der Träumende ein Auto lenkt, geben Auskunft über sein Ich. Der Motor symbolisiert die Instinkte und Begierden. Wer nur Beifahrer ist, hat die Verantwortung für sein Fortkommen abgegeben.

Wer im Traum sein Auto vernünftig lenkt und gut am Zielort ankommt, begegnet im bewussten Leben wenig Schwierigkeiten. Wer forsch und unfallfrei allein fährt, will unabhängig sein. Kann der Fahrer bei Gefahr rechtzeitig bremsen, hat er sich im Wachsein unter Kontrolle. Versagen die Bremsen, sollte man im Alltag vorsichtiger sein. Lenkt man ein besonders auffallendes Auto, ist man ein kleiner Wichtigtuer. Ein Sportwagen verrät sexuelle Wünsche. Eine Panne warnt vor beruflichem Misserfolg. In Männerträumen symbolisiert das Auto die persönliche Energie des Lenkers. Wer unvorsichtig und zu schnell fährt, sucht ein Abenteuer. So wie das Traumauto aussieht – schlicht und praktisch oder mit einer leuchtenden Farbe und superschnell –, möchte der Träumende im Alltag von seiner Umgebung eingeschätzt werden.
➔ Maschine
➔ Reise
➔ Farben im Traum

Autobahn ➔ Straße

Axt Wer sie im Traum als Werkzeug einsetzt, will rasch zum Ziel gelangen, wenn es sein muss, auch mit Gewalt. Wird sie als Waffe eingesetzt, steht sie für ungezügelte Kraft und Zerstörungstendenzen.

B

Baby Der Traum, in dem ein Baby erscheint, symbolisiert das unbewusste Verlangen nach Ruhe und Geborgenheit. Er erinnert an die eigene Jugend. Wer ein Baby stillt, will selbst mit geistiger Nahrung versorgt werden oder wünscht sich ein Kind. Ein hässliches Baby macht auf eigene kleine Charakterfehler aufmerksam.
➔ Kind

Bach Wer im Traum einen Bach erblickt, schaut in seine Seele. Ist das Wasser klar, lebt man in einem Glück bringenden Umfeld. Trübes Wasser verlangt nach seelischer Reinigung. Ein reißender Bach warnt vor Gefahren. Lebensfreude und persönliches Glück verspricht ein Bach mit quellfrischem Wasser.
➔ Wasser

Backen Wird im Traum gebacken, können schöpferische Gedanken verwirklicht werden. Frauenträume vom Backen verraten den Wunsch nach einem eigenen Kind. Allgemein gilt, dass beim Backen seelisch Ungenießbares schmackhaft gemacht wird.
➔ Brot
➔ Kuchen

Bad Das Bad ist ein Reinigungssymbol. In vielen Religionen befreit das Bad von allen Sünden. Im Traum weisen Badeszenen auf entscheidende Wendungen im Alltag hin. Badet der Träumende eine andere Person, will er sie umsorgen oder hofft auf sexuelle Erlebnisse mit ihr.

Bagger Gefräßige Schaufelbagger oder ähnlich Furcht einflößende Maschinen sind der moderne Ersatz für den archetypischen Drachen, das Sinnbild für zerstörerische Energien. In Männerträumen symbolisieren sie das den Mann bedrohende Weibliche.
➔ Ungeheuer

Bahnhof Wer von einem Bahnhof träumt, steht vor einer Veränderung. Vielleicht beginnt ein neuer Lebensabschnitt, vielleicht kommt eine neue Liebe. Das vergebliche Warten auf einen Anschluss oder einen Besucher warnt vor übersteigerten Hoffnungen. Wer einen Zug versäumt, hat eine Entscheidung zu lange hinausgezögert.
➔ Zug

Balkon Der Balkon ist ein Teil des Traumhauses. Steht man auf seinem eigenen Balkon, ist man für neue Beziehungen offen. Ist er Teil eines Geschäftshauses oder eines öffentlichen Gebäudes und wird im Traum nur von unten gesehen, möchte man nicht in der Menge eingekeilt bleiben, sondern sich von anderen Menschen unterscheiden. Wer im Traum von einem Balkon herab eine Ansprache hält, will sich mitteilen und andere Menschen von seinen Ansichten überzeugen. Je nach der Traumrede wird deutlich, ob es sich um eine Rechtfertigung handelt oder ob sich damit ein Geltungstrieb manifestiert. Sieht man den Balkon des Elternhauses, weist er auf das Mütterliche, auf die weibliche Brust hin. Ein Balkon voller Pflanzen verrät den Wunsch nach naturnahem Leben oder einer friedlichen Familie.

Ball Der Ball ist ein Symbol für das ganze Wesen des Träumenden, gleichzeitig erinnert er an das Schicksal, das mit uns Ball spielt. Wer aktiv an Ballspielen teilnimmt, will mit seinen Mitmenschen guten Kontakt halten, sich mit ihnen messen.
➔ Kugel
➔ Spielen

Ballett Identifiziert man sich Traum mit einer Balletttänzerin, ist man dabei, sich seelisch zu öffnen. Tanzt man in einem Ballett mit, möchte man verführen oder verführt werden. Sieht man im Traum begeistert einem Ballett zu, sucht man ein erotisches Abenteuer.

Banane Die Banane ist sowohl ein Zeichen für Fruchtbarkeit als auch für Sinnlichkeit und Sexualität. Eine einzelne Banane symbolisiert den Penis.
→ Früchte

Bank Die Bank als Sitz und Ruhestätte ist eine Aufforderung aus dem Unbewussten, sich mehr Erholung zu gönnen. Für ein Geldinstitut, eine Bank, die man im Traum erblickt, gibt es viele Deutungsmöglichkeiten. Das Bankhaus kann als Energiezentrale verstanden werden. Hebt man Geld ab, benötigt man mehr Kraft im Alltag, zahlt man Geld ein, gibt man ungenutzte Energien zurück. Allgemein symbolisiert die Bank Ansehen, Macht und männliche Sexualität. Kommt es im Zusammenhang mit Geldgeschäften im Traum zu Schwierigkeiten, könnten Existenzangst, mangelndes Selbstvertrauen oder sexuelle Hemmungen die Ursache sein.

Bar Wer im Traum eine Bar aufsucht, wünscht Abwechslung, will für eine Weile untertauchen, hat das Bedürfnis nach Gesellschaft.
→ Gaststätte
→ Restaurant

Bär Im Traum ist das Erscheinen eines friedlichen Bären das Zeichen für besitzergreifende, erdverbundene Mütterlichkeit. Ein männlicher Bär verkörpert Kraft, kann Furcht einflößen.
→ Tierträume

Barfuss Wer im Traum mühelos barfuss geht, ist natürlich, erdverbunden und sucht unbewusst den Grund seiner Seele. Befindet man sich barfuss auf einem steinigen Weg und kommt nur unter Schmerzen vorwärts, ist das Alltagsleben mühsam.

Barriere, Barrikade Schranken aller Art zeigen im Traum die Schwierigkeiten, die einer freien Entfaltung entgegenstehen. Kann man eine Barriere überspringen, ist ein Erfolg möglich, scheitert man beim Versuch, sollte man einen Plan gründlich überdenken. Wer im Traum Barrikaden errichtet, ist überempfindlich und unsicher. Reißt man Barrikaden nieder, will man Freiheit gewinnen, sollte sich aber vor zu viel Gewaltanwendung hüten.
→ Gewalt

Bart Er ist das Zeichen für männliche Kraft. Rasiert sich der Träumende, hat er Verlustängste. Vielleicht will er sich auch ganz bewusst von Vorurteilen befreien. Imposante, lange Bärte sind wie Masken, hinter denen sich der Träumende versteckt. In Frauenträumen kann ein bärtiger Mann als Vaterfigur auftreten oder den unausgesprochenen Wunsch nach einem erotischen Erlebnis andeuten.
→ Haar
→ Maske

Bauch Er ist mit dem Solarplexus ein vitales Zentrum. Je nach dem, was und wie man von seinem Bauch träumt, verraten die Szenen, ob es sich um Krankheitshinweise oder seelische Probleme handelt. Ein starker, kräftiger Bauch deutet sinnliche oder körperliche Bedürfnisse an. Schmerzt ein geblähter Bauch, der nicht durch ein Festessen entstanden ist, müssen belastende Erlebnisse verarbeitet werden. Sieht eine Frau einen gut geformten, leicht gewölbten Männerbauch, sehnt sie sich nach Zärtlichkeit. Erblickt sie einen entsprechenden Frauenbauch denkt sie vielleicht an eine Schwangerschaft.
→ Magen

Bauen Oft wird im Traum gebaut. Es entstehen Dämme, Brücken, Holzhütten, Paläste, Burgen und ganze Städte.

Entscheidend ist nicht so sehr, was man plant, sondern wie der Bau im Traum gelingt. Eine exakte Deutung ist nur möglich, wenn die individuellen Verhältnisse bekannt sind. Alle Träume, in denen gebaut wird, symbolisieren Aktivität – ob nützliche, Erfolg versprechende oder sinnlose, verraten die einzelnen Szenen und das Endergebnis. Mit den Bauten werden Probleme angesprochen und Fantasien ausgelebt. Von besonderer Bedeutung sind Brückenbau und Hausbau. Sie sind ein Zeichen dafür, dass sich die oder der Träumende eine neue Lebenssituation wünscht oder den Ausweg aus einer persönlichen Krise sucht.

→ Brücke
→ Haus

Bauer Das Traumbild Bauer zeigt die oft unbewusste Sehnsucht der Städter nach einem natürlichen und naturverbundenen Leben. Ist der Träumende selbst Bauer, will er sein Dasein im Einklang mit der Erde verwirklichen. Als Symbolfigur steht der Bauer für hartes, fleißiges und geduldiges Arbeiten.

→ Acker
→ Ernte
→ Saat
→ Stall

Baum Der Baum, als Lebensbaum betrachtet, ist ein archetypisches Symbol. Im Traum stellt er das Sinnbild für die persönliche und seelische Entwicklung dar. Sein Aussehen, seine Gestalt und seine Beschaffenheit gestatten Rückschlüsse auf die Lebenskraft des Träumenden. Von den Wurzeln bis zum Gipfel symbolisiert der Baum das persönliche Innenleben. Die Wurzeln zeigen die Verbindung zwischen Mensch und Erde. Der Stamm verrät, in welcher Verfassung sich die oder der Träumende der Umwelt präsentiert. In den Ästen und Zweigen wohnen Erfolg und Enttäuschungen. Blätter versinnbildlichen seelisches Wachstum, Freuden oder Schmerzen. Wichtig ist, wie man den Baum im Traum behandelt, pflegt, nutzt oder beschädigt, ob er dürr oder gesund ist, blüht oder Früchte trägt. Alle diese Teile, einzeln gedeutet, gestatten eine fundierte Gesamtaussage zum Traumgeschehen.

→ Ast
→ Blatt
→ Früchte

Beamter Der Beamte ist eine Respektsperson. Tritt sie als unbekannte Traumfigur auf, und verhält man sich ihr gegenüber abweisend oder trotzig, ist man über sein manchmal zu unterwürfiges oder angepasstes Verhalten verärgert. Wer mit einer Amtsperson streitet, befindet sich in einer Konfliktsituation.

Beeren Wer im Traum Beeren sucht, möchte nicht mehr allein sein. Eine Schale voller Beeren, die man mit Zucker bestreut und essen will, verrät erotische Wünsche.

→ Hunger
→ Schale

Begleiter Der Traumbegleiter ist oft der Schatten der eigenen Persönlichkeit. Wer einen Unbekannten lange an seiner Seite sieht, möchte selbstständiger werden.

→ Schatten

Beerdigung Im Traum eine Beerdigung zu sehen oder an ihr teilzunehmen, deutet Abschied, Schmerz, Tod oder Verlust an, mit dem man sich auseinander setzen muss.

Begräbnis Ein Traumbegräbnis weist selten auf einen Todesfall hin. Ein entsprechender Traum fordert eher zu einem notwendig gewordenen Abschied, einer Trennung oder zum Abbruch eines seelisch belastenden Unternehmens auf. Wer sein eigenes Begräbnis erlebt, hat

B

vielleicht Angst vor dem Sterben oder muss hochfliegende Pläne oder eine verlorene Liebe begraben. Manchmal lösen schwere Schuldgefühle einen Begräbnistraum aus. Damit macht das Unbewusste auf die Notwendigkeit einer Selbstanalyse aufmerksam. Werden Bekannte begraben, die noch leben, sind sie uns innerlich fremd geworden. Handelt es sich um Mutter oder Vater, müssen wir uns von vielem trennen, was uns lieb ist.

Beichte Man beichtet im Traum, wenn man sich schuldig fühlt und darauf hoffen kann, Verständnis oder Verzeihung zu erlangen.

Bein Wir stehen auf unseren Beinen, laufen, rennen. Haben wir den Fuss verstaucht, hinken wir, benötigen vielleicht eine Stütze. Im Traum symbolisieren unsere Beine alles, was mit der Lebenssituation zu tun hat. Die genaue Deutung hängt vom Traumbild ab. Gesunde Beine zeigen Zufriedenheit an. Eine Amputation verrät Unsicherheit oder schwere Konflikte. Wer im Traum immer rennt, flüchtet vielleicht vor Problemen oder will ungeduldig ein fernes Ziel erreichen. Wer in seinem Traum weder vorwärts noch rückwärts gehen kann, sollte im Alltag eine unsichere Lage klären.
→ Amputation
→ Füsse

Beischlaf Er kann in entsprechenden Traumszenen sexuelle Wünsche andeuten. Wichtig für die Deutung ist, mit wem man schläft. Oft geht es mehr um Anerkennung als um Sexualität, zum Beispiel dann, wenn ein Mann mit einer Vorgesetzten oder mit der Frau des Chefs ein Schäferstündchen erlebt. Fremde Traumpersonen treten stellvertretend für den eigenen Partner auf, wenn man sich im Alltag zurückgesetzt oder zu wenig beachtet fühlt.
→ Sexualität

Bekannte In unseren Träumen erscheinen Bekannte und Unbekannte. Beide können Teile der eigenen Persönlichkeit darstellen. Fremde, die dem Träumenden feindlich gesinnt sind, verkörpern eigene schlechte Eigenschaften, Freunde weisen auf das Positive hin.
→ Nachbarn

Beleidigung Wer im Traum beleidigt wird, dem fehlt eine gesunde Portion Selbstvertrauen. Beleidigt die oder der Träumende einen anderen Menschen und wird vielleicht auch noch handgreiflich, fehlt im Alltag die Selbstkontrolle.

Benzin Das Traumsymbol Benzin macht auf die Energien aufmerksam, die der Träumende benötigt. Geht er beispielsweise beim Auftanken seines Autos oder zu Hause bei Reinigungsarbeiten mit dem Brennstoff unachtsam um, lebt er riskant, achtet zu wenig auf seinen Körper oder verschwendet seelische Energien.
→ Feuer

Beobachten In vielen Träumen ist man nicht der Handelnde, sondern nur Beobachter. Das könnte ein Hinweis darauf sein, dass man im wachen Leben die Dinge gut beobachtet und prüft, bevor man einen Entschluss fasst. Wird man im Traum lange und auffällig beobachtet, ist man im Alltag eher unsicher, misstrauisch oder hat Schuldgefühle.

Berg In der Traumsprache ist der Berg ein Hindernis auf dem Lebensweg, das es zu überwinden gilt. Gelingt der Aufstieg und hat man den Gipfel erreicht, ist es für die Deutung des Traumes wichtig zu wissen, ob die oder der Träumende befriedigt ist, die Aussicht genießt (positives Zeichen) oder Schwindelgefühle und Angst hat (negativ). Das Ausmaß der Anstrengung, die für die Bergbesteigung notwendig ist, ist ein Hinweis darauf, wie viel Energie uns die Lösung der

Aufgabe im Alltag kosten wird. Bergtouren machen auf gefährliche Lebenssituationen aufmerksam, die man meistern muss. Gelangen die oder der Träumende nicht bis zur Bergspitze, haben sie ihre Ziele im wachen Leben zu hoch gesteckt. Der Abstieg deutet das gute Ende eines Lebensabschnittes an, vorausgesetzt, er gelingt ohne besondere Probleme. Wer im Traum dunkle Berge sieht, ohne sie zu besteigen, fürchtet sich vor Schwierigkeiten. Romantische Berglandschaften im Abendlicht verraten erotische Wünsche.

→ Abgrund
→ Aufsteigen
→ Landschaft
→ Stürzen
→ Vulkan

Bergführer Er ist eine positive Traumgestalt, die Hilfe bei der Bewältigung von schweren Aufgaben symbolisiert.

Bergwerk Wer sich im Traum guten Mutes in ein Bergwerk begibt, sucht nach Möglichkeiten für eine geistige Weiterentwicklung. Ängstigt man sich in der Dunkelheit oder verirrt man sich, meldet sich das Unbewusste und macht auf verdrängte seelische Bedürfnisse aufmerksam. Zeigt der Traum ein Bergwerksunglück, ist das psychische Gleichgewicht stark gestört.

Berühmt Es kommt vor, dass Menschen im Schlaf davon träumen, im wirklichen Leben sehr erfolgreich zu sein. Das gelingt nicht so oft, wie gewünscht. Der Traum tröstet, der Erfolg ist da und zudem ist man berühmt geworden. Wer so träumt, ist im Alltag entweder unsicher und gehemmt oder zu sehr mit seiner Wirkung auf die Umwelt beschäftigt.

Berühren Der Wunsch nach Berührung durch einen anderen Menschen im Traum zeigt das Verlangen nach Zweisamkeit. Manchmal wird damit auch ein im Wachsein selten gespendetes Lob ausgesprochen. Die Berührung durch eine Traumperson wird entweder als wohltuend oder als eher unangenehm empfunden. Das hängt davon ab, welche Einstellung man der betreffenden Person im Alltag gegenüber hat, auch wenn man sie vielleicht nicht offen zeigen darf.

Beschneidung Ein seltenes Traumbild, das auf ernste Schwierigkeiten im Sexualleben aufmerksam macht. Ist die Beschneidung mit Schmerzen verbunden, signalisiert sie Angstgefühle.

Besen »Neue Besen kehren gut.« Gemäß diesem Sprichwort enthält auch das Traumsymbol Besen eine Aufforderung, sich von verstaubten Ideen zu lösen und sich innerlich für neue Gedanken zu öffnen. Wer den Besen in der Hand hält und kräftig kehrt, will energisch ein Problem lösen. In Frauenträumen kann der Besen an den Penis erinnern, der – je nach Zusammenhang – entweder furchteinflößend oder begehrenswert ist.

Bestrafung Eine Bestrafung im Traum, die ähnlich wie in der Schule oder im Elternhaus erfolgt, erinnert an das ungute Gefühl, eine Angelegenheit vernachlässigt oder in einem Konflikt falsch gehandelt zu haben. Auch eine Selbstbestrafung ist möglich, wenn die oder der Träumende in einer Liebesbeziehung versagt hat.

Besuch Steht der Besuch im Traum in keiner Beziehung zum aktuellen Tagesgeschehen, symbolisiert er eine schnell vorübergehende positive oder negative Entwicklung.

Beten → Gebet

Betrug Je nach den Traumszenen zeigt sich, ob man sich selbst oder anderen gegenüber unehrlich ist. Betrügt man im Traum Bekannte, handelt es sich vermutlich um Anteile der eigenen Persönlichkeit, mit denen man unzufrieden ist.

Betrunken Betrunkenheit im Traum besagt, dass man eine Situation unterschätzt, sich betäubt, um gewissen Problemen aus dem Weg zu gehen. Manchmal möchte die oder der Träumende sich ohne jeden Zwang ungehemmt ausleben. Wer einem betrunkenen Bekannten begegnet, ist von ihm im Alltag enttäuscht worden.

Bett Das Bett symbolisiert viele Verlangen, Bedürfnisse und Wünsche. Wer allein ins Bett geht, sucht innere Ruhe. Wer mit dem Lebensgefährten ins Bett steigt, ist sich seiner sexuellen Gefühle sicher. Findet man im Bett eine fremde Person und möchte mit ihr kuscheln, fehlt es im Alltag an Behaglichkeit und Wärme. Allgemein ist das Bett, je nach der Traumhandlung, das Sinnbild für Entspannung, Geborgenheit, Erotik, Geburt oder Tod.
➔ Haus
➔ Schlafzimmer
➔ Sexualität

Bettler Es ist ein großer Unterschied, ob man im Traum selbst als Bettler erscheint oder ob man einem Bettler begegnet. Im ersten Fall hadert man auf irgendeine Weise mit seinem persönlichen Schicksal, im zweiten Fall erinnert das Unterbewusstsein daran, dass armen und unglücklichen Menschen geholfen werden sollte. Manchmal ist der alte Bettler auch ein weiser Mann, bei dem wir Rat und Trost suchen. Sieht der Träumende sich selbst als Bettler, ist es für eine Traumdeutung unverzichtbar, die Lebensumstände und den Charakter der betreffenden Person mit einzubeziehen. Will er seine Schattenseiten nicht wahrnehmen, fühlt er sich seelisch oder gesellschaftlich isoliert, fürchtet er finanzielle Verluste oder eine Kündigung? Alle diese Umstände können sich in Bettlerträumen spiegeln.
➔ Armut

Bibliothek »In Bibliotheken fühlt man sich wie in Gegenwart eines großen Kapitals, das geräuschlos unberechenbare Zinsen spendet«, stellte Goethe fest. Und so ist es auch mit den Träumen, die mit Bibliotheken und Büchern zu tun haben. Sie sind ein wichtiges Sinnbild für das gesammelte Wissen und die Erfahrung des Träumenden, die er im Wachleben mehr nutzen sollte. Nach C. G. Jung symbolisiert die Bibliothek auch die aus dem kollektiven Unbewussten stammende Weisheit.
➔ Buch

Biene Der sprichwörtliche Fleiß der Bienen und die vorzügliche Organisation ihres Gemeinwesens beeindruckten die Menschen seit alters her. Traumdeuter im Altertum interpretierten Bienenträume als ein Zeichen für Glück oder Unglück. Wer von friedfertigen Bienen träumt, die Honig sammeln oder vor unserem Fenster summen, wird daran erinnert, dass sich Erfolge selten ohne Fleiß einstellen. Wer im Traum von einer Biene gestochen wird, dürfte seelisch verletzbar sein. Ein bedrohlicher Bienenschwarm macht auf Schwierigkeiten im gesellschaftlichen Umgang oder auf fehlende Teamfähigkeit bei der Arbeit aufmerksam.

Bild Bilder, Fotos, Gemälde oder Porträts symbolisieren im Traum nicht nur einen wichtigen Lebensabschnitt, sondern sie sind immer auch ein Selbstbildnis des Träumenden. Wird im Traum ein Foto aufgenommen oder gar ein Bild gemalt, spiegeln sich darin die Gefühle des Träumenden wider. Wichtig sind die Farben (vgl. Farben im Traum), die den Seelenzustand beschreiben. Wer nur

Fotos von sich selbst betrachtet oder an die Wand hängt, ist sehr egozentrisch. Es kann vorkommen, dass immer wieder dasselbe Bild einer bisher noch unbekannten Person in gefühlstiefen Träumen erscheint, bis man dieser Person plötzlich im Wachleben begegnet. Sozusagen eine Wunscherfüllung.

Billett Wer eine Fahrkarte löst, schmiedet neue Lebenspläne. Ein Traum, in dem man ein Billett kauft, ist auch ein Zeichen für Reiselust und für die Sehnsucht nach Ferien und Entspannung. Verliert man die Fahrkarte oder wird sie gestohlen, ist die Verwirklichung der Pläne recht unwahrscheinlich.

Biss Wer im Traum von einem anderen Menschen gebissen wird, fürchtet sich im Wachsein vor einem aggressiven Umfeld. Bei einem Tierbiss sind die Traumhandlung und das Tiersymbol für die Deutung wichtig. Beisst der Träumende einen Menschen, den er liebt oder schätzt, möchte er ihm näher kommen. Leidenschaftliche Küsse, die als mehr oder weniger zärtliche Bisse enden, verraten Eroberungswillen.

Blatt Laubblätter sind ein Teil des Lebensbaumes. Sie symbolisieren die Gefühle und Gedanken der Träumenden. Wer grüne Blätter sieht, darf Hoffnung schöpfen. Verwelkende Blätter sind ein Zeichen für Niedergeschlagenheit, Arbeitsunlust oder Trauer. Wird man im Traum wie ein Blatt vom Wind verweht, warnt das Unbewusste vor innerer Halt- und Kraftlosigkeit. Ein Blatt Papier fordert zum Nachdenken über die Lebensmöglichkeiten auf. Ist es weiß und unbeschrieben, sollte man vorhandene Chancen nutzen. Beschriebene Blätter verraten Wissensdurst.

→ Ast
→ Baum
→ Laub

Blau → Farben im Traum

Blei Das blaugraue, weiche, dehnbare und sehr giftige Schwermetall ist schon 3000 v. Chr. in Vorderasien und Ägypten gewonnen und verarbeitet worden. Bei den Traumdeutern jener Zeit hat es wenig Spuren hinterlassen. Die Redewendung von den »bleischweren Füßen«, mit der man das Ausmaß der Erschöpfung nach langen Fußmärschen zum Ausdruck bringt, hat auch in der Welt der Traumdeutung ihre Gültigkeit. Allgemein nimmt man an, dass Bleiträume auf eine schwere Lebenslast hinweisen.

Blindheit Das Symbol Blindheit macht darauf aufmerksam, dass man vor einer Gefahr die Augen nicht verschließen, also nicht blind durchs Leben gehen darf. Blindsein im Traum kann vielerlei bedeuten. Vielleicht ist man im Alltagsleben unsicher, sucht Hilfe, möchte geführt werden. Manchmal warnt das Blindsein vor einer Täuschung oder weist auf eine falsche Einstellung hin. »Keiner ist so blind, als der, der nicht sehen will«, sagt ein französisches Sprichwort. – Wer im Traum einem Blinden beisteht, ist hilfsbereit.

→ Auge

Blitz Wenn es im Traum blitzt und donnert, befindet sich das Innerste in Aufruhr. Körperliche oder seelische Spannungen wollen sich entladen. Für Sigmund Freud hatte der Blitz phallische Bedeutung. Der antike Traumdeuter Artemidoros fand, dass ein Blitzschlag Gutes bringt. Ein Blitz, der in Sekundenschnelle durch den Traum zuckt, kann auf eine unverhoffte und rasche Problemlösung hinweisen.

→ Donner
→ Feuer

Blume Wer im Traum blühende Blumen sieht, ist erfüllt von liebevollen Gefühlen

und positiven Gedanken. Verwelken sie, geht ein Lebensabschnitt oder eine Episode zu Ende. Wer Blumen pflückt, hofft auf schöne erotische Stunden, wer sie zertritt, spielt mit den Gefühlen seines Partners. Reißt man im Traum Blumen ab und wirft sie weg, kann dies bedeuten, dass man sein Glück achtlos verspielt. Blumensträuße in hohen Vasen erinnern an intime Stunden mit der oder dem Geliebten. Rote Blumen verraten Leidenschaft, gelbe Harmoniebedürfnis. Weiße Blüten in friedlicher Traumatmosphäre verheißen stilles Glück. Fließen Tränen, sind weiße Blumen eine Zeichen für Vereinsamung oder ein Indiz für eine Verarmung im Gefühlsleben. Allgemein kann das Wachsen, Blühen und Verwelken der Blumen im Traum mit dem Seelenzustand im Wachleben verglichen werden.
➔ Rose
➔ Farben im Traum

Blut Rotes Blut ist Sinnbild für das Leben und die Seele, ein archetypisches Symbol für Lebensenergie, Liebe und Leidenschaft. Ein Blutverlust im Traum ist immer ein Zeichen für Verlust – sei er seelischer oder körperlicher Art. Blutende Wunden symbolisieren missbrauchte Gefühle. Wer Blut an den Händen hat, sollte sich in seinen Meinungsäußerungen zurückhalten. Die Blutspende für eine Bezugsperson bedeutet seelische Annäherung. Der Empfang einer Bluttransfusion ist Zeichen für neue Hoffnung und verheißt vor allem in erotischer Hinsicht Erfolg.
➔ Wunde

Blutschande ➔ Inzest

Bohnen In Männerträumen wird die Bohne als weibliches Geschlechtsorgan gedeutet. In Frauenträumen symbolisiert sie, wie alles Gemüse, erotische Gefühle und Wünsche. In alten Traumbüchern wurde ein deftiges Bohnenessen und ein voller Bauch als Warnung vor materialistischem Denken gedeutet.

Bohren Wer im Traum bohrt, hämmert und sägt, will in seinem Leben Ordnung schaffen. Der Bohrer allein ist in der Regel das Symbol für den Penis. Wird in erotischen Träumen eifrig mit dem Bohrer hantiert, geht es um den Geschlechtsverkehr.

Bombe Eine Bombe im Traum ist eine ernsthafte Warnung aus dem Unbewussten. Die Gefühlslage ist explosiv. Um die Situation zu entschärfen, muss sofort gehandelt werden. Sieht man eine explodierende Bombe oder die Auswirkungen eines Bombenattentats, könnten existenzbedrohende Probleme vorliegen. Die Explosion einer Atombombe, mit dem Strahlenpilz am Himmel, ist ein Hinweis auf die Gefährdung der Menschheit, wobei dieses Traumbild möglicherweise auch auf eine schwere psychische Erkrankung des Träumenden aufmerksam macht. In der Regel tauchen Bombenträume als Erinnerungsbilder an schreckliche persönliche Ereignisse auf, die man noch nicht verarbeitet hat.
➔ Explosion

Boot ➔ Schiff

Bordell Der Bordellbesuch macht auf unbefriedigte sexuelle Wünsche aufmerksam. In Männerträumen kann er auch auf Angst vor Frauen hinweisen. Wartet eine Frau in ihrem Traum im Bordell auf Besuch oder hat sie sogar schon einen Liebhaber gefunden, sollte sie sich ernsthafte Gedanken über ihre sexuellen Begehren im Alltag machen.
➔ Prostitution

Brand ➔ Feuer

Braun ➔ Farben im Traum

B

Braut Träume, in denen eine schöne Braut erscheint, verraten den Wunsch nach einer dauerhaften Liebesbeziehung. Trägt die Braut Weiß, die Farbe der Unschuld, ist sie in Männerträumen besonders begehrenswert. Manchmal kann ein weißer Schleier auch auf Keuschheit, Zurückhaltung oder Gefühlskälte aufmerksam machen. In Frauenträumen warnt eine sehr traurige Braut vor einer unerwünschten Schwangerschaft. Träumt ein Mann von einer unbekannten Braut, mit der er eine Liebesnacht verbringt, sucht er im Alltag ein Abenteuer. Ist es die eigene Lebensgefährtin, sollte er sich mehr um sie kümmern. Schöne Träume von einer glücklichen Braut und der Hochzeit symbolisieren Harmonie in der Ehe oder im Zusammenleben mit einem vertrauten Menschen.
➔ Bräutigam
➔ Hochzeit

Bräutigam Träumt eine ledige Frau von einem Bräutigam, sucht sie einen Partner oder möchte verheiratet sein. Sie sehnt sich nach Verbindlichkeit und ist bereit, Verantwortung zu übernehmen. Der Mann, der sich in seinem Traum als Bräutigam erlebt, wünscht eine enge, vielleicht sogar romantische Beziehung mit einer attraktiven Frau.
➔ Hochzeit

Brennen ➔ Feuer

Brief Jeder Brief ist eine Botschaft aus dem Unbewussten. Er kann die Selbsterkenntnis fördern oder die Beurteilung anderer Personen erleichtern. Wer im Traum zu oft einen Brief schreibt, ist kontaktarm, scheut sich vor persönlichen Begegnungen. Erhält man einen Brief, macht er unter Umständen auf verdrängte Probleme aufmerksam.

Brille Brillenträger werden in ihren Träumen ihre Sehhilfe genau so vermissen oder suchen wie im Alltag. Ob die Brille unter diesen Umständen wirklich eine falsche Weltbetrachtung symbolisiert, wie in der Tiefenpsychologie vermutet wird, ist fraglich. In der Traumdeutung steht die Brille für den Wunsch, die eigene Situation und die Umwelt besser zu verstehen. Eine rosa Brille warnt vor zu idealistischen Hoffnungen, eine dunkle verschleiert wahre Absichten.

Brosche ➔ Schmuck

Brot Brot ist ein spirituelles Symbol für Seelennahrung, es versinnbildlicht das Leben an sich. Ein Traum von Brot weist auf seelische und körperliche Bedürfnisse hin, und er symbolisiert den Wunsch nach Freundschaft und harmonischem Zusammensein. Wer im Traum sein Brot mit anderen Menschen teilt, ist offen für alles Neue und bereit, eigene Erfahrungen weiterzugeben.
➔ Nahrungsmittel

Brücke Eine Brücke verbindet und ist im Traum ein positives Zeichen. Sie weist darauf hin, dass die Schwierigkeiten im Wachleben überwindbar sind. Die Brücke symbolisiert die seelische Verbindung in einer kameradschaftlichen Beziehung, in der Liebe, in der Partnerschaft. Alte oder beschädigte Brücken warnen vor Gefahren. Man sollte nachdenken und genau prüfen, ob ein Plan wirklich durchführbar ist. Stürzt die Traumbrücke nach der Überquerung ein, ist eine Umkehr auf dem Lebensweg unmöglich, man muss weitergehen. Wie sich der Träumende beim Begehen einer Brücke fühlt, so ist auch seine innere Verfassung im Wachsein.
➔ Abgrund
➔ Straße

Bruder Ob in Frauen- oder Männerträumen, der Bruder kann als Symbol der Brüderlichkeit verstanden werden.

B

Manchmal spiegelt sich im Traum die gute oder schlechte Beziehung zum eigenen Bruder. In Männerträumen weist er auf das verdrängte zweite Ich hin, hinter dem sich Ängste und Charakterschwächen verbergen.
→ Familie

Brunnen Der Brunnen ist das archetypische Symbol des Lebendigen, der Verjüngung und der Wiedergeburt. Wer im Traum aus dem »Jungbrunnen« trinkt, erlebt eine seelische Erneuerung. Tief im Brunnen befinden sich die gesammelten eigenen und uralten Erfahrungen der Menschheit, auf die wir immer wieder zurückgreifen können. Im Brunnengrund liegt die Pforte, die den Eingang zum Unbewussten öffnet. Ein ausgetrockneter Brunnen signalisiert fehlende Energie. Klares Brunnenwasser verspricht Lebensfreude, trübes warnt vor Gefahren. Brunnen und Quelle erscheinen häufig in Frauenträumen während der Schwangerschaft. Manchmal haben sie auch erotische Bedeutung.
→ Quelle
→ Wasser

Brust Träume von der Frauenbrust versinnbildlichen sowohl den Wunsch nach Liebe und mütterlicher Geborgenheit als auch sexuelle Bedürfnisse. Die Sehnsucht nach Schutz wird dann besonders deutlich, wenn man sich im Traum an der Brust einer Frau ausruht. In Männerträumen geht es um Erotik, Glück in der Liebe, aber oft auch um Zärtlichkeit oder eine zu intensive Mutterbindung. Sigmund Freud sah in der Mutterbrust ein frühkindliches Sexualsymbol.
→ Mutter

Buch Wer von Büchern träumt, möchte sein Leben besser verstehen, betreibt Ursachenforschung, hofft auf neue Erkenntnisse. Blickt die oder der Träumende in ein religiöses Buch, geht es um tiefe Erkenntnisse, um heiliges Wissen. In Bücherträumen blättert man in Erinnerungen und setzt sich mit der eigenen Persönlichkeit auseinander.
→ Bibliothek

Buckel → Missgestalt

Büffel → Stier

Bühne → Theater

Burg Je nach dem Trauminhalt symbolisiert die Burg Schutz oder Gefahr. So wie man die Burg im Traum erlebt, spiegelt sie den Seelenzustand. Eine schöne Burg, die man an einem Sommertag besucht, zeigt ein zufriedenes, vor Unbill geschütztes Inneres. Die Burgruine deutet auf seelische Unausgeglichenheit, vielleicht sogar seelische Zerrüttung hin. Wer sich im Traum in eine Burg zurückzieht und dort einsam wohnen will, möchte sich und sein Innerstes vor der Umwelt abschirmen.
→ Haus

Büro Vielleicht wird in Büroträumen einfach der berufliche Alltag abgearbeitet. Sieht man sich im Traum in einem fremden Büro an der Arbeit, will man etwas mehr Ordnung in sein Leben bringen. Mit Bekannten oder Unbekannten in irgendeinem Büro arbeiten oder sogar feiern, verrät ein gutes Gemeinschaftsgefühl. Hektik in einem unordentlichen Traumbüro könnte durch berufliche Probleme oder private Sorgen ausgelöst worden sein.

Bus Ob Bus oder Omnibus, diese Fahrzeuge können im Traum als Verkehrsmittel ähnliche Bedeutung wie die Eisenbahn haben. Geht es im Traum mehr um Kommunikation oder Erlebnisse mit den Fahrgästen, wird das Verhalten in einer Gemeinschaft verdeutlicht. Wer selber einen Bus lenkt, befindet sich auf dem

eigenen Lebensweg. Der Verlauf der Fahrt symbolisiert die Probleme und die seelische Verfassung des Träumenden.
➔ Auto
➔ Eisenbahn

Busen ➔ Brust

Butter Wer im Traum Butter aufs Brot streicht, ist im Alltag ausgeglichen und zufrieden. Wird sie auf dem Frühstückstisch vermisst, gibt es vielleicht materielle Sorgen. Taucht Butter in erotischen Traumbildern auf, symbolisiert sie den Wunsch nach sanfter Liebe und Zärtlichkeit. Ranzige Butter wahrnt vor Verleumdung.

Chamäleon Die Echse, die mit herausschleuderbarer Zunge auf Insektenfang geht, kann ihre Körperfarbe je nach Wohlbefinden, Licht, Hunger oder Angst wechseln. Diese große Anpassungsfähigkeit spielt auch in der Traumdeutung eine Rolle. Wer von einem Chamäleon träumt, sollte sich nicht durch jede fremde Meinung beeinflussen lassen, sondern mehr Selbstbewusstsein zeigen.
➔ Tierträume

Champagner Wer im Traum Champagner oder Sekt sieht, lässt seinen Gefühlen freien Lauf. Trinkt man ihn allein und nicht in Gesellschaft, fühlt man sich von seiner näheren Umgebung unverstanden. Hebt man sein Glas in einer munteren Runde, darf man sich auf eine fröhliche, aber nur sehr kurze Zeitspanne freuen: Zerbricht ein Champagnerglas oder gar die Flasche, stehen in der Liebesbeziehung stürmische Auseinandersetzungen bevor. Wer im Traum eine fröhliche Champagnerrunde erlebt, will sein Leben ohne allzu große moralische Bedenken genießen. Manchmal verraten Champagnerträume den Wunsch nach einem prickelnden erotischen Abenteuer. Vielleicht möchte man aus einer einengenden Beziehung ausbrechen und einen Seitensprung wagen. Ein Champagnerrausch kann auf schwer wiegendes Fehlverhalten im wachen Leben hindeuten: Man verkennt die Realitäten im Beruf oder in der Familie und sollte die Umwelt nüchterner betrachten.
➔ Alkohol

Chaos Als archetypisches Symbol macht das Chaos auf den Zustand vor dem Schöpfungsbeginn aufmerksam. Der Träumer, der sich im Schlaf unruhig hin- und herwälzt und völlig chaotische Szenen erlebt, befindet sich in einer seelisch schwierigen Lage, weiß nicht, was er tun soll.

Chef Wer sich im Traum als Chef sieht, begegnet einem Teil des eigenen Ich. Je nach der Traumhandlung wird er an versteckte Schwächen erinnert oder darauf aufmerksam gemacht, dass übersteigertes Selbstbewusstsein schadet. Manchmal weist der Cheftraum auf berufliche Probleme hin.

Chirurg ➔ Arzt
➔ Operation

Christus Wer von Christus träumt, möchte vollkommen sein. Vielleicht belasten den Träumenden Schuldgefühle, von denen er sich befreien möchte, oder er will den Sinn des Lebens ergründen.

Clown Wer sich im Traum hinter einer Clownmaske versteckt, verbirgt sein wahres Gesicht. Tritt der Träumende selber erfolgreich als Clown auf, will er im Alltag ein beliebter Mitmensch sein. Sieht man einen traurigen Clown oder einen, dem ein Kunststück missglückt, ist man unsicher und befürchtet ausgelacht zu werden.
➔ Maske

Coiffeur Wer zum Coiffeur geht, will gut aussehen. Das Kopfhaar, das in der Regel auf sexuelle Wünsche hindeutet, soll geschnitten, im übertragenen Sinn gezähmt werden. Egal ob Frau oder Mann, in ihren Träumen vom Coiffeurbesuch wird deutlich, dass sie sich um eine gute persönliche Ausstrahlung bemühen und vielleicht auch ein wenig eitel sind.
➔ Haar

Computer Der Computer, der heute zu unserem Alltag gehört, wird im Traum häufig so gesehen, wie man ihn während der Arbeit erlebt: Als Helfer, der manchmal seine Macken hat. In seltenen Fällen symbolisiert er die eigenen Begabungen.
➔ Maschine

Cowboy Der aus Westernfilmen bekannte Cowboy taucht vor allem in Männerträumen auf. Der Träumende ist voller Abenteuerlust und möchte ohne Zwang in Freiheit leben.
→ Film
→ Filmstar
→ Reiten

Dach Ein Dach bietet Schutz, ist der obere Abschluss eines Gebäudes. Taucht es im Traum auf, erinnert sich die oder der Träumende vielleicht an ein starkes inneres Schutzbedürfnis. Ein schadhaftes Dach zeigt emotionale Verwundbarkeit. Wer sich aufs Dach begibt, es repariert, ist seelisch gefestigt; wer vom Dach Ausschau hält, will einen Überblick über die eigene Lebenslage gewinnen. Sieht man im Traum einen brennenden Dachstuhl, und das Dach droht einzustürzen, sind die Gefühle – wahrscheinlich auch sexuelle – in Aufruhr und können kaum mehr gebändigt werden. Wiederholen sich diese Brandträume, könnten sie auf eine beginnende geistige Störung hinweisen. In der tiefenpsychologischen Deutung verkörpert das Haus die Persönlichkeit des Träumenden; das Dach wäre somit das Symbol für Denken und Verstand.
→ Feuer
→ Haus

Dämmerung → Abend

Dämonen → Gespenster

Dampf Wenn es im Traum kräftig dampft, geht es um seelische Energie oder emotionalen Druck. Vielleicht hat die Träumende oder der Träumende zu viel Energie in ein aussichtsloses Projekt investiert. Möglich ist auch, dass sich im Alltag eine Menge Ärger und Zorn aufgestaut haben, die jetzt im Traum mit dem Dampfbild symbolisch abgebaut werden, was natürlich auch im Wachsein notwendig wäre. Entweicht im Traum aus irgendeiner Maschine heller Dampf, macht er, je nach den Lebensverhältnissen, auf Ideen, Pläne oder Hoffnungen aufmerksam, die sich leicht verflüchtigen können.
→ Explosion
→ Feuer

Daumen Der Daumen ist im Traum das positiv oder negativ zu deutende Zeichen für künstlerische Begabung, Produktivität und Durchsetzungswillen. Ein zu kurzer Daumen signalisiert fehlende Entscheidungskraft, ein übergroßer Daumen verrät übertriebenes Selbstbewusstsein. Sigmund Freud sah im Daumen das Symbol für sexuelle Triebhaftigkeit.
→ Finger
→ Hand

Decke Eine Zimmerdecke bietet einerseits Schutz, andererseits kann sie, je nach der Traumszene, sehr bedrückend wirken, ganz im Sinne der sprichwörtlichen Decke, die einem auf den Kopf fällt. Wer sich im Schlaf in Decken einhüllt, ist unsicher und schutzbedürftig. Als Traumsymbol kann die Decke auch darauf aufmerksam machen, dass man sich schämt und etwas verbergen will.

Defloration → Vergewaltigung

Degen → Waffen

Delfin Schon in den Sagen der alten Griechen und Römer sowie in den Überlieferungen der Urbevölkerung Neuseelands, den Maori, haben Delfine mit Badenden gespielt und Menschen vor dem Ertrinken gerettet. Wer in seinem Traum mit Delfinen schwimmt, nähert sich unbewusst seiner ursprünglichen Natur. Vielleicht befindet sich die Träumende in einer gefährlichen Situation und möchte gerettet werden.
→ Fisch

D

Denkmal Der Traum von einem Denkmal erinnert an wichtige Begebenheiten, die man nicht vergessen sollte. Wer sein eigenes Denkmal sieht, überschätzt sich, wer das Denkmal einer großen Persönlichkeit betrachtet und bewundert, möchte in seinem Leben ebenso erfolgreich sein.

Diamant Im Traum lässt sich ein Diamant kaum von einem Brillanten unterscheiden. Beide Edelsteine symbolisieren die seelische Ganzheit, die Verbindung des Bewussten mit dem Unbewussten. Wer sich in seinen Träumen überreich mit diesen Kostbarkeiten schmückt, hat entweder starke Minderwertigkeitsgefühle oder ist prunksüchtig und besitzt ein übertriebenes Selbstbewusstsein.
➔ Edelsteine

Dieb Träume von einem Dieb, einem Diebstahl, können aus dem Unbewussten stammen. Sie machen darauf aufmerksam, dass Gefahr droht, weil seelische Werte bedroht sind. Möglicherweise bangt man im Wachsein um wertvolle materielle Güter. Begeht man im Traum einen Diebstahl, bestiehlt man sich selbst, denn der Dieb stellt einen Teil der eigenen Persönlichkeit dar. In Frauenträumen hat der Dieb oft sexuelle Bedeutung. Entweder wird der Träumenden ein Teil ihrer Liebe weggenommen oder sie möchte sich aus einer leidenschaftlichen Beziehung davonstehlen.
➔ Einbrecher
➔ Stehlen

Diebstahl ➔ Stehlen

Dinosaurier Wie alle Ungeheuer erscheinen auch die längst ausgestorbenen Dinosaurier aus dem Mesozoikum in schweren Angst- und Alpträumen. Sie stammen aus dem unbewussten archaischen Wissen des Träumenden und machen ihn symbolisch auf die chaotischen Teile seines Lebens aufmerksam.
➔ Ungeheuer

Dirigent ➔ Musik

Dirne ➔ Prostitution

Distel Die zu den Korbblütlern gehörende Pflanze ist sehr stachelig. Erscheint sie im Traum, ist das ein Hinweis auf Unannehmlichkeiten im Wachleben. Wer sich an einer Distel sticht, hat Kontaktschwierigkeiten, ist leicht beleidigt.

Dolch Er symbolisiert Aggressivität, den Penis, Machtgelüste und seelische Dominanz. Wird eine Frau in ihrem Traumleben ohne Gegenwehr mit einem Dolch verwundet, ist sie bereit, sich dem Geliebten restlos hinzugeben. Wer seinen Dolch gegen eine Traumperson zückt, ist im Wachsein voller Aggressionen oder Hass gegen eine bestimmte Person.
➔ Messer
➔ Schwert
➔ Waffen

Donner Ein Donnergrollen im Traum macht auf unterdrückte Gefühle aufmerksam, die ein Ventil suchen, sich emotional entladen wollen. Ob der Donner furchteinflößend oder mit einem Gewitter reinigend wirkt, hängt vom Traumgeschehen und den Lebensumständen ab.
➔ Blitz
➔ Gewitter

Doppelgänger Wer im Traum seinen Doppelgänger sieht, ist entweder auf der Suche nach dem eigenen Ich oder beschäftigt sich im Wachsein viel zu sehr mit der Wirkung der eigenen Person.

Dorf Für Stadtmenschen ist das Dorf eine Idylle, eine Oase im hektischen Getriebe. Wer von einem friedlichen Dorf träumt, sehnt sich nach dem einfachen Leben, nach Entspannung, nach der Natur. Aber das Dorfleben hat für den, der es kennt, auch seine Tücken: Die Menschen sind oft kleinlich, neidisch, wissen über jeden Bewohner Bescheid. Als Traumsymbol verrät das Dorf einen Teil der Persönlichkeit des Träumenden, seine Sehnsüchte, seine geheimen Wünsche.

Dorn → Splitter

Drache → Ungeheuer

Dreck In alten Traumbüchern ist dieses Symbol meist positiv gewertet worden. »Wer mit Dreck beworfen wird, hat in finanziellen Dingen eine glückliche Hand«, sagte man. Zutreffender dürfte die Deutung sein, dass die oder der Träumende, wenn sie Dreck oder Schmutz sehen, sich seelisch unrein vorkommen. Vielleicht haben sie auch Minderwertigkeitsgefühle.

Drogen Wer von Drogen träumt, die er gern konsumieren würde, erwartet seelische Hilfe. Es könnte sein, dass man sich einen Rausch herbeiwünscht, um dem grauen Alltag zu entfliehen oder um eine Krisensituation zu verdrängen. Wahrscheinlich sind Drogenträume bei Frauen und Männern, die kein Rauschgift zu sich nehmen, selten.
→ Rausch

Duell Ein Rededuell im Traum macht auf ungelöste Probleme aufmerksam. Wer zu einem Duell herausgefordert wird, sollte sich vor Streit hüten. Das Duellieren kann auch einen sexuellen Hintergrund haben, man will herausfinden, wer in einer Beziehung der Stärkere ist.
→ Kampf
→ Streit

Duft Wer in seinem Traum einen bestimmten Duft wahrnimmt, wird an ein zurückliegendes Ereignis erinnert, bei dem dieser Geruch eine Rolle gespielt hat.

Dunkelheit Befindet man sich im Traum in großer Dunkelheit, macht sie auf eine für die Seele sehr gefährliche Entwicklung aufmerksam. Es kann sich um Probleme im persönlichen Umfeld oder im Beruf handeln. Möglich ist auch, dass das Unbewusste auf die schwarzen Seiten des Träumers hinweist und ihn damit auffordert, sich seine Fehler bewusst zu machen.

Durst Wer im Traum Durst verspürt, hat ein Verlangen nach Liebe, menschlicher Wärme und Zuneigung. Man fühlt sich im Leben allein gelassen, innerlich ausgetrocknet und will in entsprechenden Traumszenen den Durst löschen. Wenn das gelingt, ist der Dursttraum positiv.

Dusche → Bad

Ebbe Ebbe und Flut symbolisieren das Auf und Ab des Lebens. Wer im Traum am Meeresstrand den Wechsel der Gezeiten beobachtet, ist ruhig und seelisch ausgeglichen. Manchmal vermittelt das Traumbild von Ebbe und Flut jedoch auch innere Unruhe und Unzufriedenheit.

Eber Wer im Traum einem Eber begegnet, hat sexuelle Wünsche.
→ Tierträume

Echo Lauscht man im Traum einem Echo, muss man die entsprechende Traumszene beobachten und die eigene Lebenssituation für die Deutung berücksichtigen. Es kann sich um den Widerhall der eigenen Stimme handeln, womit bereits Gesagtes unterstrichen wird. Stammt das Echo von einer anderen Person, kann es eine Mahnung aus dem Unbewussten sein. Nicht auszuschließen ist, dass der Echotraum durch ein nächtliches Geräusch ausgelöst wurde.

Edelsteine Im Traum einen oder mehrere Edelsteine zu sehen, zu tragen, zu suchen oder zu finden, ist immer aufregend. Die einzelnen Edelsteine symbolisieren positive Eigenschaften des Träumenden, wie Treue, Beständigkeit, seelische Stärke, Ehrgefühl und Mut. Dabei spielt die Farbe des Steins eine große Rolle.
➔ Diamant
➔ Schmuck
➔ Farben im Traum

Ehe Eine Eheschließung im Traum verrät, dass die oder der Träumende sich einsam fühlt oder – falls bereits verheiratet – sexuell unbefriedigt ist. Ist die Eheschließung mit einer schönen Hochzeitsfeier verbunden, herrscht innere Harmonie. Ehebruch und Ehescheidung zeigen an, dass sie gestört ist.

Ei Der Traum vom Ei kann fast immer positiv gedeutet werden. In der Schale des Eis ruht das Wunder kommenden Lebens. Ein Ei symbolisiert das Werdende, die Auferstehung, die Wiedergeburt, die Schöpfung. Der Eiertraum verspricht Neubeginn, Erfolg, innere Stärke. Wer ein Ei fallen lässt oder zerbricht, befürchtet einen Verlust, hat seelischen Kummer. Zur Bedeutung der farbigen Eier siehe Kapitel Farben im Traum.

Eiche Als Lebensbaum ist die Eiche ein Sinnbild für seelische Kraft, Stärke, Standfestigkeit und Schutz. Sie symbolisiert Unsterblichkeit. In Männerträumen kann sie auf eine starke Potenz und ein manchmal übertriebenes Selbstbewusstsein hinweisen. Erblicken Frauen im Traum eine Eiche oder einen jungen Eichenwald, wünschen sie sich mehr Erfolg und Anerkennung, auch in sexueller Hinsicht. Wer sich im Traum unter einer großen Eiche ausruht, hofft auf mehr Sicherheit im Alltagsleben.
➔ Baum

Eidechse Wegen ihrer schlängelnden Fortbewegung kann man die Eidechsen im Traum nicht immer von kleinen Schlangen unterschieden. Manchmal erinnern sie an Ungeheuer im Taschenformat. In der Traumsprache warnen sie vor Missverständnissen im wachen Leben.

Eifersucht »In der Eifersucht liegt mehr Eigenliebe als Liebe« schrieb der französische Schriftsteller La Rochefoucauld (1613–1680) in seinen Maximen. Und genau so sollte man Eifersuchtsträume deuten. Hinzu kommt, dass diese Traumbilder auf Verlustängste aufmerksam machen.

Eile Wer im Traum wie von Furien gehetzt umherrennt, wird auch im wachen Leben die selbst gesteckten Ziele selten erreichen. Die oder der Träumende sollte die Botschaft aus dem Unbewussten beherzigen und ruhig überlegen, bevor sie oder er voreilig Entschlüsse fasst.

Einbrecher Träume von Einbrechern oder Einbrüchen weisen auf seelische oder materielle Verluste hin. Ein vorsichtig vorgehender Einbrecher dringt symbolisch in die Privatsphäre ein, löst Ängste aus, will eine vorhandene Lebensordnung zerstören. Dabei sind, je nach den realen Verhältnissen, verschiedene Deutungen möglich. Schuldgefühle kommen als Traumauslöser in Frage. Ein Einbruch in ein Haus weist auf seelischen Kräfteverlust hin. In Frauenträumen zeigt der Einbrecher, je nach seinem Auftreten, Angst vor dem Geschlechtsverkehr oder Lust auf ein erotisches Abenteuer an.

Einhorn Das Fabeltier in Pferdegestalt mit einem spitzen Horn auf der Stirn war in frühchristlicher Zeit ein Sinnbild für gewaltige Kraft. Im »Physiologus«, einem im Mittelalter hochgeschätzten Buch, verliert das Einhorn seine Wildheit, wenn es seinen Kopf einer Jungfrau in den Schoß legt. In der Traumsprache symbolisiert das Einhorn Reinheit, Keuschheit und Unschuld. Träumt eine Frau von einem Einhorn, das sie beunruhigt, dann hat sie Schuldgefühle oder moralische Bedenken.

Einkaufen Wer im Traum einkauft, hat im wachen Leben viele unerfüllte Wünsche. Wahrscheinlich macht das aus dem Unterbewusstsein stammende Traumgeschehen weniger auf materielle als auf seelische Bedürfnisse aufmerksam. Im Einkaufsrausch tauchen oft Bedenken auf. Die Träumerin oder der Träumer zweifelt daran, dass sie/er Liebe oder wenigstens Zuneigung mit Geld kaufen kann. Wer im Traum neue modische Kleidung aussucht und rasch einpacken lässt, würde gern ein ganz anderer Mensch sein, weil er im Alltag unzufrieden ist.
→ Geld
→ Geschäft

Einsamkeit Der Philosoph Schopenhauer (1788–1860) fand: »In der Einsamkeit fühlt der Jammernde seine ganze Jämmerlichkeit, der große Geist seine ganze Größe.« In der Traumsprache zeigt Einsamkeit entweder den Wunsch an, unabhängig zu sein, oder weist auf Isolation und Verlassenheit hin. Wer seine Einsamkeit in den Traumbildern schätzt, weiß, dass er im Alltag ohne fremde Hilfe bestehen kann. Ein Einsiedler symbolisiert den weisen Ratgeber.

Eis Wer im Traum voller Freude ein Eis bestellt (→ Süßigkeiten), denkt nicht an Polarlandschaften und seelische Kälte. Träume von Eis, Frost und Schnee verraten erstarrte Gefühle, eingefrorene menschliche Kontakte und Vereinsamung. Wer in eine Gletscherspalte fällt, auf einer Eisdecke über einem Gewässer einbricht oder in eisiger Landschaft langsam erfriert, ist voller Lebensangst und kann seelisch vereinsamen.
→ Frieren
→ Kälte
→ Gletscher

Eisen Erscheint das Metall in einem Traumzusammenhang, der eine positive Deutung zulässt, symbolisiert es Widerstandskraft und Willensstärke. Es kann aber auch für Härte, Brutalität und Gefühllosigkeit stehen. Wird in einem Männertraum ein glühendes Eisen geschmiedet, tobt im Herzen wilde Liebeslust.

Eisenbahn Eine Eisenbahnfahrt ist ein Ausschnitt aus der Lebensreise. Das vieldeutige Symbol zeigt auch die innere Einstellung und die geheimen Ziele, die man in sich trägt und oft versteckt.
→ Bahnhof
→ Billett
→ Lokomotive
→ Reise
→ Zug

Eiter Wer von einer eitrigen Infektion träumt, muss im Alltag schwierige Aufgaben bewältigen. Vielleicht macht sich der Träumende Selbstvorwürfe oder fühlt sich unverstanden. Starke Abneigung gegenüber einem Bekannten wird deutlich, wenn dieser im Traum beispielsweise mit einem eitrigen Finger erscheint.
→ Geschwür

Ekel Das Unbewusste sendet im Traum Ekelgefühle, damit man sich gründlich mit den vorliegenden Problemen befasst, besonders auch mit denen, die man am liebsten verdrängen würde.
→ Erbrechen

Ekzem → Geschwür

Elefant Die Elefanten sind die größten und schwersten Landsäugetiere und ernähren sich als Vegetarier von Laub und Zweigen. Sie leben in Familien, die sich zu großen Herden zusammenschließen. Ein Elefantenbaby muss nach einer Tragzeit von etwa 20 Monaten zwei Jahre lang gesäugt werden. Elefanten haben ein ausgezeichnetes Gedächtnis und können 70 Jahre alt werden. Alle diese Eigenschaften spielen bei der Deutung von Träumen, in denen Elefanten dominieren, eine Rolle. Der Elefant ist ein Symbol für Mütterlichkeit, gebändigte Kraft und sexuelle Energie. Träumt eine Frau von einem Elefanten, sucht sie schützende männliche Stärke. Rüssel und Stoßzähne können als Sexualsymbole gedeutet werden. Wilde, ungestüme Elefanten warnen vor ungezügelter Leidenschaft. Der stoisch schwere Lasten tragende Elefant verkörpert die Kraft des Unbewussten, die vom Verstand kontrolliert werden sollte.
➔ Tierträume

Elektrizität Es kann sein, dass die oder der Träumende im Traum einen elektrischen Schlag verspürt, der auf mangelnde Abwehrkräfte aufmerksam macht. Wenn der ganze Körper wie elektrisiert ist, steht ein erotisches Abenteuer bevor. Allgemein weist Elektrizität in der Traumsprache auf Kraft und Energie hin. Elektrizitätswerke dürfen heute als Energiesymbol gedeutet werden. Ein elektrisches Kabel warnt vor einer großen Gefahr. Wer einen elektrischen Schalter korrekt bedient, hat sich unter Kontrolle. Misslingt das Ein- oder Ausschalten, ist die geistige Verbindung zu einer Bezugsperson gestört.

Eltern Die Eltern treten im Traum so auf, wie man sie erlebt hat: gütig und verständnisvoll oder kühl und respektgebietend. Alles, was wir im realen Leben mit ihnen erfahren und seelisch empfunden haben, ist im Unterbewusstsein gespeichert. Dieses Wissen wird im Traum abgerufen, wenn es die Situation erfordert. »Kinder lieben ihre Eltern zuerst. Nach einer Weile beurteilen sie Vater und Mutter. Selten verzeihen sie ihnen.« (Oscar Wilde) Besonders in Pubertätsträumen werden die Eltern oft zu Gegnern. Bei guten, längst verstorbenen Eltern sucht man in stürmischen Zeiten Halt, Rat und Geborgenheit. Die Mutter kann die Autorität des Weiblichen und das Gütige darstellen. Wer sich mit seiner Mutter nicht gut versteht oder verstanden hat, dem erscheint sie im Traum furchteinflößend, vielleicht sogar als Hexe oder in Tiergestalt. Der Vater wird in Frauenträumen so auftauchen, wie ihn die Tochter als Kind erlebt hat. Kam es später zu Schwierigkeiten, verdrängen diese die guten Erlebnisse, und er wird als angsteinflößende Gestalt durch die Traumwelt schreiten.
➔ Sohn
➔ Tochter
➔ Mutter
➔ Vater

Embryo Die Frau, die von einem Embryo träumt, ist eventuell guter Hoffnung oder sie wünscht sich ein Kind. Trifft weder das eine noch das andere zu, macht das Symbol auf Kindlichkeit, Unreife und Verletzlichkeit aufmerksam. Vielleicht steht ein neuer Lebensabschnitt bevor, der die Träumende mit Angst und Sorge erfüllt.

Enge Engegefühle im Schlaf sind häufig. Werden sie nicht durch äußere Umstände, wie beispielsweise einen in die Kissen vergrabenen Kopf oder eine Erkältung, ausgelöst, machen sie auf Kontaktschwierigkeiten, Intoleranz oder eine sehr bedrückte Seele aufmerksam.

Engel Kommt der Engel als Bote aus dem Unterbewusstsein zu einem Träu-

E

menden, ist er in einer schwierigen Lebenslage zu Hilfe gerufen worden. Tröstende Traumengel versprechen innere Ruhe, bitten um mehr Harmonie im Alltagsleben. Wer sich selbst als Engel sieht, muss seine seelischen Bedürfnisse überprüfen, weil er sich im wachen Leben gar nicht so »engelhaft« benimmt, wie er vorgibt. Für den gläubigen Menschen symbolisieren Engel himmlische Kräfte.

Ente Ob Hausente oder Wildente, ob weiß oder bunt, der Gänsevogel kann nur im Zusammenhang mit der Traumszene gedeutet werden. Sieht der Träumende beispielsweise eine Entenschar auf einem idyllischen Teich, verkörpert das Bild gelassene Weisheit. Gelingt es einer einzelnen Ente, bei hohem Wellengang das Ufer zu erreichen, kann man einen lange gehegten Plan verwirklichen.

Entführung Wer im Traum entführt wird, leidet unter inneren Ängsten. Entführt man eine bekannte oder unbekannte Person, will man im Wachsein einen anderen Menschen beeinflussen.

Enthauptung Obwohl eine Enthauptung ein sehr dramatisches Traumbild zu sein scheint, ist ihr Symbolgehalt weniger beunruhigend. Sie macht auf eine notwendige innere Wandlung aufmerksam. Möglich ist auch, dass das Unterbewusstsein den Träumenden auffordern möchte, in heiklen Angelegenheiten einen kühlen Kopf zu bewahren.
➔ Amputation

Entkleiden Wer sich selbst entkleidet, möchte sich so geben können, wie er wirklich ist. Geht es in der Traumszene mehr um eine peinliche Entblößung, möchte der Träumende im Alltag nicht bloßgestellt werden. Selten geht es beim Ablegen der Kleidung um sexuelle Wünsche.

Entmannung ➔ Kastration

Entsetzen Ist das Entsetzen in einer Traumszene groß, fürchtet sich die oder der Träumende im wachen Leben vor Missgunst. Kommt die Botschaft aus dem Unbewussten, sollte man sich ernsthaft mit den Schattenseiten der eigenen Person beschäftigen.
➔ Angst

Erbrechen Es ist möglich, dass Übelkeit nach einem schweren Essen einen Brechreiz auslöst, der im Traum wahrgenommen wird. Ist das nicht der Fall, weist das Traumbild auf unverdaute unangenehme Eindrücke hin, die man loswerden möchte. Der Träumer will sich symbolisch von Bösem befreien.

Erdbeben Träume, in denen die Erde bebt, enthalten eine archaische Warnung. Sie sind ein Sinnbild für die Urkräfte der Natur und machen auf schwere seelische Erschütterungen aufmerksam. Der Träumende muss sich vor allem vor voreiligen und unüberlegten Entschlüssen hüten. Selbstbeherrschung ist wichtig, damit es nicht zu einer Selbstzerstörung kommt.

Erdbeeren Wer im Traum Erdbeeren pflückt oder isst, würde sich über eine schöne neue Bekanntschaft freuen. Wie viele andere Früchte ist die Erdbeere ein Sexualsymbol. Süß wie die Beere soll das Liebesabenteuer sein. Weil eine kleine Erdbeere der weiblichen Brustwarze ähnlich sieht, versinnbildlicht sie die Mutterschaft.
➔ Beere
➔ Früchte

Erde Es ist ein erheblicher Unterschied, ob man von Erde oder von der Erde träumt. Die Acker- oder Blumenerde hat in der Traumsprache mit Naturliebe, Fruchtbarkeit, Mütterlichkeit, Schaffenskraft und Menschlichkeit zu tun. Sie ist aber auch Symbol für das Sterben und den Tod. Welche von diesen Deutungsmöglichkeiten die richtige ist, ergibt sich aus der Persönlichkeit und den Lebensumständen des Träumenden sowie aus dem Traumgeschehen. In der Erde kann man begraben werden, aber aus ihr kommt auch neues Leben. Der Träumer, der tief gräbt, stößt auf alte Schätze, sucht seine Wurzeln in der Vergangenheit. Wer auf der Erde ausruht, schöpft neue Kraft. Glücklich mit beiden Beinen auf der Erde – also erfolgreich im Leben – zu stehen, ist der große Wunsch vieler Menschen.

Seltener sind Träume von der Erde als Planet, der Erdkugel. Sie ist sowohl ein Symbol für die Schöpfung als auch für das ewige Werden und Vergehen.

Eremit → Einsamkeit

Erfinder, Erfindung Wer im Alltag nicht müde wird, nach dem Sinn des Lebens zu fragen, vielleicht in der Industrie oder in der Wissenschaft als Forscher tätig ist, wird unausgegorene Gedanken mit in die Träume nehmen. Hier, wenn der Alltagslärm verklungen ist, kann vieles reifen, geistig vollendet werden. Wer im wachen Leben wenig mit Forschung zu tun hat, sich aber dennoch im Traum als Erfinder sieht, ist vielleicht ein zu großer Theoretiker oder Idealist und sollte sein Verhalten überprüfen.

Erfrieren Träume vom Erfrieren werden nicht selten durch äußere Einflüsse ausgelöst. Es kann sein, dass eine abgebrochene Beziehung oder das Ende einer Freundschaft ein seelisches Kältegefühl verursacht, das im Traum als Erfrierung wahrgenommen wird.
→ Eis
→ Frieren

Erhängen → Hängen

Ernte Wer reiche Ernte einbringt, sollte glücklich und zufrieden sein. Im Traum ist das nicht immer zutreffend. Oft symbolisiert ein Erntetraum den Wunsch nach mehr Anerkennung und Erfolg. Eine besonders reiche Ernte oder die Teilnahme an einem fröhlichen Erntefest versprechen verdienten Erfolg für geleistete Arbeit. Erlebt der Träumende eine missratene Ernte, sind die Früchte wurmstichig, oder hat ein Hagelwetter das Korn niedergewalzt, dann zweifelt er an seinem Können oder fürchtet sich vor der Zukunft. Bei der Deutung müssen die Begleitumstände und die Art und Qualität des Erntegutes beachtet werden.

Erschießen Entscheidend ist, ob man im Traum das Opfer ist oder selbst zur Waffe greift, um einen Mord zu begehen. Auf jeden Fall handelt es sich um ein Warnsignal aus dem Unterbewusstsein, das auf unterdrückte Gefühle aufmerksam macht. Wird der Träumende erschossen, muss er von lieb gewordenen Gewohnheiten Abschied nehmen. Wer einen anderen Menschen im Traum umbringt, sollte, obwohl er sich innerlich noch dagegen wehrt, einen Lebensabschnitt beenden.
→ Dolch
→ Gewehr
→ Mord
→ Revolver
→ Waffen

Ersparnisse Wer sich im Traum mit seinen Ersparnissen beschäftigt, hat materielle oder emotionale Probleme. Verschenkt der Träumende einen Teil seines Besitzes, benötigt er ihn nicht mehr. Wer seine Reserven mehren will, befürchtet Verluste, die auch geistiger Art sein können, oder den Abschied von einem guten Freund. Manchmal machen Träume vom Sparen darauf aufmerksam, dass man seine Talente besser nutzen sollte.

Ersticken Erstickungsgefühle im Traum entstehen häufig infolge einer falschen Schlaflage oder aus gesundheitlichen Gründen. Trifft das nicht zu, befindet sich der Träumende in einer seelisch oder materiell sehr bedrückenden Situation. Erstickungsträume können zu schweren Alpträumen werden, wenn die Konfliktsituation im wachen Leben sehr groß und kein Ausweg sichtbar ist.

Ertrinken Wer im Traum ertrinkt, hat kein Selbstvertrauen, ist hilflos. Mit diesen Traumbildern macht das Unterbewusstsein die Träumenden darauf aufmerksam, dass sie ihre ganze Energie einsetzen müssen, um mit einer schwierigen Situation fertig zu werden. Wer sich im Traum noch retten kann oder glücklich gerettet wird, hat sich noch nicht aufgegeben.

Erwürgen → Erschießen
→ Ersticken

Esel »Ist wohl irgendein Geschöpf so zuversichtlich, so entschlossen, so unbekümmert, so in Betrachtung versunken, so ernsthaft als der Esel?«, fragt der französische Schriftsteller und Philosoph Seigneur de Montaigne (1533–1592). Und verneint damit die dem Tier oft unterstellte Dummheit. Im Traum symbolisiert der Esel zwar manchmal Demut und Geduld, vor allem aber Vitalität, geistige und sexuelle Kraft. Diese Deutung geht auf Dionysos, den griechischen Gott der Fruchtbarkeit und der Ekstase, zurück, zu dessen ständigen Begleitern der Esel gehörte. Wie angesehen der Esel schon in der Frühzeit des Menschen war, belegen jungsteinzeitliche Felszeichnungen in der Sahara.
→ Tierträume

Essen Wer vom Essen träumt, ist seelisch, geistig oder sexuell hungrig. Nur in Ausnahmefällen – zum Beispiel während einer Hungerkur – geht es um gewöhnliche oder exquisite Gerichte. Will der Träumende kein Essen zu sich nehmen, empfindet er im wachen Leben einen Widerwillen gegen eine Person oder ein Ereignis. Nimmt er an einem Festgelage teil und bedient sich reichlich, ist er selbstsüchtig. Allgemein steht Essen für den Wunsch, in irgendeiner Weise befriedigt zu werden.
→ Nahrungsmittel

Eule Im alten Griechenland begleitete die Eule die Göttin Athene, die Beschützerin der Wissenschaften. Deshalb wurde der Vogel mit seinen unbeweglichen, aber ausdruckstarken Augen zum Sinnbild für Weisheit. Die Eulen sind Nachttiere, können ausgezeichnet sehen und hören, wirken weise, ruhig und abgeklärt. In diesem Sinn erscheinen sie in unseren Träumen. Sie erinnern uns an die geheimnisvollen Kräfte der Dunkelheit, an das Mysterium der Liebe und des Todes.
→ Tierträume

Euter Euterträume dürften bei Stadtmenschen ziemlich selten vorkommen. Wer von einem Kuheuter träumt, sucht mütterliche Wärme. Die frisch gemolkene und noch warme Milch symbolisiert geistige Nahrung und nützliches Wissen für den Alltag.
→ Kuh
→ Milch

Examen → Prüfung

Exkremente Es erscheint seltsam, aber trifft zu: Träume von menschlichen Fäkalien können oft positiv gedeutet werden. Sigmund Freud befand, wer im Traum mit Exkrementen spiele, befinde sich in einer Phase sexueller Unreife und sei zu kindlichen Ausdrucksformen zurückgekehrt. Träume ein Kind vom Kot, weise das auf Verlustängste hin. Moderne Therapeuten sehen in solchen kindlichen Träumen Anzeichen für einen Lie-

besverlust durch strenge Erziehung. Sicher ist, dass eine gut funktionierende Darmentleerung für den Menschen wichtig ist. Im Traum will man auf dem Abort seine Sorgen loswerden, sich erleichtern. Damit schafft man Raum für neue Ideen und Hoffnungen. Der tierische und menschliche Kot, der in der Landwirtschaft als Dünger wachstumsfördernd wirkt, hat in der Traumsprache ähnliche Bedeutung. Eine Verstopfung im Traumgeschehen macht darauf aufmerksam, dass man Vergangenes nicht vergessen kann, es immer noch mit sich herumschleppt. Je nach den Traumszenen symbolisiert eine Harn- oder Darmentleerung den Sexualakt. Die Träumenden, die sich mit Kot beschmutzen, halten sich für unwürdig, für abstoßend und befürchten, von den Mitmenschen nicht genügend anerkannt zu werden. Früher glaubte man, dass ein unbeabsichtigter kräftiger Tritt in einen Kothaufen Glück bringt.
→ Toilette

Explosion Ein heftiger Gemütsausbruch im Traum kann reinigend wirken und das positive oder negative Ende einer bestimmten Erlebnisphase, beispielsweise einer Auseinandersetzung mit dem Lebenspartner, signalisieren. Sieht der Träumende eine gewaltige Explosion, womöglich von Rauch und Feuer begleitet, warnt das Unterbewusstsein vor einer großen Gefahr. Findet die Explosion zu Hause oder in bekannten Räumen statt, befindet man sich im wachen Leben vielleicht in einer heftigen Auseinandersetzung mit einem Vorgesetzten oder einem Familienmitglied. Wiederholt sich der Explosionstraum, wenn auch mit anderen Szenen, muss man alles tun, damit es nicht zu einem seelischen Zusammenbruch kommt.
→ Feuer
→ Rauch

Fabelwesen → Ungeheuer

Fabrik Das Traumbild von einer Fabrik muss genau untersucht werden. Es kann beim Träumenden sowohl auf Gemeinschaftssinn als auch auf mangelnden Teamgeist hinweisen. Je nach dem, was in den Fabrikhallen hergestellt wird oder wie die Arbeit organisiert ist, sind Rückschlüsse auf die Belastbarkeit des Träumenden möglich. Wenn Männer oder Frauen, die von Fabriken träumen, selbst dort arbeiten, setzen sie sich vermutlich mit den Problemen am Arbeitsplatz auseinander. Ein angenehmer Fabriktraum zeigt, dass die Zusammenarbeit in einem größeren Team keine besonderen Schwierigkeiten bereitet. Umgekehrt kann ein düsterer Traum sowohl auf berufliche als auch auf persönliche Probleme aufmerksam machen. Für stark erotisch fixierte Menschen soll ein rauchender Fabrikschlot sexuelle Bedeutung haben, er symbolisiert den Penis.
→ Arbeit
→ Sexualität

Fackel Die Fackel ist ein archetypisches Symbol. Mit ihr reichten die Urvölker das wertvolle Feuer weiter. Sie war lange Zeit die wichtigste Lichtquelle in der Dunkelheit. In der Antike gehörte sie zu vielen Gottheiten, u.a. als Zeichen für Sieg und Freude. Ein Gedanke, der im Fackellauf und dem Olympischen Feuer weiterlebt. In der Traumsprache symbolisiert die Fackel das Selbstvertrauen des Träumenden. Ein Fackeltraum kann eine Botschaft aus dem Unbewussten sein. Er macht möglicherweise auf eine geistige oder seelische Veränderung aufmerksam. Vielleicht sollte man seine Umgebung besser beobachten, Licht ins Dunkel bringen.
→ Licht

Faden Um sich die Bedeutung des Fadens im Traum zu erschließen, muss

F

man seine Aufmerksamkeit auf die gesamte Traumszene richten. Wer zum Beispiel mit dem Einfädeln Mühe hat, sollte sich im Alltag um mehr Geduld bemühen. Wichtig ist die Farbe des Fadens (vgl. Farben im Traum). Sticht man sich beim Einfädeln mit der Nadel, machen Faden, Nadel und Stich auf erotische Wünsche aufmerksam. »Der rote Faden des Lebens« ist ein viel bemühtes Sinnbild. Ist der Faden verknotet, muss ein Problem gelöst werden. Die Beschaffenheit der Faden- oder Garnspulen lässt Rückschlüsse auf die Ordnungsliebe – auch im geistigen Sinn – zu.

Fahne Symbolisch ist die Fahne das Sinnbild des Sieges. In der Traumsprache weist sie auf neue Ideen, Vorhaben und Ziele hin. Einzelheiten verrät die Farbe der Fahne. Positive, fröhliche Fahnenträume symbolisieren Idealismus, Leidenschaft und Begeisterungsfähigkeit. In Frauenträumen kann die Fahne an einer Fahnenstange sexuelle Wünsche andeuten. Sonst vermittelt eine Fahnenstange den Eindruck von Standfestigkeit und Stabilität.

Fahren Der Träumende, der eine Fahrt unternimmt, will im Alltag, im Beruf, in der Gesellschaft oder in der Liebe weiterkommen. Die Fahrt symbolisiert den Lebensweg. Zur Deutung muss man die Art der Fortbewegung, das Fahrzeug und, falls im Traum auftretend, die Begleitpersonen kennen.
→ Auto
→ Gehen
→ Zug

Fahrkarte → Billet

Fährte Die Fährte weist auf die Absichten des Träumenden hin. Verfolgt er die Fährte eines Hundes, einer Katze oder eines Wildtiers, ist er seines bisherigen Lebensstils überdrüssig und will unerkannt nach neuen Möglichkeiten Ausschau halten. Menschliche Spuren können im Traum auf unlautere Absichten aufmerksam machen. Vielleicht will ein Eifersüchtiger seinen Nebenbuhler verfolgen, oder die Ehefrau spioniert auf diese Weise ihrem Mann nach.

Fahrrad Mit einem Fahrrad kann man nur mit eigener Kraftanstrengung vorankommen. Im Traum ist das Fahrrad ein Zeichen für Selbstständigkeit und Individualität. Man will abseits der Allgemeinheit eigene Wege gehen. Wer sich im Traumgeschehen hastig auf ein Fahrrad schwingt, den warnt das Unterbewusstsein, dass übertriebene Eile falsch ist. Fährt man frohgemut durch eine (wunderbare) Traumlandschaft, ist die Lebenseinstellung zuversichtlich und heiter.
→ Auto
→ Rad
→ Reise

Fahrstuhl Mit ihm will man im Traum schnell nach oben gelangen, das heißt, im wachen Leben erfolgreich sein. Besonders in Frauenträumen wird damit der Wunsch nach einem raschen beruflichen Aufstieg ausgedrückt. Verspürt man bei der Fahrt mit dem Aufzug nach oben ein Gefühl der Leichtigkeit, ja sogar des Schwebens, dann hat man sich möglicherweise von der Realität entfernt, nimmt das Alltagsleben zu leicht oder überschätzt seine eigenen Fähigkeiten und Chancen. Wer im Traum im Lift stecken bleibt, was auch im Schlaf Angstgefühle auslösen kann, ist unsicher, gehemmt und vermisst Entwicklungsmöglichkeiten im privaten oder beruflichen Bereich. Ist eine Fahrt abwärts für die Träumenden unangenehm, fürchten sie sich vor einem persönlichen Versagen.
→ Fallen
→ Fliegen
→ Treppe

Falke Wer von einer Jagd mit Falken träumt, möchte seine ganze Energie erfolgsbetont und zielgerichtet einsetzen. Wer im Traum einen Falken in der Natur beobachtet, erinnert sich vielleicht an die sichelscharfen Fänge des Greifvogels, der sich selbst keinen Horst baut, sondern seine Eier in die verlassenen Nester anderer Vögel legt. Der Anblick dieses Vogels mag ein Sinnbild für die Sehnsucht nach einem unbekümmerten, freien und unkonventionellen Leben sein.
→ Adler

Falle Hilfe benötigt der Träumende, der in eine Falle gerät. Wird er im Traum gefangen genommen, hat er im wachen Leben zu gutgläubig gehandelt. Lockt er in seinen Traumszenen andere Menschen in eine Falle, will er sich im Alltag überschlau durchsetzen. Alle Träume von einer Falle symbolisieren eine schwierige, selbstverschuldete Situation.

Fallen → Stürzen

Fallschirm Wer im Traum einen Fallschirm anschnallt und irgendwie abspringt, überblickt seine Lebenssituation. Man befindet sich in einer ausgeglichenen Stimmung, ist vielleicht recht unternehmungslustig, aber vorsichtig genug, um sich rechtzeitig vor Gefahren zu sichern. Ein Fallschirmsprung im Traum verrät, dass man seine Ängste beherrscht.
→ Fliegen
→ Stürzen

Familie Die Deutung eines Familientraumes hängt von der Beziehung des Träumenden zu den geträumten Personen und dem Traumgeschehen ab. Dabei werden die tatsächlichen Verhältnisse im Traum oft sehr verzerrt dargestellt. Manchmal übernehmen Familienmitglieder die Rolle von guten Bekannten oder unangenehmen Nachbarn. Typische Traumthemen sind: Ein Familienmitglied verwandelt sich in eine fremde Person. Es kommt zu inzestuösen Begegnungen, schweren Konflikten zwischen Eltern und Kindern, Rivalitäten zwischen Familienmitgliedern. Solche Träume sind sehr häufig, weil man viele Lebenskonflikte zuerst im Familienkreis erfährt. Diese werden dann im Unterbewusstsein gespeichert und bei Bedarf zur Verarbeitung der neuen Erlebnisse abgerufen.
→ Mutter
→ Vater

Farben → Farben im Traum

Fasnacht Träume von Fasnacht, Fasching oder Karneval verraten den Wunsch nach Abwechslung. Man möchte ausgelassen und fröhlich sein. Misslingt das in einem Fasnachtstraum, dann ist man zu gehemmt oder mit zu vielen Problemen belastet, um sich wirklich austoben zu können.
→ Maske

Fass Das viel zitierte »Fass ohne Boden« warnt auch im Traum vor nutzlosen Anstrengungen. Wie viele andere Gefäße symbolisiert das Fass auch die Weiblichkeit und kann, je nach der Traumhandlung, sexuelle Bedeutung haben.
→ Gefäß

Fassade Der Traum von einer Fassade weist auf die äußere Erscheinung des Träumenden hin. So wie er die Fassade im Traum sieht, so wirkt er auf die Umwelt. Wer eine schöne Fassade bewundert, während das Innere des Hauses eher baufällig ist, sollte weniger auf den äußeren Schein und mehr auf geistige Substanz achten. Eine bröckelnde Fassade zeigt an, dass eine Beziehung gefährdet ist. Wer sich gehen lässt und seinem Äußeren mehr Beachtung schenken sollte, wird im Traum verwahrlosten Hausfassaden begegnen.
→ Haus

F

Fasten Wer im Traum fastet, will sich geistig neu orientieren oder seelisch reinigen. Manchmal weist Fasten auch auf eine beginnende Krankheit hin, oder es ist eine Mahnung in puncto Essen und Trinken etwas maßvoller zu sein.
➔ Bauch

Faust Im Traum symbolisiert die geballte Faust Aggressivität, Kampfbereitschaft, wilde Kraft und Überheblichkeit. Wer die Faust im Sack macht, muss auf Gewalt verzichten. Träume, in denen mit der Faust gedroht wird, warnen vor unüberlegten Handlungen.
➔ Daumen
➔ Hand

Feder Wer sich im Traum mit Federn schmückt, dürfte eitel, vielleicht auch eingebildet oder egozentrisch sein. Wichtig ist die Farbe der Federn (Farben im Traum). Federn weisen auf das Flatterhafte im Wesen der Träumenden hin, symbolisieren schöne, aber nicht immer erfüllbare Hoffnungen und liebevolle Gedanken.

Fee In alten Traumbüchern verheißt das Erscheinen einer Fee persönliches Glück. Die Fee ist ein Ursymbol der Liebe zum anderen Geschlecht und verspricht geistig-seelischen Beistand. Weil Feen sehr launenhaft und eigenwillig auftreten, symbolisieren sie nach modernen Erkenntnissen den Persönlichkeitsteil des Träumenden, der immer spontan reagieren möchte. Feen im Traum können auf spirituelle Gedanken hinweisen.

Fehlgeburt Frauen, die eine Fehlgeburt hatten, werden sich in ihren Träumen lange an dieses Ereignis erinnern. Liegen weder ein Abort noch eine Fehlgeburt vor, macht dieses aus dem Unbewussten auftauchende Traumbild auf das Scheitern einer zwischenmenschlichen Beziehung oder auf eine bevorstehende Trennung von lieb gewordenen Personen, Ideen oder Dingen aufmerksam.
➔ Frauenträume

Feige Träume von Feigen oder einem Feigenbaum haben meist erotische Bedeutung. In südlichen Ländern ist der Feigenbaum der Paradiesbaum. Die Feige ist, wie die Pflaume, ein Symbol für das weibliche Geschlechtsorgan. Wer im Traum Feigen isst, wünscht sich ein sexuelles Erlebnis. Das Feigenblatt symbolisiert Keuschheit und Unschuld. Wer von ihm träumt, will sich nicht sofort zu Erkennen geben, verschließt sein Innerstes.
➔ Apfel
➔ Baum
➔ Pflaume

Feind Der Feind im Traum mahnt zu Vorsicht und Wachsamkeit. Er verkörpert unter Umständen den Teil des Träumenden, den dieser selbst als inneren Feind betrachtet und verurteilt. Wichtig für die Deutung ist das Verhalten des Feindes im Traum. Ist er vielleicht ein Widersacher im Wachleben? Dann muss man sich vor ihm hüten.

Feld ➔ Acker

Fell Entscheidend für die Deutung ist die Tierart und die Beschaffenheit des Fells. Ein weiches Fell verrät erotische Gefühle und das Bedürfnis nach Zärtlichkeit. Wer im Traum auf einem Fell schläft, fühlt sich einsam, will aber in Ruhe gelassen werden.
➔ Pelz

Fels Gemäß dem Sprichwort »Wie ein Fels in der Brandung stehen« symbolisiert der Fels im Traum einerseits Zuverlässigkeit und Standfestigkeit, andererseits ist er aber auch Sinnbild für emotionale Kälte und geistige Unbe-

weglichkeit. Diese unterschiedlichen Eigenschaften sollte der Träumende in sich selbst erforschen. Wer im Traum von Felsen umgeben ist, fürchtet sich vor einem unbekannten Ereignis. Wer auf einem Felsen steht, behält im Wachleben die Übersicht. Klettert der Träumende auf einen Felsen, stellt sich die Frage, ob er gut oder nur mühsam vorankommt.
→ Berg

Fenster Wer im Traum durch ein Fenster nach außen blickt, betrachtet seine Lebenswelt. Das Fenster symbolisiert die Art, wie der Träumende mit der Realität umgeht und wie er sich selbst einschätzt. In der Traumsprache sind folgende Deutungen möglich: Wer außerhalb des Hauses steht und durch ein Fenster in ein Zimmer schaut, ist selten ein neugieriger, sondern eher ein introvertierter Mensch. Öffnet der Träumende ein Fenster, will er die eigenen Gefühle in positiver Erwartung prüfen. Geschlossene Fenster deuten auf Schwierigkeiten hin. Wer im Traum aus dem Fenster fällt, verliert in schwierigen Lebenslagen schnell die Übersicht. Steigt der Träumende gewaltsam durch ein Fenster ein, denkt er an eine erotische Eroberung; zerbricht er nur das Fensterglas, erinnert er sich an die erste sexuelle Begegnung, die vielleicht mit einer Defloration verbunden war.
→ Haus

Ferse Der griechische Held Achilles, der vor Troja kämpfte, war durch ein Bad im Unterweltfluss Styx unverwundbar geworden. Nur seine Ferse blieb ungeschützt. Achilles fiel im Kampf, als ein Pfeil seine Ferse durchbohrte. Deshalb bezeichnen wir bis heute eine verwundbare Stelle als Achillesferse. Sieht ein Träumender die eigene Ferse, erinnert ihn das Unterbewusstsein an seine seelischen Schwachstellen, die er verbergen möchte. Ist die Ferse im Traum verwundet worden, kann der Träumende davon ausgehen, dass seine Schwachstellen bereits bekannt sind und von seinem Umfeld ausgenutzt werden.

Fessel Im Traum gefesselt zu werden, macht den Träumenden darauf aufmerksam, dass er im Wachleben in irgendeiner Weise – sei es im beruflichen oder persönlichen Umfeld – von einer starken Bindung beeinflusst wird. Wer sich im Traum von einer Fessel befreien kann, ist auch im Wachleben in der Lage, sich aus einer belastenden seelischen Umklammerung zu lösen. Fesselt der Träumende eine ihm bekannte Person oder eine Traumgestalt, will er mit Gewalt etwas an sich binden, das nicht zu halten ist.

Festung → Burg

Feuer »Aus Feuer ist der Geist geschaffen, drum schenk mir süßes Feuer ein«, schrieb der Dichter Ernst Moritz Arndt (1769–1860). Feuer ist das Ursymbol für Geist, Liebe und Lust. Es wird uns reinigen oder verzehren. In der Traumsprache kann Feuer auch Erneuerung, vielleicht sogar Wiedergeburt bedeuten. Ein Feuer mit starker Zerstörungskraft signalisiert höchste seelische Gefahr. Ob das Traumfeuer auf sexuelle Abhängigkeit oder wilde Leidenschaft hindeutet, verraten entsprechende Traumszenen. Wer beispielsweise mit seinem Partner durch ein Feuer schreitet, will ihm ganz gehören. Wer, von brennenden Fackeln umgeben, Liebe und wilden Sex will, ist nicht nur dem Traummann oder der Traumfrau, sondern auch der Bezugsperson im Wachleben verfallen. Brennt es im eigenen Heim, stehen wichtige seelische Veränderungen bevor. Dunkler Rauch warnt vor Unglück. Wer im Traum um ein Feuer tanzt, möchte seinen Gefühlen freien Lauf lassen und erwartet ungeduldig eine neue spannende Begegnung. Ein erlöschendes Feuer und

Asche stehen für abgestorbene Gefühle. Oft symbolisiert ein Feuertraum seelische Befreiung.
→ Feuerträume

Feuerlöscher Ein Feuerlöscher im Traum signalisiert leidenschaftliche Gefühle, die man eindämmen sollte. Wie alle Gefäße symbolisiert der Feuerlöscher auch das Weibliche, das in diesem Zusammenhang bedrohlich erscheint.

Feuerwehr Kommt im Traumgeschehen die Feuerwehr, soll sie wilde Leidenschaft abkühlen. Wahrscheinlich haben die oder der Träumende große Mühe, ihre geistigen und körperlichen Kräfte zu kontrollieren. Sie hoffen dann, dass der Wasserstrahl ihre überschäumende Energie bändigen möge.

Feuerwerk Ein Feuerwerk verrät, dass der Träumende freudig erregt feiern möchte. Er will in seiner Umgebung voll anerkannt werden und im Mittelpunkt stehen. Auch überschäumende Emotionen, die sich entladen wollen, können einen Feuerwerkstraum auslösen.

Fieber Das Unbewusste kann aus verschiedensten Gründen Fieberträume auslösen. Vielleicht ist man leidenschaftlich verliebt, seelisch durch ein äußeres Ereignis aufgewühlt, oder man ängstigt sich davor, verlassen zu werden. Manchmal ist der Hinweis auf eine Krankheit nicht auszuschliessen. Allgemein machen Fieberträume auf schwere seelische Probleme aufmerksam.

Film Eine Filmhandlung im Traum verrät die Seelenlage des Träumenden. Er begegnet sich selbst in den verschiedenen Filmgestalten und unterschiedlichsten Szenen. Oft möchte man die Filmdiva oder der Held sein, der im Traumfilm auftritt. Sie symbolisieren die Sehnsucht nach dem Unerreichbaren.

Filmschauspieler Im Traum verkörpert der Filmschauspieler, genau wie der Schauspieler auf der Bühne, alle die Eigenschaften, die der Träumende bei anderen Menschen bewundert und selbst gern hätte.

Finden Wer in seinem Traum ohne Mühe etwas Wertvolles oder Interessantes findet, möchte im wachen Leben ohne Anstrengung Erfolg und Anerkennung ernten. Vielleicht sucht der Träumende in seinem Innersten nach neuen Möglichkeiten für eine seelisch-geistige Weiterentwicklung.

Finger Die Finger sind es, die die Hand zu einem ausdrucksstarken Körperteil machen. Der Daumen ermöglicht die Greifbewegung und symbolisiert Mut und Selbstvertrauen. Ein besonders biegsamer Daumen weist auf einen anpassungsfähigen Charakter mit Selbstbehauptungswillen hin. Ein kleiner Daumen verrät erotisches Verlangen. Menschen mit schlanken konischen Fingerformen ist der seelische Lebensbereich wichtig. Eckige Finger machen auf starkes Pflichtgefühl und logisches Denken aufmerksam. In der Traumsprache können diese Merkmale sichtbar werden. Allgemein steht der Zeigefinger, der drohen und beschwichtigen kann, für Stolz und Geist, der Mittelfinger für Erfolg, der Ringfinger für Kunst und Emotionen, der kleine Finger für Verstand. Der im Traum erhobene Finger warnt vor Fehlern, ein ausgestreckter Finger klagt an, ein besonders schlanker und sehr gepflegter Finger verspricht sexuelle Offenheit, während ungepflegte Finger vor Ärger warnen. – In erotischen Träumen symbolisiert der Finger den Phallus.
→ Hand

Finsternis Noch stärker als die Dunkelheit macht Finsternis im Traum auf

eine schwere depressive Phase des Träumenden aufmerksam. Man hat Angst, fühlt sich schutzlos und freut sich, wenn man nur einen kleinen Lichtschimmer erblickt, der Hoffnung spendet.
➔ Dunkelheit
➔ Schatten

Fisch Der Traum, in dem ein Fisch oder ein Fischschwarm auftritt, signalisiert die Bereitschaft, sich mit dem kollektiven Unbewussten zu beschäftigen. Der Fisch ist das Sinnbild für das Leben, das aus dem Wasser kommt, und damit auch für Fruchtbarkeit. Fische zeigen die emotionale Seite des Träumenden. Ein kalter, glitschiger Fisch deutet Gefühlsmangel an. Ein schöner Fisch, der in klaren Gewässern schwimmt, ist in Frauenträumen vielleicht ein Fruchtbarkeitssymbol, häufiger jedoch ein Hinweis auf sexuelle Bedürfnisse. Wer im Traum von einem Riesenfisch gefressen wird, hat große seelische Probleme, die ihn zu verschlingen drohen. Fängt man einen Fisch, bemüht man sich um Selbsterkenntnis. Für C. G. Jung symbolisiert der Fisch die ganze Persönlichkeit des Träumenden.
➔ Angeln
➔ Wasser

Fischen ➔ Angeln

Fischer Wer im Traum einem Fischer zusieht oder selbst fischt, will sein Innerstes ergründen, sich dem Unbewussten öffnen. Oft verbindet sich damit der Wunsch nach einer neuen Bekanntschaft, einer neuen Arbeit oder nach einem besseren Lebensgefühl.
➔ Angeln
➔ Fisch
➔ Wasser

Flamme ➔ Feuer

Flasche Vielleicht fühlt sich der Träumende total daneben; unfähig, gute Arbeit zu leisten – kurz: als »Flasche«. Und dementsprechend träumt er. Erblickt man auf einem gedeckten Tisch eine Weinflasche, hofft man im Unterbewusstsein auf Besuch, das heißt auf neue Bekanntschaften. In der Regel ist ein Flaschentraum ein Hinweis auf sexuelle Bedürfnisse, zumal die Flasche ein Symbol für den Penis ist.

Fledermaus Das Flattertier jagt in der Dämmerung nach Insekten. Es kann Beute und Hindernisse auch bei Dunkelheit orten, da es Ultraschallwellen wahrnimmt, die ihm ein gehörtes Raumbild vermitteln. Die meisten Fledermäuse halten in unseren Breiten einen langen Winterschlaf. Die Fledermäuse symbolisieren in der Traumsprache die unkontrolliert ablaufenden seelisch-geistigen Vorgänge, oft diejenigen, die mit Angstgefühlen verbunden sind und uns besser bewusst sein sollten.

Fleisch »Das Fleisch hat seinen eigenen Geist«, stellt der Dichter Frank Wedekind in seiner Betrachtung »Über Erotik« fest. Als Traumsymbol steht Fleisch für körperliche und vor allem auch sexuelle Energien. Appetit auf Fleisch verrät starkes Triebverlangen. Wer sich im Traum vor einem Fleischgericht ekelt, ist übersättigt oder lebt gerade in jeder Hinsicht enthaltsam. Kocht der Träumende ein leckeres Fleischgericht, ist er offen für die genussreichen Seiten des Lebens.
➔ Wurst

Fliege Der Traum von einer oder vielen unangenehmen Fliegen deutet auf eigene seelische Unruhe hin. Oft macht der Fliegentraum auf eine als lästig empfundene Umgebung oder auf überreizte Nerven aufmerksam.

Fliegen Nach Ansicht von Sigmund Freud wurden Flugträume fast aus-

schließlich durch sexuelle Wunschvorstellungen ausgelöst. Heute, wo das Fliegen selbstverständlicher Bestandteil des Alltagslebens ist, vermutet man nicht mehr hinter jedem Flugtraum – egal ob mit oder ohne Fluggerät – ein erotisches Motiv.
→ Flug- und Fallträume

Floß Wer im Traum mit dem Floß unterwegs ist, befindet sich wahrscheinlich in einer geistigen oder materiellen Übergangsphase. Er kann sich jedoch auf seine Fähigkeiten verlassen, weil ein Floß auch im Sturm Sicherheit verspricht und selten kentert.

Flucht Die Flucht im Traum ist oft ein Zeichen dafür, dass bestehende Probleme im Alltagsleben verdrängt werden – der oder die Träumende also vor sich selbst flieht. Manchmal symbolisiert ein Fluchttraum die Sehnsucht nach Freiheit, öfter warnt er vor Gefahren aller Art, die sich aus der Lebenssituation des Träumenden und den Traumszenen ergeben. Wer zum Beispiel barfuss flieht und dabei unter Schmerzen über Geröll oder Schottersteine hastet, hat im Alltag ernsthafte Schwierigkeiten. Kommen die Fluchtträume immer wieder, ist das sie auslösende Problem noch nicht bewältigt. Eine erfolgreiche Flucht spricht für die gute seelische Verfassung des Träumenden. Er sollte es sich also durchaus zutrauen, die Dinge, die ihn psychisch oder materiell belasten, anzugehen.
→ Angst- und Alpträume
→ Alltagserlebnisse im Traum

Fluss Wie alle Träume vom Wasser, gehört auch das Bild des Flusses zu den archetypischen Symbolen.
→ Bach
→ See
→ Wasserträume

Flut → Überschwemmung

Folgen → Gehorsam

Folter Im Traum ist die Folter oft ein Symbol für das Gewissen, das den Träumenden auffordert, endlich Stellung zu beziehen. Gemäß der sprichwörtlichen Redewendung »Jemanden auf die Folter spannen« kann ein solcher Traum aber auch ein Hinweis auf ein bevorstehendes Ereignis sein, wie zum Beispiel eine große Feier, das man voller Spannung und Ungeduld erwartet. Kommt es im Traum zu dramatischen Szenen, wird der Träumende von schweren Schuldgefühlen heimgesucht. In seltenen Fällen kann eine Folterung auf masochistische oder sadistische Gefühle hinweisen.

Forelle Wer in seinem Traum eine muntere Forelle in klarem Wasser eines Baches oder Flusses sieht, ist sehr positiv gestimmt und voller Lebensfreude.
→ Bach
→ Fisch
→ Wasser

Foto → Bild

Frau → Frauenträume

Frau, bekannte → Bekannte

Frau, unbekannte → Unbekannte

Freund Erscheint im Traum ein Unbekannter als Freund, zeigt er dem Träumenden die Teile seiner eigenen Persönlichkeit, mit denen er entweder sehr zufrieden ist oder mit denen er sich auseinander setzen muss. Trifft man im Traum einen Freund oder eine Freundin aus dem realen Leben, empfindet man die Gefühle, die man ihnen entgegenbringt, oft verstärkt. Wer im Traum mit der Freundin oder dem Freund streitet, hat zwischenmenschliche Probleme, die vielleicht eine ganz andere Person betreffen. Ist der Freund im Traum verstorben, symbolisiert sein Tod die nicht mehr funktionierenden Teile des eigenen Ichs.

Freundin In Frauenträumen ist die Freundin der Schatten der eigenen Persönlichkeit. Sie kann trösten, ist voller Anteilnahme und symbolisiert damit gegenseitige weibliche Verbundenheit. In Männerträumen ist die Freundin das gegengeschlechtliche Wesen. Er wird sie vielleicht so sehen, wie sie im Alltag ist, oder aber sie wird ihm im Traum so erscheinen, wie er sie gern hätte. Manchmal spiegelt die Freundin in einem Männertraum die Anima, die weibliche Komponente des Träumenden.

Friedhof Wer im Traum auf den Friedhof geht, durchlebt im wirklichen Leben vermutlich eine emotional äußerst belastende Phase. Vielleicht muss er sich von einem ihm nahe stehenden Menschen trennen. Der Gang zum Friedhof ist Symbol für die Angst und den Schmerz, die der Träumende angesichts des drohenden Verlustes empfindet. Manchmal weist der Traum vom Friedhof auf eine geistige Erneuerung, eine Wiedergeburt hin.

➔ Beerdigung
➔ Grab
➔ Sarg

F

F

Frieren Im Traum Kälte zu spüren oder zu frieren, deutet auf ein schwaches, vielleicht überreiztes Nervenkostüm hin. Man befürchtet Unannehmlichkeiten im Alltag oder argwöhnt, dass eine bisher gute Beziehung langsam zu Ende geht. Auch eine sich langsam bemerkbar machende Erkältung kann dieses Traumbild auslösen.

Friseur → Coiffeur

Frosch Männer träumen sehr selten von einem Frosch. In Frauenträumen ist der Frosch ein Symbol für Fruchtbarkeit und erotische Wünsche. Oft macht ein Froschtraum auf eine bevorstehende seelische Veränderung aufmerksam. In Märchen war der nasse, kalte Frosch ein verzauberter Prinz, der von einem jungen Mädchen oder einer Prinzessin erlöst wurde. Ein Bild, das die Traumdeutung übernommen hat. Kühle, abweisende Gefühle können durch Hingabe und Warmherzigkeit zu einer auch erotisch schönen Beziehung führen.
→ Sexualität

Frucht, Früchte Wer im Traum eine Frucht in die Hand nimmt und genussvoll hineinbeißt, hat erotische Wünsche. Ein Korb voller Früchte, die in ihrer Form an den Penis oder an das weibliche Geschlechtsorgan erinnern, stehen in Frauenträumen für ein starkes sexuelles Begehren. Bei der Interpretation sollte man die Bedeutung der einzelnen Früchte berücksichtigen. Wurmstichige oder faule Früchte sind auch dem Träumenden nicht zuträglich, sie weisen auf mancherlei Schwierigkeiten in den zwischenmenschlichen Beziehungen hin. Wer gesunde Früchte von einem Baum erntet, darf auf Erfolg im wachen Leben hoffen.
→ Obst

Frühgeburt → Fehlgeburt

Frühling Ein Frühlingstraum signalisiert Aufbruch und seelische Erneuerung. Wichtig sind die Einzelheiten des Traumbildes und die Farben. Blühende Bäume und Sträucher, eine grüne Wiese, auf der man die wärmenden Sonnenstrahlen genießt, all das verrät im Traum den Wunsch, im wachen Leben endlich wieder zu lieben und geliebt zu werden.
→ Blumen- und Pflanzenträume
→ Farben im Traum

Fuchs Träumt ein Mann von einem Fuchs, möchte er eine Frau erobern. In Frauenträumen warnt der Fuchs vor falschen Freunden. In der Traumsprache ist der Fuchs auch ein Symbol für Klugheit, die sich nicht selten mit Hinterlist paart. Im Mittelalter galt der Fuchs als das Böse schlechthin. Für die Traumdeutung ist entscheidend, welche Empfindungen die oder der Träumende dem Tier im wachen Leben entgegenbringt.

Führen Wer im Wachleben eher dazu neigt, sich zurückzunehmen und der Verantwortung aus dem Weg zu gehen, kompensiert dieses Manko oft in seinen Träumen. Plötzlich ist es ganz einfach, als entschlossener, erfolgreicher und von allen geachteter Chef aufzutreten. Wird man im Traum von einer Respektsperson geführt, überlässt man es im Alltag anderen, Entscheidungen zu fällen.

Funke, Funksignale Ein zündender Funke springt über, wenn eine geistige Leistung vollbracht oder aber das Feuer der Liebe entfacht wurde. Ein vom Sturm verwehter Funke kann einen verheerenden Brand verursachen. Alle diese und ähnliche Traumereignisse versinnbildlichen den Seelenzustand des Träumenden.

Funksignale haben eine andere Bedeutung. Wer sie im Traum aussendet oder empfängt, hat das Bedürfnis nach schönen menschlichen Begegnungen.

G

Furcht → Angst

Fuß, Füße In der Psychoanalyse hat der Fuß phallische Bedeutung. Sigmund Freud sah in einem Fuß, der in den Schuh schlüpft, den Penis, der in die Vagina eindringt. In der heutigen Traumsprache sind die Füße ein Zeichen für das notwendige Weiterschreiten, das Fortkommen auf dem Lebensweg. Mit den Füßen steht man auf der Erde. Traumbilder von Füßen geben Aufschluss über die grundlegende Lebenssituation des Träumenden, sie verraten dessen Überzeugungen und Prinzipien. In alten Traumbüchern warnten große Füsse vor Verschwendung, das Küssen der Füße verriet ein zu demütiges Verhalten.
→ Barfuß
→ Bein

Fußspuren → Fährte

Gabel In alten Traumbüchern wurde eine Gabel mit drei Zinken als Symbol des Teufels gedeutet. Sie stand somit für Betrug und für das Böse schlechthin. Heute nimmt man an, dass die Gabel ein Hinweis auf Streitigkeiten im Beruf oder in Liebesbeziehungen ist. Manchmal machen Gabelträume darauf aufmerksam, dass man in eine falsche Richtung gedrängt wird oder auf eine wichtige Frage noch keine gute Antwort gefunden hat.
→ Essen

Gähnen Wer in seinem Traum öfter heftig gähnen muss, sollte im Wachleben in seinem Verhalten äußerst vorsichtig sein. Vielleicht schnappt der Träumende nach Luft, weil er sich in seinen Entfaltungsmöglichkeiten eingeengt fühlt und sich mehr Freiheit wünscht. In seltenen Fällen ist das Gähnen ein Zeichen für große körperliche oder seelische Müdigkeit.

Galgen Der Galgen weist auf Leiden, Sühne und eine tief greifende Veränderung hin. Man möchte seine Probleme loswerden, sozusagen an den Galgen hängen und davonlaufen. Wenn im Traum ein Mensch am Galgen baumelt, ist es vielleicht der Rivale, den man los sein möchte.

Gans Die Gans gilt seit dem Altertum als Symbol der Wachsamkeit. Der Sage nach waren es Gänse, die Rom im Jahre 387 v. Chr. vor der Zerstörung bewahrt haben. Zu Beginn des 2. Weltkrieges warnten Gänse die Freiburger Bürger vor einem Luftangriff. Sie hörten die herannahenden Bomber, deren Geräusch sie an ein aufziehendes Unwetter erinnerte, und kündigten sie, wie es ihrem Instinkt entspricht, mit ängstlichem Geschnatter an. Was eine Gans im Traum bedeutet, hängt von den Umständen ab. Wer sich auf einen Gänsebraten freut, will mehr vom Leben haben. Mästet man eine Gans, hört man anderen Menschen unkritisch zu. In alten Traumbüchern wird die Gans als einfältig beschrieben. Sie soll darauf aufmerksam gemacht haben, dass der Träumende ausgenutzt wird, besonders in sexueller Hinsicht.
→ Tierträume

Garten Wer von gepflegten oder auch romantisch verwilderten Gärten träumt, dürfte im wachen Leben über eine positive Ausstrahlung verfügen. Der Zustand des Traumgartens erlaubt Rückschlüsse auf das seelische Befinden des Träumenden. Der Garten ist ein Symbol für partnerschaftliche Beziehungen, er weist auf Lebensfreude, innere Ruhe und Reife hin. Schöne Gartenträume haben eine sehr positive Bedeutung. Die Art der zu verrichtenden Gartenarbeit gibt Auskunft darüber, welche Pflegemaßnahmen für unsere zwischenmenschlichen Beziehungen wichtig sind. Ein wenig gepflegter Traumgarten ermahnt

G

uns, nahe stehende Menschen nicht zu vernachlässigen. Ein einsamer, von hohen Hecken umgebener Garten ist eine Warnung, sich nicht zu sehr in die Einsamkeit zu flüchten. Wer in einem wundervollen Garten im Traum zufrieden spazieren geht, befindet sich in einer ausgeglichenen seelischen Verfassung.
➔ Blumen
➔ Blumen- und Pflanzenträume

Gärtner Symbolisch gesehen will der Gärtner das Unkraut jäten, das in den Gedanken des Träumenden wuchert. Er fordert ihn auf, seelisch stark zu sein und sich mehr um sein geistiges und materielles Fortkommen zu kümmern. Wer im Traum den Gärtner bei der Arbeit unterstützt, wird seine aktuellen Probleme ohne fremde Hilfe lösen. Ein alter Gärtner signalisiert Verständnis, ein hübscher junger Mann deutet sexuelle Wünsche an. Tritt in Frauenträumen ein attraktiver Gärtner auf, möchte die Träumerin liebevoll verwöhnt werden. Symbolisch ist der Mann mit der grünen Schürze der Gärtner der Seele. Wo er erscheint, muss im Innersten viel in Ordnung gebracht werden.
➔ Blumen
➔ Blumen- und Pflanzenträume

Gasthaus Das Symbol ist ähnlich deutbar wie Restaurant. Ein Unterschied liegt darin, dass man in einem Gasthaus schneller Kontakt findet und das Bedürfnis nach Geselligkeit besser befriedigt werden kann. Auch bei einem Gasthausbesuch geht es selten um Hunger und Durst, sondern fast immer um den Wunsch nach vorübergehender Entspannung.
➔ Nahrungsmittel
➔ Restaurant

Gebärmutter ➔ Gefäß

Gebäude ➔ Haus

Gebet Wer im Traum betet, will getröstet werden, hofft auf Hilfe von außen. Der Träumende glaubt an eine höhere Macht und will ihr seine Anliegen vortragen.
➔ Kirche
➔ Kloster

Gebirge Im Gebirge sind die Schwierigkeiten größer als beim Berg.
➔ Berg

Gebiss ➔ Zahn

Geburt Sigmund Freud und später der amerikanische Psychiater Stanislav Grof waren überzeugt davon, dass der Geburtstraum bei Frauen deshalb eine so große Rolle spielt, weil sie die physiologische Anstrengung des Gebärens zu bewältigen haben. Für C. G. Jung sind Träume von einem Kind und einer Geburt archetypisch. Sie symbolisieren neues geistiges Potenzial. Diese Leistungsfähigkeit betrifft nach C. G. Jung das Ganze, das Selbst, die Einheit von Gegensätzen und die Verwandlung der Persönlichkeit. Die Psychologin Patricia Garfield stellt fest, dass die Geburt in den Träumen einer Frau, die nicht schwanger ist, auf ihre innere Weiterentwicklung hindeutet. Die Angst, die möglicherweise auch die Träumende während des Geburtsvorganges empfindet, beruht auf der genetisch bedingten Urangst. Oft ist ein Geburtstraum ein Symbol dafür, dass eine neue positive Lebensphase eingeleitet wird. Träumt ein Mann von einer Geburt, beschäftigt er sich im wachen Leben vermutlich mit einer neuen Aufgabe, einer neuen Idee oder einer frischen Bekanntschaft.

Geburtstag Wer von seiner eigenen Geburtstagsfeier träumt, möchte im Alltag mehr anerkannt werden. Nimmt der Träumende an einer großen Geburtstagsparty eines Fremden teil, will er das Leben unbeschwert genießen.

Gefängnis Träume von Gefängnis und Gefangenschaft zeigen, dass sich die Träumenden eingeengt fühlen, im wachen Leben über zu wenig Entfaltungsmöglichkeiten verfügen. Manchmal macht der Traum von Gefangenschaft auf eine Beziehung aufmerksam, in der ein Partner vom anderen zu stark dominiert wird und für sich selbst zu wenig Freiräume hat. Auch ein schlechtes Gewissen mit starken Schuldgefühlen kann einen Gefängnistraum auslösen.

Gefäß Viele Gefäße symbolisieren den Körper der Frau und die weibliche Sexualität. Lange Gefäße erinnern an den Penis. Das Eingießen, Umgießen oder Ausgießen einer Flüssigkeit ist ein Hinweis auf sexuelle Wünsche. In älteren Traumbüchern versprach ein gut gefülltes Gefäß großen Erfolg, ein leeres Misserfolg.

➔ Glas
➔ Schale
➔ Tasse

Gehen So wie man sich im Traum gehen sieht, so kommt man auf seinem Lebensweg voran. Früher nahm man an, Vorwärtsschreiten signalisiere eine schöne Zukunft, während Rückwärtsgehen ein Zeichen dafür sei, dass das Leben sehr stark durch die Vergangenheit beeinflusst wird. Wer auf der Straße tänzelt, genieße den Alltag, wer davonrennt, handle oft zu voreilig. Ein nachdenklicher Traumspaziergang erkundet die eigene Seele.

Gehirn »Eng ist die Welt, und das Gehirn ist weit«, dichtete Schiller in »Wallensteins Tod«. In unseren Träumen symbolisiert das Gehirn die positiven und negativen geistigen Möglichkeiten. Entweder warnt das Unbewusste vor zu viel Intellekt, dessen Vorherrschaft manchmal zu Lasten des Gefühls geht, oder es macht den Träumenden darauf aufmerksam, dass er seine Handlungen besser überdenken und planen sollte.

Gehorsam Wer in seinem Traum einem Bekannten oder Unbekannten in schwieriger Lage gehorcht, wird sich im wachen Leben in Zwangssituationen gut unterordnen können. Die oder der Träumende sollte allerdings darauf bedacht sein, dass der gebotene Gehorsam nicht die eigenen Entfaltungsmöglichkeiten einschränkt. Dieser Hinweis aus dem Unbewussten ist oft in Gehorsamsträumen zu finden.

Geier Als Traumsymbol macht dieser Greifvogel, der sich fast ausschließlich von Aas ernährt, auf einen wachen Verstand und eine gewisse Gefühlskälte aufmerksam. Tauchen im Traum mehrere Geier auf, die sich um ihre Beute balgen, ist der Träumende vielleicht selbstsüchtig und zu sehr auf seinen eigenen Vorteil bedacht.

➔ Vogel
➔ Tierträume

Geige Die Geige hat im Traum verschiedene Bedeutungen, die sich aus den Traumszenen und der realen Lebenssituation des Träumenden erschließen lassen. Wer im Traum fröhlich musiziert und mit seinen Lieben zusammen ist, wünscht sich auch im Alltag den Himmel voller Geigen. Das aber ist für längere Zeit nahezu unmöglich. Wer in seinem Traum als erfolgreicher Geiger auftritt, möchte im wachen Leben vielleicht in einer Beziehung oder im Beruf die »erste Geige« spielen. In Männerträumen hat die Geige oft eine erotische Bedeutung. Ihre Form erinnert an den Körper einer Frau, die Einbuchtung in der Mitte ist die Taille. So wie ein Verliebter im Traum Geige spielt, möchte er auch den Körper seiner Geliebten streicheln und verwöhnen. Ein Geigenduett im Traum zeigt das Verlangen nach glücklicher Vereinigung.

Geistlicher → Pfarrer

Gelb → Farben im Traum

Geld Wer im Traum mit Geld zu tun hat, verfügt über seelische Energie. Verliert der Träumende Geld, besteht die Möglichkeit, dass er seine Begabungen und Fähigkeiten zu wenig nutzen kann. In Frauenträumen symbolisiert Geld oft den Wunsch nach einem starken, schützenden Mann. In Männerträumen steht Geld nicht nur für den Wunsch nach materieller Sicherheit, sondern auch für sexuelle Erfolge und Macht.
→ Bank

Gemälde → Bild

Gemüse In Frauenträumen erinnert Gemüse oft an Vagina und Vulva. Spargeln sind ein Hinweis auf das männliche Geschlecht, die Tomate ist ein Liebessymbol. Ein Mann, der im Traum nach grünem Salat verlangt, möchte öfter mit seiner Frau zärtlich sein.

Genitalien Wer von seinen eigenen Genitalien träumt, ist sexuell gesehen mit sich nicht unzufrieden. Träumt der Mann von den Genitalien einer Frau, oder umgekehrt, die Frau von einem Penis, dann geht es um die eigene Anima beziehungsweise den Animus, also um den jeweils gegengeschlechtlichen Anteil in der Persönlichkeit des Träumenden, den man meistens zu wenig kennt und versteht. Der oder die Träumende möchte die Ganzheit des eigenen Körpers erfahren.

Gepäck Schwere Gepäckstücke deuten im Traum oft eine große seelische Last an. Wer ein Gepäckstück vermisst, hat im Alltag viel Energie verloren. Das Gepäck gehört zur Lebensreise und symbolisiert die materiellen und seelischen Reserven, auf die man gut aufpassen muss.
→ Reise

Gericht → Richter

Gerichtsvollzieher Taucht der Gerichtsvollzieher mehr oder weniger harmlos im Traumgeschehen auf, bittet das Unterbewusstsein, man möge doch Unerledigtes nicht länger liegen lassen. Ein mit der Pfändung drohender Gerichtsvollzieher warnt nachdrücklich vor waghalsigen Unternehmungen und Unvernunft. Falls die im Wachleben bestehenden materiellen Sorgen Ursache für den Traum sind, wird der Gerichtsvollzieher Angst auslösen.

Geruch → Gestank
→ Duft

Gesang → Singen

Gesäß Wer im Traum ein nacktes Gesäß sieht, fürchtet sich vielleicht davor, sich im wachen Leben eine Blöße zu geben. Nach Sigmund Freud ist das Gesäß das Symbol für infantile Sexualität.

Geschäft Welche Art von Geschäften machen wir im Traum? Gehen wir Einkaufen, treiben wir Tauschhandel, sind wir dabei, einem Unbekannten ein fragwürdiges Geschäft vorzuschlagen? Diese und noch viele andere Traumgeschäfte deuten an, dass der Träumende mancherlei Wünsche hat, die er befriedigen möchte. Deutungsmöglichkeiten ergeben sich aus der Traumhandlung.

Geschenk Wer Geschenke macht, hofft auf Anerkennung, will gelobt werden und seine Beziehungen im Alltag verbessern. Das Erhalten eines Geschenkes kann nur gedeutet werden, wenn Art und Herkunft der Gabe sowie die Gefühle des Empfangenden bekannt sind.

Geschlechtsorgan → Genitalien

Geschlechtsverkehr → Sexualität

Geschmack Was im Traum gefällt, stimmt oft mit dem, was im Wachzustand gefällt, nicht überein. Diese Unterschiede sind zu beachten, speziell bei Farben. Unangenehmer Geschmack im Traum warnt vor falschen Bedürfnissen. Vielleicht zeigt ein besonders elegantes Kleid im Traum an, dass die Träumerin ihren Geschmack verfeinern möchte.

Geschwindigkeit Wer im Traum eilig unterwegs ist, möchte seine Ziele im Wachleben rascher erreichen. Hohe Geschwindigkeit kann auf starke, im Alltag unterdrückte Gefühle hinweisen. Wer zu schnell ist, übersieht vor lauter Eile oft das Wesentliche auf seinem Lebensweg.

Geschwür Träume von einem unangenehmen Geschwür deuten Minderwertigkeitsgefühle oder psychische Konflikte an. Heilt das Geschwür, ist es nicht mehr eitrig, befindet sich der Träumende auf dem Weg der Besserung.
→ Eiter

Gesicht »Es gibt noch keine Kunst, die innere Gestalt des Herzens im Gesicht zu lesen«, lässt Shakespeare seinen König im Drama »Macbeth« ausrufen. Im Traum aber können die wahrgenommenen Gesichter seelische Stimmungen anzeigen. Das Unbewusste hält dem Träumenden oft den Spiegel vor, damit er sein eigenes Ich besser erkennt. Wer sich vor dem Traumspiegel lange schminkt, will Schwächen verdecken, wer sein Gesicht immer wieder wäscht, möchte alle unangenehmen Dinge wegspülen. Prüft man lange Zeit sein Gesicht, ist man entweder in sich selbst verliebt oder will endlich in seiner ganzen Persönlichkeit wahrgenommen werden.
→ Maske

Gespenst Gespensterträume sind manchmal angstvolle Schuldträume. Viele Gespenster erinnern an Vergangenes, das man immer nur verdrängt und nie verarbeitet hat. Einzelne Spukgestalten stammen aus dem Unbewussten und signalisieren innere Verwirrung.

Gestank Übler Geruch im Traum symbolisiert Abneigung gegen eine Person oder eine Sache. Vielleicht zeigt die Traumhandlung, um was es geht.
→ Duft

Getreide Alle reifen Getreidefelder deuten auf eine bevorstehende Ernte hin. Die Träumenden hoffen, dass sich ihre Anstrengungen im wachen Leben gelohnt haben. Faulendes Getreide oder von einem Gewitter zerstörte Felder fordern zu neuen seelischen und physischen Anstrengungen auf.
→ Acker
→ Ernte
→ Früchte

Gewalt Mit Bildern von Angriff und Gewalt macht das Unbewusste im Traum auf verborgene Aggressionen oder negative Gefühle gegenüber anderen Menschen aufmerksam. Wird der Träumende das Opfer von Gewalttätigkeiten, hat er vielleicht Minderwertigkeitsgefühle. Wird der Träumende brutal angegriffen, fürchtet er sich im Wachleben vor Niederlagen oder sieht seine Gefühlswelt bedroht. Findet Gewalt in sexuellen Träumen statt, weist sie unter Umständen auf masochistische oder sadistische Wünsche hin. »Vor der Gewalt, die alle Wesen bindet«, sagt Goethe, »befreit der Mensch sich, der sich überwindet.«
→ Schwert
→ Waffen

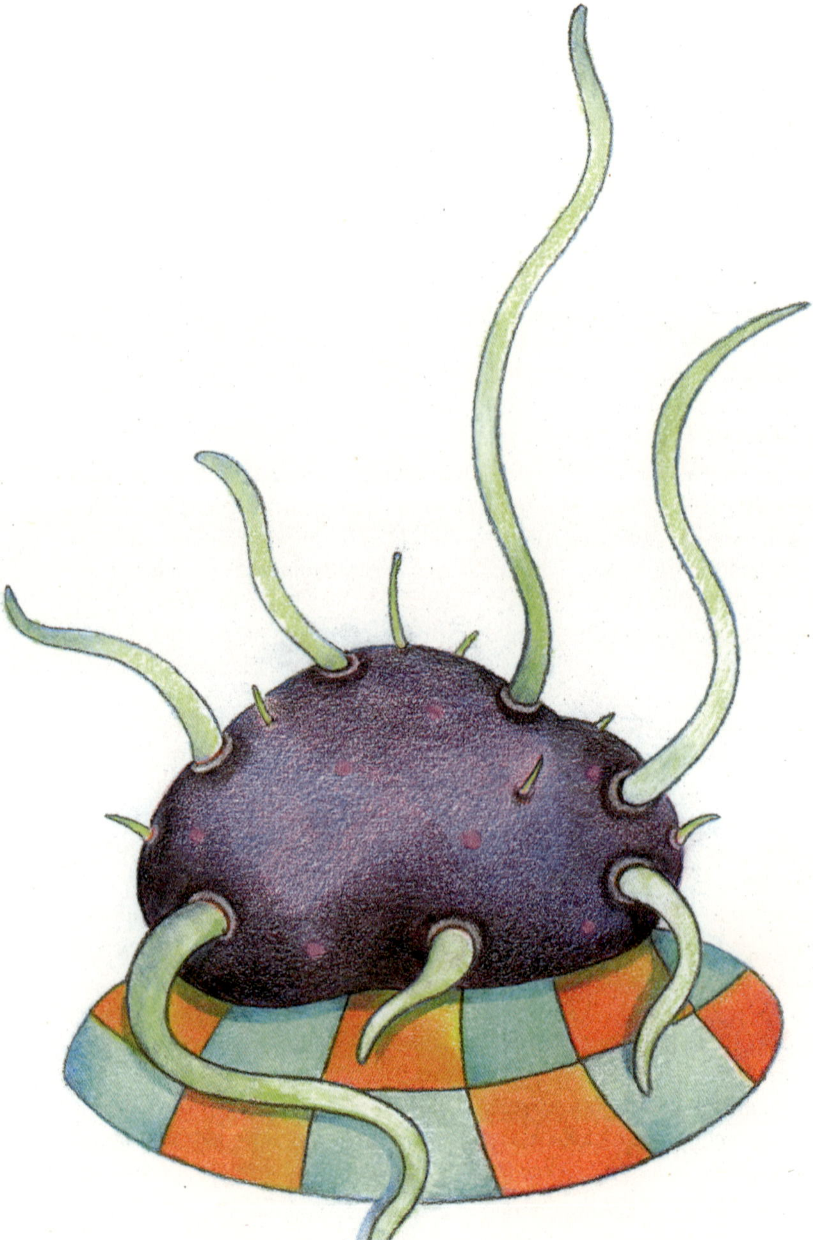

Gewehr Der Besitz eines Gewehres verleiht in Männerträumen Macht und Stärke. Träumt eine Frau von einem Gewehr, fürchtet sie sich vor aggressiver männlicher Sexualität. Wer im Traum sein Gewehr anlegt und schießt, zielt symbolisch auf einen Rivalen, den er ausschalten will. In der Psychoanalyse ist das Gewehr seit Freud ein Sexualsymbol.
→ Schuss
→ Waffen

Geweih In alten Traumdeutungsbüchern hielt man das Geweih für ein schlechtes Omen, das entweder eine bevorstehende Trennung von einem liebenswerten Menschen ankündigt oder aber dem Mann signalisiert, dass er von seiner Frau betrogen wird. Heute geht man davon aus, dass ein Geweih im Traum Angriff und Aggression bedeuten kann. Es symbolisiert auch die inneren Konflikte zwischen guten und niederen Absichten.
→ Hirsch

Gewicht Spürt der Träumende sein Gewicht oder kontrolliert er es auf einer Waage, gibt ihm das Unterbewusstsein zu verstehen, dass er die ihm auferlegte Verantwortung wahrnehmen muss. Ist der Träumende mit seinem Gewicht, das seine Persönlichkeit symbolisiert, unzufrieden, fühlt er sich im wachen Leben oft überfordert.

Gewitter Ein Traumgewitter ist wie ein echtes Gewitter: bedrohlich, aber auch reinigend. Möglicherweise ist es ein Symbol für die befreiende Entladung viel zu lang aufgestauter Gefühle, vielleicht braut es sich auch zusammen, um zu zeigen, dass die Seele von einer Gefahr bedroht wird, die man bisher noch nicht wahrgenommen hat, oder es signalisiert eine plötzlich ausbrechende leidenschaftliche Liebe. Kann der Träumende die Ursachen erkennen, die im Traum zur Entladung mit Blitz und Donner geführt haben, wird er auch Mittel und Wege für eine gute Lösung finden.
→ Blitz
→ Donner
→ Regen
→ Sturm

Gewölbe Der Traum, in dem man sich in einem Gewölbe befindet, symbolisiert die Suche nach dem eigenen Selbst. Dabei kann man auf archetypische Bilder stoßen, die bisher verborgen waren, aber zum Archiv des Wissens der ganzen Menschheit gehören. Manchmal erinnert ein Gewölbetraum an ein Grab und fordert den Träumenden auf, sich Gedanken zum Tod zu machen.
→ Höhle

Gift Traumerlebnisse, in denen Gift eine Rolle spielt, sei es im Sinne von vergiften oder vergiftet werden, sind vielschichtig. Eine Deutung ist nur möglich, wenn die Situation des Träumenden im wachen Leben bekannt ist. Vielleicht fühlt er sich missverstanden, oder er verabscheut die Einstellung der Menschen in seiner Umgebung. Vielleicht hasst er eine bestimmte Person und möchte sie im Traum vergiften. Es gibt Analysten, die unter bestimmten Voraussetzungen beim Symbol Gift an Bosheit denken oder negative Stimmen aus dem Unterbewusstsein vermuten.

Gitter → Zaun

Glas Das Sprichwort »Glück und Glas, wie bald bricht das« kann im übertragenen Sinn in der Traumdeutung auf die Zerbrechlichkeit einer Beziehung aufmerksam machen. Zerbricht man im Traum eine Glasplatte oder ein Glasfenster, ist die eigene Gefühlswelt in Unordnung geraten. Eine gläserne Wand kann vor anderen Menschen schützen, der Träumende will sich zurückziehen. Wer

G

viele volle Gläser sieht, hofft auf großen Erfolg. In zerbrochenen Gläsern werden die eigenen Ängste und Fehler sichtbar.
➔ Fenster
➔ Flasche
➔ Gefäß

Glatze Früher glaubte man eine Glatze im Traum deute auf Potenzverlust hin. Heute denkt man eher an intellektuellen oder gesellschaftlichen Gewinn, wenn ein Träumer mit schönem Haar sich mit Glatze sieht.

Gleichgewicht Wer in seinem Traum mit Gleichgewichtsstörungen kämpft, hat im wachen Leben ernsthafte Probleme, die den Träumenden sehr verunsichern. Vielleicht traut er sich zu wenig zu, ist in seinen Entscheidungen unsicher. Ist das seelische Gleichgewicht gestört, warnt ein Sturz im Traum vor falschen Hoffnungen.

Gleis Wer im Traum zum Bahnhof rennt, in der Eile über die Gleise stolpert und vor lauter Weichen nicht mehr weiß, wohin er soll, wird im wachen Leben große Schwierigkeiten haben, seinen Weg zu finden. Gleise symbolisieren den Lebensweg. Je gerader und klarer ihr Verlauf im Traumbild ist, umso besser sind die Aussichten für gute Entschlüsse.
➔ Bahnhof
➔ Eisenbahn
➔ Zug

Gletscher Wenn man von Eis und Kälte träumt, friert die Seele. In der Natur und im Traum hat die Gletscherwelt etwas ebenso Großartiges wie Furchterregendes an sich. Bei einer Gletscherwanderung im Traum wird man mit Gefühlen konfrontiert, die man zu wenig beachtet, weil man ihnen nicht mehr traut. Wenn die Sonne nach einem trüben Vormittag strahlt und die Gletscherwelt verzaubert, ist dieses Bild eine Aufforderung, das Auftauen der seelischen Verkrustungen zuzulassen.
➔ Eis

Glocke Wenn im Traum die Glocken läuten, können sie – je nach Traumhandlung – sowohl ein trauriges als auch ein glückliches Ereignis ankündigen. Auch die innere Einstellung der oder des Träumenden muss bei der Deutung berücksichtigt werden. Religiöse Menschen sehen im Glockengeläut mehr als nur eine weltliche Botschaft.

Glücksspiel Jedes Glücksspiel ist mit einem Risiko verbunden. Der Träumende, der an einem Spieltisch steht und ungeduldig auf seine Glückszahl wartet, möchte im wachen Leben Erfolg haben, übersieht jedoch, wie gering seine Chancen sind. Ein Glücksspieler will sich lieber auf eine vage Hoffnung als auf seinen Verstand verlassen. Manchmal macht das Glücksspiel im Traum auf falsche Hoffnungen in der Liebe oder im Berufsleben aufmerksam. Wer alles auf eine Karte setzt, riskiert zu viel.

Glut ➔ Feuer

Gold »Nach Golde drängt, am Golde hängt doch alles!«, spricht Margarete in Goethes »Faust«. Auch wenn die Zeiten des Goldrausches im Wilden Westen vorbei sind und der Wert des Goldes in den letzten Jahren gesunken ist, in der Traumsprache hat Gold – das archetypische Symbol für Unsterblichkeit – einen hohen Stellenwert. In alten Traumbüchern wurde der »Tanz um das goldene Kalb« als Hinweis auf eine oberflächliche Lebenseinstellung gedeutet. »Gold finden« galt als Glückszeichen. Nach neuen Erkenntnissen deutet Gold im Traum auf die besten Seiten des Träumenden hin. Es symbolisiert seinen geistigen und seelischen Reichtum.
➔ Schatz

Gott »Der Glaube an Gott ist wie der ewige Beginn einer Liebe: Schweigen«, schrieb der französische Schriftsteller Jean Giraudoux (1882–1944). In der Traumsprache symbolisiert Gott den Wunsch des Träumenden, mit der Umwelt, und vor allem mit sich selbst, in Harmonie zu leben. Unabhängig vom Glauben und der religiösen Einstellung gibt es Träume, in denen man bei einer höheren Macht Hilfe sucht. Viele Menschen sind seit ihrer Kindheit von dem Wunsch beseelt, anerkannt und geliebt zu werden. Im Alltag, im Berufsleben und in einer Beziehung wird das in unserer Zeit immer schwieriger. Also tauchen die ins Unbewusste verdrängten Wünsche in unseren Träumen immer wieder auf. Wer im Traum mit einer höheren Macht spricht, will vielleicht Schuldgefühle abbauen, sucht Verständnis oder Vergebung. Träumenden, die sich im Schlaf an Gott wenden, ihn um Rat und Hilfe bitten, mangelt es im nüchternen Alltag vielleicht an seelischem Beistand oder an spirituellen Energiequellen. Auch wenn keiner der Träumenden Gott als körperliche Gestalt sehen wird, kann diese geistige Traumbegegnung als sehr trostreich empfunden werden. Nach C. G. Jung strebt das »Selbst«, welches über das Ich hinausreicht und dem die urzeitlichen Fähigkeiten des Menschen innewohnen, nach Ganzheit. Das Selbst suche auch nach Erfüllung in den spirituellen Dimensionen von Kunst und Religion. Daher sei es möglich, dass man als tiefes Mysterium im Traum den inneren Gott erleben könne.

Grab In Grabträumen steigen die ungelösten und ins Unterbewusstsein verdrängten Gefühle und Konflikte empor. Sie sind nicht immer lösbar und müssen deshalb wieder zurück ins Grab sinken. Dies ist vor allem dann notwendig, wenn Menschen Teile ihrer Persönlichkeit den unerbittlichen Anforderungen des Alltags sowie familiären oder partnerschaftlichen Anpassungsprozessen geopfert, symbolisch also zu Grabe getragen haben. Wer müde geworden ist und sich dem Ende seines Lebens nähert, der kann den Traum vom Grab für sich als ein Zeichen für Abschied und Frieden deuten.

➔ Beerdigung
➔ Friedhof
➔ Tod

Graben Auch das Traumbild vom Graben hat, wie das Symbol Grab, mit verdrängten Gefühlen zu tun. Nach alten Traumbüchern soll ein Fall oder Sturz in einen selbst ausgehobenen Graben auf drohende Schwierigkeiten hinweisen. »Geht nun hin und grabt mein Grab, denn ich bin des Wanderns müde«, dichtete der Schriftsteller Ernst Moritz Arndt (1769–1860). Auch diese Deutung ist möglich. Wer im Traum lange und tief gräbt, möchte vielleicht seine im Innersten verborgenen Gedanken und Lebenserkenntnisse finden. Er ist auf der Suche nach dem eigenen Unbewussten. Umgekehrt kann es sein, dass die oder der Träumende einen seelischen Schatz in der Erde vergräbt, um ihn vor der Umwelt zu verstecken.

➔ Beerdigung
➔ Erde
➔ Garten

Gras So wie das Gras im Traum erscheint – herrlich grün oder halb verdorrt –, dürfte der seelische Zustand des Träumenden sein. Als Wachstumssymbol deutet ein schöner Grasplatz, vielleicht mit kleinen blühenden Blumen, auf Erfolg versprechende Ideen hin. Wer sich ins Gras legt und träumt, wird im wachen Leben wenig Erfolg haben, steht in einem alten Traumbuch.

Grenze Eine Grenze kann den Beginn eines neuen Lebensabschnittes markie-

G

ren, sie kann auch den Wunsch nach Ferien andeuten, die im Augenblick nicht realisierbar sind, oder aber sie macht auf große Hindernisse aufmerksam, die sich im Wachleben auftürmen. Vielleicht versinnbildlicht der Traum auch innere, das heißt der Seele gesetzte Grenzen, die man überwinden möchte, aber nicht kann.
→ Barriere

Groß, Größe Was im Traum übergroß erscheint, soll die Wichtigkeit der Botschaft betonen. Größe kann auch Angst einflößen und sehr bedrohlich wirken. Für die Deutung wichtig sind die Größenverhältnisse im Vergleich zum Wachleben. Alles, was im Traum größer ist als in der Wirklichkeit, muss sorgfältig analysiert werden. Sieht sich der Träumende selbst als Riese, überschätzt er die eigenen Fähigkeiten oder leidet an einem übersteigerten Geltungsbedürfnis. Tritt ihm beispielsweise seine Frau als riesenhafte Person entgegen, fühlt er sich im Traum klein und unbedeutend. Wahrscheinlich wird der Mann in der Ehe in gefährlicher Weise dominiert.
→ Klein

Großmutter, Großvater → Familie

Grube Wer von einer Grube träumt, fühlt sich unfrei, ist verzweifelt. Der Wunsch andere Personen in die Traumgrube zu werfen, deutet darauf hin, dass man den Betreffenden gegenüber Hassgefühle hegt. Möglich ist auch, dass die Träumende mit sich selbst unzufrieden ist und selbstverschuldete Schwierigkeiten oder bedrückende Anteile der eigenen Persönlichkeit begraben will.
→ Abgrund
→ Graben
→ Falle
→ Fallen
→ Gefängnis
→ Höhle

Gruft In den Träumen von einer Gruft begegnet man den ins Unterbewusstsein verdrängten Konflikten und Problemen.
→ Grab
→ Höhle

Grün → Farben im Traum

Guillotine → Enthauptung

Gurke Sie symbolisiert den Penis.
→ Gemüse
→ Frauenträume
→ Sexträume

Gürtel Der Gürtel ist seit der Altsteinzeit bekannt. Im Traumgeschehen kann er die erotischen Wünsche von Frau und Mann zum Ausdruck bringen. In Männerträumen ist er manchmal ein Machtsymbol, in Frauenträumen weist er unter Umständen auf eingeengte weibliche Gefühle hin.

Guru Er ist in Indien der geistige Lehrer und Führer zum Heilsweg. In unserer Traumwelt symbolisiert er die Weisheit, die im Unbewussten vorhanden ist. Wer von einem Guru träumt, ist auf der Suche nach seinem Seelenfrieden. Er wendet sich ratsuchend an einen weisen Mann, eine Vaterfigur, die ihm Gelassenheit und Weisheit vermitteln kann.

Haar Der Schweizer Psychoanalytiker Ernst Aeppli, der sich an die Jung'sche Traumforschung anlehnt, schreibt: »Die Haare sind als Kopf- oder Körperhaare ein Zeugnis der menschlichen Verbundenheit mit der tierischen Natur. Jede Behaarung, auf die ein Traum hinweist, meint die Triebseite, die ursprünglichen Kräfte.« In der Symbolsprache ist das Haar der natürliche Schmuck des Mannes, das Haar der Frau ihr Schleier. Nahezu alle Haarträume haben sexuelle Bedeutung. In Frauenträumen verrät besonders schönes und gepflegtes Haar viel Sinnlichkeit. Im Bart und in der Körperbehaarung des Mannes zeigt sich seine Männlichkeit. Sorgfältig gepflegtes Haar verrät sexuelle Selbstdisziplin. Langes Haar deutet erotische Freizügigkeit an. Wer im Traum sein Haar verliert, fürchtet sich vor Energieverlust, wer es färbt, will sich nicht so zeigen, wie er wirklich ist. Wichtig ist auch die Haarfarbe (Farben im Traum). Früher nahm man an, graues Haar verrate Kummer, weißes Haar sei ein Zeichen für Weisheit. Diese Deutungen sind heute umstritten. Die Frau, die sich im Traum mit starker Körperbehaarung sieht, hat vermutlich eine männlich orientierte Gefühlswelt. Ein Mann, der im Traum das lange Haar einer Frau streichelt, sucht weibliche Wärme.
➔ Bart
➔ Coiffeur
➔ Glatze

Habicht ➔ Adler

Hafen Wer im Traum nach stürmischer Fahrt in einem Hafen Anker wirft, möchte im wachen Leben für eine Weile ausruhen, neue Kräfte schöpfen. Das Symbol Hafen weist auch auf ein großes Schutzbedürfnis und Angstgefühle hin.
➔ Jacht
➔ Meer
➔ Schiff
➔ Ufer

Halluzination C. G. Jung hat bereits in seiner Studienzeit die Auffassung vertreten, dass sich Teile der unbewussten Psyche in Trancen, Träumen und Halluzinationen zeigen können. Er fand später in den Wahnvorstellungen schizophrener Patienten Bilder, die aus der Urzeit des Bewusstseins stammen und in den Mythen und Märchen der Welt zu finden sind. Völlig unreale, abstruse und unlogische Traumszenen befreien als Halluzinationen Geist und Seele vom Alltagszwang. Damit können sich die Träumenden ungehindert auf einer ganz anderen als der normalen Bewusstseinsebene auf die Suche nach verschütteten oder fantastischen Zukunftsbildern begeben. Es ist möglich, dass auf diese Weise schöpferische Gedanken auftauchen oder ungeklärte Begebenheiten enträtselt werden.

Hals Der Hals ist das Bindeglied zwischen Körper und Kopf und symbolisiert im Traum den Übergang vom Geistigen zum Materiellen. Ein dicker Hals, begleitet von Halsschmerzen und Atemnot, kann auf eine beginnende Krankheit hinweisen. Je nach den Traumszenen wird Sturheit, Hartnäckigkeit oder Leichtsinn angesprochen und davor gewarnt. Wendungen wie »Es kostet den Hals« oder »Er hat einen Mühlstein an seinem Hals«, die symbolisch im Traum erscheinen, sind einfach zu deuten.
➔ Ersticken

Hammer Träume, in denen ein Hammer eine wichtige Rolle spielt, weisen oft auf Rücksichtslosigkeit und zerstörerische Elemente hin. In Männerträumen deutet der Hammer Aggressivität an, den Wunsch mit irgendetwas endgültig Schluss zu machen. Ein Hammer in sexuellen Träumen symbolisiert den Penis, der sich entschlossen einer Frau nähert. Mit diesem Bild wird der Träumende aufgefordert, seine unsensiblen Wün-

H

sche aufzugeben. Positiv deutbar ist die Traumszene, wenn der Hammer geschwungen wird, um einen Nagel mit einem Schlag in einem Stück Holz zu versenken. Das zeugt von Tatkraft.

Hand In der Urzeit des Lebens hat sich die Hand aus flossenähnlichen Organen entwickelt. Sie wurde im Laufe der Evolution ein wichtiges Arbeits- und Wahrnehmungsorgan des Menschen, mitentscheidend für seine Entwicklung und Kultur. Die Selbstständigkeit ihrer Einzelteile macht sie zu einem universalen Werkzeug. Sie ist ein Spiegel der Seele und des Charakters. In der Traumsprache symbolisiert sie Energie, Tatkraft und Geschicklichkeit. Die rechte Hand zeigt den männlichen, die linke Hand den weiblichen Teil der Persönlichkeit. Eine starke, große Traumhand weist auf kraftvolle Energie hin, eine schwache, schlaffe Hand verrät mangelnde Entschlussfähigkeit. »Eine schöne Hand ziert den ganzen Menschen«, schrieb der Dichter Heinrich Heine (1797–1856), eine Feststellung, die auch für die Traumdeutung zutrifft. Je nachdem, ob man im Traum jemanden an die Hand nimmt oder sich selbst an die Hand nehmen lässt, zeigt man Führungsstärke oder Führungsschwäche. Ein fester Händedruck schafft Vertrauen. Wer sich die Hände vor die Augen hält, will die Tatsachen nicht sehen. Eine kranke, geschwollene oder verletzte Hand spiegelt die entsprechende Seelenlage. Allgemein weisen Träume von der Hand auf das Handeln des Träumenden hin.

→ Arm
→ Daumen
→ Finger

Handschuh Die oder der Träumende, die einen Handschuh tragen, kaufen, suchen oder finden, geben sich distanziert, wollen die Umwelt über ihre eigene Einstellung im Unklaren lassen. Mit dem Ausspruch Bismarcks »Ich habe nie einen Handschuh liegen lassen, den mir einer hingeworfen hat«, wird der symbolträchtige Fehdehandschuh angesprochen, der zu einer Auseinandersetzung, zum Duell auffordert. Viele Handschuhträume kommen aus dem Unterbewusstsein, wobei sich in der Traumhandlung der Sinn der Botschaft zeigt: Schmutzige Hände beispielsweise verraten Schutzbedürfnis, ein zu großer Handschuh zeigt an, dass man einer Aufgabe nicht gewachsen ist, ein weggeworfener Handschuh offenbart den Wunsch des Träumers, seine Kontaktprobleme zu überwinden.

Handtasche In Frauenträumen ist die Handtasche häufig das Symbol für die Vulva. Junge Frauen träumen von Handtaschen, die sie geschenkt bekommen, sich kaufen oder immer mit sich herumtragen. Je nach ihrer Form sind die Gegenstände in der Handtasche ein Phallussymbol. Der Inhalt der Handtasche verrät die erotischen Gefühle der Träumerin. Ein roter Lippenstift weist beispielsweise auf heimliche sexuelle Wünsche hin. Viele Kosmetika zeigen an, dass man sein wahres Ich hinter einer Maske versteckt.

→ Tasche

Harfe Um 2000 v. Chr. wurden im Zweistromland und in Ägypten die ersten Harfen gezupft. Die zarten Klänge passen gut zu einer romantischen Stimmung, und ganz in diesem Sinne kann Harfenmusik im Traum gedeutet werden. Der Träumende möchte sich in die richtige Stimmung versetzen, harmonischer leben. Auf der einen Seite ist die Harfe das Zeichen für Feierlichkeit und Übereinstimmung, auf der anderen Seite hat sie erotische Bedeutung und symbolisiert mit ihrer Form den Körper der Frau. Ist die Musik im Traum zu eintönig, zu nervend, ist der Träumende

überreizt und sollte sich im Alltag mehr entspannen.
➔ Musik

Hase Wegen seiner sprichwörtlichen Fortpflanzungsfreudigkeit symbolisiert der Hase im Traum die animalische Fruchtbarkeit. Wo er erscheint, dürfte sich eine Hoffnung erfüllen, etwas bisher Vernachlässigtes fruchtbar werden. Hasen sind wegen ihres Hakenschlagens und ihrer Schnelligkeit schwer zu fangen. Traumszenen von einem davonhoppelnden Hasen verraten, dass man im wachen Leben schneller zum Ziel kommen möchte. Vielleicht auch auf sexuellem Gebiet.

Haus Für C. G. Jung ist das geträumte Haus mit allen seinen Räumen und Stockwerken ein Abbild der Psyche des Träumenden. Einige amerikanische Traumforscher erkannten im geträumten Haus ein Symbol für die Lebenssituation der Träumenden. Für den Schweizer Psychologen Ernst Aeppli besteht ein Traumhaus aus Elementen der Wirklichkeit und der Fantasie. Es ist eine Verbindung von Erlebnisbildern und Symbolen. Was während des Traumes im Haus geschieht, spielt sich im Innern des Träumenden ab. In älteren Traumbüchern stellte das Haus im übertragenen Sinn den menschlichen Körper dar, eine Ansicht die schon der antike griechische Traumdeuter Artemidoros (Geschichte der Traumdeutung) vertrat. Dabei symbolisiert das Dach den Kopf und das Gehirn, während Türen und Fenster auf die Geschlechtsteile hinweisen. Balkone sind das Zeichen für weibliche Brüste und der Keller für die Füße.

Für die moderne Traumdeutung ist das Haus ein mehrdeutiges Symbol. Oft befindet sich der Träumende in dem Haus, das er gerade bewohnt oder einmal bewohnt hat. Dann wieder besitzt er plötzlich einen Palast, oder er lebt in einer ärmlichen Hütte. Alles Hinweise auf die eigene seelische Verfassung. Hier die wichtigsten Deutungsmöglichkeiten für die einzelnen Räume:

Keller Ein Raum der Furcht und des Reichtums. Hier lagern im Unbewussten Erlebtes, Erlittenes, Begierden, Hoffnungen, Ängste – alles bereit, um in Träumen abgerufen zu werden.

Küche Die Zeit der Küche als Mittelpunkt und Ort des häuslichen Herdes ist vorbei. In der modernen Küche will man rasch genießen. Vielleicht deutet ein leerer Kühlschrank seelische Einsamkeit oder materielle Not an.

Toilette Häufig sind Abortträume. Man will sich von allerlei Ballast aus der Vergangenheit befreien oder sich seelisch von Alltagssorgen reinigen.

Bad Hier wird die Seele rein gewaschen. Schuldgefühle und moralische Bedenken sollen unter der Dusche verschwinden.

Wohnzimmer Hier zeigen sich die Wünsche nach Erholung, Entspannung, Lebensfreude. Oft aber auch der Ort für harte familiäre Auseinandersetzungen oder sexuelle Übergriffe.

Schlafzimmer Hier findet man im Traum Glück und Leid, Hass, Liebe, Sex und intime Wünsche. Von besonderer Bedeutung ist das Bett. Sucht man in ihm Geborgenheit und Ruhe? Steht es vielleicht in Flammen, weil die Seele brennt? Dachboden: Ein Raum voll zwiespältiger Gefühle: Suche nach Vergangenheit – nach Ruhe, Einsamkeit und Geborgenheit? Oder der Ort für angsterfüllte Begegnungen mit Gespenstern?

Unbenutzte Räume Oft befindet man sich im Traum in leeren und unbekannten Zimmern oder Kammern. Ein Symbol für die vernachlässigten Wesensteile des Träumenden, die möbliert, also mit Leben erfüllt werden sollten.

Dach Wer auf dem Dach steht, sucht die Freiheit. Brennt das Dach, sind die Gefühle stärker als die Vernunft. Wer

H

sich vom Dach stürzen will, klagt die Umwelt für unterlassene Hilfe an.

Haut Die Haut zeigt, wie man sich nach außen darstellt und in welcher seelischen Verfassung man sich befindet. Ist sie schuppig, möchte man sich wie eine Schlange häuten und einen neuen Lebensabschnitt beginnen. Ist sie glatt, weich, ohne Pickel und sehr gepflegt, ist die oder der Träumende eitel und auf Äußerlichkeiten bedacht. Eine trockene, ungepflegte oder mit Narben bedeckte Haut verrät eine unausgeglichene, bedrückte Seelenlage.
→ Geschwür

Hebamme Sie zeigt in Frauenträumen den Wunsch nach einem Kind an. Ist die Träumende schwanger, hofft sie auf eine gute Niederkunft.

Helm Trägt der Träumende einen Helm, will er keine Fehler begehen. Sieht er behelmte Menschen um sich, möchte er vor vielen ihm noch unbekannten Gefahren beschützt werden.
→ Hut

Hengst Der Hengst ist das Sexualsymbol für männliche Potenz. Wer dieses edle Tier sieht oder gar reitet, ist voller Energie und Unternehmungslust. Ein wild gewordener Hengst zeigt Gefahr im Liebesleben an.
→ Tierträume
→ Farben im Traum

Herbst Traumbilder vom Herbst symbolisieren die Erntezeit, weisen vielleicht auf eine verdiente Belohnung hin, können aber auch eine beginnende Endzeitstimmung andeuten. Man wird an den bevorstehenden Lebensabend erinnert. In Männerträumen sind trübe Herbsttage oft ein Hinweis auf das Erkalten einer Liebesbeziehung oder eine Potenzschwäche.

Herd Früher war der Traum von einem offenen Herd ein Hinweis auf Häuslichkeit und friedliche Familienverhältnisse. Heute symbolisiert der moderne Herd den Wunsch nach geistiger Nahrungsaufnahme und Sicherheit. Ob man ihn immer noch als Symbol der Ehe und der Mütterlichkeit deuten kann, ist fraglich. Ebenso die Verbindung zwischen Herd und Feuer.

Herde Wer sich im Traum in einer Herde wohl fühlt, ist vermutlich sehr unselbstständig. Der Träumende will mit anderen Menschen gemeinsame Ziele haben und verwirklichen.
→ Tierträume

Herz Das Herz ist das Symbol für Liebe, schöne Gefühle, Zuneigung und Energie. Je nach dem Traumgeschehen kann ein Herztraum aber auch Angst, Verzweiflung, Schmerz oder Hass anzeigen. Goethe dichtete: »Ein Herz, das sucht, fühlt wohl, dass ihm etwas mangelt; ein Herz, das verloren hat, fühlt, dass es entbehre.»

Heu Wer noch mit dem Landleben verbunden ist, erkennt im Heutraum einen Hinweis auf früher Erlebtes, vielleicht eine glückliche Nacht im Heu.
→ Wiese

Heuschrecke Wer von Heuschrecken träumt, hat nicht unbedingt ein sprunghaftes Wesen. Viel eher macht ein Heuschreckenschwarm auf innere Unruhe aufmerksam. Krabbelt eine einzelne Heuschrecke über den Träumenden und kitzelt ihn, leidet er vielleicht unter Durchblutungsstörungen.
→ Insekten

Hexe »Denn wenn es keine Hexen gäbe, wer Teufel möchte Teufel sein?«, fragt Mephisto in Goethes »Faust«. Nach altem Volksglauben verfügte eine

Hexe über okkultes Wissen und Zauberkraft. Böse, aber auch gute Hexen mit magischen Kräften sind aus der Märchenwelt bekannt. Im Mittelalter wurde der aus vorchristlicher Zeit stammende Hexenglaube zum Hexenwahn. In der Traumsprache verkörpert die Hexe Unruhe, Zerstörung und zersetzende Leidenschaft. Sie kann auch als negatives Muttersymbol gedeutet werden.

Himmel Es ist ein Unterschied, ob man von einem wunderbaren, hellblauen oder einem wolkenverhangenen Himmel träumt. Der schöne Traumhimmel verrät eine Hochstimmung, die glückliche Stunden verspricht, der düstere Himmel ist das Zeichen für eine depressive Phase. In der Mythologie ist der Himmel der Wohnsitz der Götter, in der Traumsprache ist er das Symbol für hehre Gedanken und wunderbare Wünsche.

Hindernis Jedes Hindernis im Traum symbolisiert eine Schwierigkeit auf dem Lebensweg. Aus dem Traumgeschehen ergibt sich, welches reale Hindernis im wachen Leben gemeint ist. Ein Hindernistraum ist eine Botschaft aus dem Unterbewusstsein, die den Träumenden auffordert, zu handeln, das Problem anzugehen und zu lösen.

Hinken Ob man im Traum einen Hinkenden sieht oder selber hinkt, die Botschaft ist dieselbe: Die oder der Träumende haben seelische Nöte. Vielleicht sind sie nicht so erfolgreich, wie sie sein möchten, vielleicht machen sie sich selbst das Leben unnötig schwer.

Hinrichtung Das dramatische Traumerlebnis weist darauf hin, dass eine Veränderung der Lebenseinstellung notwendig ist. Wer im Traum einen Menschen hinrichtet, will sich rigoros von gewissen Gefühlen trennen. Wer selbst hingerichtet wird, möchte sich seelisch oder geistig erneuern. Sieht man einer Hinrichtung zu, kann man bestehende Hindernisse nicht sofort überwinden.

→ Enthauptung
→ Amputation
→ Operation

Hirsch Hirsche lebten schon in der Steinzeit. Wie wichtig sie für die Menschen waren, belegen Zeichnungen in altsteinzeitlichen Höhlen. In den Jahrhunderten vor Christus wurden sie im Norden Europas als Haustiere gehalten. In der Mythologie symbolisiert der Hirsch Geist und Seele. In der Traumdeutung vertritt er die männliche Seite in Frau und Mann. Hirsche mit einem mächtigen Geweih verraten in Frauenträumen starke sexuelle Bedürfnisse.

→ Geweih
→ Tierträume

Hirte Das Bild vom Hirten macht auf die Möglichkeit aufmerksam, dass die Gegensätze in der eigenen Person ausgeglichen werden können. Ein Hirte mit seiner Herde drückt das Bedürfnis nach innerer Ruhe aus. Der Hirte ist oft eine Vatergestalt und hat religiösen Symbolcharakter.

→ Herde

Hochzeit Hochzeitsträume symbolisieren Erwartungen, bei jungen Menschen auch sexuelle Wünsche. Sind die Träumenden verheiratet, deuten Hochzeitsträume eheliche Schwierigkeiten an. Man ist mit dem Partner unzufrieden und möchte wieder so glücklich sein wie bei der Hochzeit.

→ Ehe

Höhle Höhlen und Grotten sind seit alters her Zufluchts- oder einfache Wohnstätten. In der Traumsprache kann die Höhle symbolisch mit dem Mutterleib verglichen werden. Mit beiden Bil-

H

dern wird der Wunsch nach Geborgenheit ausgedrückt. Erscheint die Höhle im Traum als ein gefährlicher, Furcht einflößender Ort, bestehen im wachen Leben Partnerschaftsprobleme. Wer in einer Höhle Schutz sucht, fühlt sich dem Alltag nicht gewachsen. Nur eine traumhaft schöne Höhle verspricht Glück. Im Sinne von Spalte hat die Höhle sexuelle Bedeutung.

Hölle Das Traumbild Hölle symbolisiert ein schlechtes Gewissen, Schuldgefühle, Finsternis und unbefriedigte Bedürfnisse. Wer sich in der Hölle sieht, muss nicht umkommen, er kann geläutert werden. Damit weist das archetypische Symbol auf Urkräfte hin, mit denen wir Hindernisse auf dem Lebensweg überwinden können.

Holz Träume von Bau- oder Brennholz spiegeln die Ideen, Verhaltensweisen, Fähigkeiten und Überzeugungen der Träumenden wider. Handelt es sich um junges Holz, ist man im wachen Leben sehr aktiv und unternehmungslustig. Steht nur altes, dürres oder sehr hartes Holz zur Verfügung, könnten die Träumenden geistig eingerostet und unbeweglich, ja starr geworden sein. Wer im Traum Holz schnitzt, will sein Leben nach eigenem Gutdünken gestalten, wer Holz sammelt und aufschichtet, kontrolliert seine Gefühle und plant eine geordnete Zukunft.

→ Bauen
→ Baum
→ Wald

Hose Je nach der Traumhandlung weist die Hose auf die Furcht vor einer moralischen Bloßstellung hin, vor der sich der Träumende schützen will. Hinter einem Hosentraum kann sich auch die Angst verbergen, dass Kollegen oder Mitmenschen den Träumer im wachen Leben nötigen wollen, »die Hosen runterzulassen», also endlich Stellung zu beziehen. Wenn die oder der Träumende in extravaganten modischen Hosen auftritt, verrät dieses Outfit einen oberflächlichen Lebenswandel.

Hotel Ins Traumhotel geht, wer sich im wachen Leben in einer seelisch angespannten Situation befindet, die er gerne ändern möchte, auch wenn er noch keinen konkreten Beschluss gefasst hat. Der Aufenthalt im Hotel kann auf eine Flucht vor der Wirklichkeit hindeuten. Manchmal verrät ein Hoteltraum auch den Wunsch nach Abwechslung und einem bequemen Leben.

Hufeisen Selten kann das Hufeisen im Traum als Glückszeichen gedeutet werden. Ein an der Wand aufgehängtes, oben geöffnetes Hufeisen ist in alten Traumbüchern als Warnung vor missgünstigen Menschen gedeutet worden. Heute ist das Hufeisen in spirituellem Sinn ein beschützender Talisman. In der Traumsprache ist es ein Symbol für die weibliche Gestalt.

Huhn Früher sah man in einem Hühnertraum einen Hinweis auf innere Unruhe. Die gackernden Hühner sollen überreizte Nerven und ungelöste Konflikte angezeigt haben. Heute ist die Henne in der Traumsprache ein Symbol für Fruchtbarkeit, mütterliche Gefühle und Familiensinn.

→ Ei
→ Küken

Hummer → Krebs

Hund Massgebend für die Traumdeutung ist, ob die Träumenden einen Hund kennen, sich vielleicht sogar einen als Haustier halten und ob sie im wachen Leben mit Hunden gute oder schlechte Erfahrungen gemacht haben. Positive Erlebnisse und Tierliebe vorausgesetzt, symbolisiert der Hund Gehorsam, Anhänglichkeit und bedingungslose Liebe. Wer im Traum von einem Hund begleitet wird, ist entspannt und fühlt sich sicher. Wer im wachen Leben schlechte Erfahrungen mit Hunden hatte, ist bei einer Traumbegegnung mit dem als gefährlich erlebten »besten Freund des Menschen« so sicher oder unsicher, wie er innerlich ist. Eine aggressive Hundemeute verkörpert die Angstgefühle des Träumenden. Die moderne Traumdeutung vermutet als Auslöser für Hundeträume Abenteuerlust, Triebhaftigkeit und sexuelles Verlangen.

Hunger Wer im Traum Hungergefühle verspürt, die nicht von einem leeren Magen stammen, hat unerfüllte geistige, seelische oder körperliche Bedürfnisse. Symbolisch gesehen hungert die Seele. »Ist der Hunger groß, ist klein die Liebe«, schrieb A. Grün – vielleicht auch ein Hinweis für die Traumdeutung.

Hure → Prostitution

Hut Er betont – wie jede andere Kopfbedeckung auch – die Persönlichkeit des Träumenden, so wie sie sich im wachen Leben zeigt. Freud sah im Hut ein Sexualsymbol, das besonders über männliche Potenz oder Impotenz Auskunft gibt. Wer im Traum einen großen Hut trägt und ihn tief ins Gesicht zieht, will sein Inneres vor den anderen Menschen verbergen. Der Psychologe Ernst Aeppli macht darauf aufmerksam, dass der Hut den Kopf schützt und in dieser Funktion deutbar ist.

Igel Der stachelige Igel, ein nützliches Tier, vertilgt Insekten, Schnecken und Mäuse, ist in der Nacht aktiv und hält Winterschlaf. Einige dieser Eigenschaften sind für die Traumdeutung wichtig. Wer von einem Igel träumt und die fast wehrlosen jungen Igelkinder sieht, ist vermutlich seelisch sehr schutzbedürftig. Um nicht verletzt zu werden, zeigt man seine Stacheln. Manchmal verrät das Traumbild, dass man sich zu sehr eingeigelt, also von der Umwelt absondert.

Immergrün Wer von immergrünen Pflanzen träumt, ist in den zwischenmenschlichen Beziehungen verlässlich. In der Partnerschaft sind diese Pflanzenliebhaber treu, aber auch vital und unternehmungslustig.
→ Blumen und Pflanzenträume

Impfen → Spritze

Impotenz Träume von Impotenz spiegeln die Angst vor einem sexuellen Versagen. Vielleicht weisen sie ganz allgemein auf Minderwertigkeitsgefühle hin.

Insekten Achtzig Prozent aller auf der Erde lebenden Tierarten gehören zu den Gliederfüßlern, den Insekten. Die ältesten Insekten gab es schon im Karbon, vor etwa 350 Millionen Jahren. Also darf angenommen werden, dass Insektenträume sehr alt sind und die Menschheit schon lange begleiten. Allgemein weisen Insektenträume auf eine Störung hin, die dem Träumenden auf die Nerven geht. Wer im Schlaf von einem Insektenschwarm belästigt wird, könnte es in seiner näheren Umgebung mit unangenehmen Mitmenschen zu tun haben.
→ Ameise
→ Biene
→ Fliege
→ Spinne
→ Wespe
→ Tierträume

J

Insel Die Träume von einer Insel können durch die Vorfreude auf Ferien ausgelöst werden. Wenn es im wachen Leben keine Aussicht auf eine Urlaubsreise gibt, können sie manchmal auch auf Realitätsflucht hinweisen oder auf die Sehnsucht nach Frieden, Ruhe und Einsamkeit. Stammt ein Inseltraum aus dem Unbewussten, sollte man sich um mehr Selbsterkenntnis bemühen, aber vor Selbstisolierung hüten.
→ Fliegen
→ Palme
→ Urlaub

Invalidität Ein Traum von Invalidität warnt vor dem Verlust von geistiger Freiheit. Wenn eine Frau in ihren Träumen Körperbehinderten begegnet, denkt sie vielleicht an ihren Lebensgefährten, der nicht so dynamisch und aktiv ist, wie sie ihn gern hätte. Körperlich gesunde Frauen und Männer, die im Traum invalid sind, haben Lebensängste und Selbstzweifel.
→ Alter
→ Krankheit

Inzest Die Blutschande ist in unserer Gesellschaft ein Tabuthema. Der Traum kennt diese Tabuisierung nicht. Ob sexuelle Beziehungen zwischen Eltern und Kindern oder zwischen Geschwistern im Traum immer als ein Zeichen für ein erotisches Begehren im Wachleben gedeutet werden können, ist fraglich. Sehr oft symbolisieren sie den Wunsch nach einer besseren Beziehung sowie nach mehr menschlicher Wärme und Geborgenheit innerhalb der Familie. Vielleicht befinden sich die Träumenden in einem inneren Zwiespalt, wissen nicht genau, welches ihre wahren Gefühle für Eltern oder Geschwister sind und werden durch die Inzestträume mit ihren ungelösten Problemen brutal konfrontiert.
→ Sexualität
→ Vergewaltigung

Irrgarten → Labyrinth

Irrtum Der Irrtum im Traum, der vermutlich im Unbewussten ausgelöst wird, warnt vor Selbsttäuschung.

Ja Wer im Traum immer »Ja« sagt, akzeptiert die Situation, mit der er konfrontiert ist. Wahrscheinlich wird der Träumende durch diese übertriebene Anpassungsfähigkeit darauf aufmerksam gemacht, dass er im wachen Leben besser prüfen sollte, wann er zustimmt und wann nicht.

Jacht Das Traumbild Jacht entspricht weitgehend dem Symbol Schiff. Ein Unterschied besteht darin, dass die Jacht das elegantere und schnittigere Wasserfahrzeug ist. Deshalb weisen Jachtträume auf viel Selbstbewusstsein hin. Manchmal verraten sie auch den Wunsch nach erotischen Erfolgen beim anderen Geschlecht.
→ Schiff

Jagd Jagdträume sind in der Regel Männerträume. Wer im Traum ein guter Jäger ist, möchte im wachen Leben auf allen Gebieten erfolgreich sein, nicht zuletzt auf sexuellem Gebiet. Eine Hoffnung, die oft enttäuscht wird. Allgemein symbolisieren Jagdträume den Wunsch nach Glück und materiellem Erfolg im wachen Leben. Wichtig für die Deutung ist die Wildart, die im Traum gejagt wird.
→ Männerträume
→ Tierträume

Jahrmarkt Wer im Traum auf den Jahrmarkt geht und sich dort amüsiert, wünscht sich im wachen Leben mehr Abwechslung. Vielleicht nimmt der Träumende das Leben auch zu leicht. Kommt es beim Jahrmarktbesuch zu Streitereien mit einer anderen Traumfigur, sollte ein innerer Konflikt zwischen Geist und Seele gelöst werden.

Jubiläum Nimmt der Träumende an einer Jubiläumsfeier teil, hat er im wachen Leben Lust auf einen Neuanfang, sei es in einer Beziehung oder im Beruf.
→ Geburtstag

Jugend Wer als Erwachsener von seiner Kindheit träumt, zieht Bilanz oder möchte wieder unbeschwert leben. Das Symbol Jugend hat viele Aspekte. Träumen ältere Menschen immer wieder von der Jugendzeit, haben sie sich mit dem Altern noch nicht abgefunden. Träumt eine Frau mittleren Alters von ihrer Zeit als begehrte Jugendliche, möchte sie wieder so verführerisch und hübsch sein wie einst. Vielleicht fühlt sie sich von ihrem Lebensgefährten vernachlässigt, oder sie fürchtet sich vor den Wechseljahren.

Jungfrau In Frauenträumen symbolisiert die Jungfrau den eigenen Schatten, in Männerträumen kann sie die Anima, die weibliche Seite des Mannes, oder seine Furcht vor einer starken Frau versinnbildlichen. Erlebt sich eine Frau im Traum wieder als Jungfrau, hat sie entweder eine starke Vaterbindung oder möchte in sexueller Beziehung von ihrem Lebensgefährten einfühlsamer behandelt werden. Vielleicht will sie überhaupt ohne erotische Männerbeziehungen leben. Allgemein steht das Symbol Jungfrau für Reinheit und Unberührtheit.

Juwelen → Edelsteine

K

Kabel Ein elektrisches Kabel kann auf eine starke seelische Verbundenheit mit einem fernen Freund oder einer Freundin hinweisen. Wer in seinem Traum ein Kabel beschädigt, hat im wachen Leben Kontaktschwierigkeiten, vielleicht fehlt das soziale Umfeld.

Kadaver → Aas

Käfer → Insekten

Käfig Der Traum von einem Käfig kann ähnlich wie Gefängnis und Gefangenschaft gedeutet werden. Hinzu kommt, dass ein Käfig oft auch an eine Falle erinnert. Wer sich im Traum selbst in einem Käfig sitzen sieht, fühlt sich im wachen Leben eingeschränkt. Sieht man Tiere, die in Käfige eingesperrt sind, kommt es bei der Traumanalyse auf die Tierart an. Raubtiere machen auf eigne stürmische Triebe aufmerksam.
→ Käfig
→ Gefängnis
→ Falle
→ Tierträume

Kahn → Schiff

Kalender Der Träumende, der einen Kalender in der Hand hält, sollte im wachen Leben seine Tage besser einteilen. Der Wandkalender symbolisiert die so rasch verstreichende Lebenszeit. Daher macht er auch auf Alter und Tod aufmerksam.

Kälte → Eis
→ Frieren
→ Gletscher

Kamel Wer öfter von einem Kamel träumt und das genügsame Wüstentier sympathisch findet, ist im wachen Leben bereit, Lasten zu tragen. Als Traumsymbol macht das Kamel auf viel Geduld und Genügsamkeit aufmerksam. Der

Träumende sollte allerdings darauf bedacht sein, dass er sich nicht einfach seinem Schicksal ergibt, sondern alles unternehmen, um unvermeidliche Durststrecken so rasch wie möglich hinter sich zu bringen.
→ Tierträume

Kamera Ob man im Traum mit der eigenen oder einer fremden Kamera fotografiert, ist ohne Bedeutung. Aufschlussreich für die Deutung sind die Sujets, die man aufnimmt. Handelt es sich um Personen, ist zu vermuten, dass man sie im Wachleben näher kennen lernen will, sofern man sie nicht bereits verehrt oder liebt. Manchmal zeigt die Traumkamera, dass eine genauere Beobachtung der Umgebung für den Träumenden hilfreich sein könnte. Er sollte vor allem jene Ereignisse festhalten, an denen er zwar interessiert ist, die er aber aus Zeitmangel oder anderen Gründen beiseite schiebt.
→ Bild

Kamin In alten Traumbüchern war der Kamin mit einem gemütlichen Feuer ein Hinweis auf glückliche Zeiten. Ein rauchender Kamin kündigte familiäre Sorgen an. Sigmund Freud sah in ihm ein weibliches Sexualsymbol. Träumen Männer von einem knisternden Kaminfeuer, suchen sie eine prickelnde Begegnung mit einer temperamentvollen Frau. Menschliche Wärme wünschen sich Frauen, die von einem Kaminfeuer träumen.
→ Feuer
→ Frauenträume
→ Männerträume
→ Sexträume

Kamm Träume von einem Kamm und vom Kämmen sind das Zeichen für »Ordnung schaffen«. Das kann sich auf den persönlichen, familiären oder sexuellen Bereich beziehen. Träumende, die einen Kamm mit starken Zähnen sehen oder mit dem Kämmen nicht fertig werden, sollten ihre Gedanken ordnen und sich um eine bessere psychische Verfassung bemühen.
→ Coiffeur
→ Haar

Kampf In unseren Träumen kann es zu wilden Kampfszenen kommen. Wichtig für die Deutung ist, ob man einem Kampf zusieht oder ob man sich selbst an einer handgreiflichen Auseinandersetzung beteiligt. Ist der Träumende nur Beobachter, wird wahrscheinlich ein verbaler Alltagsstreit nachgezeichnet. Wer mehr oder weniger in einen Kampf eingreift, kämpft im wachen Leben mit widerstreitenden Auffassungen und Gefühlen. Das Unterbewusstsein kann solche Träume veranlassen, damit man die unterschiedlichen Wesensanteile der eigenen Persönlichkeit erkennt und sich um bessere innere Harmonie bemüht. Möglich ist auch, dass man im wachen Leben aus Vernunftgründen auf eine Auseinandersetzung verzichten musste, dies im Traum aber um so verbissener nachholt. Ein heftiger Traumkampf zwischen Mann und Frau macht auf schwer wiegende Konflikte in Partnerschaft oder Ehe aufmerksam. Dabei kann es sein, dass man sich aus Liebe streitet.
→ Krieg
→ Sexualität

Kanal Aus Traumbildern von einem Kanal spricht der Wunsch, die eigenen Energien zu ordnen, um sie besser einsetzen zu können. Man sollte vor allem seine Gefühle und Leidenschaften beherrschen. Der Traum von einem sehr schmalen Kanal mit gebändigtem Wasser hat gegenteilige Bedeutung: Es ist ungesund, wenn man immer wieder auf Wünsche verzichtet und seine Gefühle in ein Korsett zwängt.
→ Fluss
→ Wasser

Kaninchen → Hase

Kannibalismus »Ich möchte dich mit Haut und Haar auffressen« – und das »aus Liebe zu dir«. Dieser Ausspruch kann für Männerträume, in denen Kannibalismus vorkommt, zutreffen. Empfindet der Träumende, der Menschenfleisch verzehrt, Abscheu, wird er durch das Unbewusste darauf aufmerksam gemacht, dass gewisse Gewohnheiten im wachen Leben unangebracht sind. Früher erkannte man im Symbol Kannibalismus den Wunsch nach mehr Verstand und Wissen. Für Sigmund Freud war der Kannibale, der im Traum auftritt, ein Sadist.

Kanzel Der Träumende, der auf der Kanzel steht, will andere Menschen überzeugen, ist vielleicht sogar rechthaberisch.
→ Balkon

Kapelle Geht man im Traum in eine Kapelle, geschieht dies aus religiösen Gefühlen, oder aber der Träumende will sich in sein Innerstes zurückziehen, Ruhe haben.
→ Kirche

Kapitän Wer von einem Kapitän träumt, träumt von sich selbst. Dabei möchte der Träumende dieser Respektsperson nacheifern, selbst Vorbild und erfolgreicher Führer sein. Wer sich allzu oft in dieser Rolle sieht, strebt nach Autorität und hat Machtansprüche. Anders verhält es sich, wenn man im Kapitän eine Leitfigur sieht, einen Beschützer und Ratgeber. Dann fehlt es dem Träumenden vielleicht an Selbstvertrauen. Er ist, bildlich gesprochen, unsicher, ob er sein Lebensschiff auf Kurs halten kann.
→ Meer
→ Schiff

Kapuze Früher nahm man an, die Kapuze sei ein Zeichen für den Wunsch nach Verborgenheit, also eine Art Tarnkappe, die sich der Träumende zu Nutze macht, um seine wahre Persönlichkeit zu verbergen. Amerikanische Psychologen neigen heute zur Ansicht, dass ein Unterschied besteht, ob sich ein Mann oder eine Frau im Traum eine Kapuze überstülpt. Ist es der Mann, möchte er sich aus einer unangenehmen Situation entfernen, ist es eine Frau, dann will sie sich verstecken, weil sie einen Seitensprung wagt oder eine Affäre hat. Je nach der Traumszene und unter Berücksichtigung der realen Lebensverhältnisse, sind auch folgende Deutungen möglich: Trägt eine dem Träumenden unbekannte Traumfigur eine Kapuze, weist sie auf eine Gefahr hin. Sieht sich der Träumende öfter als Kapuzenträger, dann will er ein bestimmtes Wissen für sich behalten.
→ Hut

Karneval → Fasnacht

Kartoffel Träume von ganzen Kartoffeln oder einer Kartoffelmahlzeit weisen auf den Wunsch nach innerer Reife und geistiger Nahrung hin. Gelegentlich sind Kartoffelspeisen auch ein Hinweis auf sexuellen Appetit.
→ Nahrungsmittel

Karussell Wer zu lange Karussell fährt, wird schwindelig. Entsprechend dieser Alltagserfahrung kann ein Traum von einem Karussell auf Gleichgewichtsstörungen hinweisen. Bei einem unangenehmen Karusselltraum liegt unter Umständen eine seelische Störung vor. Früher sah man im Karusselltraum eine Warnung vor unüberlegten Handlungen. Heute ist man der Ansicht, dass positive Karussellträume oft Erinnerungen an die Kindheit sind, hinter denen sich der Wunsch nach unbeschwerter Lebensfreude verbirgt. Träumen ältere Menschen oft von einem Karussell, fürchten sie sich vor dem Älterwerden.

Kaserne Bei einem Traum, in dem eine Kaserne eine Rolle spielt, dürfte dem Schlafenden weniger das Lied von Lily Marlene einfallen als vielmehr seine eigene Dienstzeit, falls er überhaupt beim Militär war. Allgemein steht die Kaserne für die Angst, man könnte in seiner persönlichen Entscheidungsfreiheit behindert werden.
→ Militär

Kasten → Gefäß

Kastration Die Furcht, kastriert zu werden, gehört zu den Urängsten des Mannes. Der erzwungene Verlust der Potenz zeigt in Männerträumen vielerlei an: Schuldgefühle, Minderwertigkeitskomplexe, die Angst vor Zurückweisung und vor sexuellem Versagen. Auch Frauen können sich im Traum, besonders bei gegebenem Anlass im wachen Leben, vor der Entfernung der Eierstöcke ängstigen. Sie befürchten einen Libidoverlust. Als Traumsymbol weist Kastration auch auf seelische Schwierigkeiten hin, die der oder die Träumende mit den jeweils gegengeschlechtlichen Persönlichkeitsanteilen hat.
→ Operation
→ Sexualität

Katze Um den Traum von einer Katze zu deuten, muss man ihr Verhalten genau untersuchen. Handelte es sich um ein sanft schnurrendes junges Kätzchen, um einen träge auf dem Sofa ruhenden Kater oder um eine wilde Raubkatze, die ihre Krallen kampfbereit ausstreckte? Auch die Farbe der Traumkatze ist wichtig. In alten Traumbüchern wird sie oft als Inbegriff der Falschheit gedeutet. Heute sieht man in Katzenträumen vor allem die erotisch-sexuellen Bezüge. Sie informiert über die Gefühle der Träumenden.
→ Tierträume
→ Farben im Traum

Kaufen ➔ Einkaufen

Kaufmann Als Traumsymbol spiegelt der Kaufmann die materielle Seite des Träumenden wider. Aus dem Traumgeschehen ergibt sich, ob ganz gewöhnliche Alltagsgeschäfte Auslöser für den Traum waren oder ob der Träumende nach einer übertragenen Deutung für Warengeschäfte und finanzielle Transaktionen suchen muss. Manchmal kann im Kaufmannstraum auch eine Warnung vor materialistischem oder egoistischem Denken verborgen sein.

Kehricht ➔ Abfall

Keller ➔ Haus

Kellner Das Traumsymbol Kellner kann nur unter Berücksichtigung der Traumszene richtig gedeutet werden. Sieht sich der Träumende als Kellner, dann wird er sich im wachen Leben gern um die Mitmenschen kümmern, ihnen helfen. Lässt er sich in einem Restaurant von einem Kellner bedienen, möchte er im Alltag zuvorkommend behandelt, manchmal sogar verwöhnt werden.
➔ Restaurant

Kerker ➔ Gefängnis

Kernkraftwerk Dieses moderne Symbol steht besonders für die innere Angst vor den Gefahren des Atomstroms. Den Träumenden ist es unheimlich zu Mute.
➔ Elektrizität

Kerze Im Traum symbolisiert die Kerze den Wunsch nach Licht, nach mehr Klarheit im Leben. Das Kerzenlicht kann auch als Lebenslicht gedeutet werden. Brennt die Kerze ruhig, ist alles in Ordnung, flackert sie, sorgt man sich über den Zustand der körperlichen oder seelischen Kräfte. Romantisch veranlagte Träumerinnen finden im sanften Kerzenlicht zu ihren schönsten Gefühlen. Seit Freud wird die Kerze vermehrt als Symbol für sexuelle Gefühle und Hinweis auf den Penis gedeutet.
➔ Feuer
➔ Licht
➔ Sexualität

Keule Wer in seinem Traum die Keule in die Hand nimmt, ist fest entschlossen, seine Pläne zu verwirklichen.

Kind Das Kind ist eines der urtümlichsten Symbole. Es zeigt im Traum die Chancen für eine Weiterentwicklung, aber auch die gegenwärtige innere Konfliktsituation, die aus unreifen Überlegungen oder unklaren Gefühlen stammt. In Schwangerschaftsträumen kreisen die Gedanken bald hoffnungsfroh, bald ängstlich um die Zukunft des Kindes. Kranke oder gebrechliche Traumkinder deuten verborgene seelische Störungen an. Träume von der eigenen Kindheit symbolisieren unreifes Verhalten oder Flucht vor Selbstständigkeit und Verantwortung.
➔ Jugend

Kino ➔ Film

Kirche Träume von einer Kirche, vom Kirchgang, vom Gottesdienst in der Kirche oder vom stillen Gebet in einer schlichten oder pompösen Kirche sind ein Zeichen für innere Religiosität. Allgemein weist das Symbol Kirche auf die ungelöste Frage nach dem Sinn des Lebens hin. Eine brennende Kirche symbolisiert die gefährlich lodernden Gefühle des Träumenden. Stürzt die Kirche im Traum ein, scheint eine schwierige Lage ausweglos.
➔ Gott
➔ Kapelle

Kirsche Süße Kirschen symbolisieren erotische Gefühle. Saure Kirschen warnen vor Enttäuschungen. Wer Kirschen pflückt, sucht gute Freunde.

➔ Baum

➔ Früchte

Kissen Träume von vielen Kissen verraten den Wunsch nach Ruhe, Entspannung und Geborgenheit. Liegt das Kissen auf dem Bett, haben die Träumenden erotische Wünsche. Manchmal denkt man bei einem Kissentraum auch an die stützenden Eigenschaften und wünscht sich weniger körperliche Beschwerden oder mehr seelischen Halt. Wer im Traum mit Kissen wild herumtobt, will Aggressionen abbauen.

➔ Bett

Kiste Kisten oder Truhen, die im Traum erscheinen, deuten an, dass der Träumende seine Gefühle vor der Umwelt verbergen möchte. Vielleicht sind es wichtige Gedanken oder Selbsterkenntnisse, die man in die Traumkisten einschließt. Als Ursachen kommen Rücksichtnahme auf die Familie oder unterschiedliche Ansichten in der Partnerschaft in Frage. Vielleicht wäre es besser, wenn der Träumende im wachen Leben mehr nach seinen Vorstellungen leben könnte.

Kitzeln Wer im Traum einen Bekannten kitzelt, möchte ihn im wachen Leben entweder ein wenig ärgern oder ihn aufmuntern, endlich sein Schneckenhaus zu verlassen. Wird der Träumende gekitzelt, befürchtet er, man wolle etwas von ihm erfahren oder erhalten, was er nicht preisgeben möchte. Manchmal weist Kitzeln im Traum schlicht auf Fröhlichkeit, Unbeschwertheit und Humor hin, nicht selten auch auf sexuelle Wünsche.

Klagen Ständiges Klagen kann ganz schön nervtötend sein. Goethe dichtete 1776: »Feige Gedanken, bängliches Schwanken, weibisches Zagen, ängstliches Klagen, wendet kein Elend, macht dich nicht frei.« Wer sich im Traum viele Klagen anhören muss, erfährt, was den betreffenden Menschen bewegt. Klagt der Träumende selbst, bittet er um Hilfe, weil er nicht verstehen kann, was im Wachleben mit ihm geschieht. Auch im Traum kann das Klagen so nutzlos sein wie im Alltag. – Wenn das Klagen nicht im Sinne von Trauer erfolgt, dann verrät das Traumsymbol Schuldgefühle.

Klatsch Wer im Traum klatscht oder interessiert den neuesten Klatschgeschichten anderer lauscht, verrät, dass er die Umwelt nur oberflächlich wahrnimmt, sich nicht um Gedankentiefe und Hintergründe bemüht.

Klavier Wie einige andere Instrumente verkörpert auch das Traumklavier den Frauenkörper. Das Verhalten des Klavierspielers, ob er zärtlich in die Tasten greift oder wild drauflos hämmert, verrät sein sexuelles Begehren. Allgemein weist das Klavier auf das Gefühlsleben der Träumenden hin. Einige Klavierträume stammen aus dem Unbewussten, das damit seine Anliegen anmeldet. Wer selbst Klavier spielt, dürfte kreativ sein. Die gespielte Musik liefert weitere Hinweise für die Deutung.

➔ Geige

➔ Musik

➔ Konzert

Kleider Die Alltagsweisheit »Kleider machen Leute« ist für die Traumdeutung untauglich. Gerade im Traum entlarven die Kleider den Träumenden und zeigen ihm sein wirkliches Selbst. Kleider entblößen und bedecken, tarnen und enthüllen. Kleidungsstücke, die als Traumsymbol bedeutungsvoll sind, werden in diesem Lexikon einzeln behandelt. Der Traumsinn der Kleidung ergibt sich aus der Traumszene. Auch die Farben der Kleider müssen beachtet werden.

➔ Farben im Traum

Klein Wer sich im Traum klein sieht, ist ängstlich, leidet unter Minderwertigkeitsgefühlen. Sind Gegenstände im Traum viel kleiner als in Wirklichkeit, sind sie für den Träumenden ohne Bedeutung.
→ Größe

Klettern Wer im Traum klettert, will hoch hinaus – so dachten frühere Traumanalytiker. Moderne Forscher sehen in Kletterträumen ein Symbol für die Anstrengungen, die das Leben fordert. Der tägliche Kampf um Problemlösungen, gegen Kollegenneid und Konkurrenz sowie vielleicht auch die allgegenwärtige Angst vor Arbeitslosigkeit provozieren Träume vom ständigen Klettern. In solchen Träumen wird fast nie ein Gipfel erreicht. Das ist ein Hinweis darauf, dass sich ein Erfolg trotz aller Mühsal selten einstellen will.

Klinik → Krankenhaus

Klopfen Höfliche Menschen klopfen an eine fremde Tür, bevor sie eintreten. Wer davon träumt, freut sich, einem anderen Menschen etwas Wichtiges mitteilen zu können. Die kurze Zeitspanne zwischen dem Klopfen und der auffordernden Erwiderung »Herein« symbolisiert die innere Spannung des Träumenden, die ihn auch im Wachleben begleitet, wenn er eine überraschende Neuigkeit überbringen will. Soll eine schlechte Nachricht mitgeteilt werden, zögert man im Traum das Eintreten hinaus. Diese Verzögerung ist körperlich spürbar. Mit dem Anklopfen will der Träumende im Leben eines bestimmten Menschen eine wichtige Rolle spielen.

Kloster Wer glaubt, seine Probleme nicht mehr bewältigen zu können, möchte sich am liebsten verkriechen. Er träumt von einem Ort der Stille und Einsamkeit, zum Beispiel von einem Kloster. Religiöse Menschen sehen in einem Kloster die Stätte des Gebets, der geistigen Einkehr und Besinnung.
→ Kirche
→ Mönch
→ Nonne

Knie Im Traum auf den Knien zu liegen, zeugt entweder von Unterwürfigkeit oder von Demut. Der Traumzusammenhang muss entscheiden, welche Lebenshaltung zutrifft. Fühlt sich die oder der Träumende unterdrückt, dann spiegelt sich das in Träumen wider, die manchmal von körperlich spürbaren Schmerzen an den Knien begleitet sind. Die Demutshaltung verrät, dass die Träumenden vielleicht sozial engagiert sind. Ungebeugte Knie zeugen von Stolz, Durchsetzungsvermögen, aber auch von Härte anderen Menschen gegenüber.
→ Bein

Knochen Nach Auffassung vieler Traumforscher unterscheiden sich Knochenträume von Skeletträumen insofern, als dass das Skelett unter anderem auch den Tod darstellt, während Träume von mehreren Knochen von innerer Zerrissenheit und Unsicherheit zeugen. Die Träumenden möchten die Knochen in irgendeine Ordnung bringen, erreichen das jedoch nicht. Ein einzelner Knochen lässt darauf schließen, dass die Träumenden im Wachleben einen wichtigen Hinweis nicht beachtet haben. Allgemein warnen Knochenträume vor innerer Verknöcherung, menschlicher Kälte und Härte.
→ Skelett

Knoten Erscheint er im Traum als ein unauflösbares Knäuel, dann signalisiert der Knoten, dass im Wachleben unüberwindliche Probleme anstehen. Lässt er sich entwirren, besteht Hoffnung, mit den Schwierigkeiten umgehen zu können. Ein einfacher Knoten symbolisiert die tiefe Verbundenheit mit einem anderen Menschen, von dem man sich nicht lösen möchte. Dies kann der Partner oder die Partnerin sein, ein Verwandter oder ein Elternteil.

Kochen Viele kreative Menschen träumen vom Kochen. Mit großem Eifer bereiten sie im Traum etwas zu, was mit einem genießbaren Essen unter Umständen wenig gemein hat. Es geht eher um den Ideenreichtum. Die Träumenden stellen aus den unterschiedlichsten Zutaten etwas ganz Neues zusammen. Solche Träume sind typisch für Menschen, die beruflich mit Problemlösungen zu tun haben und mit Leib und Seele an ihrer Arbeit hängen. Auch künstlerisch begabte Menschen träumen vom Kochen. Ihr Traumerlebnis ist besonders farbig.
→ Farben im Traum

Koffer → Gepäck

Komet Das Erscheinen eines Kometen hat die Menschen bis ins 20. Jahrhundert hinein beunruhigt oder gar in Panik versetzt. »Kometen – böse Propheten« heißt ein altes deutsches Sprichwort. Heute wissen wir, wie die Himmelserscheinung zu Stande kommt und dass sie die Erde kaum gefährdet. Das Bild vom Tod, Krieg und Seuchen bringenden Kometen hat sich allerdings so festgesetzt, dass manche Menschen auch heute noch davon träumen. Sie fürchten irgendein Ereignis, über das sie keine Gewalt haben. Manchmal weist der Traum von einem strahlenden Kometen auf eine positive Veränderung hin.

Kompass Wer von einem Kompass träumt, sucht nach dem richtigen Weg aus einer verfahrenen Situation. Auch Menschen, die in vielen Lebenslagen unsicher sind, und jene, die zu sich selbst finden wollen, haben Kompassträume.
→ Straße

Konditorei Menschen, die ein genussreiches Leben führen oder sich danach sehnen, sowie sinnliche Frauen träumen nicht selten von einer Konditorei. Vielleicht suchen sie erotische oder auch nur freundschaftliche Kontakte.
→ Süßigkeiten

König Er gehört als Traumbild zu den Archetypen. Die Figur macht deutlich, dass sich die Träumenden nach einer starken, leitenden Hand sehnen. Insofern hat das Symbol große Ähnlichkeit mit dem Vater. Ist der geträumte König herrisch, nimmt gar dämonische Züge an, dann leiden die Träumenden unter Zwängen, deren sie sich nicht erwehren können. Dann kommt leicht ein Gefühl des ohnmächtigen Zorns hinzu. Die meisten Traumforscher sind sich darin einig, dass in diesem Fall eine harte Kindheit unter einem strengen, alles beherrschenden Vater der Traumauslöser ist.
→ Vater

Konzert Die Freude an einvernehmlicher Geselligkeit oder die Hoffnung auf ein harmonisches Verhältnis zu anderen Menschen kann Träume von einem vielstimmigen Konzert auslösen. Sitzt der Träumende selbst im Orchester, wirkt also an einem Konzert mit, will er möglicherweise im Mittelpunkt stehen, gefeiert werden, wichtig sein.
→ Orchester
→ Oper
→ Orgel
→ Schauspieler
→ Theater

Kopf Der Kopf ist der »Sitz« des Verstandes. Der Kopf, der im Traum erscheint, weist darauf hin, dass die Träumenden zu den kühlen, rational denkenden Menschen gehören, die mit klarem Verstand und – je nach Traumzusammenhang – auch mit viel Wissen gesegnet sind. Er kann auch bedeuten, dass sich die Träumenden nach mehr Wissen und Durchblick sehnen. Wer im Traum den Kopf verliert, handelt »kopflos«.

Kopfbedeckung → Hut

Korb Das Traumbild Korb, ein altes Symbol für den Mutterleib, ist unterschiedlich zu deuten. Einmal weist ein Korb auf Sammelleidenschaft hin. Die Träumenden legen alles in den Korb, was ihnen wichtig und nützlich erscheint. Andererseits ist ein runder Korb ein Symbol für das weibliche Geschlechtsorgan. Frauen träumen manchmal von einem Korb, wenn sie einen Verehrer abweisen wollen.

Korn → Getreide

Kot → Exkremente

Krähe → Rabe

Kran Einen Kran könnte man als verlängerten Arm des Menschen bezeichnen. Er erledigt Arbeiten, zu denen wir mangels ausreichender Kräfte nicht in der Lage sind. Erscheint ein Kran im Traum, dann weist er darauf hin, dass sich die Träumenden anderer Personen oder Mittel bedienen, um ihre Ziele zu erreichen, die sie aus eigener Kraft nicht verwirklichen können. Daraus lässt sich schließen, dass die Träumenden auf ihren eigenen Vorteil bedacht sind und zur Durchsetzung ihrer Ziele unter Umständen auch vor rücksichtslosen Methoden nicht zurückschrecken.

Krankenhaus Die Angst vor dem Krankenhaus sitzt bei den meisten Menschen tief. Wir verbinden damit Hilflosigkeit, Schmerzen, Operationen und Lebensgefahr. Der Traum von einem Krankenhaus wird nicht unbedingt durch eine tatsächlich vorhandene körperliche Beeinträchtigung ausgelöst. Vielleicht stehen wir vor einer schwierigen Entscheidung, die eine einschneidende Veränderung unserer Lebensumstände mit sich bringt. Das kann ein Berufs- oder Studienwechsel sein, ein Umzug, eine Ehescheidung, eine schmerzliche Trennung. Andererseits steht das Krankenhaus für Heilung und Fürsorge. Hier wird Menschen geholfen. Weist der Traumzusammenhang eher auf diese Funktion hin, dann erwartet man Hilfe in einer schwierigen Lebenssituation.
→ Arzt
→ Krankenschwester
→ Krankheit
→ Operation

Krankenschwester Erscheint im Traum eine Krankenschwester, dann fühlen wir uns getröstet und umsorgt. Hält sie eine Spritze oder ein anderes ärztliches Gerät in der Hand, ist das ein Hinweis darauf, dass wir eine Verletzung unserer körperlichen oder seelischen Integrität befürchten. Die Träumenden empfinden die Schwester als Bedrohung. Vielleicht steht eine einschneidende Veränderung in den Lebensumständen bevor.
→ Arzt
→ Krankenhaus
→ Krankheit
→ Operation
→ Spritze

Krankheit Die Angst vor einer vorhandenen oder sich anbahnenden Krankheit begleitet uns bis in die Träume. Anders sieht es aus, wenn gesunde Menschen von Krankheiten träumen. Sie sind aus dem seelischen Gleichgewicht geraten und hoffen, dass ihnen geholfen wird. Das zeugt von Unsicherheit und Lebensuntüchtigkeit. Solche Menschen können sich nicht »am eigenen Zopf aus dem Sumpf ziehen«, sondern warten angstvoll auf Hilfe von außen. Wiederholen

K

sich derartige Träume öfter, werden sogar heftiger, dann ist zu einem Besuch beim Psychotherapeuten zu raten. Eine recht originelle Deutung von Krankheitsträumen gibt Christian Morgenstern: »Jede Krankheit hat ihren besonderen Sinn«, sagt er, »denn jede Krankheit ist eine Reinigung. Man muss nur herausbekommen, wovon.«

➔ Arzt

Kranz Kränze spielen in der abendländischen Geschichte eine wichtige Rolle. Der Lorbeerkranz für Dichter, Denker und Staatsmänner, der Jungfernkranz, der Kranz zum Erntedankfest und der Totenkranz sind nur Beispiele. Kränze im Traum stehen für Geschlossenheit, Vereinigung, Dauer und sind mit dem Symbol »Ring« verwandt. Überreichen wir im Traum einem anderen Menschen einen Kranz, dann ist das im Sinne des Brauchtums zu werten: Wir wollen den anderen loben und ehren. Frauen, die einen Kranz tragen, denken an eine Hochzeit, ein Kranz mit Schleife deutet auf Trauer hin. Ähnelt der Kranz einem Ring, hofft man auf eine dauerhafte Bindung.

➔ Ring

Krebs Nicht die schwere Krankheit ist hier gemeint, sondern das gepanzerte Wassertier. Erscheint ein Krebs im Traum, deutet er auf physische und psychische Stärke hin. Die scheinbar schwerfällige Fortbewegungsart des Krustentiers ist Sinnbild für bulldozerhafte Kraft und Vorgehensweise des Träumenden. Er setzt seinen Willen gegen alle Widerstände durch.

➔ Tierträume

Kreis Als erotisches Symbol ist er mit dem Ring verwandt. Als geometrische Figur weist er auf Geschlossenheit, dauerhafte Verbindung und Harmonie hin. Treten die Träumenden in einen Kreis ein, besitzen sie ein hohes Durchsetzungsvermögen, aber auch eine gewisse Skrupellosigkeit. Im Erreichen der eigenen Ziele kennen sie wenig Rücksicht, während sie die Kreise anderer bedenkenlos stören.

➔ Ring

Kreuz Christlich gesinnte Menschen sehen das Kreuz im Traum als Symbol der Opferbereitschaft und des Leidens. Als geometrische Figur hat das Kreuz eine andere Bedeutung. Es steht für Ordnung und weist in die richtige Richtung – man braucht nur an die vier Himmelsrichtungen zu denken. Vor allem ältere Menschen werden noch von einem Hakenkreuz träumen, das heute Bedrohung und Verrohung signalisiert. Jungen Menschen wird das uralte, bereits in prähistorischen Zeiten bekannte Hakenkreuz oder Sonnenrad im Traum kaum noch begegnen.

Kreuzung Wer im Traum eine Kreuzung betritt, steht im Wachleben an einem Scheideweg. Er muss sich entschließen, so oder so zu verfahren, um den richtigen Weg zu finden. Langes Zögern vor oder auf einer Kreuzung bedeutet Unsicherheit und Furcht vor der Entscheidung, aber auch sorgfältiges Abwägen einer Situation. Welche Deutung zutrifft, kann der Traumzusammenhang klären. Wer sich energisch in eine der vier Richtungen bewegt, ist entschlussfreudig. Nähert sich der Kreuzung ein Fahrzeug, befindet sich der Träumende in Gefahr, ist sie menschenleer und einsam, fühlen sich die Träumenden verlassen und auf sich selbst gestellt.

➔ Straße

Krieg Wer keinen Krieg mitgemacht hat und trotzdem davon träumt, befindet sich im Widerstreit mit sich selbst. Den Träumenden fallen Entscheidungen schwer, sie kämpfen um den richtigen

Weg, von dem sie nicht wissen, wie er aussieht. Der Traumkrieg zeugt auch von Charakterschwäche: Was ist an meinen Handlungen gut, was schlecht? Bin ich zu schwach oder zu hart? Zu rücksichtslos oder zu gutmütig? »Zwei Seelen wohnen, ach! in meiner Brust«, klagt Goethes Faust, »die eine will sich von der andern trennen.« Diese Unsicherheit, sich selbst richtig einzuordnen, bringt Träume von einem Krieg hervor.
➔ Kampf

Kristall Ein Kristall ist ein Wertgegenstand, der Reinheit und Glanz verkörpert. Die Träumenden können sich zu den »kristallklar« denkenden Menschen rechnen. Sie analysieren ihre Lebensumstände oder eine Situation kühl und sachlich und handeln danach. Das schafft Distanz zu jenen Menschen, die unsicher sind oder nicht zum gleichen Ergebnis kommen. Die Träumenden sollten sich vor Arroganz hüten und andere Menschen ihre Überlegenheit nicht spüren lassen. – Amerikanische Traumforscher sehen im geträumten Kristall ein Zeichen von Überempfindlichkeit und Verletzlichkeit. Beides führe zu Misstrauen, auch zu Abneigung gegenüber Kollegen und Partnern. Eine Kristallkugel symbolisiert Hoffnungen und Erwartungen.

Krokodil Der Anblick eines Krokodils ist uns im Traum nicht weniger unheimlich als im Wachleben. Die bizarr gepanzerte Echse steht für Angst vor dem Tod, Krankheit, Vernichtung von Hoffnung und für Versagen im Berufsleben. Das Reptil weist darauf hin, dass die Träumenden mit ihrem Leben nicht zurechtkommen. Sie fühlen sich von allen Seiten bedrängt und sehen kein Entrinnen vor dem Maul des Krokodils, das sie zu verschlingen droht. Wer von einem besonders bedrohlichen Krokodil geträumt hat, sollte im Wachleben einigermaßen klar erkennen, was oder wer ihn bedroht. Bei amorphen Ungeheuern ist das nicht der Fall.
➔ Ungeheuer
➔ Tierträume

Krone Sie symbolisiert Macht über andere Menschen, zeichnet ihren Besitzer aber auch aus. Wer im Traum eine Krone trägt, wünscht sich Einfluss, Überlegenheit und Führungsstärke. Das muss nicht unbedingt negativ ausgelegt werden. Macht alleine ist nichts Schlechtes, erst ihr Missbrauch. Menschen, die sich im Traum immer wieder in der Rolle des Mächtigen sehen, gehören vielleicht zu den Rücksichtslosen, die bereit wären, ihre Absichten auch mit unlauteren Mitteln durchzusetzen. Sehen sie sich dagegen in der Rolle des Geehrten – die Krone ist dann mit dem altbekannten Lorbeerkranz verwandt –, reflektiert ihr Traum ein Tagesereignis oder die Hoffnung auf Anerkennung.
➔ Kranz

Kröte ➔ Frosch

Krücke Körperliche Unzulänglichkeiten können zu Träumen von Krücken oder ähnlichen Hilfsmitteln führen. Manche Menschen, die zwar gesund sind, aber unter Schüchternheit, Hemmungen und Minderwertigkeitskomplexen leiden, haben solche Träume. Auslöser ist die seelische Befindlichkeit. Die Träumenden glauben, anderen unterlegen zu sein. Bekannt ist, dass Süchtige aller Art, seien es Alkoholiker, Drogenabhängige oder andere, von Krücken träumen. Darin spiegelt sich der verzweifelte Wunsch wider, endlich von ihrer Krankheit befreit zu werden. Sie hoffen auf Hilfe, weil sie den Absprung alleine nicht schaffen.

Krüppel ➔ Invalidität

Krug Wie viele andere Gefäße mit weichen Rundungen stellt auch ein Krug das

Weibliche schlechthin, speziell das weibliche Geschlechtsorgan dar. Er hat somit eine erotische Komponente. Jüngere Analysen weisen dem Krug auch den Platz eines Sammelgefäßes zu. Insofern hat er Verwandtschaft mit dem Symbol Korb. Vielleicht wollen die Träumenden etwas komplettieren, eine tatsächliche Sammlung zum Beispiel, aber auch ihr Wissen. Ein zerbrochener Krug deutet auf das Ende einer seelischen Verbindung mit einem Partner hin, auf eine zerstörte Hoffnung oder auf ein Scheitern im Berufsleben.

➔ Korb
➔ Vase

Kuchen Träume von einem Kuchen deuten auf ein genussreiches Leben der Träumenden hin oder zumindest auf den Wunsch danach. Frühere Traumdeuter interpretierten die Viertel, Achtel oder Zwölftel, in die man einen Kuchen zerschneidet, als Sektoren, in die der Träumende seine eigenen Charaktereigenschaften unterteilt. Nach neueren Forschungen ist diese Deutung recht weit hergeholt. Das Anschneiden ist wohl eher die Vorbereitung zum Genuss, außerdem ein Zeichen für die Teilung alles Guten mit anderen Menschen.

➔ Konditorei
➔ Süßigkeiten

Kuckuck Sein charakteristischer Ruf ist wohl jedem im Ohr. Seine Eier brütet er nicht selbst aus, sondern legt sie in die Nester anderer. Dieses Bild teilt sich uns bis in unsere Träume mit. Wir legen jemandem ein Kuckucksei ins Nest, dem wir schaden wollen. Gleichzeitig geben wir damit Verantwortung ab.

➔ Vögel
➔ Tierträume

Küche Die Küche im Traum hat viel mit dem Symbol Kochen zu tun. Dazu deutet sie auf Kreativität der Träumenden hin. Sieht man im Traum jedoch mehr den Raum als die Tätigkeit, geht es um Behaglichkeit, Wärme, Fürsorge. In der Küche wird das zubereitet, was uns am Leben erhält und Genuss verspricht. Nicht von ungefähr geht im Hausbau der Trend zu großen Wohnküchen, wo die ganze Familie das Essen einnimmt. Man ist dann mitten im Geschehen, nicht mehr isoliert im Esszimmer. Wer von einer Küche träumt, sehnt sich nach dieser Behaglichkeit. Im übertragenen Sinn steht hinter dem Küchentraum der Wunsch, in Gemeinschaft zu leben. Das mag ein Kollegenkreis sein, eine Familie, eine Wohngemeinschaft. Die Träumenden vermissen im Wachleben wahrscheinlich Kommunikation, fühlen sich einsam.

➔ Haus
➔ Herd
➔ Kochen

Küken Kaum ein anderes Tierbaby versinnbildlicht das »Kindchenschema« so deutlich wie ein Küken; kaum ein Anblick, sei es im Traum oder in der Wirklichkeit, geht uns so zu Herzen wie das gelbe, flaumige Miniknäuel, das kürzlich aus dem Ei geschlüpft ist. Kein Wunder, dass besonders schwangere Frauen, auch werdende Väter, von Küken träumen. Der Traum ist ein Symbol für den Wunsch, anderen Fürsorge und Zärtlichkeit entgegenzubringen.

➔ Tierträume

Küste ➔ Ufer

Kugel Von allen geometrischen Figuren erscheint die Kugel als die Vollendung schlechthin. Sonne, Mond, Erde und die anderen Planeten unseres Sonnensystems sind (mehr oder weniger) vollendete Kugeln. Eine Kugel kann in alle Richtungen rollen. Eine Kugel stellt absolute Perfektion dar. Der altgriechische Philosoph Platon sah die Seele in Kugelgestalt. Im Traum steht das Symbol Kugel für absolute Harmonie, für die Ganzheit des seelischen Lebens, für Zufriedenheit und Gelassenheit. Die Träumenden kommen gut mit ihrem Leben zurecht. Fast möchte man sagen: Wer häufig von Kugeln träumt, ist ein idealer Mensch. Diese Vorstellung bleibt leider Illusion. Deshalb sollte man Kugelträume nicht überbewerten. Sie mögen auf ein Streben nach Perfektion hinweisen, aber die ist niemals zu erreichen.

➔ Ball
➔ Kegel
➔ Kreis

Kuh Ob Kühe dumm sind, wie der Volksmund meint, mag dahingestellt bleiben. Kaum ein anderes Tier steht jedoch mehr für Weiblichkeit und Mütterlichkeit. Wer von einer Kuh träumt, sehnt sich nach Wärme und Geborgenheit in der Gemeinschaft.

➔ Tierträume

Kuss Die erste innige Vereinigung zwischen zwei jungen Menschen ist ein Kuss. Was anfänglich nur eine zarte Lippenberührung war, steigert sich mit wachsenden Gefühlen zum intensiven Zungenkuss. Von diesem ersten sexuellen Erlebnis träumen viele Menschen oft bis ins späte Alter hinein. Der innige Kuss behält seinen Zauber auch bei allen späteren »Eroberungen«, ist er doch stets das Signal für das Einverständnis zu weiterer sexueller Annäherung. Nicht selten drückt sich in einem derartigen Traum die Sehnsucht nach einem neuen Partner aus.

L

Labor Wer davon träumt, ist dazu veranlagt, Probleme analytisch und zielstrebig zu lösen. Die Experimentierfreude wird ergänzt durch Sorgfalt in der Planung, und selbst ein gewisses Risiko wird kühl einkalkuliert. Amerikanische Traumforscher sehen im geträumten Labor eine Art Werkstatt, in dem das Unbewusste seelische Probleme analysiert und verarbeitet.

Labyrinth Eine unfertige, riesige Baustelle, ein verwirrendes Straßennetz ohne Hinweisschilder, sich irrational kreuzende Wege, endlose, gespenstische, dunkle Gänge, hallende Schritte in tiefer Einsamkeit: Das sind Bilder, die in unseren Träumen immer wieder auftauchen. Sie alle sind Ausdruck für das Gefühl von Ausweglosigkeit. Im Traum spürt man Angst und Verlassenheit. Er kann von einem Tageserlebnis ausgelöst sein, meistens jedoch deuten solche Träume Irrungen und Wirrungen der Seele an. Die Träumenden suchen im Wachsein und im Schlaf nach dem Sinn des Lebens, können sich für keine Richtung entscheiden, in die das Dasein gelenkt werden könnte und sollte.

➔ Mutterkomplex

Lachen Aus dem Traumzusammenhang ergibt sich, ob die Träumenden selbst lachen oder ausgelacht werden. Im ersten Fall deutet das Lachen auf Unbeschwertheit und Fröhlichkeit hin, vielleicht auch auf Oberflächlichkeit. Die Menschen nehmen das Leben nicht besonders ernst, lassen am liebsten alles auf sich zukommen und machen sich keine großen Gedanken über die Zukunft. Wer ausgelacht wird, fühlt sich verletzt durch den Hohn und Spott seiner Mitmenschen und schämt sich für eigenes Versagen.

Laden Bei Träumen von einem Laden geht es weniger um den Raum als solchen, als vielmehr um die Umstände, unter denen man sich in dem Geschäft bewegt. Wer sich nicht zu einem Kauf entschließen kann, wird auch im Wachleben unentschlossen sein. Im Traum verlassen sie den Laden, ohne eine Kaufentscheidung getroffen zu haben. Manchmal erscheint im Traum ein wundervoll eingerichtetes Luxusgeschäft, in das sich die Träumenden nicht hineinwagen. Sie sehnen sich nach besseren Lebensumständen, auf die sie jedoch kaum hoffen können.

Lähmung Beine und Arme werden schwer. Die Träumenden versuchen vom Fleck zu kommen, aber alle Anstrengungen sind vergeblich. Solche Träume weisen auf physische oder psychische Schwierigkeiten hin. Die Lösung irgendeines Problems ist nicht in Sicht, die Träumenden spüren die Verzweiflung über die Lähmung körperlich. Wiederholen sich solche Träume, kann in der Regel nur ein Psychotherapeut Abhilfe schaffen.

Lamm In unserem abendländisch-christlich geprägten Kulturkreis ist das Lamm das Symbol für Opferbereitschaft. Jesus wurde im Johannes-Evangelium als »das Lamm, das die Sünden der Welt auf sich nimmt«, bezeichnet. Manche Menschen, die von einem Lamm träumen, fühlen sich selbst in die Rolle eines sich aufopfernden Menschen gedrängt. Das zeugt nicht selten von Selbstmitleid und einem gewissen Masochismus. Das im Traum erscheinende niedliche Lämmchen bedient aber auch das »Kindchenschema« und kann somit auch ein Zeichen für mütterliche und hingebungsvolle Gefühle sein.

➔ Tierträume

Lampe Eine hell leuchtende Lampe vertreibt bedrückende Dunkelheit, Einsamkeit und Furcht. Die Träumenden fühlen sich erleichtert, wenn sie in einem plötzlich aufflammendem Licht alles um sich herum klar sehen können. Die Ängste vergehen. Solche Träume drücken oft die Sehnsucht aus, eine schwierige Situation »im richtigen Licht« erkennen und entwirren zu können.

➔ Licht

Landkarte Im Traum erscheint die Erinnerung an oder die Vorfreude auf eine Reise oft in Gestalt einer Landkarte. Gibt es keinen Zusammenhang mit einer tatsächlichen Reise, dann weist der Traum auf innere Zerrissenheit hin. Der Träumende sucht nach der richtigen Richtung auf seinem Lebensweg. Vielleicht zweifelt er am religiösen Glauben, hat Schwierigkeiten in der Ehe, aus der er ausbrechen will, sucht nach Selbstbestätigung im Berufsleben, oder er möchte im Wachleben am liebsten »alles hinschmeißen« und ein ganz anderes Leben beginnen.

➔ Kompass

Landschaft Ähnlich wie beim Traum von einer Landkarte spiegelt sich im nächtlichen Bild von einer wunderschönen Landschaft vielleicht der Wunsch wider, einen ganz neuen Lebensweg einzuschlagen. Dabei spielt die Art der Landschaft eine wichtige Rolle. Bewaldete Hügel, schneebedeckte Berge in der Ferne, blühende Wiesen, grüne Wälder, gurgelnde Bäche und alles, was auf eine stark strukturierte Landschaft hinweist, zeigt die Hoffnung auf ein erlebnisreiches Leben an. Ist die Landschaft eintönig, still und flach, will man ein zurückgezogenes Leben, fern von allen bedrückenden Problemen führen.

➔ Kloster
➔ Mönch
➔ Nonne
➔ Oase

Landstraße ➔ Straße

Lanze Wie der Speer und andere Waffen gilt die Lanze seit Sigmund Freud als Symbol für das männliche Geschlechtsorgan. Die Träumenden sind in der Regel aggressiv und triebhaft.
➔ Penis
➔ Speer
➔ Waffe

Last Oft tragen wir im Traum eine schwere Last. Das Gewicht drückt so stark, dass die Beine zu versagen drohen, wir kommen kaum vorwärts. Solche Träume können aus dem Unterbewusstsein kommen, wenn wir im Leben eine große Bürde zu tragen haben, vielleicht eine schwere Krankheit oder schon lange anhaltende, große Sorgen in Familie oder Beruf. Auch schwangere Frauen träumen manchmal von einer Last. Der Traum kann ferner darauf hinweisen, dass die Träumenden eine zu große Verantwortung übernommen haben und darunter leiden.
➔ Rucksack
➔ Sack

Laster ➔ Sucht

Laub Welke, fallende Blätter sind Symbole für den Herbst des Lebens, für Resignation und Enttäuschung. Die Träumenden ziehen unbewusst eine negative Bilanz ihres Lebens. Erscheint im Traum jedoch frisches, grünes Laub, dann sind die Träumenden voller Zuversicht, neue Ziele im beruflichen oder privaten Leben erreichen zu können. Vielleicht steht auch eine neue Partnerschaft ins Haus, in die man alle Hoffnungen setzt. Manchmal vermischen sich Träume von sattem grünem Sommerlaub mit dem Erntesymbol. Dann sind die Träumenden mit ihren bisherigen Erfolgen im Leben zufrieden. Das Laub steht in diesem Fall für Ausgeglichenheit und eine positive Rückschau.
➔ Ernte
➔ Farben im Traum

Laufen ➔ Rennen

Lava ➔ Vulkan

Lawine Ein Lawinentraum spricht eine Warnung aus: Man soll sich vor Gefahren hüten und ihnen ausweichen. Je gewaltiger die Lawine im Traum ins Tal donnert, umso größer ist die seelische Spannung, die Angst vor Vereinsamung, vor dem abrupten Ende einer Beziehung oder eigenem Versagen.
➔ Eis
➔ Gletscher

Leber Zu den wichtigsten Organen des Körpers gehört die Leber. Leiden die Träumenden unter einer Erkrankung der Leber, dann ist es kein Wunder, dass sie dieses Organ nachts übergroß sehen und empfinden. Alkoholiker zum Beispiel, die auf die Verhärtung der Leber hingewiesen worden sind, verdrängen die Gefahr im Wachleben, im Traum jedoch plagt sie die Angst vor den Folgen ihrer Sucht in Gestalt einer riesigen hässlichen Leber. Treffen solche Voraussetzungen nicht zu, dann deutet der Traum wachsende Streitlust und Reizbarkeit an.

Leder Träume von dem anschmiegsamen, wenn auch ziemlich harten Material haben jene Menschen, die sich zum Sadomasochismus bekennen. Trifft das nicht zu, dann symbolisiert Leder eine Abwehr gegenüber anderen Menschen. Ein eng sitzender Lederanzug schützt und nimmt die Funktion einer Panzerung ein.

Lehrer Von Lehrerinnen oder Lehrern erwartet der Träumende gute Ratschläge für das Leben allgemein oder in einer bestimmten Situation. Vielleicht ist er unsicher und hat großes Vertrauen in andere Menschen, die klüger und überlegen erscheinen. In Lehrerträumen spiegelt sich eine gewisse Unselbststän-

L

digkeit und die Hoffnung darauf, dass andere es schon richtig machen werden. In Männerträumen symbolisiert der Lehrer den Vater. Er tritt so auf, wie man ihn erlebt hat, streng und abweisend oder verständnisvoll und gütig.

→ Chef
→ Vater

Lehrling »Lehrzeit ist keine Herrenzeit«, sagt der Volksmund, und so kann man auch Träume vom Dasein als Lehrling deuten. Die Träumenden fühlen sich anderen Menschen gegenüber unterlegen, sie sind hin- und hergerissen zwischen Wissbegierde, Arbeitswilligkeit und Minderwertigkeitsgefühlen. In Lehrlingsträumen von Erwachsenen zeigt sich auch die Sehnsucht nach jener unbeschwerten Zeit, als man noch keine Verantwortung zu tragen hatte.

→ Lehrer

Leiche Träume von einer Leiche, einer Leichenhalle oder einem Leichenwagen weisen selten auf den Tod eines geliebten Menschen hin. Sie werden meist durch bittere Erlebnisse, wie zum Beispiel durch enttäuschte Hoffnungen, das Ende einer Beziehung, den Verlust des Arbeitsplatzes oder eines wertvollen Gegenstandes ausgelöst. Die Träumenden sind verzweifelt und wissen nicht, wie sie die schmerzlichen Erfahrungen verarbeiten und überwinden können. Eine andere Deutungsmöglichkeit legt der Volksmund nahe, wenn er feststellt, dass Menschen, die eine Leiche im Keller haben, etwas verheimlichen oder verbergen wollen. Das Unterbewusstsein erinnert sich an Verfehlungen, und die alte Schuld verfolgt uns bis in die Träume hinein.

Leiter Eine Leiter bedeutet Aufstieg. Der ist nur unter großen Anstrengungen zu erreichen. Man spürt die Mühen fast körperlich. Meist handelt es sich um einen Karrierewunsch im Berufsleben. Solche nächtlichen Szenen erleben vor allem kreative und künstlerisch begabte Menschen, die noch um das richtige Thema und dessen Umsetzung kämpfen oder die Konkurrenz von Kollegen fürchten. Sind einzelne Sprossen der Leiter zerbrochen oder erscheint im Traum eine andere Person, die die gleiche Leiter ersteigen will, ist das ein deutlicher Hinweis darauf, wie groß die Schwierigkeiten bis zur Verwirklichung des angestrebten Ziels noch sind.

→ Treppe

Lesen Ein Traum vom Lesen deutet zweierlei an. Einmal zeugt er von Wissensdurst und Neugier. Die Träumenden befinden sich im Wachleben in einer Phase des Lernens, sind lernbereit und lernbegierig. Zum anderen weist das Symbol auf ein großes Bedürfnis nach Ruhe und Abgeschiedenheit hin.

→ Bibliothek

Leuchtturm Träume von einem Leuchtturm oder Leuchtfeuer symbolisieren die Suche nach dem richtigen Weg. Die Träumenden haben Probleme, kennen aber deren Lösung nicht. Sie fühlen sich in bestimmten Lebenssituationen oder auch im Alltag verunsichert. Strahlt das Leuchtfeuer sehr hell, dann hoffen sie auf gute Ratschläge von Bekannten. Ist das Licht nur schwach erkennbar, fühlen sie sich in Gefahr.

Licht Ohne Licht gäbe es kein Leben auf der Erde. Es bedeutet Wachstum, Vermehrung und Wärme. Licht ist das archetypische Symbol für Lebenskraft, Verstand, Klarheit und Lebensfreude. Wer im Traum strahlendes Licht sieht, ist mit dem Leben zufrieden, hat Erfolg im Beruf und in der Liebe. Licht weist ferner auf Lebensklugheit hin, bei älteren Menschen auch auf Weisheit und Gelassenheit. Kreative und künstlerisch begabte Menschen sonnen sich im Licht

ihrer Erfolge. Verblasst das Licht oder verlischt es ganz, dann befindet man sich in einer Phase nachlassender Kraft und Lebenslust. Vielleicht ist eine Krankheit die Ursache, ein beruflicher Abstieg oder Trennungsschmerz.
➔ Blitz
➔ Lampe
➔ Leuchtturm

Lied Wer Lieder zu singen vermag, strahlt Harmonie, Gleichklang und Zufriedenheit aus. Fast immer sind Lieder aber auch ein Zeichen für Erinnerungen, denn wir verbinden mit den meisten Melodien ein Ereignis. Der Zusammenhang muss klären, ob es sich um ein melancholisches Lied handelt oder um ein fröhliches. Im ersten Fall verfolgt uns die schmerzliche Sehnsucht nach einem geliebten Menschen oder nach einem besonders schönen, aber nicht wiederholbaren Ereignis. Beides hat mit Abschied zu tun. Im zweiten Fall befinden wir uns in einer lebensbejahenden, unbeschwerten Phase.
➔ Abschied
➔ Musik

Lift ➔ Fahrstuhl

Lilie Die schöne Blume ist seit Jahrhunderten ein Zeichen königlicher Macht. In der Traumdeutung steht sie für Reinheit und Unschuld. Wer einem Mann im Traum eine Lilie überreicht, sieht in ihm einen ehrlichen, vertrauenswürdigen Menschen, der auch Macht und Einfluss hat, seine übergeordnete Stellung aber nicht missbraucht. Schenkt ein Mann die Lilie einer Frau, dann überhöht er sie zur anbetungswürdigen Person.
➔ Blumen
➔ Blüten

Lippen Träume von weichen Lippen sind von sexueller Bedeutung. Die Träumenden haben oder wünschen sich eine zärtliche erotische Beziehung. Sind die Lippen besonders voll und rot, dann erwartet der Träumende ungeduldig eine romantische Stunde voller Leidenschaft.
➔ Kuss
➔ Mund

Loch Ein schwarzes Loch, dessen Ende oder Tiefe man nicht erkennen kann, symbolisiert mangelndes Selbstvertrauen, vielleicht auch Angst vor einer Krankheit und ihren Folgen. Es kann ferner auf Aussichtslosigkeit im Kampf gegen übermächtige Probleme im privaten oder beruflichen Bereich aufmerksam machen. Stolpern die Träumenden in ein Loch, dann sehen sie Hindernisse beim Erreichen eines Ziels. Wer sich ein Loch in den Anzug oder das Kleid reißt, fürchtet einen materiellen Verlust. Ein Loch in der Mauer, durch das man hindurchspäht, steht für Neugier und Wissensdurst. Nach Freud zeigt ein Loch, das an eine Spalte erinnert, weibliche Sexualität und erotische Gefühle an.
➔ Abgrund
➔ Hölle

Lokomotive Es macht einen Unterschied, ob die Lokomotive ankommt oder in der Ferne verschwindet. Im ersten Fall steht sie vielleicht für eine Reise, auf die man sich freut. Sieht man sie nach der Abfahrt rasch kleiner werden, dann symbolisiert das die Trennung von einer liebgewonnenen Person oder Gewohnheit, das Schwinden einer erhofften Chance oder auch eine verpasste Gelegenheit. Keine der Deutungen ist als Prophezeiung zu verstehen, sondern als Reflexion auf ein tatsächliches Ereignis dieser oder ähnlicher Art. Der Traumzusammenhang kann das deutlich machen. Eine Reise auf der Lokomotive ist ein Hinweis auf die Lebensreise.
➔ Abschied
➔ Bahnhof
➔ Zug

Lorbeer Die alten Griechen und die Römer bekränzten ihre Helden, Dichter und Sportler mit Lorbeer. Im christlichen Kulturkreis steht die immergrüne Pflanze für Unvergänglichkeit und ewiges Leben. Beide Bedeutungen sind eng miteinander verwandt, denn wie der Ruhm sollte auch die Seele unsterblich sein. Wer in diesem Sinn von einem Lorbeerkranz träumt, überschätzt sich. Vermutlich steigt nachts aus dem Unterbewusstsein die Erkenntnis auf, dass Unbescheidenheit und Selbstlob wohl doch nicht die richtigen Mittel sind, seinen Weg – zum Beispiel im Berufsleben – zu gehen.

Löwe Aus Fabeln, Filmen und Erzählungen haben wir den Löwen bereits im Kindesalter als den »König der Tiere« kennen gelernt. Auch in unseren Träumen genießt die Großkatze dieses positive Image. Frauen und Männer »kämpfen wie die Löwen« gegen missliebige Menschen, gegen Probleme und für die Verteidigung von Arbeitsplatz und Besitz. Solche Träume werden in der Regel durch Tagesereignisse ausgelöst. Wenn kein fassbares Ereignis aus dem Wachleben vorliegt, symbolisiert der Löwe den Anspruch auf Führung; er ist ein Hinweis auf ein – bisweilen übertriebenes – Selbstbewusstsein, auf körperliche Stärke und Kreativität. Aus dem Unterbewusstsein taucht das Löwenbild oft bei unbeherrschten, aggressiven Menschen auf.

➔ Raubtier
➔ Tiger
➔ Tierträume

Lotterie Niemand sollte sich auf Zahlen, Zahlenkombinationen oder Nummern verlassen, die im Traum erscheinen. Sie können niemals auf Glück in einer Lotterie hindeuten. Der Traum wird in der Regel durch die Hoffnung ausgelöst, auf einen Schlag an das große Geld zu kommen.

➔ Zahlen

Luft Aus dem Traumzusammenhang muss sich ergeben, ob die Luft rein, prickelnd und erfrischend ist oder stickig, trüb und atemraubend. Im ersten Fall fühlen sich die Träumenden erfolgreich, zufrieden und beschwingt. Sie kommen mit ihrem Leben gut zurecht und freuen sich ihres Daseins. Im anderen Fall drohen sie unter der Last ihrer Probleme zu ersticken. Ist ein solch negativer Traum nicht durch Tagesereignisse ausgelöst, signalisiert das Unterbewusstsein eine seelische Notlage. Die wird häufig durch Minderwertigkeitsgefühle, Schüchternheit und mangelndes Durchsetzungsvermögen ausgelöst.

➔ Atem
➔ Fliegen
➔ Himmel

Luftballon Viele bunte Luftballons im Traum können zwei unterschiedliche Bedeutungen haben. Im positiven Fall freuen sich die Träumenden ihres Lebens oder erwarten ein fröhliches Ereignis. Oft steckt auch ein ersehntes sexuelles Erlebnis dahinter. Platzen die Luftballons, dann ist – gemäß der sprichwörtlichen Redensart – eine Hoffnung zerstoben. Die Träumenden fühlen sich bedrückt und enttäuscht. Zu beachten ist die Farbe der Luftballons.

➔ Farben im Traum

Lunge Sie erscheint im Traum kaum als klar identifizierbares Körperorgan, sondern eher in ihrer Funktion. Fällt den Träumenden das Atmen schwer, ist das in der Regel ein Hinweis auf tatsächliche körperliche Beschwerden. Der Traum kann sich zum Alptraum entwickeln, denn wohl jeder Mensch fürchtet sich vor einem langsamen, qualvollen Erstickungstod. Liegt keine wirkliche Krankheit vor, dann lösen bedrückende Lebensumstände den Traum aus. Beglückend wirkt das freie, tiefe Durchatmen. In diesem Fall hat der Traum enge Verwandtschaft mit dem Symbol Luft.

➔ Atem
➔ Luft

Lutschen Nicht erst seit Sigmund Freud gilt Lutschen oder Saugen als Erinnerung an früheste Kindheitserlebnisse. Der Lutschtraum hat eine stark erotische Komponente. Er steht für Nahrungsaufnahme, Sättigung und orale Befriedigung. Wiederholt sich der Traum des Öfteren, dann sehnen sich die Menschen nach geistiger Nahrung. Sie wollen mehr wissen, hoffen auf größere Erfolge. Dieser Wunsch kann sich auf den beruflichen oder den sexuellen Bereich beziehen.

Macht Lust an uneingeschränkter Machtausübung empfinden gerade jene Menschen im Traum, die im wirklichen Leben nicht an den Schalthebeln der Macht sitzen. Sie leben im Traum das aus, was ihnen am Tage beruflich oder privat verwehrt ist: Die Herrschaft über andere. Träume dieser Art richten sich fast immer nur gegen Menschen, selten beschreiben sie eine bedrückende Situation, deren man nicht Herr werden kann. Der Traum hinterlässt nach dem Erwachen einen schalen Geschmack, weil der Träumende erkennen muss, dass sich die Realitäten nicht geändert haben und dass sein Traum bloße Illusion war.

Mädchen Männer, die im Traum von Mädchen angehimmelt und geküsst werden, sollten ihre Kräfte nicht überschätzen. Umwirbt ein älterer Mann ein Mädchen, wünscht er sich eine junge Frau als Geliebte. Sieht sich eine erwachsene Frau im Traum als Mädchen, möchte sie alle Verpflichtungen hinter sich lassen und wieder Kind sein. Wenn erwachsene Frauen von ihrer eigenen Jugendzeit als Mädchen träumen oder Männer sich an ihre ersten Mädchenbekanntschaften erinnern, weisen diese – manchmal vielleicht verklärten – Erinnerungen auf Ideale hin, die man als Jugendlicher hatte, aber im späteren Leben nicht verwirklichen konnte. Zu diesen Idealen

gehören die Vorstellungen von der »großen Liebe« genauso wie berufliche Wünsche und Hoffnungen. Manchmal symbolisiert ein Mädchentraum auch Ängste aus der Pubertätszeit.
➔ Kind

Made ➔ Wurm

Magen Ein »Magendrücken« im Traum kann durch Magen- oder Darmbeschwerden ausgelöst werden. Das unangenehme Gefühl des Aufgeblähtseins versetzt uns so lange in wirre Träume, bis wir aufwachen. Wiederholen sich jedoch Träume vom Magen ohne physische Not, dann weisen sie auf den Wunsch nach kulinarischen Genüssen hin. Das kann die angenehme Erinnerung an einen genussreichen Abend sein oder die freudige Erwartung eines solchen Ereignisses. Amerikanische Analytiker deuten »gute« Magenträume als Zeichen von erhöhter Vitalität und Lebensfreude. Und da die Liebe bekanntlich durch den Magen geht, könnte sich die Erwartung auch auf ein kommendes sexuelles Abenteuer beziehen. Nicht physisch ausgelöste, bedrückende Träume von einem übervollen Magen weisen darauf hin, dass man gewisse Alltagsereignisse seelisch noch nicht verdaut hat. Winston Churchill hat das in einem seiner Aphorismen so ausgedrückt: »Mit dem Geist ist es wie mit dem Magen: Man sollte ihm nur Nahrung zumuten, die er verdauen kann.« Diese Weisheit kann sich letztlich auch auf die Begegnung mit einem einzelnen Mensch beziehen, der einen so starken Eindruck auf uns gemacht hat, dass wir uns total verunsichert fühlen. Wie sollen wir mit ihm umgehen? Können wir wirklich eine Beziehung zu ihm aufbauen? Können wir seinen Ansprüchen genügen, oder werden wir ihn enttäuschen? Nur der Traumzusammenhang kann klären, welche Deutung die richtige ist.
➔ Nahrungsmittel

Magie ➔ Zauberer

Magnet Seine Anziehungskraft ist sprichwörtlich. Aus dem Zusammenhang des Traumgeschehens sollte hervorgehen, ob wir auf andere Menschen anziehend wirken oder von ihnen angezogen werden. Oft spielt die Hoffnung mit, einen heimlich geliebten Menschen in seinen Bann ziehen zu können, wobei die erotische Komponente durchaus ihre Rolle spielt. Der oder die Angehimmelte erscheint im Traum dann nicht selten in aufreizender Pose. Die Anziehungskraft des Magneten teilt sich uns auch in unangenehmer Weise mit. Man versucht, der Umklammerung eines anderen, der uns dominiert, zu entkommen, schafft es dann aber doch nicht, sich aus dem Bannkreis der im Traum durchaus körperlich spürbaren Anziehungskraft zu lösen. Solche Träume haben Ähnlichkeit mit Flucht- und Verfolgungsträumen.

Mahlzeit Eine üppige oder kräftige Traummahlzeit tut rundum gut, nur ganz selten führt sie zu einem Übersättigungsgefühl. Das Wohlbefinden wird noch verstärkt, wenn wir die Mahlzeit gemeinsam mit anderen Personen einnehmen. Darin spiegelt sich der Wunsch nach Geselligkeit wider, der nicht selten auf ein im Wachleben unterdrücktes Mitteilungsbedürfnis schließen lässt. Die Sehnsucht, im Alltag mehr Gehör zu finden, scheint vor allem dann gegeben zu sein, wenn der Träumende die Gastgeberrolle einnimmt.
➔ Magen

Mais ➔ Getreide

Maler Etwas gestalten, in Farbe bringen, das ist im wörtlichen und übertragenen Sinn der Wunschtraum vieler Menschen. Wer vom Malen träumt, ist auf der Suche nach seiner Kreativität, die – frei nach dem berühmten Maler und

Aktionskünstler Joseph Beuys – in jedem Menschen steckt. Im Traum gelingen die großartigsten Werke, die oft Unbewusstes zu Tage fördern. Der Traum vom Malen ist nicht nur ein Zeichen für künstlerischen Ausdruckswillen, er signalisiert auch den Unwillen gegenüber den bestehenden Alltagszwängen. Der Träumende möchte aus der Welt der eingefahrenen Routine und verordneten Beschränkung ausbrechen, endlich sich selbst und die eigenen Bedürfnisse in den Mittelpunkt stellen. Der Malertraum hat natürlich auch viel mit Farben zu tun, die wiederum ihre eigene Bedeutung haben.
→ Farben im Traum

Mandala Dieser Begriff aus dem indisch-lamaistischen Kulturkreis bedeutet »Ring« und ist ein Meditationsbild aus konzentrisch angeordneten geometrischen Figuren. Man muss ein solches Bild nicht selbst gesehen haben, um von ganz ähnlichen Anordnungen und Konstruktionen zu träumen. Farbige Kreise, Dreiecke, Quadrate in gewisser harmonischer Anordnung lassen sich als Streben nach Individualität und Kreativität deuten.
→ Maler
→ Farben im Traum

Mann Erscheint er in Frauenträumen, steht er oft für die unbewusste männliche Seite der Träumerin. Junge Männer, ob gesichtslos oder bekannt, spiegeln in angenehmen Traumszenen das ausgeglichene Wesen der Träumerin wider, die kaum Kontaktschwierigkeiten kennt. Ältere Traummänner erwecken Vertrauen, sie sind Beschützer und Berater. Hier gibt es durchaus Parallelen zu Vaterträumen. Düstere Männergestalten sind furchteinflößend, sie erinnern an unangenehme Begegnungen mit dem anderen Geschlecht oder warnen davor. Erkennt man im Traummann den Lebensgefährten, erscheint er meist so, wie er sein sollte, manchmal jedoch auch – und dann deutlich überzeichnet –, wie er erlebt wird. Sein Traumgebaren sagt viel über die Tiefe der Beziehung aus. Eine Frau, die sich beispielsweise vor ihm fürchtet, wird ihn im Traum als Verfolger sehen – ein deutliches Warnsignal. Erholsam sind Liebesträume mit dem Ehemann, auch wenn sie manchmal Ersatz für fehlende Zweisamkeit sind. In Männerträumen symbolisiert ein unbekannter Mann die männliche Seite des Träumenden, die ihm nicht immer bewusst ist.
→ Vater
→ Sexträume

Mantel Über einen peinlichen Vorfall will man den »Mantel der christlichen Nächstenliebe« ausbreiten, also sich selbst oder jemand anderem etwas nachsehen, verzeihen. Wer von einem Mantel träumt, will beschützen oder beschützt werden. Der Träumende kann auch den Wunsch haben, etwas zu verbergen. In beiden Fällen deutet der Mantel auf ein schlechtes Gewissen hin.
→ Decke
→ Kleidung

Marder Der Marder steht für Eleganz der Bewegung, Schnelligkeit, List, aber auch für Brutalität, Hemmungslosigkeit, Unbeherrschtheit und Aggressivität. Oft symbolisiert er die sexuelle Aggressivität und Triebhaftigkeit des Mannes. Sieht der Träumende einen alten oder schlafenden Marder, ringt er um mehr Selbstkontrolle.

Maria In unserem abendländischen, christlich geprägten Kulturkreis spielt die fast mystische Figur der Maria eine große Rolle. Sie steht für Reinheit und Güte, und sie ist die Verkörperung von weiblicher Tugend und Mütterlichkeit. Man muss kein überzeugter Christ sein, um von Maria zu träumen, aber wenn religiösen Menschen die Gottesmutter

M

im Traum erscheint, dann steht sie für all die Attribute, die ihr in der Bibel und in unzähligen Gemälden seit fast 2000 Jahren zugesprochen werden. Man sehnt sich in Marienträumen nach umfassender Liebe, beschützender Wärme und alles verzeihender Güte. Junge Mädchen, die im Pubertätsalter von Maria träumen, haben oft ein diffuses Bild von Reinheit, dem sie einerseits schwärmerisch nachstreben, das sie andererseits aber auch in schwere Gewissensnöte stürzen kann.

➔ Frau

➔ Mutter

Marionette Wenn man einen Menschen als Marionette beschimpft, wirft man ihm vor, dass er sich von jemand anders am »Gängelband führen« lässt. Im Traum ist das nicht viel anders. Es kommt jedoch darauf an, ob man selbst am Faden hängt oder andere daran aufhängen möchte. Im ersten Fall weist der Traum auf die eigene Abhängigkeit und Hilflosigkeit hin, aus der sich der Träumende befreien möchte. Dabei sollte man nicht immer nur an die berufliche Situation denken. In eine besondere Abhängigkeit kann man auch durch einen Partner geraten, dem man sexuell hörig ist, ferner durch Medikamente, Drogen, Kaufwut und andere Manien. Im Schlaf sind solche unbewussten Abhängigkeiten als Warnsignal fast körperlich zu spüren.

➔ Sucht

Markt Wer sich auf einem Markt sieht, darf sich zunächst freuen: Er ist kontaktfreudig, hat keine Probleme mit Menschen, fühlt sich in der Menge wohl. So wird es wohl auch im Wachleben, vor allem im Beruf sein. Wiederholt sich der Markttraum jedoch öfter, ist er ein Warnsignal. Man kann ihn dann auch als Furcht vor Einsamkeit und vor dem Verlassenwerden deuten. Diese Schlussfolgerung liegt vor allem dann nahe, wenn der Träumende sich plötzlich völlig allein auf dem Marktplatz wiederfindet. Er will dort sein, wo das Leben sprüht, und erkennt zu seinem eigenen Entsetzen, dass er total verlassen ist. In diesem Fall sollte sich der Träumende im Wachleben stärker auf sich selbst konzentrieren und sich um mehr Selbstbewusstsein bemühen.

Marmor »Marmor, Stein und Eisen bricht …« – diese Schlagerweisheit gilt nicht für die Welt der Traumsymbole. Hier steht der Marmor für Härte, Unnachgiebigkeit und Durchhaltevermögen. Vor allem ältere Menschen, die »es geschafft haben«, träumen von Marmor. Neben dem Stolz auf ihre Lebensleistung offenbaren sie damit auch ihre Freude an Luxus und Schönheit. Darüber hinaus zeugt Marmor – je nach Traumzusammenhang – auch von kalter Glätte, von kühlem Egoismus und von abweisendem Verhalten anderen Menschen gegenüber. Man »hat es geschafft«, aber nur auf Kosten anderer. Der Träumende spürt dann aus dem Unterbewusstsein einen Hauch von schlechtem Gewissen.

➔ Metall

Marter ➔ Folter

Maschine Bei den Traumbildern von Maschinen muss man unterscheiden zwischen konkreten Gegenständen wie einer Küchen- oder einer Waschmaschine und einer scheinbar sinnlosen, wirren, im Traum aber durchaus funktionsfähigen Maschine. Im ersten Fall spielen Tagesereignisse eine Rolle. Dann haben Maschinenträume keine allzu große Bedeutung. Anders sieht es mit der Maschine aus, die aus unüberschaubar vielen Einzelteilen zusammengesetzt ist, manchmal irgendwie bedrohlich wirkt und unermüdlich läuft und läuft. Angesichts eines solchen unerklärlichen Apparates befällt Träumende bisweilen die Angst vor dem Versagen oder dem Stillstand der mysteriösen, scheinbar aber wichtigen Maschine. In einem solchen Traum symbolisiert die Maschine die eigenen Körperfunktionen, wie zum Beispiel das Herz und die Atmung, deren Versagen lebensbedrohlich ist. In der Tiefenpsychologie ist die Maschine ein Bild für die vegetativen Lebensfunktionen.

Maske Träume von Masken haben vielfältige Bedeutungen. Wer im Traum eine Maske trägt, gibt sich seinen Mitmenschen gegenüber abweisend. Vielleicht hat er auch etwas zu verbergen, was sein Gegenüber auf keinen Fall wissen soll. Nicht zuletzt kann eine Maske auch den Wunsch nach Überlegenheit ausdrücken. Man bedient sich ihrer, um etwas zu erreichen, was man ohne die schützende Maske nicht wagen würde. Allgemein verrät die Maske im Traum Angst vor der Wahrheit oder seelischer Bloßstellung.

Masochismus Der Wunsch, das Lustempfinden durch Schmerz zu steigern, taucht gelegentlich auch in den Träumen von Frauen und Männern auf, die diese Form der Sexualität im Wachleben nicht praktizieren. Träume solcher Art haben meist einen anderen Hintergrund. Nach Enttäuschungen zum Beispiel fühlt man sich als Märtyrer, der am liebsten öffentlich zeigen möchte, wie sehr er sich verletzt fühlt. Mitleid tut gut, und das wollen die Träumer bis zum Exzess auskosten. Die Wechselbeziehung zwischen Schmerz und Selbstmitleid kann masochistische Träume auslösen. Der Träumende muss sich folglich keine Sorgen über einen versteckten Hang zum sexuellen Masochismus machen.

→ Sexualität
→ Vergewaltigung

Maturität Matura, Abitur, Reifeprüfung, in der Regel eines der wichtigsten Examen, geht vielen Menschen ein Leben lang nicht mehr aus dem Kopf. Immer wieder sieht man sich im Traum vor dem Kreis der gestrengen Prüfer und hat Angst vor dem Versagen. Die Matura steht aber im Erwachsenenleben nicht mehr für die Prüfung in der Schule, sondern für die Versagensängste im Alltag. Besonders hart trifft der Traum die Männer. Sie fürchten sich vor dem sexuellen Versagen, vor Impotenz.

→ Prüfung

Mauer Im Leben steht sie einerseits für Abgrenzung und Abwehr, andererseits für Unüberwindlichkeit und damit für Schutz, je nach dem, auf welcher Seite der Mauer wir uns befinden. Die Mauer stellt unter Umständen auch ein unüberwindliches Hindernis dar und erscheint als solches im Traum als Warnung vor verschuldeter oder freiwillig gewählter Isolation. Ist der Träumende ringsum von Mauern umgeben, leidet er unter Angstgefühlen. Er oder sie wähnt sich in einem Gefängnis, aus dem es kein Entrinnen gibt. Empfindet man die Mauer als Schutz, bedeutet ein Loch darin eine kleine Katastrophe. Die Öffnung wird als Verletzung der Intimsphäre, als Vertrauensbruch gewertet; das Loch kommt dann einer Wunde am Körper, oder schlimmer noch, an der Seele gleich.

→ Gefängnis

Maurer Einerseits empfinden wir den Maurer als hilfreich, und zwar dann, wenn er für uns eine Schutzmauer errichtet. Andererseits können wir uns durch ihn bedroht fühlen, weil er uns einmauern und damit in die Isolation treiben kann. Gegen die Ausgrenzung gilt es, sich zu wehren. Träume von Maurern sind typisch, wenn wir uns einerseits wünschen, mit Menschen in Kontakt zu kommen, andererseits die Scheu vor ihnen kaum überwinden können. Der

Maurer, der Steine aufeinander schichtet oder zu Boden wirft, symbolisiert unsere innere Zerrissenheit.
→ Mauer

Maus Schon die Traumdeuter des Mittelalters sahen in dem kleinen, flinken Mäuschen ein Symbol für das weibliche Geschlechtsorgan. Mausträume von jungen Männern deuten in diese Richtung. Bei Frauen verraten Mäuseträume die von Generation zu Generation weitergegebene Furcht vor den wuseligen Nagern. Davon abgesehen lassen sich sowohl weibliche als auch männliche Mäuseträume als nagender Kummer deuten, der im Wachleben immer wieder verdrängt wird. Wer das Signal aus dem Unterbewusstsein ernst nimmt, kann über die Ursachen und Hintergründe nachdenken und das auslösende Moment vielleicht beseitigen. – Gelegentlich träumen Männer und Frauen von großen Mäusescharen. Diese symbolisieren oft Sorgen, deren man nicht Herr wird.
→ Tierträume

Medikament → Arznei

Meer Das Meer ist wie das Wasser ein archaisches Symbol, dem lebensspendende Energie innewohnt. Einerseits hat das Meer in seiner schier unendlichen Weite etwas Bedrohliches, andererseits verheißt es dem, der die Angst vor der Grenzenlosigkeit zu überwinden vermag, neue, ersehnte Ufer. Das Meer ist somit ein perfektes Bild für die innere Zerrissenheit von Menschen, die die Hoffnung auf Besseres und die Sehnsucht nach Horizonterweiterung vorantreibt, auch wenn die Angst vor den unabsehbaren Gefahren sie zum Bleiben mahnt. Allgemein symbolisiert das Meer nicht nur die Sehnsucht nach Freiheit und Unabhängigkeit, sondern auch das kollektive Unterbewusstsein für Mütterlichkeit. So wie sich das Meer im Traum zeigt, ruhig oder stürmisch, ist die eigene Lebenssituation.
→ Wasser

Meister → Chef

Messer Sigmund Freud sah im Messer ein phallisch-sexuelles Symbol. Heute wird ein Messertraum differenzierter betrachtet, auch wenn die Freud'sche Deutung Bestand hat. Wer von einem Mann mit einem Messer verfolgt wird, der sollte sich den Problemen stellen, die ihn bedrücken. Wer im Traum ein Messer als Waffe benutzt, ist in diesem Augenblick sehr aggressiv. Allgemein deuten Messerträume auf Gefahren verschiedenster Art hin. Häufig raten sie den Träumenden, auf Kraftproben zu verzichten. Das Messer ist auch ein Symbol für Trennung: Man will etwas abschneiden, was man als bedrückend empfindet. Wer einem anderen Menschen im Traum ein Messer in die Hand drückt, ist zu feige, um seine Probleme selbst zu lösen. Er will die Verantwortung für die Konsequenzen eines tiefen Einschnittes – eines endgültigen Abschiedes zum Beispiel – nicht übernehmen. Seinen Mangel an Entschlusskraft bezahlt er damit, dass er sein eigenes Schicksal in die Hände anderer legt.
→ Sexträume

Metall Das Traumsymbol Metall hat Ähnlichkeit mit Marmor, denn es steht für Härte, Unbeugsamkeit und Festigkeit. Die aufgezählten Eigenschaften können jedoch nicht unbesehen als positiv gewertet werden. Träume von Metall warnen nämlich auch vor Gefühlskälte und Rücksichtslosigkeit. Manchmal deutet ein Metalltraum auch auf eine steife Persönlichkeit hin, die sich mit gesellschaftlichen Umgangsformen schwer tut.
→ Eisen
→ Marmor

Metzger Die Erfahrung zeigt, dass die Traumsymbole »Metzger« und »Schlachten« deutliche Unterschiede aufweisen. Im Traum zerschneidet der Metzger nämlich nicht nur Tiere, sondern auch den Träumenden selbst. Das mag grausam anmuten, aber auch wenn der Metzger Menschen Verletzungen zufügt, so ist es doch seine Absicht, Gutes vom Bösen zu trennen. Durch seine Arbeit gibt er dem Träumer deutliche Hinweise darauf, welche Einschnitte notwendig sind, um die anstehenden Probleme zu lösen.
➔ Messer
➔ Schlachten

Milch Die erste Nahrung, die wir zu uns nehmen, ist Milch. Taucht sie im Traum auf, haben wir angenehme Gefühle. Wie sie uns im Babyalter sättigt und Wachstum verleiht, so steht sie im Erwachsenenalter für Gewinn an Wissen und Erkenntnis. Die Traummilch kann auch einen noch unbefriedigten Wissensdurst signalisieren.
➔ Mutter

Militär Militärisches im Traum hat meist mit Disziplin und Strenge zu tun. Mehrere Deutungen sind möglich. Einmal mag sich der Träumende durchaus nach Disziplin im Sinne eines geregelten Lebens sehnen. Zum anderen kann der Traum ein Hinweis auf jene Strenge sein, der man sich nicht unterwerfen möchte, dic abcr – zum Beispiel in Beruf oder Sport – notwendig ist. Vielleicht versteckt sich hinter einem Soldatentraum auch das Gefühl, sexuell missbraucht zu werden. Manche Analytiker glauben, dass militärische Träume durch den Wunsch ausgelöst werden, für andere Führungsverantwortung zu übernehmen oder gar eigene Machtgelüste auszuleben.
➔ Macht
➔ Soldat

Millionär Wer träumt nicht auch tagsüber davon, reich und sorglos zu sein! Wer seine Tagträume mit in den Schlaf nimmt, erlebt kleine Glücksgefühle, seine Wünsche jedoch werden wohl kaum in Erfüllung gehen.
➔ Geld

Missgestalt Der Traum, verkrüppelt, hässlich oder irgendwie missgestaltet zu sein, gehört in die Reihe der schweren Alpträume. Die Furcht vor geistiger Missbildung gehört ebenfalls dazu. Es genügt, irgendetwas, was einem selbst wichtig erschien, nach eigener Einschätzung gründlich vermasselt zu haben, und schon taucht im Traum eine Gestalt wie der Glöckner von Notre-Dame, ein Gnom oder ein Zwerg auf. Dies sind deutliche Hinweise darauf, dass man sein Selbstvertrauen stärken und mit sich selbst nachsichtiger umgehen sollte. Es ist nicht auszuschließen, dass derartige Träume auch durch eine Portion Neid ausgelöst werden. Vielleicht hat man sich im Traum mit anderen, angeblich besser aussehenden oder erfolgreicheren Personen verglichen, wie zum Beispiel mit einem Nebenbuhler, dem Chef oder einem Star aus Film und Fernsehen. Allgemein machen Träume, in denen man sich als Missgestalt sieht, auf unterdrückte Neigungen und nicht ausgeschöpfte Begabungen aufmerksam.
➔ Invalidität
➔ Ungeheuer

Misshandlung ➔ Gewalt

Mittag Das entscheidende Duell im berühmten Film »High Noon« fand genau um zwölf Uhr mittags statt. Zu diesem Zeitpunkt steht die Sonne am höchsten und taucht alles in helles Licht. Licht aber bedeutet Kraft und Wissen. Wer öfter von diesem Zeitpunkt träumt, befindet sich auf dem Höhepunkt des Lebens, der Liebe, der Leistungsfähig-

M

keit, der Karriere, oder aber er möchte diesen Höhepunkt erreichen.

➔ Helligkeit
➔ Licht

Mitte Das Zentrum oder die Mitte ist im Traum schwer auszumachen, dennoch streben wir immer dorthin, denn »im Zentrum zu sein«, verspricht Sicherheit und Anerkennung. Wenn wir im Traum beispielsweise auf einen hohen Baum, einen Turm, ein großes Gebäude oder auf eine Insel zusteuern, so liegt dieses selbst gewählte Ziel nicht irgendwo an der Peripherie, sondern es bildet den Mittelpunkt der Szenerie. Ist das geträumte Ziel erreicht, hat man in seiner Persönlichkeitsentwicklung einen entscheidenden Schritt getan, ist also seiner eigenen Mitte näher gekommen. Wird man vorher durch äußere Umstände gestoppt, versagen die Beine den Dienst oder greifen die Hände ins Leere, dann ist das eine Warnung aus dem Unbewussten, dass wir uns von unserer Mitte entfernt haben, weil wir die eigenen Ziele zu hoch gesteckt haben.

Möbel Im Traum sieht man immer wieder ganze Zimmereinrichtungen, ein bestimmtes Möbelstück tritt jedoch meistens deutlicher als andere hervor. Sessel, Lehnstuhl oder Sofa drücken den Wunsch nach Ruhe und Entspannung aus, sie signalisieren aber auch einen Hang zur Bequemlichkeit. Der Traum vom Bett weist meist auf erotische Gefühle hin, kann aber auch Hort oder Versteck bedeuten. Wer sich zum Beispiel »die Decke über den Kopf zieht«, möchte sich vor der Umwelt verstecken und damit den Problemen aus dem Weg gehen. Ein solcher Traum sollte zum Nachdenken über die berufliche oder private Situation anregen. Ein Schrank steht im Traum ebenfalls häufig für ein Versteck, aber auch Ordnungsliebe. Ein Herd zeigt das Bedürfnis nach Wärme und Zuneigung an, ein Schreibtisch Ordnungsliebe, aber auch die Hoffnung auf berufliches Weiterkommen oder den Wunsch nach Selbstständigkeit. Wichtig ist, in welchem Zustand die Traummöbel – sie symbolisieren Bestandteile des seelischen Lebensraumes – sind. Ungepflegte Möbel verraten innere Schwächen oder Unsicherheit.

Mönch Die in manchen Lebenssituationen auftauchende Sehnsucht nach Einsamkeit, Enthaltsamkeit und geistiger Besinnung nehmen nicht wenige Menschen mit in ihre Traumnacht. Sie suchen Schutz vor allzu hohen Anforderungen, die tagsüber lärmend auf sie eingestürmt sind. Solche Träume entstehen oft in Stresssituationen, die man glaubt meistern zu können, gegen die sich das Unterbewusstsein jedoch wehrt. In vielen Fällen ist der Mönchstraum eine Aufforderung, besser auf die innere Stimme zu hören.

➔ Kloster

Mond Unser Erdtrabant, der durch seine Anziehungskraft Ebbe und Flut hervorruft, beeinflusst auch den menschlichen Lebensrhythmus. Viele behaupten zum Beispiel, dass sie bei Vollmond schlecht und unruhig schlafen. Träume vom Mond sind jedoch selten vom Umlaufzyklus abhängig. Träumen Frauen vom Mond – der übrigens in vielen Sprachen weiblich ist – suchen sie im Unterbewusstsein nach Kontakt zu anderen Frauen oder möchten ihr Verhältnis zu ihnen ergründen. Laufen Mondträume sanft und klar ab, ist die Träumende milde gestimmt, sie möchte ihr Verhältnis zu anderen Frauen friedlich gestalten, selbst gegenüber einer Rivalin. Fast nie vermitteln Mondträume etwas Unheimliches, Bedrückendes, Geheimnisvolles, eher spiegeln sich in ihnen romantische Gefühle. Männerträume vom Mond signalisieren, dass der Mann vor manchen Frauen, meist vor seiner neuen Partnerin, seine Scheu noch nicht abgelegt hat. Von einzelnen Mondphasen träumen Männer und Frauen seltener. Früher glaubte man, dass der abnehmende Mond Verlust, der zunehmende Gewinn bedeute. Seltene Träume von der Neumondphase, also einem Nachthimmel ohne Mond, deuten vor allem bei Männern darauf hin, dass sie auf einen Neubeginn im Liebesleben hoffen.

Monstrum Das Aussehen von Monstren ist nicht festgelegt, sie zeichnen sich aber in jedem Fall durch eine alles dominierende gewaltige Größe und abschreckende Hässlichkeit aus. Wer ihnen im Traum begegnet, muss zwangsläufig an ihnen hochschauen, auch wenn er sie am liebsten ignorieren würde. Dadurch verstärkt sich das Gefühl von Minderwertigkeit und Wehrlosigkeit noch. – Vor allem Frauen sehen im Traum Tiermenschen, wie Zentauren, Gestalten mit Vogelköpfen oder Bocksfüßen, Schlangen mit vielen Menschenköpfen usw. Meist hadern diese Frauen mit sich selbst, weil sie einerseits beruflichen Erfolg anstreben, andererseits die dafür zu bringenden Opfer als zu hoch empfinden. Die wirklichen Hindernisse auf ihrem Lebensweg verwandeln sich im Traum in monströse Wesen.
→ Ungeheuer

Moor → Sumpf

Moos Weiches, zartes Grün auf einer Waldlichtung, das wir im Traum sehen, deutet auf friedliche, nicht selten auch romantische Gefühle hin. Der oder die Träumende befindet sich in einem seelisch stabilen Zustand oder wünscht ihn sich zumindest herbei. Ist das Moos unansehnlich oder schmutzig, muss man sich vor Triebwünschen und unklaren Gefühlen hüten.

Morast → Sumpf

Mord Träume von Mord oder einem Mörder haben höchst selten mit einem Verbrechen zu tun. Sie sind ein Symbol dafür, dass man irgendetwas, was bisher im Leben eine wichtige Rolle spielte, aufgeben – sozusagen abtöten – muss. Das kann eine seelische Bindung, ein Gefühl der Liebe oder eine nutzlos gewordene Fähigkeit sein. Die Figur des Mörders kann am Ende eines wichtigen Lebensabschnitts auftauchen, den man so nicht oder noch nicht gewollt hat. Mordträume richten sich symbolisch oft gegen die eigene Person.

Morgen Er beendet die Dunkelheit der Nacht. Im Traum erlebt man die übertragene Bedeutung, der Morgen vertreibt Unklarheiten, stoppt finstere Gedanken, verheißt einen Neuanfang. Das Sonnenlicht breitet sich strahlend über einer neuen Zukunft aus. Träume vom Morgen bedeuten Hoffnung, aber nicht die bangende, zaghafte Hoffnung, sondern die optimistische Einstellung, dass alles gut gehen wird.

Morgenrot Wie die Träume vom erwachenden Morgen verheißen auch Träume vom Morgenrot Gutes für den Tag, den neuen Lebensabschnitt, die Unternehmungen, das Ich. Dennoch enthält das geträumte Morgenrot eine leise Mahnung zur Vorsicht. Man sollte seinem Optimismus nicht rückhaltlos vertrauen.

Motor → Maschine

Motorrad Der Träumende liebt das Gefühl von Unabhängigkeit und persönlicher Freiheit. Oft empfindet er in Motorradträumen ein wenig Cowboyromantik, fast immer aber fühlt er sich stark und energiegeladen. Träume von wilden Motorradfahrten warnen vor Leichtsinn und einem Mangel an Um-

M

sicht. Viele Träumer fühlen neben der Freude an der rasanten Fahrt auch eine unterschwellige Angst, eine Warnung vor allzu großer Risikobereitschaft im Wachleben

➔ Auto

Motte Diese gefräßigen Insekten zerfressen die schönsten Wollsachen und Kleider. Sie symbolisieren im Traum seelische Zerstörung. Treten ganze Schwärme von Motten auf, dann bedrücken den Träumenden Verlustängste. Manchmal weisen sie auf Schwierigkeiten im Umgang mit Menschen hin, die dauernd ausweichen, kaum zu fassen sind und uns stark verunsichern.

➔ Insekten

➔ Tierträume

Mücke ➔ Insekten

Müll ➔ Kehricht

Mumie Im alten Ägypten und bei manchen Indianerstämmen in Südamerika wurden die Körper der Toten in Tücher gewickelt, um sie für die Ewigkeit vor dem Verfall zu bewahren. Träume von Tüchern und Decken, in die wir etwas einwickeln, um es zu konservieren, haben damit zu tun. Der Träumende will etwas festhalten, unvergänglich machen. Es ist ein verzweifelter Akt, denn man bemerkt sogar im Traum die Vergeblichkeit seines Tuns. Manchmal machen Mumienträume darauf aufmerksam, dass man sich von alten Vorstellungen lösen und neue Lebensformen prüfen muss.

➔ Decke

➔ Leiche

Mund Er hat im Leben viele Funktionen. Er dient der Atmung und der Nahrungsaufnahme, der Kommunikation und den Gefühlen. Dichter und Denker haben den Mund als »Tor zur Seele« bezeichnet. Im Traum symbolisiert der Mund das Bedürfnis zu menschlichem Kontakt. Wenn der Kuss eine Rolle spielt, haben Frauen und Männer erotische Wünsche.

➔ Kuss

Münze ➔ Geld

Muschel Ein sehr weibliches Symbol ist die Muschel. Die griechische Göttin Aphrodite, die Schaumgeborene, entstieg einer Muschel. Deren Form erinnert an das weibliche Geschlechtsorgan und verrät in Männerträumen erotische Wünsche. Eine geschlossene Muschel deutet weibliche Unberührtheit an. Wer im Traum eine Muschel öffnet, verrät ein Geheimnis. Wer in der Schale eine Perle findet, glaubt an glückliche Zufälle.

Museum Geträumte Bilder von einem Museum sind selten etwas anderes als verschüttete Erinnerungen. Das Unterbewusstsein lässt Szenen aus früheren Zeiten, aber auch aus der jüngsten Vergangenheit auftauchen. Das Traummuseum konfrontiert den Träumenden mit einem Abschnitt aus seinem Leben, mit dem er noch nicht fertig geworden ist.

➔ Bild

Musik Wer von zündender, fröhlicher und vor allem rhythmischer Musik träumt, freut sich auf ein schönes Erlebnis und ist guter Stimmung. Langsame, getragene Musik spiegelt innere Konflikte wider, die der Träumende aus dem Wachleben ungelöst mit in den Schlaf hinübergenommen hat und vor denen er sich fürchtet. Traurige Musik zeigt Trauer an. Schrille Musik weist auf innere Anspannung oder Schwierigkeiten in der Umgebung hin.

➔ Tanz

Mutter Die erste Beziehung, die ein Mensch entwickelt, ist die zu seiner Mutter. Frauen und Männer träumen oft von der Mutter. Meistens spiegelt das Traumgeschehen die innere Einstellung ihr gegenüber wider. Die Mutter kann die Autorität des Weiblichen und das Gütige darstellen. Wer sich mit seiner Mutter nicht gut versteht oder verstanden hat, der fürchtet sich nicht selten im Traum vor ihr; möglicherweise erscheint sie gar als Hexe oder in Tiergestalt. Will sich ein junger Mensch von seiner Mutter lösen, tritt diese häufig als zornige Despotin oder strenge Lehrerin auf, die den Träumenden einzuschüchtern versucht. Wer bei ihr Trost und Hilfe sucht, dem kann sie als liebevolle Nährmutter erscheinen. Wer mit seiner Mutter in der letzten Zeit kaum noch Kontakt hatte, bei dem meldet sich mit dem Muttertraum das schlechte Gewissen. Wer sehr liebevoll von seiner Mutter träumt, der vermisst entweder sie oder die seelische Wärme, die sie dem Träumenden zu geben vermochte. Erscheint die Mutter sehr häufig im Traum, fehlt dem männlichen Träumer der Wille zur Selbstständigkeit. Mutterträume müssen nicht unbedingt auf die leibliche Mutter hindeuten. Sie lassen sich, je nach dem Zusammenhang des Traumgeschehens, auch als Sehnsucht nach Geborgenheit und liebevoller Zuneigung interpretieren. Der eigentliche Adressat solcher Träume ist dann in den meisten Fällen der erhoffte oder vorhandene Partner, von dem man mehr Liebe und Zuwendung erwartet.

Mutterbrust → Brust

Mütze → Hut

Nabel Menschen, die von einem Nabel träumen, halten sich nicht selten selbst für den »Nabel der Welt«. Ständig rücken sie sich in den Mittelpunkt und betreiben selbstverliebt Nabelschau. Nabelträume sollten selbstkritisch betrachtet werden, vor allem wenn sie sich öfter wiederholen. In vielen Fällen weisen sie auf eine egozentrische Persönlichkeit hin, manchmal signalisieren sie auch einen Mutterkomplex oder die Abhängigkeit von einem anderen Menschen.

Nachbar Gute und böse Nachbarn tauchen in Träumen häufig auf. Gelegentlich begegnen uns unsere wirklichen Nachbarn, meistens jedoch sind es völlig unbekannte Personen, die uns als Nachbarn erscheinen. Sind uns diese Menschen wohlgesonnen, deutet das auf den Wunsch nach harmonischen zwischenmenschlichen Beziehungen hin. Tauchen immer wieder böse Nachbarn auf, warnen sie uns vor allzu großer Vertrauensseligkeit gegenüber Fremden.
→ Bekannte

Nacht Die Nacht, die man im Traum erlebt, symbolisiert in der Regel Entspannung. Schwere Nachtträume stammen aus dem Unbewussten und machen auf vorhandene oder unterdrückte Ängste aufmerksam.
→ Dunkelheit

Nacktheit Im Traum hat die Nacktheit selten erotische Bedeutung. Wer sich ohne Scham nackt sieht, möchte so gesehen werden, wie er wirklich ist.
→ Akt
→ Kleider- und Nackttträume

Nadel Lange Zeit hat man die Nadel als eines der vielen Symbole für das männliche Glied gedeutet. Im Nadeltraum aber geht es weniger um Geschlechtsverkehr als um die schmerzhafte Durchbohrung des Körpers mit einem langen,

N

dünnen Gegenstand. Solche Träume lassen sich als Angst vor der Beschädigung des Körpers oder der Seele deuten. Der Träumende sollte dann über seine Überempfindlichkeit nachdenken. Träume von Nähnadeln weisen auf Fleiß und Kreativität hin.
→ Spritze

Nagel Der umgangssprachliche Ausdruck »einen Nagel einschlagen« bedeutet, dass endlich Schluss sein muss mit langen Debatten und theoretischen Überlegungen. Die Deutung eines Nageltraums ist davon nicht weit entfernt. Der oder die Träumende will sich aus einer unangenehmen Situation befreien, einen Schlussstrich ziehen. Der Traum kann aber auch signalisieren, dass wir Geistiges verbinden oder Menschen zusammenbringen wollen. Ganz andere Bedeutung haben Fuß- und Fingernägel: Schneidet der Träumende sie ab, fürchtet er Verluste, sieht er schöne starke Nägel, kann er sich auf sein Durchhaltevermögen verlassen.
→ Nadel

Nahrungsmittel Auch im Traum essen wir gut oder schlecht, genießen das eine und ekeln uns vor dem anderen. Wer im Traum genießt oder sich nach kulinarischen Besonderheiten sehnt, erlebt oder erwartet Positives. Es geht allerdings nicht nur um die physische Befriedigung, sondern auch um den geistigen oder seelischen Genuss. Hinter solchen Träumen steht zum Beispiel die Hoffnung auf Erfolge im zwischenmenschlichen Bereich. Träumen wir von Übersättigung, die Völlegefühle auslöst, oder spüren wir Widerstand gegen die Traumspeise, ist vielleicht ein schweres Abendessen der Auslöser. Gutes Essen kann mit der oralen Befriedigung zu tun haben, die Sigmund Freud als die erste Phase der Sexualentwicklung gedeutet hat. Für die Traumdeutung wichtige Nahrungsmittel werden in diesem Lexikon einzeln vorgestellt.
→ Brot
→ Fisch
→ Fleisch
→ Gemüse
→ Obst
→ Salat
→ Salz
→ Spargel
→ Zitrone
→ Zucker
→ Zwiebel

Narbe Schmerzt sie im Traum, dann denken wir an alte Verletzungen, die nicht ausgeheilt sind oder sogar wieder aufbrechen. Gemeint sind hier weniger körperliche vielmehr seelische Verletzungen, die wir erlitten haben. Sie können sehr weit zurück in der Vergangenheit liegen. Narbenträume fordern uns auf, im Wachleben darüber nachzudenken, wie wir der Schmerzen Herr werden können. Einerseits demonstrieren sie uns die Tiefe der Verletzung oder Enttäuschung, andererseits warnen sie uns vor übergroßer Empfindlichkeit und Selbstmitleid. Träumen wir von Narben am Körper eines anderen, dann ist zu vermuten, dass wir einen Mitmenschen seelisch verletzt haben und das bereuen. Wiederkehrende Narbenträume fordern uns auf, eine unangenehme, peinliche Sache aus der Welt zu schaffen.
→ Verletzung
→ Wunde

Narkose Es gibt wohl kaum einen Menschen, der sich vor einer Narkose nicht fürchtet. Im Traum hingegen wird sie oft herbeigesehnt. Im Allgemeinen deutet man diesen Wunsch als einen Versuch des Träumenden, vor unangenehmen Tatsachen zu fliehen. Möglich ist auch, dass ihn die Furcht vor seelischer Entblößung dazu treibt, sich die Betäubung seiner Sinne zu wünschen.

N

Wiederholt sich der Traum von einer Narkose öfter, dann ist dies eine Aufforderung, sich unangenehmen Dingen im Wachleben zu stellen. Narkoseträume können auch als Furcht vor dem Tod interpretiert werden. Man hofft auf ein sanftes, schmerzfreies Ende.

→ Decke

Nase Wenn eine Frau von einer ihr besonders auffallenden Männernase träumt, hat sie vielleicht sexuelle Bedürfnisse. Manchmal ist ein Nasentraum ein Hinweis auf ein allzu neugieriges Verhalten. Eine schöne, wohlgeformte Traumnase verrät, dass die Träumerin mit ihrem Partner zufrieden ist. Sieht sie eine hässliche Nase, ist das Gegenteil der Fall. Nasenbluten im Traum bedeutet Verlust.

Mit der Nase ist auch das Riechen verbunden. Die saloppe Redewendung vom Menschen, »den man nicht riechen kann«, gilt auch im Traum nicht selten fast wörtlich. Man wird zwar kaum einen spezifischen Geruch oder Duft identifizieren können, wohl aber die Empfindung »angenehm« oder »abstoßend«, also Zufriedenheit oder Widerwillen. Diese Eindrücke können sich im Traum nicht nur auf einen Partner, sondern auch auf den Chef oder andere Menschen aus der näheren Umgebung beziehen. Nicht zuletzt gibt es im Traum – nicht anders als im Wachleben – Angelegenheiten, »die einem stinken«. Ist man im Traum mit einer solchen konfrontiert, deutet das auf inneres Unbehagen hin.

→ Duft
→ Gestank
→ Riechen

Nebel Im Wachleben nimmt uns Nebel die Sicht. Im Traum steht der Nebel ebenfalls für ein Hindernis. Er symbolisiert nicht selten Hemmungen, die uns im Alltag oder – je nach Traumzusammenhang – auch im sexuellen Bereich im Wege stehen. Möglicherweise deutet er auch auf Misstrauen hin. Man möchte die wahren Absichten eines anderen Menschen durchschauen, weil man sich seiner nicht sicher ist. Dabei fürchtet man nicht etwa materiellen, sondern vielmehr seelischen Schaden. Manchmal ist der neue Partner, die neue Partnerin gemeint. Solche Träume sind Warnsignale. Seltener spricht ein Nebeltraum gegen einen Geschäftspartner, Chef oder Kollegen, eher verrät er Selbstzweifel.

→ Nelke
→ Blumen und Pflanzenträume

Nest Fehlt die Nestwärme, die Familie, die Zuneigung von Kollegen und anderen Menschen, dann stellen sich manchmal Träume vom wärmenden, beschützenden Nest ein. Sie spiegeln die Sehnsucht nach Geborgenheit. Nestträume können aber auch ein positives Zeichen sein: Der oder die Träumende ist rundum zufrieden, freut sich über das behütete Leben im Kreis der Familie oder mit dem Partner und fühlt sich im Berufsleben gut aufgehoben. Der Traumzusammenhang gibt Hinweise darauf, wie der Traum gedeutet werden muss. Vielleicht verrät ein Nesttraum auch sexuelle Wünsche.

Netz Ähnlich wie im Nest kann man sich auch in einem Netz geborgen fühlen. In der Regel jedoch weisen Netzträume auf Gefangenschaft, auf Verstrickung in Probleme und schlimme Situationen hin. Im Traum ist der Kampf gegen die Fesselung durch das Netz oft nicht zu gewinnen. Deshalb zeigen Netzträume, dass wir uns in gewisse Abhängigkeiten begeben haben, die wir zwar erkennen, von denen wir uns jedoch noch nicht befreien können.

→ Zahlen
→ Falle

Nixe Das Traumbild von der »Dame ohne Unterleib« – er ist bei der Nixe

durch einen Fischschwanz ersetzt – weist beim Mann auf sexuelle Schwierigkeiten hin. Er hat bei der Partnerin (noch) keinen Erfolg, kommt nicht zum Zug oder wird von ihr abgelehnt. Möglich ist auch, dass sie sich ihm völlig emotionslos hingibt. In diesem Fall sollte der Träumer seine Beziehung ernsthaft in Frage stellen. Frauenträume von Meerjungfern spiegeln das Gegenteil wider: Die Träumerin ist mit ihren sexuellen Gefühlen im Reinen und fühlt sich wohl.
➔ Sexträume

Nonne Frauen träumen kaum von Mönchen, eher von Nonnen. Die Bilder sollte man jedoch nicht gleichsetzen. Während der Mönch Askese, Abgeschiedenheit und Selbstdisziplin symbolisiert, steht das Bild der Nonne eher für seelische Reinheit, Geborgenheit und Gemeinschaft. Frauen, die von einem Dasein als Nonne träumen, haben kein Verlangen nach Keuschheit oder sexueller Enthaltsamkeit. Die im Traum erscheinende Nonne symbolisiert viel häufiger die Sehnsucht nach der Mutter.
➔ Mönch

Null Die Null wird vielfach nicht als Zahl angesehen. Die Traumdeutung macht da keine Ausnahme. Die geträumte Null steht für Versagen, Frustration und Enttäuschung. Wiederholen sich Träume von einer oder vielen Nullen, dann sollte man über sein Selbstwertgefühl nachdenken und im Wachleben versuchen, Schüchternheit, Hemmungen und Minderwertigkeitsgefühle abzubauen.
➔ Zahlen

Nummern ➔ Zahlen

Nuss Sie wird vielfach als Symbol für das weibliche Geschlechtsorgan gedeutet. Näher liegt jedoch ein Bezug zur seelischen Befindlichkeit. Die harte Frucht steht für Verschlossenheit, Egoismus und seelische Härte. Das schmackhafte, nährstoffreiche Innere der Nuss hingegen lässt sich als Wunsch nach geistiger Nahrung deuten, nach Bildung, um die man andere Menschen beneidet. Man sieht sich im Traum auf dem Weg dahin, das Unbewusste weiß aber, wie steinig er ist.

Nymphe Männer, die von Nymphen träumen, sehnen sich nach Naturverbundenheit, sind im Wachleben meist auch aktive Naturfreunde. Das Bild der Quellennymphe erscheint auch Frauen im Traum. Diese haben einen Hang zur Romantik. Dass solche Träume etwas über die Veranlagung zur Nymphomanie aussagen sollen, ist absurd. In der antiken Göttervorstellung – die Nymphen waren Töchter des Zeus – standen die Wesen für unbändige Lebenskraft.
➔ Nixe

Oase Manche Menschen, die einen Zufluchtsort brauchen, träumen von einer Oase. Vielleicht haben sie Schwierigkeiten, mit denen sie nicht fertig werden. Die Suche nach einem Ausweg endet im Traum manchmal auf einem grünen Eiland mitten in der Wüste. Das bedeutet allerdings nicht, dass damit die Probleme bereits gelöst sind. Der Traum symbolisiert lediglich das Streben nach einer Lösung. Oasenträume können auch ganz realistische Wünsche widerspiegeln. Man braucht Ruhe, Erholung, eine gewisse Abgeschiedenheit und Glück. Wo wäre das alles besser zu finden als in einem grünen Traumparadies mitten in der Wüste, die Einsamkeit verheißt. Oasenträume haben eine etwas andere Bedeutung als Inselträume, obwohl sie in gewisser Weise miteinander verwandt sind.
➔ Insel
➔ Wüste
➔ Einsamkeit

Obst Eine ganze Reihe von Obstsorten haben viel mit Erotik und sexuellen

Wünschen oder Vorstellungen zu tun. Der Pfirsich steht hier für viele andere. Handelt der Traum ganz allgemein von Obst, einem Korb voller Früchte oder einem fruchtreichen Obstgarten, ist der Wunsch darauf gerichtet, sich selbst zu versorgen, seine Angelegenheiten persönlich regeln zu können. Die Träumenden sind sich ihrer Selbstständigkeit bewusst oder wollen sie anderen Menschen gegenüber endlich durchsetzen. Gelegentlich tauchen im Traum angeschlagene, faulende Früchte auf. Sie können auf bitteren Verzicht, auch auf sexuellem Gebiet, hinweisen. Meist spielen in Obstträumen einzelne Früchte eine größere Rolle als der Begriff »Obst« schlechthin.

→ Apfel
→ Beeren
→ Pfirsich
→ Pflaume

Ofen Bleibt er im Traum kalt, ist davon auszugehen, dass der oder die Träumende recht gefühlskalt ist oder kürzlich so gehandelt hat. Der kalte Ofen muss jedoch keineswegs mit einer unabänderlichen Charaktereigenschaft zu tun haben, sondern kann auch eine vorübergehende Gemütslage signalisieren. Vielleicht sind wir über jemanden verärgert, dem wir nun die kalte Schulter zeigen. Ein warmer Ofen weist auf das Bedürfnis nach Behaglichkeit und Schutz hin, aber auch auf die Warmherzigkeit des Träumenden.

→ Kälte
→ Wärme

Offizier Wenn Frauen von einem Offizier träumen, lässt das Rückschlüsse auf ihre geistige Haltung gegenüber einem Mann oder Männern schlechthin zu. Sie wollen geführt werden. Die Uniform des geträumten Offiziers symbolisiert das Gefühl, unselbstständig zu sein. Bei Frauenträumen von einem Offizier kann auch Masochismus eine gewisse Rolle spielen. Männerträume von einem Offizier können ähnliche Hintergründe haben. Häufiger liegt ihnen jedoch der Wunsch nach Disziplin und Führungsverantwortung oder eine gewisse Abenteuerlust zu Grunde.

→ Uniform

Ohnmacht Im Wachleben erfolgt sie ohne unser bewusstes Zutun. Deshalb fürchten wir sie wie alles, auf das wir keinen Einfluss nehmen können. Gemäß der sprichwörtlichen Redensart »Vor Freude ohnmächtig werden« befällt die Ohnmacht im Traum nur Menschen, für die eine glückliche Fügung eingetreten ist. Dies kann ein überraschend eingetretenes und lange herbeigesehntes Ereignis, ein überwältigendes Geschenk oder ein unerwarteter Gewinn sein. Ohnmachtsträume spiegeln somit die Wünsche und Hoffnungen der Träumenden wider, aber sie enthalten keinerlei Garantie dafür, dass diese Wunschvorstellungen auch in Erfüllung gehen werden.

Ohrfeige Träume von Ohrfeigen sind zwar nicht häufig, weisen aber recht direkt auf die Bedeutung hin, die eine Ohrfeige auch im Wachleben hat. Hier ist nicht die körperliche Züchtigung gemeint, sondern die moralische Demütigung. Träume dieser Art werden oft ausgelöst durch eine Blamage, eine Enttäuschung, eine Rüge, die es tatsächlich gegeben hat. Wiederholt sich der Traum des Öfteren, lohnt es sich, über Dinge nachzudenken, die man im Wachleben möglicherweise nicht richtig gemacht hat.

Olive Träume von Oliven – egal ob grün oder schwarz – sind in der Regel ziemlich diffus. Die Frucht ist nicht eindeutig erkennbar, dennoch weiß man im Traum erstaunlicherweise sehr genau, dass es sich um Oliven handelt. Wahrscheinlich liegen dem Traum Ereignisse oder Wünsche zu Grunde, die im Bereich des Verbotenen liegen. Eine andere Interpretation besagt, dass Oliventräume viel mit häuslicher Sorgfalt und umsichtiger Haushaltsführung – also typisch weiblichen Attributen – zu tun haben.

Omnibus → Bus

Oper Die Oper ist im Traum ein festliches Ereignis. Träumende fühlen sich wohl in aufwändiger Kleidung und eleganter Umgebung. Sie möchten ihren eigenen Auftritt haben. Dieser Wunsch weist auf Selbstüberschätzung hin, vielleicht sogar auf ein gewisses Maß an Angeberei. Wer sich im Traum unversehens auf der Opernbühne sieht, dem versagt zuweilen auch die Stimme. Er kann nicht mithalten, blamiert sich. In diesem Fall gibt das Unterbewusstsein das Signal, sich mit seiner eigenen Überheblichkeit auseinander zu setzen.

Operation Sie ist ein einschneidendes und unwiderrufliches Ereignis, das auf eine starke innere Veränderung hindeutet. Wer im Traum seiner eigenen Operation beiwohnt, hat im Wachleben mit Schwierigkeiten zu kämpfen, die ihn überfordern. Deshalb hofft er auf eine Operation. Gleichzeitig fürchtet er sich aber auch vor dem Eingriff, weil er keineswegs sicher ist, dass seine Probleme dadurch gelöst werden. Operationsträume schickt das Unterbewusstsein, um den Schlafenden vor seelischen Störungen zu warnen. Wird der Träumende erfolgreich operiert, hat seine seelische Gesundung begonnen.
→ Arzt

Opfer Man muss unterscheiden, ob man im Traum das unfreiwillig leidende Opfer ist oder ob man »bewusst« ein Opfer – vielleicht sogar zu Gunsten anderer – bringt. Im ersten Fall bemitleiden die Träumenden sich selbst, ja gefallen sich womöglich in ihrer Opferrolle. Ihr Opfer besteht möglicherweise darin, dass sie – zum Beispiel wegen einer vorhandenen oder drohenden Krankheit – eine bestimmte Gewohnheit aufgeben müssen. Darunter leiden sie, und dafür erwarten sie ein gewisses Maß an Mitleid. Im zweiten Fall reißt sich die Träumerin selbst an den Zügeln und verzichtet auf Liebgewonnenes. Das kann sogar ein Partner sein. Das Opfer ist also ein selbst gewählter Verzicht. Wenn sich ein solcher Opfertraum wiederholt, betont er die Vernunftgründe, die für eine solche Entscheidung sprechen.
→ Masochismus

Orchester Wer im Traum ein Orchester dirigiert, darf davon ausgehen, dass er Führungsqualitäten hat und diese auch ausleben möchte. Er oder sie ist in der Lage, auch eine größere Anzahl von Menschen zu beeinflussen und zu führen. Orchesterträume können aber auch darauf hindeuten, dass die Träumenden sich selbst überschätzen und im Mittelpunkt stehen wollen, obwohl sie diese Position gar nicht ausfüllen können. Diese Deutung liegt besonders dann nahe, wenn die Träumenden plötzlich selbst im Orchester sitzen. Als »Musiker« spüren sie zwar die Harmonie der Töne und damit Wohlbehagen. Dieses Glücksgefühl findet jedoch eine jähes Ende, wenn der Dirigent den Einsatz für eine Solopartie gibt und sich herausstellt, dass die Träumenden das Instrument mitnichten beherrschen. Es kommt kein Ton heraus. Die Blamage ist groß, die Harmonie der Töne dahin, und von Wohlbehagen ist nichts mehr zu spüren. Es liegt auf der Hand, dass ein solcher Traum Anlass sein sollte, die eigene Selbsteinschätzung kritisch zu hinterfragen.
→ Oper

P

Orchidee Die schönsten und wertvollsten Blumen der Welt tauchen auch in unseren Träumen auf. Wie viele andere Blüten zeigen sie dem oder der Träumenden starke erotische Gefühle an. Ein Orchideentraum verrät darüber hinaus das Bedürfnis, sich mit teuren Dingen, mit Luxus zu umgeben.
➔ Blumen- und Pflanzenträume

Orden Träume von Orden lassen nicht immer eine eindeutige Interpretation zu. Erhalten andere eine Auszeichnung, bewundern die Träumenden einen Menschen aus ihrer Umgebung oder einen Prominenten ohne jedes Gefühl des Neides. Das lässt sich als Wunsch deuten, den geehrten Persönlichkeiten nachzustreben und ähnliche Leistungen zu vollbringen. Ist die eigene Brust ordensgeschmückt, zeugt das von überzogener Selbsteinschätzung, Angeberei und eitlem Streben nach Prominenz.
➔ Mitte
➔ Orchester
➔ Oper

Orgie Lange hat man angenommen, dass Träume von Orgien fast ausschließlich mit dem starken Drang zu tun hätten, sich sexuellen Wünschen hemmungslos hinzugeben. Inzwischen wissen wir, dass Orgienträume auf überschüssige Energie hinweisen, die wir im Wachleben nicht ausleben können. Dass auch die sexuelle Komponente dabei eine Rolle spielt, lässt sich nicht bestreiten, sie ist aber nicht die alleinige Triebfeder. In der Regel will der Träumende sich bestätigen und hat ein großes Bedürfnis von der ganzen Welt geliebt zu werden. Das legt zumindest den Verdacht nahe, dass er sich selbst überschätzt.
➔ Mitte
➔ Musik
➔ Orchester
➔ Oper
➔ Sexträume

Orkan ➔ Sturm

Ozean ➔ Meer

Packen Aus- oder einpacken, wegpacken, zusammenpacken: Im Traum wird viel gepackt. Den Träumer hat – um im Bild zu bleiben – die Ordnungswut gepackt. Meist deutet ein solcher Traum auf eine von Ordnung und Disziplin geprägte Lebenshaltung hin. Man räumt nicht nur Gegenstände auf, um Ordnung auf dem Schreibtisch oder in der Wohnung zu halten. Aufräumen, in seinem Leben Ordnung schaffen, hat mit der geistigen und seelischen Haltung zu tun. Packt der oder die Träumende fröhlich einen Koffer, kann eine Reise geplant sein, auf die man sich freut. Häufig signalisiert dieser Vorgang auch Ende oder Anfang eines Lebensabschnitts.
➔ Gepäck
➔ Paket

Paket Ein Paket, das im Traum geschleppt werden muss, weist auf schwere Probleme im Leben hin. Beim Öffnen des Pakets gibt sich das Unterbewusstsein zu erkennen, längst Vergessenes kommt ans »Tageslicht«. Solche Träume können sehr intensiv sein und den Träumenden nach dem Aufwachen belasten. Pakete, die man im Traum erhält, symbolisieren oft konkrete oder geistige Geschenke, die man gern entgegennimmt. Wer hingegen etwas einpackt, will sich von einem Problem befreien.
➔ Gepäck
➔ Packen

Palme Sie verrät die Sehnsucht nach Ferne, Sonne, Wärme, exotischen Stränden und Inseln. Das wohlbekannte Bild von grünen Palmen und blauem Meer bedarf keiner besonderen Deutung. Anders jedoch sind Palmenträume zu werten, die ohne Bezug zum Wunschdenken entstehen. In diesem Fall symbolisieren

Palmen oder Palmzweige den Frieden, nach dem man sich sehnt oder den man sich für sich und sein Umfeld wünscht.

Panne Unser Leben ist stark vom Auto geprägt. Es muss zuverlässig sein. Eine Panne hat oft unangenehme, Zeit raubende und teure Folgen. Der Pannentraum macht auf ein Hindernis aufmerksam, das nur unter großen Schwierigkeiten zu überwinden ist. Man muss sich anstrengen, und das fühlt man im Traum fast körperlich. Noch schlimmer sind Träume, in denen die Bremsen des Wagens versagen. Sie zeugen von der Hilflosigkeit, mit der man einem unausweichlichen Hindernis entgegenrast. Solche Träume warnen vor einer überstürzten und zu wenig durchdachten Problemlösung im privaten oder beruflichen Bereich.
➔ Auto

Pantoffel Wer in ausgetretenen Pantoffeln vor sich hinschlurft, gibt das Bild eines bequemen, vielleicht sogar unordentlichen, desinteressierten Menschen ab. Ein Pantoffeltraum verrät manchmal den Hang zu Gemütlichkeit und Ruhe.
➔ Schuh

Panzer Sehen wir im Traum einen Panzer im Sinn einer ehernen Ritterrüstung, haben wir Angst vor Verletzungen. Wir wollen uns einen seelischen Panzer zulegen, der alles Unangenehme abwehrt, an dem Beleidigungen und Angriffe abprallen. Es ist kaum bestreitbar, dass hier Unsicherheit erkennbar wird, die uns im Wachleben begleitet. Man sollte darüber nachdenken, wenn sich der Traum öfter wiederholt. Der rollende Panzer als unheimliches Kampffahrzeug zeigt eine ganze Portion Aggressivität und Brutalität. Die Träumenden wollen sich rücksichtslos durchsetzen.

Papier Weißes Papier dient auch im Traum zum Schreiben, Skizzieren oder Malen. Wir möchten etwas festhalten, konservieren, für die Ewigkeit bewahren. Häufiger zeigt sich in Papierträumen allerdings Unsicherheit. Man fürchtet, dass das Gesagte alleine nicht genügt, weil der Angesprochene uns nicht versteht oder verstehen will. Um unsere Gedanken oder Absichten überdeutlich zu machen, werden Striche und Linien gezogen, Konfigurationen entworfen, Skizzen angefertigt, aber das gelingt nicht immer. Im Traum verzweifeln wir dann fast an unseren erfolglosen Bemühungen. Solche Situationen erinnern an die bleiernen Füße, die uns am Vorwärtskommen hindern. Eine weitere Interpretation sagt, dass wir sorgfältiger planen müssen, um den richtigen Weg zu finden.

Paradies Das Paradies erscheint als der Ort aller Glückseligkeiten. Streben wir es im Traum als Ideal an, sehnen wir uns nach Ruhe, Harmonie und Erfüllung. Ist das Paradies im Traum bereits erreicht, zeugt das nächtliche Erlebnis von Zufriedenheit. Man ist am Ziel und wunschlos glücklich.
➔ Oase

Parlament Im Traum – anders als im Wachleben – geht es im Parlament keineswegs drunter und drüber. Vielmehr äußert sich hier die Hoffnung auf gute, letztlich erfolgreiche Debatten mit anderen Menschen. Wer tagsüber in seinen Gedanken und Worten häufig unterbrochen wird, möchte im Traum ausreden. Und er hat Wichtiges zu sagen! Psychoanalytiker deuten Träume vom Parlament deshalb als einen Widerhall der sozialen Einstellung und Mitverantwortung, die man übernommen hat oder gerne übernehmen möchte.

Pass Welch ein Alptraum, irgendwo an einer Grenze zu stehen (heutzutage wohl häufig ein Flughafen) und sein ersehntes

Ziel nicht erreichen zu können, weil Reisepass oder Ausweis unauffindbar sind. Wer über einen solchen Traum nach dem Erwachen nachdenkt, wird erkennen, dass ihm irgendwer Steine in den Weg legt. Der Traum von den fehlenden Reisepapieren kann uns auch dazu anregen, über die Ursachen unserer Reisesehnsucht nachzudenken. Geht es uns um den Wunsch nach Erholung, oder wollen wir Schwierigkeiten, wenn nicht gar anderen Menschen, ausweichen?
➔ Reise

Peitsche Sie ist gleichzeitig Herrschafts- und Folterinstrument. Wer im Traum die Peitsche schwingt, will Macht über andere Menschen ausüben, sie antreiben und dabei auch rücksichtslos vorgehen. Möglicherweise leiden die Träumer im Wachleben an der Trägheit und Langsamkeit des Partners oder der Untergebenen, während sie selbst dynamisch sind. Wer über einen Peitschentraum nachdenkt, sollte sich fragen, ob er in seinem Eifer die Grenzen wahrt oder ob er gefährdet ist, die Demütigung anderer Menschen billigend in Kauf zu nehmen. Solche Träume sind ein Warnsignal. Ein Peitschentraum kann auch auf einen versteckten Hang zum Sadomasochismus hinweisen.
➔ Masochismus

Pelz Das Pelzsymbol hat mehrere Bedeutungen. Der Traum von einem bestimmten Tierpelz steht unter Umständen für den Wunsch, sich die Eigenschaften dieses Tieres zu eigen zu machen. So hofft der Träumer vielleicht von der (angeblichen) Verschlagenheit des Wolfes, von der Stärke des Tigers oder Löwen oder von der Sanftmut des Schafes profitieren zu können. Darüber hinaus kann ein Pelztraum auch auf ein ausgeprägtes Luxusbedürfnis der – meist weiblichen – Träumer hinweisen. Vielleicht ist er auch einfach nur ein Zeichen dafür, dass man sich nach Wärme und Gemütlichkeit sehnt.

Penis Wer im Traum einen Penis gesehen hat, erschreckt darüber beim Erwachen nicht selten. Dabei wird oft übersehen, dass Genitalträume sehr häufig vorkommen, wenn auch in verschlüsselter Form. Dann erscheint der Phallus, das männliche Glied, in den Traumszenen als Zwerg, Kerze, Flöte, Banane, Vase oder sogar als Eifelturm. Nach der modernen Traumforschung ist der Phallus die Quelle des Lebens, ein Hinweis auf Fruchtbarkeit und Lebenskraft. Je nach den Traumszenen verraten positive und als angenehm empfundene Penisträume sexuelle Potenz. Negative erinnern daran, dass unbefriedigender Geschlechtsverkehr seelische Narben hinterlassen kann. Frauenträume vom Eindringen des Penis können sowohl den erotischen Wunsch nach dem eigenen oder einem ersehnten Partner als auch den Widerwillen gegen ihn und die Penetration schlechthin signalisieren. Wie immer kommt es auch hier auf den Traumzusammenhang an, zum Beispiel auf angenehme oder unangenehme Gefühle, die man durchaus auch im Traum empfinden kann.
➔ Sexträume

Perle Perlen können Tränen bedeuten. Wer davon träumt, hat oder fürchtet Kummer. Perlen verraten auch einen Hang zum Luxus. Sie drücken Schönheitssinn und Feinsinnigkeit aus. Eine perfekt geformte Perle gehört in der Natur zu den Meisterleistungen, die man sich selbst wünscht.
➔ Schmuck

Pfarrer In unserem abendländischen Kulturkreis hat ein Pfarrer die Aufgabe, den Menschen in seelischer Not beizustehen und sie zu trösten. Das Traumgeschehen will nichts anderes sagen. Man hofft auf die Hilfe eines anderen Menschen und akzeptiert dabei seine Autorität. Der Traum weist manchmal auf Unselbstständigkeit oder Kummer, in vielen Fällen auch auf Minderwertigkeitsgefühle hin. Die oder der Träumende bringt es nicht fertig, ein Problem selbst energisch in die Hand zu nehmen und zu lösen.

Pfeife Vor allem Frauen träumen nicht selten von einer qualmenden Pfeife. Sie erinnert an den Vater und symbolisiert eine starke Vaterbindung. Dabei ist es gleichgültig, ob der leibliche Vater tatsächlich gerne zur Pfeife gegriffen hat oder nicht. Die Pfeife weist auch auf Charakterfestigkeit, Lebenserfahrung und Kompetenz hin. Folglich hofft man nicht nur auf väterlichen Rat, sondern ebenso sehr auf den eines geschätzten, weisen, überlegenen Menschen im Bekanntenkreis.

Pfeifen Wer im Wachleben »auf jemanden oder etwas pfeift«, will einen Menschen, eine Situation hinter sich lassen, sich nicht mehr darum kümmern. Das gelingt selten, denn unangenehme Dinge lassen sich nicht einfach aus der Welt schaffen, indem man sie ignoriert. Wer im Traum pfeift oder das Pfeifen anderer hört, erhält eine Warnung. Vermutlich hat auch er die Tendenz, sich das Leben schönzureden und Konfrontationen aus dem Weg zu gehen. Wenn er ehrlich über seine Situation nachdenkt, wird er vermutlich einen Berg von Problemen vor sich sehen. Wie er ihn überwinden kann, verrät der Traum selten. Hier geht es nur um die Einsicht, dass es nichts nützt, den Kopf in den Sand zu stecken.

Pferd Seit dem Altertum gilt das Pferd als »edles« Tier. Seine Kraft, Ausdauer und Schnelligkeit, aber auch seine Schönheit werden seit Menschengedenken bewundert. Ungezählte Sagen ranken sich um den »treuen Gefährten«, der so manchem Fürsten oder Edelmann sogar mit ins Grab gegeben wurde. Erscheint uns ein Pferd im Traum, dann hat das viel mit Leidenschaft und Sexualität zu tun.
➔ Sexträume
➔ Tierträume

Pfirsich Wohl keine andere Frucht steht so stark für erotische Wünsche wie der Pfirsich mit seinen idealen Rundungen und der samtenen Haut. Diese weiche Frucht mit einer Spalte ist ein typisches Traumbild für den weiblichen Schoß. Ob ein Pfirsichtraum auf eine tiefe Liebesbeziehung oder einen flüchtigen Genuss hindeutet, hängt von den Lebensumständen der Träumerin ab. Wer einen Pfirsich vom Baum schüttelt oder pflückt, erwartet ungeduldig die nächste Liebesnacht.
➔ Sexträume

Phallus ➔ Penis
➔ Sexträume

Pickel Sie machen hässlich, wirken sogar abstoßend. Frauen und Männer, die im Traum am Körper oder im Gesicht mit Pickeln übersät sind, bekommen die Ablehnung ihrer Mitmenschen deutlich zu spüren. Obwohl es auf den ersten Blick so scheint, geht es bei der Deutung eines solchen Traumes nicht um die Probleme körperlicher Entstellung. Im Gegenteil, er macht auf ein psychisches Problem aufmerksam. Menschen, die von Pickeln und Geschwüren träumen, sollten sich fragen, warum sie keine oder nur wenige Freunde besitzen, warum sie am Arbeitsplatz keinen rechten Kontakt bekommen, und wieso sie beim anderen Geschlecht meist nur Misserfolge verbuchen können. Mit einem Pickeltraum macht das Unterbewusstsein auf einen unangenehmen Charakterzug aufmerksam, den man vielleicht noch gar nicht bewusst erkannt hat.
➔ Geschwür

P

Pille → Arznei

Pilot Im Traum fliegen uns Fähigkeiten zu, die wir im Wachleben nicht beherrschen. So können wir uns nachts problemlos in Piloten verwandeln und ohne jede Schwierigkeit ein Flugzeug steuern. Die Figur des Traumpiloten weist manche Parallele zum Traumkapitän auf. In beiden Fällen möchten die Träumenden eine leitende Position einnehmen, als geachtete Lenker und Berater durchs Leben gehen. Sie fordern Respekt und Anerkennung. Aus dem Traumzusammenhang sollte erkennbar sein, ob es primär um das Lenken und Leiten eines Flugzeuges geht oder um das Gefühl des Fliegens. Sigmund Freud deutete das Fliegen als einen rauschhaften Zustand, den er vor allem im sexuellen Bereich ansiedelte.
→ Fliegen
→ Kapitän
→ Sexträume

Pilz Wenn Pilze im Traum mit sprichwörtlicher Geschwindigkeit aus dem Boden schießen, verheißt das rasche Erfolge im Wachleben. Man ist sich seiner fundierten Kenntnisse bewusst, die beim Sammeln von Pilzen bekanntlich ja eine lebenswichtige Rolle spielen. Einige Pilze rufen nach dem Verzehr Halluzinationen hervor. Geht der Traum in diese Richtung, wollen sich die Träumenden betäuben, um Problemen auszuweichen. Und schließlich symbolisiert ein Traumpilz unter Umständen auch das männliche Geschlechtsorgan. Manche Pilzkörper, wie die Morcheln, haben in der Tat große Ähnlichkeit mit einem Penis. Wer von ihnen träumt – da gibt es zwischen Männern und Frauen keinen Unterschied –, wünscht sich sexuelle Kontakte und erotische Abenteuer.
→ Penis

Pistole → Revolver

Platz Erscheint im Traum ein großer Platz, auf dem man sich wegen seiner Weite verloren fühlt, ist das ein Hinweis auf Probleme, für die es im Augenblick keine Lösung gibt. Führen viele Straßen und Wege auf diesen Platz, kann das sowohl als gutes wie auch als schlechtes Zeichen gedeutet werden. Einerseits steht dieses Bild für die Vielzahl der Lösungsmöglichkeiten, anderseits kann es auch die Aussichtslosigkeit symbolisieren, den richtigen Weg zu finden. Je nach Traumzusammenhang vermittelt ein großer Platz, der ein Zentrum hat, Hinweise auf den persönlichen Entwicklungsprozess.
→ Mitte

Polizist Wie die Erfahrung zeigt, ist der Polizist als Traumsymbol für Autorität heute seltener geworden. Dennoch nimmt er im Traum eine ganze Reihe von Aufgaben wahr, die er auch im täglichen Leben hat oder haben sollte. So ruft man in seinen Angst- und Fluchtträumen schon mal nach der Polizei. Kommt sie nicht oder zu spät, dürfte man mit seinem derzeitigen Leben recht unzufrieden sein. Von der Polizei zu träumen, kann auch auf die Nähe zum Unerlaubten hindeuten, allerdings nur äußerst selten auf ein Verbrechen. Von der Polizei abgeführt zu werden, weist auf Schuldgefühle hin. Bietet ein Polizist Schutz, kann man schwierige Situationen meistern. Oft gilt der Ordnungshüter als Warner, der das Gewissen des Träumenden anspricht.
→ Angst
→ Flucht
→ Verfolgung

Polyp Der vielarmige Polyp bedrängt uns im Traum und weist auf Schwierigkeiten hin, denen wir nicht entrinnen können. Wir sind buchstäblich umklammert von Sorgen. Auslöser für derartige Träume sind häufig finanzielle Probleme, aber auch Krankheiten. In der nächtlichen alptraumhaften Szene spielt oft ein Messer eine Rolle, mit dem der Träumende die Fangarme des Polypen abzuschneiden versucht. Aber entweder sind sie nicht zu kappen, oder sie wachsen unablässig nach. Das zeugt von der Aussichtslosigkeit aller Befreiungsversuche.

Post Wer auf Post wartet, hofft auf eine Nachricht oder fürchtet sie. Der Postbote ist deshalb sowohl Glücksbringer als auch Unheilverkünder. Geht der Postbote am Haus vorbei, so kann diese Traumszene in beide Richtungen deuten: Man ist erleichtert, weil eine gefürchtete Nachricht nicht eingetroffen ist, oder man ist enttäuscht, weil der erhoffte Brief mit guten Nachrichten immer noch auf sich warten lässt.

Preis Der Traumzusammenhang muss klären, ob es sich bei »Preis« um eine Ehrung handelt oder um den Preis, den man für etwas zu zahlen hat. Ein feierlich überreichter Preis weist auf die erfolgreiche Überwindung von Schwierigkeiten hin. Häufiger sind jedoch die Träume von einem Preis, den man für eine Fehlhaltung oder -handlung zahlen muss. Größe und Wert eines solchen Preises entsprechen im Traum nicht selten der Schwere der Schuld, die man auf sich geladen hat.

Priester → Pfarrer

Prostitution Ein unbefriedigtes Sexualleben lässt im Traum zuweilen den Wunsch aufkommen, viele Partner beziehungsweise Partnerinnen zu haben. Die von Prostitution Träumenden hoffen, dass sie sich durch solche kurzlebigen und schnellen Verbindungen Befriedigung verschaffen können. Frauenträume von Prostitution beinhalten einen unbewussten Hang zum Exhibitionismus, zu dem sich die Träumende im Wachleben nicht bekennen würde. Träumen Männer von Prostitution, dann deutet das nicht nur auf sexuelle Enttäuschungen mit der Partnerin hin. Sie sehnen sich auch nach schnellen Erfolgen im Alltag, für die sie notfalls sogar einen gewissen Preis – hier ist nicht nur Geld gemeint – zu zahlen bereit sind. Manchmal dominieren Macht- und Eroberungsgelüste.
→ Macht

Prozess → Richter
→ Gericht

Prüfung Die Angst vor Examina aller Art spielt im Leben vieler Menschen eine große Rolle. Sie nehmen das fast panische Gefühl mit in ihre Träume und durchleiden dann nochmals alle Schwierigkeiten, die sie bei früheren, bereits bestandenen Prüfungen schon einmal durchlebt haben. Das Unterbewusstsein spült noch einmal alle Ängste und qualvollen Erfahrungen hoch. Der Träumende sieht sich im Klassenzimmer, fühlt sich von den gestrengen Prüfern in die Ecke getrieben, leidet unter Zeitdruck und unter den mengenmäßig kaum zu bewältigenden Examensanforderungen. Träume dieser Art spiegeln tatsächliche Erlebnisse wider, oder sie machen darauf aufmerksam, dass man die Grenzen seiner Leistungsfähigkeit erreicht hat.

Prügel Bei Prügelträumen kommt es darauf an, ob der Träumende selbst Prügel verteilt oder Prügel bezieht. Ist es der Träumende, der prügelt – Frauen stehen Männern dabei im Traum übrigens kaum nach –, dann lässt das auf Rücksichtslosigkeit oder einen übertriebenen Durchsetzungswillen schließen. Insbesondere wenn sich die nächtlichen Szenen mit großer Brutalität abspielen, sollte das den Träumenden zu denken geben. Vielleicht spielt dann der Wunsch mit, wegen einer erlittenen Schmach oder Blamage an einem Gegner Rache zu nehmen.

Q

Auch wenn Rachegelüste ein menschliches und archaisches Gefühl sind, lässt sich ein solches Verlangen kaum positiv werten. Erleidet der Träumende selbst Prügel, ist das ein Zeichen dafür, dass er sich in irgendeiner Weise schuldig gemacht hat. Das Unterbewusstsein mahnt zur Selbsterkenntnis.

Puppe Als Kinder haben wir Puppen unsere Liebe und Fürsorge geschenkt. Im Traum projizieren vor allem Frauen ihre zärtlich-mütterlichen Gefühle auf Puppen. Die kleinen Spielgefährten von damals werden in gewisser Weise wieder lebendig. Solche Träume verraten, dass die Träumerin ihre eigene kindliche Phase nicht ganz überwunden hat. Als Kleinkind hatte man noch keine Verantwortung zu tragen. Die Sehnsucht nach diesem Zustand regt sich bei Erwachsenen im Unterbewusstsein vor allem dann, wenn sie mit ihrem Leben nicht mehr zurechtkommen. Gerne wären sie selbst wieder ein kleines Kind, das vertrauensvoll nach der Hand der zärtlichen und beschützenden Mutter greifen kann.

Putzen Wer im Traum putzt, hat weniger die Sauberkeit seiner Wohnung oder seines Arbeitsplatzes im Sinn, er sucht vielmehr Klarheit in einer bestimmten Situation. Es ist also falsch, den Traum vom Putzen als einen typisch weiblichen einzustufen. Männer träumen genauso oft davon, obwohl sie sich im wirklichen Leben viel weniger mit Hausarbeiten befassen. Es geht nicht um Reinheit, sondern darum, seine Seele von Schmutz und Unrat zu befreien.

Pyramide Der Faszination, die eine Pyramide durch ihre geometrische Klarheit und gewaltige Größe ausübt, kann sich kaum ein Mensch entziehen. Wer von ihr träumt, strebt im Wachleben nach Höherem, obwohl er das Prinzip der geometrischen Ordnung im Traum kaum durchschauen kann. Die Pyramide steht für überwältigende Kraft und Energie, die man sich wünscht, aber wohl nie erreichen wird. Solche Träume sind positiv, denn sie demonstrieren den inneren Drang, sich weiterzuentwickeln. Psychologisch verkörpert die Pyramide die schöpferischen Energien. Ihre Spitze symbolisiert die Vereinigung des weltlichen mit dem höheren Bewusstsein. In ihrem Inneren liegt ein Punkt, an dem sich alle Ebenen schneiden, die Stelle der Erneuerung. Positive Pyramidenträume, die nicht durch Reiselust ausgelöst werden, symbolisieren die Suche nach dem Sinn des Lebens.

Quadrat Die Bedeutung von geometrischen Figuren im Traum ist recht unterschiedlich. Das Quadrat symbolisiert Ordnungsliebe und kann mit einem Rechteck jeglicher Form und Größe gleichgesetzt werden. Man will weder rechts noch links vom einmal eingeschlagenen Weg abweichen, schätzt in der Wohnung und am Arbeitsplatz Ordnung und Sauberkeit. Allerdings geht diese Ordnungsliebe fast in eine Art Manie über, die man auch von seinen Mitmenschen verlangt. Wer gleichzeitig von Quadraten und Kreisen träumt, hat Mühe mit einer Konfliktlösung.

→ Kreis
→ Würfel

Qual → Folter

Quelle Sie ist ein Fruchtbarkeitssymbol und das Sinnbild für Reinheit und gedankliche Klarheit. Wer im Traum eine Quelle sieht, sehnt sich nach Ruhe. Das Unterbewusstsein vermittelt die Überzeugung, dass man »quellrein« denken und handeln sollte. Eine plätschernde, glasklare Quelle symbolisiert die Sehnsucht nach sauberer, unbelasteter Natur, nach Frische, Waldduft und Sonne. Solche Träume sind oft mit dem Wunsch

verbunden, sich in Stille und Abgeschiedenheit ungestört schönen Dingen zuwenden zu können. In Märchen und Sagen ist die Quelle das Symbol für die Jungfräulichkeit.
➔ Wasserträume

Rabe In vielen Mythen ist der Rabe ein Unglücksbringer, oft sogar der Todesbote. Taucht der Rabe aus dem Unterbewusstsein im Traum auf, weist es auf trübe Gedanken, Furcht und Ängste hin. Es gibt auch eine andere Deutung: Raben sind »intelligente« Vögel. Sie verkörpern Weisheit, Einsicht, sogar Raffinesse. Träumende identifizieren sich mit diesen Eigenschaften. Daraus lässt sich schließen, dass sie sich besonders klug vorkommen.
➔ Vogel
➔ Tierträume

Rad Mag das Rad die wichtigste Erfindung der frühen Menschheitsgeschichte sein, im Traum besteht kein Zusammenhang mit Innovation, Technik oder Fortschritt. Es ist mit der geometrischen Figur des Kreises verwandt. Deshalb steht es für das Ewige, das weder Anfang noch Ende hat. Man kann Träume von einem Rad auch als Widerspiegelung einer erfolgreichen, wenn auch aufregenden Lebensphase sehen, die zu Veränderungen im privaten oder beruflichen Bereich geführt hat. Die Traumszenen müssen allerdings deutlich zeigen, ob es sich bei dem Symbol um ein Rad, einen Ring oder einen Kreis handelt.
➔ Kreis
➔ Ring

Radio Radio und Fernsehen sind im Traum Zeichen für Kommunikation, die der Träumende im Leben vermutlich vermisst. Radioträume können auf Wissensdurst hinweisen. Dies trifft zu, wenn die Musik im Traum als zu leise empfunden wird. Überlaute, dröhnende Töne weisen darauf hin, dass die Träumenden irgendein Problem am liebsten ignorieren würden. Sie halten sich im Traum die Ohren zu und hoffen, dass damit alle Schwierigkeiten aus dem Weg geräumt sind.

Rakete In älteren Traumdeutungen konnte die Rakete höchstens als Feuerwerkskörper eine Rolle spielen, weil sie als gigantisches Transportmittel noch unbekannt war. Heute symbolisieren die Raketen, die mit donnerndem Getöse ins All starten, starkes Fernweh, Reiselust und vor allem den Wunsch, ein bedrückendes Umfeld verlassen zu dürfen. Startet die Rakete im Traum lautlos, dann wollen wir zwar unsere Lebensumstände ändern, haben jedoch zu oft zu wenig Entschlusskraft.
➔ Bombe
➔ Explosion

Rasen ➔ Wiese

Rathaus Sprichwörtlich ist jeder, der aus dem Rathaus kommt, klüger, hat also sein Wissen vermehrt. Rathausträume sind ganz ähnlich zu werten. Man erwartet gute Ratschläge und will sich danach richten. Ein Rathaus hat auch mit Vorschriften, Autoritäten und Beamten zu tun, vor denen wir uns im Traum fürchten. Diese unguten Gefühle machen auf soziale Probleme im Umfeld des Träumenden aufmerksam.
➔ Beamter
➔ Haus

Ratte Sie gehört zu den von Menschen, vor allem von Frauen, gefürchteten Tieren. Wir verbinden sie mit Krankheit, Tod, Verwesung, mit Schädigung, Lautlosigkeit und Hinterlist. Manche glauben sogar im Traum einen unangenehmen Geruch wahrzunehmen, wenn darin Ratten auftauchen. Ratten werden oft als Vorboten einer noch nicht erkann-

ten Krankheit angesehen. Rattenträume machen darauf aufmerksam, dass man im Berufsleben von unangenehmen Menschen umgeben ist. Tuscheln sie hinter unserem Rücken über uns? In derartigen Träumen geht es um den modernen Begriff Mobbing. Die Angst, durch die Feindschaft oder den Neid der Kollegen seinen Job zu verlieren, verfolgt manchen bis in den Schlaf hinein.
→ Maus
→ Tierträume

Räuber Die Gestalt des Räubers kommt im Traum selten isoliert vor. Fast immer ist sie verbunden mit dunklem Wald, unheimlichen Höhlen, finsteren Gassen, Hinterhalten und nächtlichem Dunkel. Die Träumenden fürchten sich weniger vor einem materiellen Verlust, vielmehr haben sie Angst vor zwischenmenschlichen Konflikten. Räuberträume können auf charakterliche oder sexuelle Schwächen hindeuten. Wiederholt sich der Traum, lohnt es sich, darüber nachzudenken, ob man im Wachleben durch sein Verhalten anderen Menschen schadet, ihnen zu Unrecht schlechte Absichten nachsagt oder sie vielleicht sogar verachtet.
→ Dunkelheit
→ Höhle
→ Wald

Raubtiere Sie weisen im Traum auf unsere Triebe und Leidenschaften hin.
→ Löwe
→ Tiger
→ Marder
→ Tierträume

Rauch Dichter Rauch – ohne sichtbares Feuer? So ein Traum ist ein Warnsignal, er verschleiert die Sicht auf die Dinge, wie sie wirklich sind. Irgendetwas ist kürzlich schief gegangen, lässt sich nicht mehr klar erkennen. Schwarzer ätzender Rauch verbirgt Konflikte; immer heller und lichter werdender Rauch deutet darauf hin, dass sich die Lage entspannt. Angenehm duftender Rauch taucht zusammen mit einem Gefühl des Behagens in den Träumen von Menschen auf, die das Rauchen aufgegeben haben. Sie konnten ihre Sucht noch nicht ganz überwinden und erinnern sich unbewusst an die frühere Befriedigung.
→ Feuer

Raupe Sie ist die Vorstufe zu einem der schönsten Insekten, dem Schmetterling. Das Wunder der Verwandlung der vor allem von Frauen meist als hässlich empfundenen Raupe in einen bunten Falter beeindruckt immer wieder. Im Traum erlebt man die Metamorphose kaum. Es bleibt bei der Hoffnung auf Veränderung. Was zu ändern ist, kann aus dem Traumzusammenhang erkennbar sein. Oft geht es um bestimmte als unangenehm empfundene Lebensumstände, einen Streit mit dem Partner, eine finanzielle oder berufliche Schieflage.
→ Wurm
→ Tierträume

Rausch Von einem tatsächlich erlebten Drogenrausch können zum Glück nur wenige Menschen träumen. Der Genuss von Alkohol, ebenfalls eine Droge, ist hingegen weit verbreitet. Ein Alkoholrausch verfolgt uns häufig bis tief in unsere Träume. Auch im nüchternen Zustand kann man von einem Rausch träumen. Das ist stets negativ zu bewerten. Das Bild warnt vor falschen Illusionen, dem Verlust der Beherrschung, vor Jähzorn, aber auch vor der Verinnerlichung einer angeblich ausweglosen Situation.
→ Alkohol

Regen Eintöniger Dauerregen kann sowohl beruhigen als auch Depressionen auslösen. In einem Regentraum sind manche Menschen eher deprimiert als beruhigt. In der Vergangenheit ist irgendetwas geschehen, das sie nicht loswerden. Regen ist auch ein Symbol für Fruchtbarkeit. Er lässt die Pflanzen wachsen. Das gibt den Träumenden die Hoffnung, dass sie ihre Angelegenheiten besonnen regeln können. Peitschender Regen macht auf Widerstände im Alltag aufmerksam.

➔ Himmel
➔ Wasser

Regenbogen Schönheit und Vergänglichkeit des Regenbogens werden seit dem Altertum als positives, von der Hoffnung kündendes Zeichen verstanden. Die prächtige Himmelserscheinung verheißt die Verschmelzung von Gegensätzen, symbolisiert innere Harmonie und deutet einen Erfolg bei Verhandlungen oder in der Liebe an. In Spruchweisheiten und älteren Traumdeutungen verheißt ein Regenbogen Liebesglück.

➔ Farben im Traum

Regenschirm Im Traum bedeuten Regenschirm und Regenmantel nicht Schutz vor Regen, sondern die Abwehr von allem, was dem Träumenden zum Nachteil gereichen könnte. Träumt eine

R

Frau von Regenschirmen, will sie sich im Wachleben gegen aufdringliche Menschen, vor allem gegen Männer wehren. Schließt und schüttelt man einen Schirm, war die Abwehr erfolgreich.

Regenwurm → Wurm

Reh Die sprichwörtliche Sanftheit, aber auch die Scheu eines Rehs versinnbildlichen in Frauenträumen eine Charaktereigenschaft: Die Träumerin ist verletzlich und zieht sich bei kleineren Schwierigkeiten oder Annäherungsversuchen eines Mannes zurück. Wer lange viele Rehe in einer Waldlichtung beobachtet, sollte sich vor übertriebener romantischer Schwärmerei hüten. Das Rehbild ist nicht selten mit romantischen Wünschen verbunden. Männer, die von Rehböcken träumen, sind »auf der Jagd« nach einer neuen Partnerin.
→ Tierträume

Reise Auf einem Bahnhof stehen und auf einen Zug warten: Solche Szenen werden von vielen Mensch geträumt und meist auch sehr tief empfunden. »Das zieht an der Seele«, behaupten viele Menschen, wenn sie nach ihren Gefühlen während des Traumes gefragt werden. Das trifft dann zu, wenn der Zug Verspätung hat oder ohne Halt durch den Bahnhof braust. Der Wunsch, irgendwohin reisen zu können, wird enttäuscht. Der Traum vom Reisen deutet die Hoffnung an, dass man seine Lebensumstände völlig verändern und sich zu neuen Horizonten begeben kann. Alles, was die Reise verhindert – die Verspätung, die Durchfahrt ohne Halt –, sind Hindernisse auf diesem Weg. Ein gutes Gefühl stellt sich ein, wenn der Träumende tatsächlich im Zug, im Flugzeug oder im Auto sitzt und das Ziel näher kommen sieht. Negativ wird es, wenn die Reise durch Kälte und Regen beeinträchtigt wird oder in einer unwirtlichen Gegend endet. Das erträumte Ziel ist nicht erreicht, der Wunsch nach Veränderung der Lebensumstände wird bitter enttäuscht. Schon Goethe sagte: »Die Reise gleicht einem Spiel, es ist immer Gewinn und Verlust dabei, und meist von der unerwarteten Seite.«
→ Auto
→ Bahnhof
→ Fliegen
→ Schiff
→ Zug

Reiten Träume vom Reiten symbolisieren sexuelle Wünsche und Gefühle. Sitzen wir im Traum auf einem schnell dahingaloppierenden Pferd, so ist das eine Aufforderung aus dem Unterbewusstsein, sich ein wenig mehr zurückzuhalten. Eine Eroberung »hoch zu Ross« zu machen, zeugt bei Männern von einer gewissen Arroganz. Sie fühlen sich Frauen überlegen und glauben, jede schnell für sich gewinnen zu können. Geht das Pferd im gemächlichen Schritt, deutet die Gangart auf eine Beherrschung der sexuellen Aggressivität hin. Frauenträume von einem scharfen Ritt verdeutlichen die im Tagleben mühsam unterdrückten Wünsche nach häufigeren sexuellen, vielleicht sogar nach ausschweifenden Erlebnissen. Manchmal gehen einem im Traum auch »die Pferde durch«. Das lässt auf einen Mangel an Beherrschung und Geduld schließen. Ein unruhiger Ritt kann auch auf eine Krankheit hinweisen, die noch nicht ausgebrochen ist.
→ Pferd

Rennen Vor einem Problem davonrennen oder hinter etwas herjagen, dem Glück zum Beispiel, sind häufige Traumereignisse. Die nächtlichen Szenarien lassen sich recht gut unterscheiden, weil die Gefühle, die sich dabei einstellen, völlig unterschiedlich sind. Vor allem Schwierigkeiten und Konflikte im Be-

R

rufsleben können Träume vom schnellen Weglaufen auslösen. Die Hoffnung, sich möglichst rasch und weit von belastenden Erfahrungen und Sorgen zu entfernen, ist nicht selten mit Angstgefühlen verbunden. Anders sieht es aus, wenn man glaubt, etwas versäumt zu haben. Dann rennt man im Traum hinter etwas her, meist ohne definieren zu können, wie das Ziel aussehen soll. Vielleicht hat man im Wachleben eine Chance ausgelassen.
➔ Gehen

Restaurant Ein Restaurantbesuch verrät Kontaktfreude und Unternehmungslust. Wer sich im Traumzustand behaglich fühlt, will sich entspannen, unbeschwert genießen und freut sich auch im Wachleben über fröhliche Gesellschaft. Der Traumzusammenhang kann andererseits auf seelische Vereinsamung hinweisen, auf den Wunsch nach Anteilnahme und Freundschaft. Eine dritte Möglichkeit ist die Warnung aus dem Unterbewusstsein, vor einer allzu ausschweifenden Lebensweise und vor Erlebnissucht.
➔ Alkohol
➔ Hunger
➔ Nahrungsmittel
➔ Essen
➔ Mahlzeit
➔ Musik

Rettung Unterschiedliche Deutungen sind möglich: Es steht zu befürchten, dass der Traum keineswegs auf eine Heldentat hinweist. Im Gegenteil, in den meisten Fällen kündigt er einen bevorstehenden Verlust an, und zwar weniger einen materiellen als vielmehr einen seelischen. Wird sich der Partner entfernen? Steht das Ende einer innigen Freundschaft bevor? Liegt ein geliebter Mensch mit einer schweren Krankheit in der Klinik? Im Traum selbst gerettet zu werden, kann auf eine reale Gefahr aufmerksam machen. Vielleicht weiß der Träumende von seiner eigenen schweren Krankheit oder fürchtet sie. Handelt es sich bei dem Träumenden um einen Hypochonder, dann ist der Traum eine Aufforderung, sich endlich einzugestehen, dass die Furcht vor Ansteckung – ebenso wie der Ekel vor vielen Dingen – in den meisten Fällen lächerlich ist.

Revolver Pistole und Revolver sind im Traum bestenfalls von kenntnisreichen Waffennarren zu unterscheiden. Das Schießeisen symbolisiert, gleichgültig welcher Bauart, sexuelle Leistungsfähigkeit. Männerträume von Revolvern oder Pistolen verraten eine ganze Portion Überheblichkeit und Aggressivität. Der Traumheld glaubt, über unerschöpfliche Potenz zu verfügen. Andere Deutungen verstehen Revolverträume als einen Hinweis auf Machtansprüche und einen Hang zur Selbstüberschätzung. Wer als junger Mann gerne Wildwestfilme angeschaut hat, will – zumindest im Traum – ein schneller, zielsicherer Schütze sein. Ein Schuss im Traum löst Probleme. Im Wachleben bleibt davon wenig übrig.
➔ Waffen

Richter Träume von Richtern oder vom Gericht werden von vielen Fachleuten als ein Ausdruck des schlechten Gewissens gedeutet. Untersuchungen haben ergeben, dass in derartigen Träumen ein Körnchen Wahrheit steckt. Vor allem wenn sich solche Begegnungen mit einem Richter, einem Staatsanwalt, der Polizei oder anderen Amtspersonen häufig wiederholen, ist es an der Zeit, das eigene Gewissen zu erforschen. Irgendetwas, das man bereut, muss vorgefallen sein. Das Unterbewusstsein ist ein verlässlicher Warner. Es geht in der Regel keineswegs um Delikte. Vielmehr werden wir darauf hingewiesen, dass wir einem Menschen Unrecht getan haben, ohne uns dessen bewusst zu sein.

Riechen Im Schlaf sind unsere Sinne scheinbar abgeschaltet. Tatsächlich jedoch arbeitet das Gehirn, wenn auch stark eingeschränkt, weiter. Im Traum kann man verschiedene angenehme Düfte nicht wirklich voneinander unterscheiden. Ebenso verhält es sich mit schlechten Gerüchen. Erst der Traumzusammenhang klärt die Situation: Wer im Traum Gutes riecht, reflektiert ein angenehmes Erlebnis. Riecht es schlecht, dann ist dies eine Reflexion auf ein negatives Tagesereignis.

→ Nase
→ Duft
→ Gestank

Riegel Jede Art von Verschluss, sei es ein Riegel an der Tür, ein Paar Handschellen oder ein Schloss, deutet auf eine Einschränkung unserer Freiheit hin. War da irgendein Zwang im Büro? Aus welcher Situation sollte man sich befreien? Muss man sich gegen die Ansprüche eines Partners wehren? Träume von Riegeln und ähnlichen Verschlüssen sollte man, wenn sie sich wiederholen, ernst nehmen. Dann stimmt irgendetwas nicht in der Partnerschaft, im Berufsleben oder mit der finanziellen Situation. Schiebt man sich selbst einen Riegel vor, ist man zu gutgläubig und muss das ändern.

→ Schlüssel

Riese Überlebensgroße Gestalten wirken bedrückend und einschüchternd. Traumauslöser ist vielleicht eine übermächtige Vaterfigur, ein unangreifbarer Vorgesetzter oder ein dominierender Partner. Nicht selten spielt in Träumen von Riesen die finanzielle Situation eine Rolle: Die Bank, die keinen Kredit gewährt, wird als übermächtig empfunden. Sie ist eine riesige Institution, die immer am längeren Hebel sitzt. Mit brachialer Gewalt lässt sich nichts machen, und diese Ohnmacht spiegelt sich im Traum wider. Viele Traumdeutungen haken genau hier ein: Nicht die Axt hilft aus der bedrängenden Situation, sondern kühle Überlegung, vielleicht sogar List.

→ Axt
→ Chef
→ Gespenster
→ Vater

Ring Er ist das Sinnbild für zwischenmenschliche Beziehungen, vor allem im sexuell-erotischen Bereich. Allgemein kann er aber auch auf erwünschte Bindungen, wie zum Beispiel eine innige Freundschaft, oder auf Personen, denen man Wertschätzung und Achtung entgegenbringt, hinweisen. Wer einen Ring sucht und findet, ist verliebt. Wer ihn verliert, fürchtet sich vor einer Trennung, und wer ihn wegwirft, will eine Beziehung beenden. Wenn die Träumerin einen Ring versteckt oder verlegt, denkt sie an einen Seitensprung.

→ Sexträume

Ritter Wir kennen sie als Helden, die in der viel beschworenen »schimmernden Rüstung« den bösen Drachen töten und dadurch die Unschuld oder das Leben der schönen Jungfrau retten. Wenn Frauen von Rittern träumen, sind sie jedoch nicht auf der Suche nach einem gepanzerten Helden. Auslöser für ihren Traum ist viel häufiger ein unterschwelliges Anlehnungsbedürfnis. Jedenfalls spielt die Hoffnung auf ritterliches Benehmen eine weitaus wichtigere Rolle als die Bewunderung von Tollkühnheit und Kampfeswillen. Nicht selten erscheint der eigene Vater in dieser Ritterrolle. Der Traumzusammenhang muss klären, ob sich die Träumende den Vater als Beschützer vorstellt oder ob sie sich einen toleranten, einfühlsamen, höflichen Mitmenschen als Partner wünscht, an dessen Schulter sie sich entspannt anlehnen kann. Männerträume von Rittern haben eine gewisse Verwandtschaft zu Träumen

von Pistolen und Revolvern. Das eigene Bild vom Helden, dem keine Herausforderung zu groß ist, weist auf ein hohes Maß an Überheblichkeit hin. Die Ritterrüstung darf als Protzerei mit einer fast unbesiegbaren Potenz gedeutet werden.
➔ Burg
➔ Revolver

Röhre Im Traum durch eine enge Röhre zu kriechen, erzeugt Angstgefühle. Menschen, die an Klaustrophobie leiden, werden sich im Traum häufig in einer Röhrensituation wieder finden. Das Gefühl der Einengung wird manchmal als Herzkrampf empfunden. Das nächtliche Erlebnis ist eine Reaktion auf den seelischen Druck, den ein strenger Vater, eine dominierende Mutter, ein unerbittlicher Chef oder der geistig überlegene Partner ausüben. Röhrenträume können auf sexuelle Verklemmtheit deuten.
➔ Höhle

Rose Die Rose, das Symbol der Liebe, ist im Traum ein beglückendes Zeichen. Rote Rosen verraten leidenschaftliches Begehren, weiße eine schüchterne Beziehung. Die gelbe Rose warnt vor Eifersucht. Stechen uns die Dornen, ist Liebeskummer wahrscheinlich. Wer einen Rosenkranz verschenkt, hofft vergeblich auf die Erwiderung seiner Gefühle. Wem Rosen geschenkt werden, darf auf die Erfüllung seiner Liebeswünsche hoffen. Welkende Rosen warnen vor Enttäuschung.
➔ Blumen- und Pflanzenträume

Rost Rost zeugt von Vergänglichkeit, aber auch von Vernachlässigung. Rostträume weisen in die gleiche Richtung. Was im Wachleben tatsächlich erlebt wird, setzt sich im Traum fort. Vielleicht fühlt man sich vom Partner oder den Eltern unterschätzt. Traumauslöser kann auch eine Beziehung sein, die schon lange dauert und nach deren anfänglicher Lebendigkeit man sich zurücksehnt. Manchmal sind Rostträume eine Mahnung, sich wieder intensiver um einen Menschen zu kümmern, mit dem man früher eng verbunden war.

Rücken Einiger Menschen ist man derart überdrüssig, dass man sie am liebsten nur noch von hinten sehen möchte. Im Traum wird einem dieser Wunsch bisweilen erfüllt. Missliebige Verwandte, Bekannte, Kollegen oder Nachbarn wenden den Träumenden den Rücken zu. Erscheint im Traum ein gebeugter Rücken, dann denken die Träumenden voller Mitleid an einen geplagten Menschen – oft sogar an Vater oder Mutter. Die Anteilnahme am Schicksal der Gebeugten beruht nicht selten auf der Bewunderung für die Lebensleistung vielleicht bereits Verstorbener. Ist das Gefühl von Mitleid mit einem schlechten Gewissen vermischt, dann mahnt das Unterbewusstsein, sich mehr um bisher vernachlässigte Menschen zu kümmern.
➔ Mutter
➔ Vater

Rucksack »Jeder hat seine Last zu tragen«, heißt es, und Rucksackträume zielen in diese Richtung. Im Traum wird uns die Bürde bewusst, mit der es zu leben gilt. Aus den Traumszenen ist erkennbar, ob wir die schwere Belastung selbst verschuldet haben oder ob sie uns aufgebürdet wurde. Manchmal warnt der Traum, sich nicht noch weitere Lasten aufzuladen, also sollte man sein Leben ändern. Spielen die Rucksackträume in der Natur, spiegelt sich in ihnen die Sehnsucht nach Freiheit und Naturverbundenheit oder nach einem Ausbruch aus der alltäglichen Enge.

S

Sack Ein prall gefüllter, schwerer Sack auf den Schultern ist als Traumsymbol dem Rucksack ähnlich. Beide sind eine Bürde, die man sich aufgeladen hat und nicht so schnell wieder loswird. Träumt eine Frau von einem Sack, dann denkt sie häufig über eine Schwangerschaft nach. Erscheint ein Sack in Männerträumen, geht es hie und da auch um Schwangerschaft: Der Mann ist mit den Beschwernissen seiner schwangeren Partnerin solidarisch. Ein schwerer Sack kann Reichtum oder beruflichen Erfolg bedeuten. Vielleicht steht man vor einer neuen Aufgabe, die eine Art »Lampenfieber« auslöst. Derartige Träume haben Frauen und Männer gleichermaßen.
➔ Rucksack

Sackgasse Es will im beruflichen oder privaten Leben nicht so recht vorwärts gehen. Dann führt der Traum in eine von Mauern oder Gebäuden umgebene, immer enger werdende Sackgasse. Überwiegend werden derartige Träume von Dunkelheit begleitet. Das Ende der Gasse ist nicht zu erkennen, alles ist ein wenig unheimlich. Ein solcher Traum stimmt nachdenklich. Haben wir uns in eine ausweglose Situation manövriert? Gibt es finanzielle Probleme? Kommt man mit seiner Partnerin oder seinem Partner auf einem angestrebten Weg nicht weiter? Aus einer Sackgasse gibt es einen einzigen Ausweg: Umkehr!
➔ Dunkelheit

Sadismus Wie bei masochistischen Träumen haben sadistische wenig oder gar nichts mit geheimen sexuellen Vorstellungen oder tatsächlichen Neigungen zu tun. Sadismus im Traum spiegelt vielmehr einen maßlosen Zorn auf irgendeinen Menschen aus der beruflichen oder privaten Umgebung wider. Im Wachleben kann diese Wut nicht ausgelebt werden, weil unsere abendländisch-christlich geprägte Gesellschaft Rache und Selbstjustiz für etwas Verwerfliches hält. Sie ist den Gerichten überlassen. Ethik und Moral sind im Traum jedoch oft ausgeschaltet. Archaische Gefühle steigen aus dem Unterbewusstsein hoch, die Träumenden wollen »Gerechtigkeit«, die in den Wunsch umschlägt, den Feind zu verletzen, ihn zu quälen.
➔ Masochismus

Säge In Träumen vom Sägen oder einer Säge ist der Zusammenhang wichtig: Wer sägt? Was wird gesägt? Welches Material wird zerkleinert? Um Zerkleinern geht es in jedem Fall. Wer dickes Holz mit einer groben Säge zerlegt, will rasch und effektiv Probleme lösen. Feine Laubsägearbeiten deuten auf Sensibilität und Vorsicht hin. Fährt der Schnitt mühsam durch Metall, sind die Probleme besonders groß. Sieht man anderen Traumgestalten beim Sägen zu, hofft der Träumende auf Hilfe von außen.

Salat Er ist das Symbol für gesundes Leben, Frische und Vitalität. Das wird uns täglich in allen Medien gepredigt – kein Wunder, dass wir das Bild auch mit in unsere Träume nehmen. Somit ist ein Salattraum nicht selten ein Hinweis auf eigene Versäumnisse: Wer viel raucht, Alkohol im Übermaß trinkt, sich wenig Bewegung gönnt – vielleicht lässt das Berufsleben dafür keinen Raum – denkt im wachen Leben mit schlechtem Gewissen darüber nach. Wer sich im Traum über eine schöne Salatplatte freut, hofft auf Nahrung für die Seele.
➔ Gemüse
➔ Obst
➔ Nahrungsmittel

Salz Die alte Bedeutung von »Salz und Brot«, als äußeres Zeichen von Gastfreundschaft oder Unterwerfung, kennen wir in unserem Kulturkreis kaum noch. Darum darf man Salzträume in dieser Richtung nicht mehr deuten. Salz

spielt eher eine Rolle im Sinne von »Salz in die Wunde streuen«, löst also im Traum Schmerzen oder Unbehagen aus. Möglich ist auch, dass wir im Traum eine versalzene Suppe auslöffeln zu müssen. Ein selbst eingebrocktes Problem müssen wir selbst lösen. Nach dem Aufwachen sollte man sich des nächtlichen Geschehens erinnern und darüber nachdenken, was durch eigenes Verschulden falsch läuft. Wer schließlich vom »Salz der Erde« träumt, hält sich selbst für den Besten. Allgemein steht das Symbol Salz für Erfolg, Glück und Gesundheit.
➔ Nahrungsmittel

Samen Leben entsteht aus Samen. Im Traum wird sich kaum unterscheiden lassen, ob es sich um pflanzlichen, tierischen oder menschlichen Samen handelt. Die Träume sind selten konkret. Es geht meist um Säen schlechthin. Samenträume sagen viel über die Vitalität und Kraft aus, mit der man das Leben meistert. Sie sind in der Regel von Optimismus geprägt. Die Träumenden fühlen sich wohl und sind von ihrer eigenen Energie überzeugt. Das kann für das Leben nur von Vorteil sein.

Sand Das Mineral hat im Traum oft geradezu teuflische Eigenschaften: Man gräbt und gräbt, aber der Sand rinnt immer wieder nach und macht die Arbeit zunichte. Solche Träume suchen uns heim, wenn wir die Hoffnung verloren haben, ein bestimmtes Problem zu lösen oder eine Aufgabe zu bewältigen. Auch gewaltige Dünen tauchen in unseren nächtlichen Alpträumen auf. Sie wirken bedrohlich. In diesem Fall macht das Symbol darauf aufmerksam, dass riesige Schwierigkeiten bevorstehen. Wer im Traum eine Sandburg baut, hat zu viele Illusionen.

Sarg Vor längerer Zeit interpretierten die Traumdeuter den Sarg als Todesboten. Moderne Analytiker weisen darauf hin, dass Sargträume eher mit dem Entschluss zu tun haben, Vergangenes als endgültig erledigt zu betrachten. Damit können gekündigte Arbeitsverhältnisse, überwundene Trennungsschmerzen ebenso gut gemeint sein wie finanzielle Verluste – eben einfach alle Dinge, die sich ohnehin nicht mehr rückgängig machen lassen und wegen denen der Träumende lang mit sich selbst haderte. Der Sarg symbolisiert nicht nur das Vergehen, er verspricht auch Auferstehung. Insofern können Träume von Särgen positiv gewertet werden. Selten erscheint im Traum ein offener Sarg mit einer Leiche. Ist das der Fall, hat der Träumende vermutlich vom Tod eines nahestehenden Menschen erfahren oder jüngst an einer Beerdigung teilgenommen.
➔ Leiche

Saugen ➔ Lutschen

Schach Es ist sicherlich das intelligenteste Spiel, das Menschen je erfunden haben. Gerne räumt man Schachweltmeistern den Rang von Genies ein. Träume vom Schachspielen aber haben nichts mit Erfolg zu tun, sie mahnen zur Zurückhaltung. Jetzt müssen Verstand und logisches Denken zur Problemlösung eingesetzt werden.

Schachtel Träume von Schachteln haben mit Träumen von Röhren eine gewisse Verwandtschaft. Auch sie vermitteln das Gefühl der Enge und der beschränkten Bewegungsfreiheit. Bedroht fühlen sich die Träumenden, wenn es in der Schachtel auch noch finster ist. Irgendein unangenehmes Erlebnis aus dem Berufs- oder Privatleben dürfte der Hintergrund für solche Träume sein. Auch seelische Bedrängnis kann dazu führen, dass man sich wie eingesperrt fühlt. Ob dieses Gefühl mit dem Wunsch nach Beendigung einer Partnerschaft zusam-

S

menhängt, mit Misserfolgen bei der Werbung um einen anderen Menschen, mit einer chronischen Krankheit oder der allgemeinen Lebensführung des Träumenden, ergibt sich aus den Traumszenen und der Lebenssituation.

→ Dunkelheit
→ Röhre

Schaf Das wollige Tier steht im Volksmund für Dummheit – nicht so in der Traumdeutung. Hier versinnbildlicht das Schaf eher eine andere ihm zugesprochene Eigenschaft, nämlich die Sanftmut. Ob Schafe wirklich sanftmütig sind – der Schafbock ist das zum Beispiel ganz und gar nicht – spielt dabei keine Rolle. Die oder der Träumende bemüht sich im Wachleben um Sensibilität, Zurückhaltung und Duldsamkeit. Derartige Träume haben vor allem Menschen, die mit einem eher aufbrausenden Temperament ausgestattet sind. Sie empfinden den Mangel an Sanftmut jedoch als Defizit und würden sich gerne ändern. Eine weitere Deutung ist ebenfalls wichtig: Schafe sind nicht nur sprichwörtlich, sondern auch tatsächlich Herdentiere. Wer von ihnen träumt, fällt kaum jemals eine eigene Entscheidung, sondern schließt sich der allgemeinen Meinung an. Das Unterbewusstsein signalisiert: Bitte mehr Eigenständigkeit.

→ Tierträume

Schale Träume von einer offenen Schale sind selten. Ist die Schale in Frauenträumen leer, deutet sie den sehnlichen Wunsch nach einem Kind an. Erscheint im Traum eine gefüllte Schale, wird die Füllung einen Hinweis geben. Obst, Gemüse, ein Getränk, ungeschältes Getreide – sie alle haben ganz verschiedene Bedeutungen. Träumen Männer von einer leeren Schale, dann kann das darauf hindeuten, dass sie eine Frau begehren. Mit dem Wunsch nach Fortpflanzung hat das wenig zu tun, eher mit dem Verlangen nach Abwechslung, Erholung, Lust und Sexualität.

→ Durst
→ Gemüse
→ Getränk
→ Getreide
→ Obst
→ Sexträume

Schatten In Angst- und Verfolgungsträumen spielt der Schatten eine besondere Rolle. Die amerikanische Psychologin Karin A. Signell unterscheidet drei Formen von Schatten: Den persönlichen Schatten, der unsere individuellen Züge oder Schwächen zeigt; den kulturellen Schatten, der für die allgemeinen Charakterzüge oder Schwächen einer Gruppe oder Kultur steht, und den archetypischen Schatten, der die irrationalen oder destruktiven Kräfte im Universum widerspiegelt. Alle drei Schattentypen tauchen in unseren Träumen auf. Besonders furchterregend sitzt uns der Schatten im Nacken, wenn wir verfolgt werden und nur ihn und nicht die Verfolger sehen. Als bedrohlich empfinden wir im Traum aber auch die Schatten der Natur, so den Waldschatten, aus dem wir nicht herausfinden, oder den schwarzen Schatten von Häusern oder Felsen, der Unheimliches verkündet. Wohl am tiefgründigsten ist der Nachtschatten, der als Todesbote droht. In Schattenträumen wird niemals nur ein persönliches Einzelschicksal verarbeitet, es geht immer auch um menschliche Urängste im Allgemeinen. Nicht zuletzt deshalb werden wir den Schatten im Traum nur in den seltensten Fällen als wohltuend empfinden, ausgenommen vielleicht, wenn wir aus gleißender Helligkeit fliehen und in den umarmenden, verbergenden Schatten flüchten. Ein solcher Traum deutet entweder auf Schüchternheit hin, oder aber er wird durch den Wunsch ausgelöst, einer peinlichen Situation zu entfliehen. In beiden Fällen spielt häufig auch

das Bedürfnis mit, eine unangenehme Begebenheit zu klären.
→ Verfolgung
→ Angst

Schatz Wer hat nicht schon einmal davon geträumt – am helllichten Tag und bei klarem Bewusstsein –, einen wertvollen Schatz zu finden! Er würde das Ende aller finanziellen und beruflichen Sorgen bedeuten. Nicht so, wenn man im Schlaf auf einen Schatz stößt. Der Traum hat zwar mit Wert und Gewinn zu tun, jedoch im übertragenen Sinn. Wir möchten endlich einen schon lange verehrten Partner erobern, eine wundervolle Erfindung machen, im Glücksspiel gewinnen, erfolgreich irgendwo ankommen. All das aber wird ein schöner Traum bleiben.
→ Erfinden
→ Geld

Schauspiel → Theater

Schauspieler Wer häufig ins Kino geht oder sich gerne Filme im Fernsehen anschaut, wird seine Idole haben, von denen er auch nachts zuweilen träumt. Im Traum selbst wird man selten eine bekannte Rolle verkörpern. Es geht meistens um die Vorstellung, ein Schauspieler oder eine Schauspielerin zu sein, auf einer Bühne zu stehen und im Beifall des Publikums zu baden. Solche Träume zeugen von einer gewissen Überheblichkeit. Der Träumende traut sich mehr zu, als er wirklich kann. Und wenn dann die Stimme versagt? Eine Katastrophe. Wenn uns der Text nicht einfällt? Mindestens so schlimm. Hier zeigen sich Ängste vor dem Versagen im Berufs- oder Liebesleben.
→ Oper
→ Orchester
→ Theater

Scheideweg → Kreuzung

Scheidung Viele fürchten sich davor, viele sehnen eine Scheidung herbei, weil sie das Ende einer untragbar gewordenen Ehe verheißt. Dass die Betroffenen auch nachts von den Umständen der Trennung träumen, ist kein Wunder und bedarf keiner Deutung. Aber das Unterbewusstsein kann uns Gedanken an Trennungen in die Träume tragen, die wir im Wachleben keineswegs wahrhaben wollen. Bin ich wirklich noch mit dem richtigen Partner zusammen? Ist meine persönliche Freiheit nicht höher zu bewerten, als die angeblich so zweckmäßige Lebensgemeinschaft, die sich im Alltag oft schal anfühlt? Derartige Fragen werden im Traum nicht durch eine unmittelbar bevorstehende Trennung ausgelöst. Vielmehr sendet das Unterbewusstsein ein Signal, damit die oder der Träumende über seine Situation nachdenkt. Das kann dazu führen, dass das alltägliche Eheleben eine Bereicherung erfährt. Vielleicht wächst das Maß an Zuneigung und wechselseitiger Aufmerksamkeit. Wiederholen sich scheinbar grundlose Scheidungsträume, dann ist die Ehe in der Tat gefährdet. Von einer Scheidung träumt man auch, wenn eine einschneidende Veränderung im Beruf ansteht.

Schere Ein uralter Aberglaube besagt: »Schenke nie jemandem eine Schere. Sie zerschneidet die Freundschaft.« Träume von Scheren (auch von Messern) gemahnen an diese Weisheit. Zerschneiden wir selbst etwas im Traum, dann steht vielleicht die Trennung von einem liebgewonnenen Menschen bevor. Vielleicht mahnt der Traum uns auch, eine Freundschaft oder Partnerschaft zu überdenken. Sehen wir zu, wie ein anderer Mensch mit der Schere etwas zerschneidet, kann das ein Hinweis darauf sein, dass sich jemand von uns trennen will. Früher glaubte man, das Scherensymbol habe viel mit der männlichen Sexualität zu tun.
→ Messer

S

Scheune Heuschober oder Scheunen dienen in der Regel der Aufbewahrung von Vorräten. Wer »die Ernte in die Scheuer fährt«, träumt von Wohlstand und Erfolg. Solche Träume sind positiv zu werten, denn die Träumenden sind mit ihrem Leben zufrieden. Leere und zerfallene Scheunen symbolisieren dagegen Angst, Misserfolg und Unzufriedenheit. Verfall und Leere sowie brennende oder ausgebrannte Scheunen können auf seelische Nöte hinweisen.

Schiene → Geleise

Schießen Das Hantieren mit Schusswaffen kommt in Männerträumen häufiger vor als in Frauenträumen. Gewehre und Revolver sind männliche Attribute. Mit ihnen in nächtlichen Erlebnissen umzugehen, zeigt ein ziemlich hohes Maß an Überheblichkeit und Sexualprotzerei. Das Schießen selbst, gleichgültig mit welcher Art von Waffe, hat zweierlei Bedeutung: Gibt man einen Schuss ab, will man andere verletzen oder sie zu irgendetwas zwingen. Werden die Träumenden durch einen Schuss verletzt, fürchten sie Beleidigungen, seelische Verletzungen oder ein Unglück. Frauenträume vom Schießen verraten den Wunsch nach einem aufregenden sexuellen Erlebnis.
→ Gewehr
→ Revolver
→ Waffen

Schiff Das Traumschiff ist das Sinnbild für unsere eigene Persönlichkeit. Da das Schiff traditionell weiblich ist, kann es in Frauenträumen Symbol für weibliche Genitalien sein. Je nach dem Traumgeschehen wird das Schiff (oder auch Boot) als Teil des Lebens gedeutet, auf den wir keinen Einfluss haben. Es versinnbildlicht die Unwägbarkeiten unseres Daseins.
→ Sexträume

Schildkröte Wer keinerlei Bezug zu diesen Tieren hat, wird vermutlich ganz selten oder gar nicht von einer Schildkröte träumen. Menschen jedoch, die sich aus verschiedenen Beweggründen mit der Tierwelt befassen, sehen die Schildkröte dann, wenn sie sich angegriffen fühlen. Sie kann sich durch einen nahezu völligen Rückzug in ihren Panzer vor der Außenwelt abschirmen – und genau das wünscht sich der Träumende, wenn ihm im Wachleben alles zu viel wird. Seine Sehnsucht nach Rückzug wurzelt vielleicht in der Furcht vor seelischen Verletzungen oder im Gefühl, weder in beruflicher noch in partnerschaftlicher Hinsicht genügen zu können. Möglicherweise plagt in gar die Angst vor sexuellem Versagen. Männerträume von Schildkröten werden manchmal durch die Angst vor Impotenz ausgelöst. Die schwer gepanzerten Kriechtiere sind darüber hinaus Symbole der Langsamkeit. Sie mahnen uns – je nach Traumzusammenhang –, eine Sache in aller Ruhe noch einmal zu überdenken und nichts zu überstürzen.
→ Tierträume

Schilf Wer sich mal hierhin, mal dorthin orientiert und keine klare Entscheidung fällt, »schwankt wie ein Rohr im Winde«, sagt der Volksmund. Im Traum ist das anders. Schilf steht für Stabilität: Selbst ein heftiger Wind oder Sturm kann ein Schilfrohr nicht knicken, wenn es im Verbund mit anderen zusammensteht. Die Träumenden hoffen demnach, dass ihnen in der Not von anderen Menschen geholfen wird oder dass sie eine schwierige Situation in der Gemeinschaft vieler Gleichgesinnter meistern werden. Schilfträume mahnen ferner, Entscheidungen, von deren Konsequenzen mehrere betroffen sind, nicht selbstherrlich und alleine zu fällen. Nur Gemeinsamkeit macht stark. Eine dritte Deutungsmöglichkeit weist auf eine große Gefahr

hin. Schilf wächst nicht an trockenen Standorten, sondern in einem sumpfigen, morastigen Milieu. Wer darin zu versinken droht, ist gleichzeitig von einer undurchdringlichen und undurchsichtigen Wand aus steifen Halmen umgeben. Wächst sich die Traumsituation in diese Richtung aus, gerät sie zum Alptraum. Der Traum spiegelt eine schwierige Lebensphase. Der dicke braune Rohrkolben ist ein Symbol für das männliche Geschlechtsorgan. Davon träumen Männer und Frauen gleichermaßen.
➔ Sumpf

Schirm Der Traumzusammenhang muss zunächst klären, ob es sich um einen Regen- oder Sonnenschirm handelt oder um eine »Schirmherrschaft«. Im ersten Fall wünscht sich der Träumer einen Schutz vor den Unbilden der Witterung. Gemeint sind die Gefahren des Lebens. Vor allem pubertierende junge Menschen haben diesen Traum verhältnismäßig oft. Erwachsene sehen im Schirm eher ein Schutzsymbol. »Schirmherrschaft«, das Wort sagt es schon, deutet an, dass man sich unter die Herrschaft eines anderen Menschen begeben muss. Häufig ist damit der ungeliebte, jedoch überlegene Vorgesetzte gemeint, möglicherweise aber auch ein dominanter Partner.

Schlachten Nicht die Schlachten eines Krieges sind hier gemeint, sondern das blutige, für viele Menschen eklige Geschäft des Schlachtens von Tieren. Der Schlachter trennt Essbares von Ungenießbarem – Symbole für das Gute und das Schlechte. Das Unterbewusstsein fordert in derartigen Träumen eine harte, unerbittliche, aber notwendige Trennung von Menschen oder Gewohnheiten. Wer im Wachleben über einen solchen Traum nachdenkt, erkennt Notwendigkeiten, mögen sie noch so bitter sein.
➔ Metzger

Schlaf Im Schlaf vom Schlaf zu träumen, klingt paradox, kommt aber häufig vor. Zunächst einmal fühlt man sich in derartigen Träumen behaglich. Die oder der Träumende ist möglicherweise überanstrengt, hat sich seit Tagen nach einem erholsamen Schlaf gesehnt und kann ihn sich endlich gönnen. Anders sieht die Sache aus, wenn wir uns selbst im Traum beim Schlafen zuschauen. Dann ist Vorsicht am Platze! Verschlafen wir eine gute Gelegenheit, eine wichtige Entwicklung im privaten oder – meistens – beruflichen Leben? Sehen wir eine schlafende fremde Person, dann ist davon auszugehen, dass wir andere Menschen am liebsten wachrütteln möchten. In diesem Fall ist der Träumende vital und voller Tatendrang und vermisst diese Energie beim Partner.

Schlafzimmer Wer von einem Schlafzimmer träumt, hat sexuelle Wünsche. Dieser Teil der Wohnung gehört uns ganz alleine, hier empfangen wir normalerweise keinen Besuch. Der Raum versinnbildlicht die Intimität, in der das sexuelle Verlangen und Vergnügen ohne Beobachtung durch Unbefugte ausgelebt werden kann. Träume vom Schlafzimmer können auch bedeuten, dass man sich nach einem lange vermissten Partner sehnt.

Schlagen Harte Schicksalsschläge im Wachleben werden manchmal in Träumen verarbeitet, in denen es um körperliche Züchtigung mit Hand oder Stock geht. Schlägt man im Traum jedoch einen anderen Menschen, dann drückt sich darin rücksichtsloser Durchsetzungswillen aus. Das Unterbewusstsein mahnt, die Lebensweise zu ändern, anderen Menschen gegenüber toleranter zu sein oder eine Entscheidung noch einmal zu überdenken. Ein sanfter Schlag, ein »Klaps« dagegen hat eine andere positive Bedeutung. Man sollte irgendwem

S

aus der Umgebung auf die Sprünge helfen, ihn antreiben.
➔ Prügel

Schlamm Wer im Schlamm wühlt, macht sich schmutzig, ist ein Intrigant oder in Not. Träume von Schlamm und Morast lassen alle drei Deutungen zu. Nur der Traumzusammenhang kann erklären, welche Auslegung zutrifft. Ist Schlamm mit Schmutz gleichzusetzen, fühlt sich der oder die Träumende beleidigt, erniedrigt oder von üblen Gerüchten verfolgt. An einer Schlammschlacht beteiligt zu sein, sollte bedenklich stimmen. Ist der Träumende aus lauter Klatschsucht an einem üblen Spiel, gar an einer Intrige beteiligt? Das Gute an solchen Träumen ist, dass sich die Betreffenden ihrer Unzulänglichkeiten klar werden können. Das wäre der erste Schritt, um sich aus unsinnigen Schlammschlachten mit Nachbarn, Kollegen, Bekannten oder Verwandten zu verabschieden. Bleibt man im Traum im Schlamm stecken, ist das ein Hinweis auf eine Notlage, aus der man sich kaum befreien kann.
➔ Schilf
➔ Sumpf

Schlange Im Traum lassen sich Schlange und Aal kaum voneinander unterscheiden. Es sind die fast gleichen schlängelnden Vorwärtsbewegungen, die uns irgendwie unheimlich sind, vielleicht sogar anwidern. Dazu kommt das Schleimige, Glitschige, Kalte, das vor allem Frauen einer Schlange nachsagen, obwohl nichts davon richtig ist. Die Lautlosigkeit, mit der sich die Schlange fortbewegt, hat ihr den Ruf eingebracht, hinterhältig und intrigant zu sein. In der Bibel ist sie die Inkarnation des Bösen, und Martin Luther behauptete: »Anmaßung ist der Kopf der Schlange.« Derartige Vorurteile sind nicht auszurotten. Deshalb versetzen Schlangen vor allem Frauen in Angst und Schrecken. Europäische und amerikanische Psychoanalytiker tun sich schwer, das Traumsymbol Schlange zu deuten. Sie alle sind im abendländisch-christlichen Kulturkreis befangen und tradieren in ihren Deutungen das böse, vom Alten Testament geprägte, archaische Bild der Schlange. In mittel- und südamerikanischen sowie in vielen asiatischen Kulturen genießen Schlangen höchste religiöse Verehrung und Wertschätzung. Bei uns jedoch – selbst C. G. Jung ist da keine Ausnahme – wird die Schlange in Grund und Boden verdammt. Triebhaftigkeit unterstellen die Deuter den von Schlangen Träumenden, sexuelle Maßlosigkeit, Arroganz, Lüge, List und Heimtücke. Frauen, denen man niedrige Beweggründe unterstellt – insbesondere wenn sie reiche Männer heiraten – werden als falsche Schlangen diskriminiert. In China sieht man die schönen, geschmeidigen Tiere als Symbol der Wiedergeburt. Das mag mit der ständigen Häutung der Schlangen zusammenhängen, die im Traum eine Aufforderung ist, unser Leben zu ändern. Eine mehrköpfige Traumschlange, eine Hydra, weist auf die Komplexität eines Problems hin. Die Schlange als Gefährtin symbolisiert die positive Verbindung mit dem Unbewussten.
➔ Sexträume
➔ Tierträume

Schleier Die Philosophin Gertrud von Le Fort schrieb 1934: »Der Schleier ist das Symbol des Metaphysischen auf Erden.« Er ist aber auch das Symbol des Weiblichen. Alle großen Formen des Frauenlebens zeigen die Frau verhüllt. Die Braut, die Witwe, die Nonne sind Trägerinnen des gleichen Symbols. Schleierträume kann man nicht besser erklären. Mit dem Schleier wird etwas verborgen, zum Beispiel ein Geheimnis, das Männer lüften möchten. Dahinter steht der Wunsch nach sexuellen Erlebnissen. Wird der Schleier im Traum zerrissen, erinnert der Vorgang bei jungen Männern und Frauen an das erste wichtige sexuelle Abenteuer, die Defloration. In Träumen von Erwachsenen symbolisiert ein zerreißender Schleier den Wunsch nach einem neuen Partner. Der Traumzusammenhang kann aber auch auf die Neugierde nach neuen Ufern im Beruf oder im persönlichen Bereich hinweisen. Den Träumenden sind die Aufgaben und Chancen dann jedoch noch schleierhaft.

Schlinge Fallstricke oder Schlingen sind Hindernisse auf dem Weg zu einer neuen Aufgabe oder einem ersehnten Ziel. Wer im Traum stürzt, wird den Fall körperlich ähnlich deutlich spüren wie »bleierne Beine« auf der Flucht. »Bis zum Hals in der Schlinge stecken« symbolisiert eine ausweglose Situation, die dem Träumenden den Atem nimmt.
➔ Flucht
➔ Mitte
➔ Stricke

Schlitten Eine Schlittenfahrt kann vielerlei bedeuten. Sieht man im Traum gewaltige, mit Schnee und Eis bedeckte Flächen, auf denen die Kufen lautlos dahingleiten, ist er ein Symbol für Kälte, Not und Einsamkeit. Möglicherweise hat eine wirkliche finanzielle oder seelische Notlage den Traum ausgelöst. Ein hoch beladener Schlitten, der nur noch mit äußerster Kraftanstrengung zu ziehen ist, weist ebenfalls auf eine seelische Belastung hin. Eine Schlittenfahrt kann auch sehr vergnüglich sein. In diesem Fall weisen Glätte und Geschwindigkeit auf mühelose Erfolge hin. Wer unter grau verhangenem Himmel im knirschenden Schnee nur mühsam vorwärtskommt, hat vielleicht einen Menschen brüsk zurückgestoßen.
➔ Rucksack
➔ Sack

Schloss Prächtige Schlösser und trutzige Burgen sind im Traum gut voneinander zu unterscheiden. Ein Schloss verbinden wir mit glitzerndem Luxus und eleganten Festen, aber auch mit Märchen und Spuk. Im ersten Fall hoffen wir darauf, dass uns ein großes Vorhaben, mit dem möglicherweise auch hoher Gewinn verbunden ist, gelingen wird. Spukt es in dem alten Gemäuer, könnte das eine Warnung sein, das ganze Vorhaben noch einmal zu überdenken. Tritt im Traum das Märchenhafte in den Vordergrund, ist davon auszugehen, dass der oder die Träumende nicht mit beiden Beinen auf der Erde steht. Das gilt auch für den Traum von einem Schloss, das in weiter Ferne oder unerreichbar hoch auf einem Felsen liegt. Ist das barocke Gebäude durch Dunst und Nebel nur schwer erkennbar, dann ist man über irgendeinen Vorgang unglücklich, hat aber noch eine vage Hoffnung, dem Dilemma zu entkommen.
➔ Burg

Schlucht ➔ Abgrund

Schlüssel Der Schlüssel symbolisiert das männliche Glied. Wenn das Tagesgeschehen den Schlüsseltraum auslöst, macht er auf eine notwendig gewordene Problemlösung aufmerksam. Dazu bedarf es eines Schlüssels. Wer ihn verzweifelt sucht, hat noch keine Idee für die richtige Lösung. Ist der Schlüssel verloren gegangen, wurde im Wachleben womöglich eine Idee oder eine Lösung abgelehnt. Schlüsselträume zeigen sich auch, wenn ein erhoffter Erfolg oder Gewinn nicht eingetreten ist. Dann hält man einen Schlüssel in der Hand, zu dem es kein Schloss gibt.

Schmetterling Aus dem Ei kriecht eine Raupe, die sich zur starren Puppe verwandelt, aus der schließlich ein zauberhafter Schmetterling schlüpft – diese

Metamorphose hat die Menschen seit jeher fasziniert. 1831 schrieb Heinrich Heine: »Der Schmetterling ist ein Sinnbild für die Unsterblichkeit der Seele und ihre ewige Verjüngung« – sowie auch für ihre Flatterhaftigkeit, möchte man ergänzen. Schmetterlingsträume weisen nämlich auf die Unbeständigkeit der Träumenden hin. Sie schenken ihr Herz heute diesem, morgen jenem, fällen unbedacht hier eine Entscheidung, dort eine gegensätzliche. Es mangelt ihnen an Verlässlichkeit und an Charakterstärke. Deshalb sind Schmetterlingsträume negativ zu bewerten. Sollten sie sich öfter wiederholen, gilt es, ernsthaft darüber nachzudenken, ob und in welchen Punkten man seine Lebensweise und charakterliche Haltung ändern sollte. Manchmal gelingt das nicht ohne die Hilfe eines Psychologen. Hier schließt sich der Kreis. »Psyche« kommt aus dem Griechischen und bedeutet Seele. Die wiederum wird durch den Schmetterling symbolisiert.

➔ Raupe
➔ Tierträume

Schmied Die meisten jungen Menschen kennen den Beruf und die Tätigkeit eines Schmiedes nur noch aus Erzählungen. Der Schmied und seine »feurige Werkstatt« begegnen deshalb vorwiegend älteren Menschen, denn man kann schlecht von etwas träumen, von dem man im Wachleben keine Vorstellung hat. Der Schmied formt, verändert, gestaltet, und sein Handwerk ist mit harten, lauten Hammerschlägen verbunden. Das Traumbild entspricht der Erkenntnis, dass eine Veränderung im beruflichen oder privaten Leben notwendig, aber ohne Opfer nicht durchsetzbar ist.

Schmuck Träume von Perlen und goldenen Ketten, glitzernden Edelsteinen und aufwändiger Kleidung sollten als Warnung dienen. Sie haben eine Ähnlichkeit mit Träumen von Orden, die man trägt oder verlangt. Überheblichkeit spielt hier eine Rolle, auch Geltungssucht und der Anspruch, im Mittelpunkt zu stehen. Wer im Traum Schmuck geschenkt bekommt, glaubt, dass er eine Belohnung verdient hat. Anders sieht die Deutung aus, wenn der Träumende Schmuck an andere verschenkt. Das ist ein Zeichen für die besondere Hochachtung, die man einem verehrten Menschen entgegenbringt. Wer verzweifelt nach einem verlorenen Schmuckstück sucht, hat möglicherweise im Leben etwas sehr Liebgewonnenes verloren. Selten geht es dabei um einen materiellen Verlust, weit häufiger um eine verlorene Liebe.

→ Mitte
→ Orden

Schmutz Wer von Schmutz träumt, fühlt sich unbehaglich, ist irgendwie mit sich selbst nicht im Reinen. Die Träumenden haben zum Beispiel einen anderen Menschen beleidigt und bedauern das sehr. Vielleicht wurden sie auch selbst beleidigt und fühlen sich »in den Schmutz gezogen«. Reue über eine Lüge oder über ein Unrecht, das man anderen Menschen zugefügt hat, lösen ebenfalls solche Träume aus. Schließlich kann auch eine Blamage im Alltag die Ursache für Träume vom Schmutz sein.

Schnecke Schneckenträume können auf zweierlei hinweisen: Es gibt Menschen, die beneiden das Kriechtier vor allem um seine Rückzugsmöglichkeit. Wenn diese Menschen von einer Schnecke träumen, die sich in ihr Haus verkriecht, dann wollen sie aller Wahrscheinlichkeit nach selbst irgendwelchen Schwierigkeiten im beruflichen oder privaten Leben ausweichen. Vielleicht spielt eine Blamage die auslösende Rolle. Ein anderes Kennzeichen der Schnecke ist ihre notorische Langsamkeit. Menschen, die in ihren Träumen diese Eigenschaft thematisieren, wollen alles lieber zehnmal in Ruhe überdenken, ehe sie ein Problem angehen. Vielleicht sind sie grundsätzlich phlegmatisch. Wiederholt sich der Traum, dann ist es an der Zeit, sich zu ändern. Steht das Schleimige einer Schnecke im Vordergrund des Traumes, dann wurde er durch einen Menschen ausgelöst, den man wegen seiner Unterwürfigkeit verachtet. Natürlich kann es auch die eigene Unterwürfigkeit sein, deren man sich im Nachhinein schämt. Die Intensität des Traumes hängt nicht mit der Heftigkeit des auslösenden Ereignisses zusammen, sondern ist von der Sensibilität des Träumenden abhängig. – Einige Analytiker sehen in der Schnecke ein mit der Muschel verwandtes Traumsymbol.

→ Muschel
→ Tierträume

Schnee Eine weite, schneebedeckte, stille Ebene löst bereits im Traum das Gefühl großer Einsamkeit aus. Andersherum löst tatsächlich erlebte Einsamkeit nicht selten Schneeträume aus. Nur der Traumzusammenhang kann Ursache und Wirkung klären. Schnee ist im Traum und in der Wirklichkeit mit Kälte verbunden. Ist es unsere Kälte einem anderen Menschen gegenüber? Oder sind wir irgendwo auf kalte Ablehnung gestoßen? Das Traumbild vom Schnee als »Leichentuch der Natur«, lässt sich kaum aufrechterhalten. Die meisten Menschen wissen längst, dass Schnee zum Schutz der Natur beiträgt, nicht zu ihrer Vernichtung. Deshalb hat sich die Analyse von Schneeträumen zum Positiven hin verschoben.

→ Eis
→ Kälte
→ Lawine
→ Schlitten

Schneiden Wer sich im Traum »ins eigene Fleisch schneidet«, hat nicht unbedingt eine Dummheit begangen. Auch sollte er den Traum nicht dahingehend interpretieren, dass er Pech hat. Vielmehr deuten derartige Träume auf Trennungen hin. Gemeint sind sowohl Trennungen von geliebten Menschen als auch von liebgewonnenen Gewohnheiten, wie zum Beispiel dem Rauchen. Das Erlebnis ist in Traum und Wirklichkeit mit einem heftigen Schmerz verbunden.
→ Messer
→ Schere

Schnur Sind wir im Traum mit einer Schnur gebunden, kann das schmerzhaft einschneiden – anders als beim Seil oder beim Strick. Insofern hat die Schnur Ähnlichkeit mit einem Messer. Wenn sie zudem unzerreißbar scheint, deutet das auf eine starke, aber in gewisser Weise auch beängstigende Bindung hin. Sie kann auf einen Partner weisen, von dem kein Loskommen ist, auch auf einen überstrengen Vater oder eine harte, dominierende Mutter. Die einschneidende Schnur symbolisiert dann den dringenden Wunsch, sich von der Bindung zu befreien. Die Aussicht, das zu schaffen, ist jedoch gering.
→ Faden
→ Messer
→ Mutter
→ Strick

Schrank → Möbel

Schraube Jeder Heimwerker weiß, dass eine Schraube eine bessere Verbindung herstellt als ein Nagel. Träume von Schrauben deuten auf den Wunsch nach einer starken, soliden Bindung hin. Andererseits kennen wir den Ausdruck »Jemandem die Daumenschrauben anlegen«, eine mittelalterliche Foltermethode. Vielleicht üben der Chef, die Eltern oder ein dominierender Partner heftigen Druck auf den Träumenden aus. Schraubenträume können auch auf finanzielle Notlagen aufmerksam machen. Dass Schrauben das männliche Geschlechtsorgan und das Eindrehen Geschlechtsverkehr symbolisieren, behaupten nur noch wenige Analytiker.
→ Nagel

Schreiben Lange Briefe zu schreiben oder ein Tagebuch zu führen, heißt, dass man seine Gedanken ordnen will. Ein Gespräch ist nur selten ein Ersatz. Wer im Traum schreibt, will Ordnung in eine verworrene Situation bringen. Eine weitere Deutung sagt, dass der Träumende vorsichtig ist. »Denn was man schwarz auf weiß besitzt, kann man getrost nach Hause tragen«, weiß der Schüler in Goethes »Faust«. Im Tagesgeschehen hat sich etwas ereignet, das man besser schriftlich erledigen sollte.

Schreien Kaum ein Werk der Bildenden Kunst drückt den Begriff »Alptraum« so gespenstisch deutlich aus wie das Gemälde »Der Schrei« des norwegischen Malers Edvard Munch. Wenn es einen »lautlosen Schrei« gibt, dann ist er hier meisterhaft dargestellt. Auch die Schreie von Alpträumenden sind oft lautlos. Sie versuchen in ihrer Not den Mund für einen angstvollen Schrei zu öffnen, aber sie schaffen es nicht, auch nur einen Ton herauszubringen. Träume dieser Art spiegeln eine seelische Notlage wider, in der sich die Träumenden tatsächlich befinden. Ein lauter Schrei wäre eine Art Befreiung, aber der hilflose Versuch endet in Angst und Schrecken. Ein Alptraum macht die seelische Bedrängnis, aus der es keinen Ausweg gibt, bedrückend klar.

Schüssel → Schale

Schuhe Schuhträume weisen auf Lieberserlebnisse hin. Das Anziehen eines

Schuhs symbolisiert den sexuellen Akt. Wenn uns im Traum »der Schuh drückt«, weist das auf eine Alltagssorge, ein unbewältigtes Problem hin. In der Regel hat der Träumende eher ein seelisches als ein materielles Problem. Das Letztere kann man allerdings nicht ausschließen. Ein Traumbild von zerfetzten oder ausgelatschten Schuhen ist ein Zeichen für ein charakterliches Manko.

Schule »Man lernt nie aus«, sagt der Volksmund. Im Traum von der Schule geht es jedoch nicht um das immerwährende Hinzulernen, sondern um Erinnerungen an eine schwierige oder beglückende Schulzeit. Viele Menschen leiden unter den Erinnerungen an entscheidende Prüfungen. Der Druck, der damals auf dem Prüfling lastete, ist im Gehirn unauslöschlich gespeichert. Im Traum kann diese »Schublade« geöffnet werden. Andere Menschen haben die Schulzeit als beglückend empfunden. Daran erinnert ein schöner Traum.

Schuss → Schießen

Schwan Majestätisch gleitet der Schwan auch im Traum dahin. Als größter einheimischer Wasservogel nimmt er in unseren Träumen den Platz eines stolzen Menschen ein, den wir bewundern. Das strahlende Weiß des Gefieders unterstreicht die Verehrungswürdigkeit. Wer so etwas öfter träumt, sollte in sich gehen. Ihm fehlt wahrscheinlich gesundes Selbstbewusstsein. Schwanenträume können auch Abschied bedeuten. Das Unterbewusstsein bringt das Wort vom »Schwanengesang« an die Oberfläche.
→ Vogel
→ Tierträume

Schwangerschaft Schwangerschaftsträume machen auf eine seelische Wiedergeburt aufmerksam. Manchmal verraten sie die Hoffnung auf eine Wunscherfüllung. Die amerikanische Psychologin Patricia Garfield stellte fest: Eine schwangere Frau, die voller Furcht von einer Flugreise träumt, erlebt dabei ein für das Ende der Schwangerschaft typisches Angstgefühl. Sie schreckt vor der Konfrontation mit dem neuen unbekannten Wesen zurück. Für eine Frau, die zum ersten Mal Mutter wird, sind Schwangerschaft und Gebären eine Reise in ein fremdes Land.
→ Frauenträume

Schwein Wer »Schwein hat«, hat Glück im Leben. Kein Wunder, dass dieses Tier fast immer als positives Traumzeichen gedeutet wird. Das Schwein steht für die weibliche Fruchtbarkeit, für die – vielleicht ersehnte – Empfängnis oder ganz allgemein für Sexualität, die man ausleben möchte. Das Traumschwein signalisiert manchmal eine materialistische Lebenseinstellung, praktisches Denken oder »seelenlose Intelligenz«.
→ Frauenträume
→ Tierträume

Schwert Menschen des Mittelalters haben häufiger von Schwertern geträumt als wir. Aber jeder hat wohl Ritterromane gelesen und sich in seiner Jugendzeit mit dem Symbol des wehrhaften und tapferen Edelmannes beschäftigt. Deshalb ist das Symbol Schwert auch in unseren Köpfen verankert. Das nächtliche Bild verkörpert Stärke, Durchsetzungsvermögen, aber auch Rücksichtslosigkeit. Weil das Schwert auch etwas zerschneidet und damit trennt, hat es eine gewisse Ähnlichkeit mit Messerträumen.
→ Messer

Schwester Träume von der leiblichen Schwester können durch geschwisterliche Zuneigung, Eifersucht oder Streit ausgelöst werden. Amerikanische Analytiker neigen zu der Auffassung, dass Eifersucht und damit drohender oder

S

permanenter Streit Ursache für die nächtlichen Auseinandersetzungen sind. Gibt es keine leiblichen Schwestern, macht die Traumschwester auf besondere Charakterzüge der Träumenden aufmerksam.

➔ Bruder

➔ Krankenschwester

Schwimmen Wie ein Fisch im Wasser kann sich ein Mensch nicht fühlen. Dazu fehlen ihm so ziemlich alle Eigenschaften der Fische. Dennoch lösen Schwimm- und Tauchbewegungen ein Gefühl der Schwerelosigkeit aus. Das erlebt man auch im Traum. Insofern hat er gewisse Ähnlichkeit mit dem Symbol Fliegen. Schwerelosigkeit im Traum ist gleichzusetzen mit dem seligen Gefühl von glücklicher Unbeschwertheit. Die nächtlichen Erlebnisse verraten Zufriedenheit, unter Umständen auch Überheblichkeit. Gerät man beim Schwimmen in Not, droht gar zu ertrinken, dann befindet man sich in einer bedrückenden Situation. Wer ziellos im offenen Meer schwimmt, sieht auch im Wachleben keinen Horizont.

➔ Fliegen

Schwitzen Wer schweißgebadet aufwacht, hatte entweder einen bedrückenden Traum, oder er hat schlecht geträumt, weil er geschwitzt hat. Das Unterbewusstsein setzt Schwitzen oft in Bilder von heißen Wüsten, feuchten Regenwäldern, stickigen Zimmern, sumpfiger Atmosphäre oder heißen, irrealen Räumen um. Das sind Reflexionen auf erlebte Realität, zu der auch Tageserlebnisse gehören, die einem wirklich »den Schweiß auf die Stirn treiben«.

See Auf den ersten Blick mag ein See im Traum Ähnlichkeit mit dem Meer haben. Dem See fehlt jedoch die ungeheure Weite, die einen Blick auf das andere Ufer, auf ein Ziel, nicht zulässt. Auch liegt der See meist ruhig, während das geträumte Meer oft von Wind und Wellen aufgewühlt wird. Der See vermittelt das Gefühl der Ruhe und Tiefe. Nahezu alle Psychoanalytiker sind sich einig, dass dieses Symbol ein wichtiger Teil des Unbewussten ist. Die Träumenden ruhen in sich selbst, sind mit dem Erreichten zufrieden und können sich eine gewisse Beschaulichkeit leisten. Neue Ziele wollen sie nicht mehr ins Auge fassen.

➔ Meer

➔ Wasserträume

Segel Ein Schiff mit aufgeblähten Segeln steht für Strebsamkeit und unbedingten Erfolgswillen. Die Träumenden haben eine klare Vorstellung von dem, was sie im Leben erreichen wollen. Typisch sind solche Träume für Menschen, die sich ein Ziel gesetzt haben, das sie mit Logik und Verstand unbeirrbar ansteuern.

➔ Schiff

Seide Ähnlich wie Träume von Schmuck und Orden symbolisieren Träume von Seide den Wunsch nach Anerkennung. Die Trägerin möchte im Mittelpunkt stehen. Weil sie davon überzeugt ist, dies auch verdient zu haben, kommt eine gehörige Portion Selbstüberschätzung zum Vorschein. Wer von Seide träumt, hat oft einen Hang zum luxuriösen Leben. Umstritten ist die Deutung, dass Seidenträume auch für Sanftmut und Anschmiegsamkeit stehen könnten. Eher zeugt der kühle Stoff von einer hochnäsigen Ablehnung gegenüber Gefühlen, die andere Menschen der Träumenden entgegenbringen.

➔ Mitte

➔ Orden

➔ Schmuck

Seife Eine Beleidigung, der man ohnmächtig gegenübersteht, auch eine selbst verschuldete Bloßstellung führen im Traum zum Bild von der Seife beziehungsweise vom Einseifen. Man möchte sich von dem Schmutz reinigen, der auf der Seele lastet. Derartige Träume können auch durch ein sexuelles Erlebnis ausgelöst werden. Im Schlaf belastet den Träumenden beispielsweise ein Seitensprung, Selbstbefriedigung, ein One-Night-Stand oder eine sexuell ausschweifende Nacht. Die Träumenden sind vielleicht sehr streng erzogen worden oder leben in einem gesellschaftlichen Umfeld, das Ausschweifungen jeder Art verurteilt. Seifenträume haben viel mit schlechtem Gewissen zu tun. Sie sind ein seelischer Kater oder Katzenjammer. Der Seifenschaum macht auf starke Emotionen wie Ärger oder Zorn aufmerksam.

Seil ➔ Strick

Sekt ➔ Champagner

Selbstmord Träume von Selbstmord haben nichts mit Todessehnsucht zu tun. Sie deuten vielmehr an, dass die Träumenden sich vor einer ungewissen Lebenslage fürchten. Vielleicht steht die Trennung von einem Partner bevor. Auslöser kann auch die schwere Erkrankung eines geliebten Menschen sein. In derartigen Situationen sagt man sich im Wachleben manchmal: »Ohne dich kann ich nicht leben.« Diese sorgenvolle Vorstellung setzt sich im Schlaf fort. Selbstmordträume können sich einstellen, wenn man sich von einer Sucht befreien muss und die Folgen des Entzugs nicht übersieht. Jeder weiß zum Beispiel, dass Rauchen die Gesundheit gefährdet. Der vernünftige Vorsatz, sich dieses Laster abzugewöhnen, ohne zu wissen, ob und wie das zu schaffen ist, kann Selbstmordträume auslösen. Das Unterbewusstsein übertreibt die Angst vor der eigenen Courage.
➔ Todesträume

Sense Das Traumbild erinnert an Messer, Schere und andere Schneidwerkzeuge. Die Sense muss dazu mit großer Kraft und Ausdauer geführt werden. »Schnitt um Schnitt« bedeutet, dass die Träumenden sich im Wachleben vorgenommen haben, ein Problem schrittweise, aber hartnäckig und mit einer klaren Zielvorstellung anzugehen. Das Unterbewusstsein warnt dabei vor Verbissenheit. Reinen Tisch zu machen, ohne Rücksicht auf Verluste, kann dem angestrebten Ziel schaden. Die Sense kann verletzen, sogar zu viel des Guten beseitigen. Beides ist bei der Durchsetzung eines Plans nicht gerade hilfreich.
➔ Messer
➔ Schere

Sessel ➔ Möbel

Sexualität Sie ist einer der lebenserhaltenden Grundtriebe des Menschen, ein Instinkt. Insofern ist Sexualität nicht negativ, im Gegenteil. Auch Träume von sexuellen Ereignissen oder Wünschen brauchen niemanden zu beunruhigen. Manchmal spielt hier das Tagesgeschehen eine Rolle. Oft jedoch spiegelt ein sexuell geprägter Traum etwas anderes wider als das rein Geschlechtliche.
➔ Sexträume

Show Aus dem Wachleben nehmen wir häufig die Erinnerung an eine tatsächliche Show mit in unsere Träume. Gibt es keinen realen Anlass, kommt es für die Traumdeutung darauf an, ob man selbst in einer Show auftritt oder Zuschauer ist. Showträume, in denen man selbst als Star agiert, haben viel mit dem eitlen Wunsch zu tun, im Mittelpunkt zu stehen. Man will glänzen und mit dem Auftritt zeigen, dass man besser ist als andere Menschen. Das zeugt sowohl von Arroganz als auch von rücksichtslosem Willen, sich durchzusetzen, Herrschaft über andere auszuüben. Leo Tolstoi hat

S

das – gewiss ohne das Wort Show – 1895 in seinen »Tagebüchern« auf den Punkt gebracht: »Eine solche Art von Belustigung … konnte erst mit der Trennung der Menschen in Herren und Knechte aufkommen.« Wer Gast in einer Show ist, will sich entspannen, genießen.
➔ Mitte
➔ Orchester
➔ Orden
➔ Schauspieler

Sichel ➔ Sense

Sieb Etwas »zerrinnt mir zwischen den Fingern«, sagt man, wenn sich etwas, dessen man sich schon sicher wähnte, als unhaltbar oder unerreichbar erweist. Nimmt man eine solche Enttäuschung mit in den Schlaf, taucht vielleicht das Symbol des Siebes im Traum auf. Dazu gehören die Beförderung eines Kollegen, die man für sich selbst erhofft hat, eine enttäuschende oder abgesagte Liebesnacht oder auch ein nicht eingehaltenes Versprechen. Amerikanische Traumdeuter glauben, dass das Sieb im Traum für die Fähigkeit steht, Gutes von Schlechtem zu trennen.

Sieg Was ist wichtiger als ein Sieg? Er hinterlässt ein Gefühl des Triumphes, wirkt in die Träume hinein. Es geht dabei weniger um sportliche als eher um geistige oder seelische Siege. Träume vom Siegen hängen oft mit einem neuen viel versprechenden Lebensabschnitt zusammen.

Silber Das edle Metall steht zunächst für Reichtum in materieller Hinsicht. Selbst ein kleiner Lottogewinn kann zu Träumen von Reichtum führen. Meist haben nächtliche Begegnungen mit dem glänzenden Metall jedoch andere Bedeutungen. Es ist ein Sinnbild zum Beispiel für den silbernen (in vielen Sprachen weiblichen) Mond oder die weiße, schimmernde Haut einer begehrten Frau. Das Edelmetall symbolisiert vor allem positive weibliche Werte. Dabei kommt es nicht darauf an, ob Männer oder Frauen von Silber träumen. In jedem Fall spielt eine spezielle oder allgemeine Verehrung des Weiblichen eine wichtige Rolle.
➔ Mond

Singen »Wo man singt, da lass dich ruhig nieder, böse Menschen haben keine Lieder«, weiß der Volksmund. Singen ist der Ausdruck eines Wohlgefühls in der Gemeinschaft, also kann man Träume vom Singen positiv interpretieren. Die Träumenden sind in der Regel sehr kommunikative Menschen, wollen in der Gemeinschaft aber keine führende Rolle spielen. Ihnen fehlt es an Selbstbewusstsein. Der Dirigent ist der Leiter, dem man sich unterordnet.

Skelett Zunächst einmal steht ein Skelett für den Tod. Es erscheint in unseren Träumen, wenn wir uns während des Tages – vielleicht aus gegebenem Anlass – mit der Angst vor dem Endgültigen auseinander setzen. Nicht selten jedoch hat ein Traumskelett auch positive Aspekte: Die Träumenden sind »bis aufs Skelett abgemagert«, gehen einer Sache also konsequent und analytisch nach. Wer sich entschließt, sein Leben zu ändern, was oft nur unter Verzicht möglich ist, wird zuweilen auch von einem Skelett träumen. Das kommt zum Beispiel nicht selten bei Menschen vor, die sich einer Hungerkur unterziehen.
➔ Tod

Ski Ähnlich wie beim Schlittenfahren ist es möglich, dass man auch in Träumen vom Skifahren vor allem die trostlose, bedrückende Weite und die eisige Kälte einer trüben Winterlandschaft wahrnimmt. Wer sich nach dem Erwachen an eine solche Wahrnehmung erinnert, sollte darüber nachdenken, was ihn bedrücken könnte oder ob es ihm an seelischer Wärme mangelt. Skifahren steht andererseits für Sonne, glitzernden Schnee, das schöne Gefühl des schnellen, problemlosen Dahingleitens. Solche glücklichen Träume werden durch Erfolg im Alltag ausgelöst. Sie beruhen auf der reibungslosen Bewältigung von beruflichen oder privaten Situationen. Wer selbst nichts vom Skifahren hält und entsprechende Sportsendungen im Fernsehen nicht verfolgt, das Bild also nicht im Kopf hat, wird kaum derartige Träume erleben.

→ Eis
→ Kälte
→ Schlitten
→ Schnee

Skorpion Zoologisch gesehen, gehört der Skorpion zu den Spinnentieren. Träume von diesem Vielbeiner sind jedoch höchst unterschiedlich zu bewerten. Spinnen gelten einerseits als Glücksbringer, andererseits sind sie auch Sinnbild für Verschlagenheit und Tücke. Nach Auffassung amerikanischer und englischer Analytiker verkörpert der Skorpion spezifisch männliche Eigenschaften wie Angriffslust und Gewaltbereitschaft. Andere Traumdeuter wiederum glauben, dass der Skorpion für eher weibliche Eigenschaften wie zum Beispiel Klatschsucht und Hinterlist (die ebenso auch Männern zu eigen sein können) steht. Man sollte aber wissen, dass weibliche Skorpione zu den fürsorglichsten Müttern im Reich der Spinnentiere gehören. Es kommt folglich darauf an, welches Bild die Träumenden von Skorpionen gespeichert haben, um ihre Träume richtig zu deuten.

→ Spinne
→ Tierträume

Sohn Nicht nur am Tag, sondern auch in der Nacht träumen Eltern davon, dass ihr Sohn zu einem stattlichen Mann heranwachsen möge. Vielleicht werden beide auch von der Angst heimgesucht, ihrem Sohn könnte etwas Schreckliches widerfahren. Im Allgemeinen träumen Väter eher von der viel versprechenden Zukunft des Sohnes, während Mütter sich im Traum eher mit der Möglichkeit von Krankheiten und Unfällen auseinander setzen. Zuweilen entsteht ein Sohntraum aus dem dringenden Wunsch, ein Kind zu bekommen, das die Erfolge erringen soll, die den Eltern versagt geblieben sind.

→ Jugend
→ Tochter

Soldat Träume von Soldaten sind weniger die Sache von erwachsenen als vielmehr die von jungen Männern. Da spielt Abenteuerlust und die Idee vom wahren Heldentum eine Rolle, vielleicht auch die Sehnsucht nach Stärke und »echter« Kameradschaft. Wenn erwachsene Männer von Soldaten träumen, geht es eher um Disziplin und Erfolg. Träumen Frauen von Soldaten denken sie unbewusst an Helden, zumindest aber an führungsstarke, verantwortungsbewusste Persönlichkeiten. Manchmal verbirgt sich hinter einem Soldatentraum der Wunsch nach einem sexuellen Abenteuer.

→ Offizier
→ Orden

Sommer Der Höhepunkt der Vitalität, überquellende Energie und Fruchtbarkeit – das ist es, was wir mit der sonnigen, heißen Jahreszeit verbinden. Sommerträume können mit dem Tagesgeschehen zusammenhängen. Erscheinen sie davon losgelöst, sind sie ein Zeichen dafür, dass sich die oder der Träumende auf dem Höhepunkt der Leistungsfähigkeit befindet und sich wohl fühlt. Das macht Mut, noch einen Schritt weiterzugehen. Wenn sich solche Träume wiederholen, sollte man darüber nachden-

S

ken, wo die Chance für einen weiteren Fortschritt aus eigener Kraft am größten ist.

➔ Mittag

➔ Sonne

Sonne Wie der Mond das Sinnbild alles Weiblichen ist, so ist die Sonne das Symbol des Männlichen. Ihre im Hochsommer oft als aggressiv empfundene Kraft setzen viele Menschen – und vor allem Frauen in ihren Träumen – ganz unbewusst mit männlicher Vitalität, aber auch Brutalität, gleich. Männer sehen in dem Symbol Sonne ein Zeichen von Energie und Tatkraft. Wo sie im Traum auftaucht, sonnen sie sich in Erfolgen und Ehrungen. Die höchste berufliche und sexuelle Zufriedenheit erleben Frauen und Männer im Alter zwischen 40 und 60 Jahren, im »Sommer ihres Lebens«. Das schlägt sich in positiven Träumen von einem strahlenden Sommer nieder. Die leuchtende, warme und beruhigende Sonne spielt dabei die Hauptrolle. Sie ist das stärkste Traumsymbol für Energie und verspricht Erfolg und Lebensfreude.

➔ Sommer

Spalte Als archaisches Symbol weist die Spalte in Fels oder Boden auf ein Schutzbedürfnis hin. Der Träumende möchte sich am liebsten in einer Spalte verkriechen, wie es viele Tiere tun, wenn sie sich gefährdet fühlen. Das Tagesgeschehen kann Auslöser für solche Träume sein. Wiederholen sich die Spaltenträume, weisen sie auf Schüchternheit oder Scham hin. Freud deutete die Spalte als weibliches Geschlechtsorgan.

Spargel Der bleiche Stängel gilt seit dem Altertum als das Symbol des Penis. Ein Spargeltraum verrät erotische Wünsche.

➔ Gemüse

➔ Penis

Spaten Wer im Traum mit dem Spaten in die Erde dringt, ist auf der Suche nach einem längst vergangenen Erlebnis, an das er sich nur noch vage erinnert. Wahrscheinlich will man beim Graben neue Erkenntnisse gewinnen. Für Sigmund Freud war der Spaten ein Symbol für den Geschlechtsverkehr.

Speer Wie viele andere gerade und lange Gegenstände ist auch der Speer ein Symbol für den Penis. Der Speer steht für Kraft und Vitalität, für Aggression und Dominanz. Das Bild erinnert an Darwins Evolutionslehre: Der Stärkste setzt sich durch und pflanzt sich fort.

➔ Penis

➔ Waffen

Speichel Träume von Speichel und vom Ausspucken rufen Ekelgefühle hervor. Der Träumende will etwas loswerden, was ihn stark belastet. Häufig wiederkehrende Speichelträume weisen auf eine schlechte Angewohnheit hin, von der man sich trennen will. Viele Naturvölker sagen dem Speichel eine magische Kraft nach. Die Medizinmänner südamerikanischer Indianerstämme speien in ihren Zeremonien Kranke an, um sie zu heilen. Wir müssen allerdings gar nicht in die Ferne schauen: Das angedeutete dreimalige Spucken über die Schulter soll Schauspielerkollegen für ihren Auftritt Glück bringen.

➔ Exkremente

Sphinx Wer die Sphinx, die Figur mit dem tierischen Körper und dem menschlichen Kopf, noch nie gesehen hat, dem wird sie auch im Traum nicht erscheinen. Kenntnisreiche Bewunderer der altägyptischen Kultur dagegen werden gelegentlich eine nächtliche Begegnung mit der geheimnisvollen Figur haben. Sie verkörpert das Rätselhafte in uns, so wie sie den Archäologen und Historikern lange ein Rätsel war. Die Funktion der Sphinx als Wächterin vor den Pyramiden hat keinen Eingang in unsere Träume gefunden.

Spiegel Im Traum hat der Spiegel keine andere Funktion als im Wachleben: Wer hineinschaut, prüft sich selbst. Dabei geht es ums Altern, um krankheitsbedingte Veränderungen oder um eine kritische Betrachtung des eigenen Ich. Im Traum kommt hinzu, dass Frauen und Männer ihre Seele ergründen wollen. Sie wollen wissen, wer sie selbst sind. Die Selbstbespiegelung deutet an, dass sich die Träumenden über manche ihrer Verhaltensformen im Unklaren sind. Auslöser können Tagesereignisse sein, in denen man unsicher reagiert hat. Der Blick in den Spiegel soll uns verstehen helfen, was die Ursache war. »Zu unserer Besserung bedürfen wir eines Spiegels« – dieser Aphorismus des Philosophen Arthur Schopenhauer trifft für Traum und Wirklichkeit zu.
→ Bild

Spielen Bei der Analyse von Spielträumen ist es wichtig, das Umfeld und die Gegenstände zu betrachten, mit denen die Träumenden gespielt haben. Wer mit anderen Menschen draußen oder in einem Raum spielt, ist gesellig und fühlt sich in einer Gemeinschaft wohl. An seinen kommunikativen Fähigkeiten gibt es keinen Zweifel. Spielen Mann oder Frau allein in einem geschlossenen Raum, weist das auf Egoismus und Eigenbrötelei hin. Puppen oder Zinnsoldaten, überhaupt alle nach Menschen geformten Spielzeuge, lassen sich als den Wunsch und Willen deuten, andere zu beherrschen. Spiele mit buntem Papier, Stoffen, Seifenblasen, Flitter und ähnlichen Gegenständen machen darauf aufmerksam, dass die Träumenden zu oberflächlich sind und vieles auf die leichte Schulter nehmen. Erscheinen Eisenbahnen, Baukästen, Schrottteile, Steine als Spielzeuge, lässt das auf Lust an konstruktivem Vorgehen im Beruf schließen. Gegenstände, die mit Glücksspiel zu tun haben, wie Roulette oder Karten, deuten an, dass die Träumenden bereit sind, Risiken einzugehen.
→ Puppe

Spinne Spinnen sind als Geschöpfe der Traumwelt nicht einfach zu deuten. Unter anderem können sie auf sexuelle Wünsche aufmerksam machen. Träumt man von einer Spinne im Netz, weist das auf Ängste und Schuldgefühle hin. Wer im Wachleben keine Angst vor Spinnen hat, dem erscheint sie im Traum als Glücksbringer. Das achtbeinige Krabbeltier, das geduldig lauernd im Zentrum seines filigranen Bauwerks hockt, ist das Sinnbild für List, Verschlagenheit und Heimtücke. In Frauenträumen deuten Spinnen oft Konflikte mit anderen Frauen oder mit der Mutter an.
→ Mutter
→ Frauenträume
→ Sexträume
→ Tierträume

Spital → Krankenhaus

Splitter Er durchdringt und verwundet. Wer davon träumt, hat eine schmerzhafte Erfahrung gemacht. Dies kann eine Beleidigung sein, eine heftige Beschimpfung oder ein seelisch bedrückendes Erlebnis. »Es sitzt wie ein Stachel im Fleisch«, weiß der Volksmund. Vermutlich ist der Traum durch ein Tagesereignis ausgelöst worden, das man schlecht loswird. Mehrmals sich wiederholende Splitter- oder Stachelträume weisen auf eine alte seelische Verletzung hin, die man noch nicht überwunden hat.

Sport Wer es im Traum zu sportlichen Leistungen bringt, muss im Wachleben nicht sportlich sein. Das nächtliche Erlebnis weist auf Ehrgeiz und Leis-

S

tungswillen hin. Die Träumenden sind von dem Gedanken durchdrungen, dass ein fester Wille, Durchsetzungsvermögen und energischer Zeit- und Kraftaufwand zum Erfolg führen werden. Ein Traum von sportlichen Höchstleistungen hat manchmal eine erotisch-sexuelle Komponente.
→ Kampf

Sprengung → Explosion

Springbrunnen Nicht immer sind die Unterschiede zwischen den Traumbildern Springbrunnen und Quelle eindeutig zu erkennen. Beide vermitteln die Vorstellung von sprudelnd klarem Wasser und symbolisieren somit eine harmonische Lebensführung, Reinheit und Natürlichkeit. Dabei muss man gleichmäßig und stetig vor sich hinplätschernde Fontänen von wechselweise auf- und absteigenden unterscheiden. Der stetig in gleicher Intensität und Höhe sprudelnde Strahl verdeutlicht eine reiche und sehr ausgeglichene Gefühlswelt, während der auf- und abtanzende Strahl für starke Gefühlsaufwallungen steht.
→ Quelle

Spritze Es gibt kaum jemanden, der sich nicht vor einer Spritze fürchtet oder zumindest einen Widerwillen gegen dieses Instrument empfindet. Mediziner und Psychologen führen diese Ablehnung darauf zurück, dass die in den Körper eindringende Spritze die Integrität des Körpers in besonderer Weise bedroht. So ist es nicht erstaunlich, dass auch Träume von einer Spritze vor allem Verletzungen symbolisieren, wobei es in den meisten Fällen um seelische Verletzungen geht. Die Spritze, die im Traum in den Körper eindringt, weist entweder auf ein bereits erlebtes oder auf ein noch bevorstehendes unangenehmes Ereignis im Wachleben hin. Im Traum unterscheiden sensible Menschen zwischen einer kurzen und einer langen Spritze, was auf die Schwere der Verletzung hinweist. Wer im Traum einem anderen Menschen die Injektionsnadel in den Körper sticht, hat womöglich Rachegedanken, oder er will andere Menschen mit subtilen Mitteln beeinflussen. Im sexuellen Bereich gilt die Spritze als eins der vielen Symbole für Penis und Potenz.
→ Splitter

Spur → Fährte

Stab Ein Stab kann Waffe und gleichzeitig Schutz bedeuten. Der Schafhirte wehrt damit räuberische Tiere ab, um seine Herde zu beschützen. Als gerader Gegenstand ist ein Stab auch ein phallisches Symbol. Erscheint er im Traum als Zauberstab, dann wollen die Träumenden andere Menschen beeinflussen. Sie sind sich über die Methode noch nicht im Klaren, hoffen aber auf die Kraft der Magie. Man kann dem Stab im Traum auch in Form eines Wanderstockes begegnen. Das deutet auf eine Ortsveränderung hin, auf einen Jobwechsel oder auf eine Veränderung im Privatleben.

Stachel → Splitter
→ Spritze

Stadt Erscheint im Traum die Stadt, in der man selbst lebt, dann weist das auf Freude am Gemeinschaftsleben hin. Man ist kommunikativ und hat eine positive Lebenseinstellung. Stille Zurückhaltung entspricht dem Charakter der Träumenden nicht, und die Einsamkeit auf dem Lande wäre ihnen gar ein Gräuel. Geradezu alptraumhaft allerdings kann eine menschenleere Stadt in der Nacht erscheinen, sie ist tot. Der gespenstische Widerhall der eigenen Schritte, die Furcht vor dem Unbekannten hinter jeder Ecke und die totale Einsamkeit weisen auf eine Isolation hin. Oft spielt hier die Angst vor dem Sterben oder vor

der unausweichlichen Trennung von einem Partner mit. Ein lebhaftes städtisches Treiben im Traum steht für den Wunsch nach mehr Abwechslung.
➔ Dorf

Stall Er vermittelt Wärme und Geborgenheit, zumindest für Menschen, die auf dem Land wohnen und denen Ställe vertraut sind. C. G. Jung und seine Nachfolger halten den Stall für ein Symbol der Triebhaftigkeit. Dieser Interpretation liegt die Vorstellung von den instinkt- und triebgesteuerten Tieren zu Grunde, die dort untergebracht sind. Das Traumbild hat nicht nur mit Sexualität zu tun, es steht für die gesamte menschliche Triebwelt.

Stange ➔ Stab

Stechen ➔ Spritze

Stehlen Die Traumszene muss verraten, ob man selbst der Dieb ist oder ob man bestohlen wird. Nehmen wir im Traum einem anderen etwas weg, dann hat das mit Neid und Besitzgier zu tun – ganz wie im wirklichen Leben. Selten allerdings geht es im Traum um Materielles. Man beneidet einen anderen Menschen um seine Intelligenz, seine Bildung, um sein Glück mit der Partnerin oder dem Partner oder um den Job, den man selbst gerne haben möchte. Wiederholen sich solche Träume, sollte man darüber nachdenken, ob man nur einem Impuls nachgibt oder grundsätzlich neidisch ist. Wird man im Traum bestohlen, dann hat das mit einem negativen Tageserlebnis oder mit einem noch nicht verwundenen Verlust zu tun. Ist es die Mutterliebe? Die nicht ausgestandene Trennung von einem geliebten Partner? Eine ausgebliebene Beförderung? Es gibt viele Hintergründe für Diebstahlsträume. Wenn sich das oft intensiv empfundene Verlustgefühl wiederholt einstellt, sollte man über die Ursache nachdenken. Abhilfe kann in schweren Fällen nur ein Psychotherapeut schaffen.
➔ Dieb
➔ Einbrecher

Steigen Mit dem Begriff Steigen verbinden die meisten Menschen eine körperliche Anstrengung. Oft aber ist das Ziel die Mühe wert. Dies kann Erfolg im Beruf sein, in einer persönlichen Beziehung, im Sport. Die Anstrengungen setzen sich im Traum mit dem Bild eines mühsamen Aufstiegs fort. Empfinden die Träumenden den Aufstieg als mühelos, dann weist das auf eine gewisse Überheblichkeit hin. Abstieg bedeutet, dass man die Hoffnung verliert, das Ziel noch erreichen zu können. Stürzt man beim Hinabsteigen, ist jede Hoffnung auf Erfolg vergeblich.
➔ Berg
➔ Stürzen

Stein »Am rollenden Stein wächst kein Moos«, hat der große Maler Oskar Kokoschka einmal gesagt, und wer im Traum »einen Stein ins Rollen bringt«, der gehört nicht zu den Menschen, die Moos ansetzen. Im Gegenteil, sie sind überaus dynamisch, voll überschäumender Energie und niemals um kreative Ideen verlegen. Manchmal fehlt es ihnen an der Ruhe und an der Disziplin, eine Sache wirklich zu Ende zu bringen. Gelegentlich sind Träume von rollenden Steinen nämlich auch ein Hinweis auf Ruhelosigkeit. Das Traumbild von einem großen, unverrückbaren Stein verrät eine sture Haltung gegenüber Menschen oder Problemen. Wer im Traum gesteinigt wird, sollte in sich gehen, weil ihn ein schlechtes Gewissen belastet.
➔ Fels

Steppe ➔ Wüste

Sterben ➔ Tod

Sterne Der funkelnde Sternhimmel weckt die Sehnsucht nach Unendlichkeit und Wiedergeburt (Auferstehung). Man träumt von Dingen, die man nie erreichen kann. Das sagt schon der Volksmund: Wenn jemand »nach den Sternen greift«, ist sein Tun zum Scheitern verurteilt. Lange wurden Sternträume als Wegweiser interpretiert. Das trifft zwar für die »christliche Seefahrt« zu, nicht aber für das Leben. Solche astrologischen Deutungen sind abzulehnen. »Wer die Sterne fragt, was er tun soll, ist gewiss nicht klar über das, was zu tun ist«, schrieb Goethe. Sternträume enthalten keine Hinweise über das persönliche Schicksal, in ihnen wünscht man sich das Unerreichbare.
→ Himmel
→ Nacht

Steuerung Wer die Steuerung innehat, ist wichtig. Ein entsprechender Traum spiegelt die Verantwortung wider, die die Träumenden im Leben übernommen haben. Sie fühlen sich belastet, weil sie zum Wohle aller die Aufgabe übernommen haben, Untiefen und Probleme zu umsteuern. Träume dieser Art haben Menschen, die im Leben Weisheit erworben haben oder die sich durch Umsicht in komplexen Situationen auszeichnen. Zu wichtig nehmen sich Träumende, die sich am Steuer eines riesigen Schiffes, Lastwagens oder eines anderen großen Gefährts sehen. Sie unterschätzen die Gefahren und überschätzen das eigene Können.

Stier Er steht für Durchsetzungskraft und Stärke, aber auch für Unbeherrschtheit. Erscheint er uns im Traum, signalisiert er Lustbegehren und Triebhaftigkeit. In Frauenträumen kann er Angst und Schrecken verbreiten. Er warnt vor starken und wilden Abenteuern, weist aber auch auf Tatkraft und Kampfeswillen hin. Man packt ja auch im Wachleben »den Stier bei den Hörnern«, ist also bereit, den Kampf aufzunehmen und will sich letztlich durchsetzen. Stierträume weisen auch auf das Zerstörerische im Menschen hin, die sinnlose Wut (man sieht rot), die nicht selten aus der Furcht vor der eigenen Ohnmacht geboren wird. Im Traum kämpft man deshalb nicht selten gegen Dinge an, die man unbedingt will, aber nicht meistern kann.
→ Tierträume

Stock → Stab

Stolpern → Fallen

Storch So mancher, der vom Storch träumt, erinnert sich vielleicht im Schlaf an die Mär vom babybringenden Klapperstorch. Auf jeden Fall haben Storchenträume etwas mit dem Wunsch nach einem Kind oder nach einer harmonischen Familie zu tun. Wer Kinder liebt, für den ist das Storchennest ein Symbol für eine liebevolle Brutpflege und für eine behütete Kindheit. In alten Zeiten symbolisierte der Storch einen weisen Menschen, der in der Lage war, in die Zukunft zu sehen. Die majestätische Ruhe der schönen Vögel ist ein Zeichen für die seelische Ausgeglichenheit des Träumenden.
→ Vogel
→ Tierträume

Straße Wege und Straßen symbolisieren den Lebensweg, Kreuzungen und Gabelungen stehen für schwierige Entscheidungen. Absperrungen und andere Hindernisse zwingen zum Anhalten und Nachdenken, Serpentinen mit steilen Abhängen mahnen zur Vorsicht. Enge Pfade sind ein Hinweis darauf, dass der Weg zum Erfolg problematisch sein kann. Die nächtlichen Bilder werden aus dem Unbewussten projiziert. Führt eine Straße oder ein Weg ohne Umschweife zu einer Mitte – symbolisiert durch einen

imaginären Punkt, ein Gebäude, einen stattlichen Baum –, dann will der Träumende geradewegs auf ein Ziel losgehen. Oft ist damit eine gewisse Überheblichkeit verbunden.
➔ Mitte

Streicheln Eine sanft streichelnde Hand auf unserer Haut bedeutet Sehnsucht nach der Mutter. Erscheint das Bild im Traum häufiger, dann hat man schon lange keinen oder nur einen schlechten Kontakt zur Mutter. Das Bild mahnt uns, den Kontakt zu intensivieren. Träumen Männer öfter von einer streichelnden Hand, sind sie vielleicht »Muttersöhnchen«, die sich von der fürsorglichen Mutter noch nicht abgenabelt haben, also unselbstständig sind. Wer im Traum gestreichelt wird oder die Partnerin oder den Partner streichelt, vermisst Zärtlichkeit im Alltag.
➔ Mutter

Streit Im Traum sucht man selten Streit, obwohl er eine der unangenehmen, oft unausweichlichen Begleiterscheinungen des täglichen Lebens ist. Wir müssen ihn zwar ausfechten, wollen ihn eigentlich aber gar nicht haben. Das setzt sich im Traum fast nahtlos fort. Meist nimmt man keinen tatsächlichen Streit mit in seine Träume, sondern das dringende Bedürfnis, irgendeine Konfrontation zu vermeiden, obwohl keine Chance besteht, dies auch zu schaffen. Streitereien bleiben im Traum meist auf verbale Auseinandersetzungen beschränkt, wobei dem Träumenden die richtigen Worte regelmäßig »im Halse stecken bleiben«. So erleben wir im Traum Hilflosigkeit, Zorn und Ohmacht, die uns nicht selten auch im Wachleben in Streitsituationen begleiten. Träumt eine Frau, sie habe Streit mit anderen Frauen, spiegelt dieses Szenario oft die eigene Konfliktsituation. Häufig aber kommen Frauen im Traum auch anderen Frauen zu Hilfe, um sie vor Gefahr und Aggression zu beschützen.
➔ Beleidigung
➔ Duell
➔ Kampf

Strick Ein Strick, der uns bindet, hindert uns im Leben tatsächlich, im Traum sinnbildlich, am Fortkommen. Irgendetwas, eine Person, Geldmangel, Bildungslücken oder andere Hemmnisse verhindern den ersehnten Erfolg. Die Träumenden kämpfen verzweifelt gegen die Fesselung an. Für das Wachleben kann man daraus die Erkenntnis ableiten, dass die Menschen sich der eigenen Unzulänglichkeit bewusst sind und dagegen angehen wollen. Insofern ist der Traum von einem Strick positiv. Ein Strick um den Hals signalisiert, dass sich die oder der Träumende im Berufs- oder Privatleben stark eingeengt fühlt. Auslöser können die strengen Eltern, ein unnachgiebiger Chef, Gläubiger, Lehrer oder andere Personen sein, von denen man im Wachleben abhängig ist. Auch belastende, seelische Probleme können Träume von einem Strick auslösen.
➔ Fessel

Strom ➔ Fluss

Strümpfe Weil man einen Strumpf ähnlich wie ein Kondom überzieht, hat das Traumdeuter in jüngerer Zeit zu der Annahme verleitet, dass Strumpfträumen sexuelle Bedürfnisse zu Grunde liegen. Tatsächlich aber kennt die Traumdeutung das Strumpfsymbol schon seit Jahrhunderten, als von Kondomen noch keine Rede war. Es deutet auf Ordnungsliebe hin, auf die Vorstellung, dass man ohne Strümpfe nicht korrekt gekleidet ist. Das zeigt sich besonders im Traumbild von durchlöcherten Strümpfen. Es signalisiert Unzufriedenheit mit der Tagesarbeit, sogar Misserfolg. Die Träumenden suchen nach einem Weg, die hässlichen

Löcher zu stopfen, also Fehlentscheidungen zu korrigieren, den Misserfolg auszugleichen.
➔ Kleider

Stuhl Wer von einem Stuhl träumt, spürt Müdigkeit. Der Stuhl ist das Symbol für »Ausruhen«. Das bezieht sich nicht unbedingt auf eine körperliche, eher auf eine seelische oder geistige Überanstrengung, der man nicht gewachsen ist. Die oder der Träumende möchte den Problemen entfliehen und sieht im Stuhl einen ersehnten Ruheplatz. Seine Wirkung ist allerdings begrenzt. Ein Sessel wäre bequemer.
➔ Möbel

Sturm Wenn im Traum ein wütender Sturm aufzieht, der eine Spur der Verwüstung hinter sich lassend über alles hinwegfegt, ist das ein Symbol für die Stürme des Lebens, die den Träumenden beuteln. Sie stehen vor großen Problemen und wissen nicht, wie sie mit ihnen fertig werden sollen. Häufig geht es um eine Herzensangelegenheit. Bin ich mit dem richtigen Partner zusammen? Kann ich ihm die Fehler verzeihen? Was ist stärker, mein Misstrauen oder meine Liebe? Sturm kann auch auf berufliche Zweifel hindeuten, zum Beispiel wenn mit einer ersehnten Bewährungschance eine Ortsveränderung, zeitweilige Trennung vom geliebten Partner oder ein anderes großes Risiko einhergeht. Möglich ist auch, dass Sturmträume auf positive Entwicklungen hinweisen, die sich dann allerdings mit atemberaubender Geschwindigkeit vollziehen. Da kann ein Erfolg in beruflicher oder finanzieller Hinsicht so rasch eintreten, dass der Träumende wie im Sturm mitgerissen wird. Das ist eine sehr deutliche Warnung aus dem Unbewussten, sich nicht der Euphorie zu überlassen, sondern die Dinge mit Vernunft und Sachlichkeit anzugehen.

Stürzen Lange haben Schlaf- und Traumforscher gerätselt, wie es zu dem körperlich spürbaren Gefühl des Abstürzens (»Liftgefühl«) kommt. Einige vermuten, dass allein schon der im Schlaf aus dem Bett hängende Arm genügt, um das Traumbild eines Absturzes herbeizuführen. Moderne Deutungen gehen davon aus, dass ein Sturz im Traum vorwiegend seelische Ursachen hat. Die Träumenden sehen keine Chancen, einem drohenden Unheil zu entkommen. Hier spielen Urängste mit, aber auch Tagesereignisse. Trennung vom geliebten Partner, Misserfolg im Beruf, finanzielle Sorgen, drohende Verluste verschiedener Art lassen den Träumenden »ins Bodenlose fallen«. Ein Sturztraum kann auch positiv gedeutet werden. Er signalisiert, dass der Träumende im Unterbewusstsein spürt, dass es so, wie es bisher war, nicht weitergehen kann. Der Philosoph Ludwig Marcuse (1894–1971) hat das in seinem »Wörterbuch für Zeitgenossen« so erklärt: »Der Sturz von oben nach unten hat oft revolutionäre Effekte. Man macht eine Generalabrechnung, wo man es früher gar nicht so genau wissen wollte.«

Sumpf Das schlimme Gefühl, in einem Sumpf oder Morast stecken zu bleiben, ist ein beängstigendes Traumerlebnis. Wahrscheinlich befindet sich der Träumende in einer Lebenssituation, aus der es scheinbar kein Entrinnen gibt. Vielleicht muss man etwas, das man gerade begonnen hat – eine berufliche Karriere oder eine neue Liebesbeziehung – noch einmal kritisch hinterfragen. Der Traum warnt ferner vor den Folgen eines unmoralischen Lebenswandels. Wer von seiner Umgebung geächtet wird, sollte über die Ursachen nachdenken. Die Warnung ist umso deutlicher, je öfter sich der Traum wiederholt. Aus dem Unbewussten meldet sich das schlechte Gewissen.

T

Süßigkeiten Wer von Süßigkeiten träumt, unterzieht sich im Wachleben vielleicht gerade einer Diät. Die Sehnsucht nach einer kleinen Leckerei verstärkt sich im Traum so stark, dass man mit einem fast unstillbaren Appetit aufwacht. Von Süßigkeiten träumen auch Menschen, die an einen Seitensprung oder etwas Verbotenes denken. Schon seit unserer Kindheit wissen wir, dass Süßigkeiten nicht gerade zu den gesündesten Nahrungsmitteln gehören. Sie machen dick und schaden den Zähnen. Aber »Verbotenes macht scharf«, sagt der Volksmund. Im Traum verdichten sich die Wünsche nach Verbotenem zum Bild von köstlichen, heimlich genossenen Süßigkeiten.

Tablette → Arznei

Tag Im Traum vergeht ein Tag schnell. Das ist eine Mahnung aus dem Unterbewussten, die Zeit im Wachleben besser zu nutzen, sie nicht mit Nebensächlichkeiten zu verschwenden. »Jeder Tag ist ein Gefäß, in das sich sehr viel eingießen lässt, wenn man es wirklich ausfüllen will«, schreibt Goethe in »Dichtung und Wahrheit«. Im Traum meldet sich das tagsüber verdrängte schlechte Gewissen, wenn man den Tag nicht ausgefüllt, sondern verbummelt hat. Wichtig für die Deutung ist die im Traum erlebte Tageszeit.
→ Morgen
→ Mittag
→ Abend

Tal Im Traum schreiten wir manchmal durch ein grünendes, blühendes Tal. Es verheißt Glück und Zufriedenheit. Die Träumenden fühlen sich wohl. Ist das Tal eng und von hohen kahlen Bergen dicht umgeben, droht Unheil. Das bedrückende Gefühl ist im Schlaf deutlich zu spüren. Wahrscheinlich haben die Menschen am Tag eine Drohung oder Mahnung erhalten. Sie haben ein Problem und kennen die Lösung noch nicht. Die steht bevor, wenn sich das Tal in der Ferne lichtvoll erweitert. Ein dergestalt erleichternder Traum darf nicht als Prophezeiung aufgefasst werden. Vielmehr sagt er etwas über die Lebenserfahrung der Träumenden aus. Sie stecken zwar in einer ernsten Krise, aber bisher haben sie noch für jedes Problem eine Lösung gefunden. Deshalb stimmt das Licht am Ende des Tals zuversichtlich.
→ Abgrund
→ Berg
→ Höhle

Tanne → Baum

Tanz Der Tanz im Traum hat in der Regel mit einem tatsächlichen Erlebnis zu tun. Das glückliche Gefühl der Beschwingtheit, auch die erotisierende Wirkung des Tanzens nimmt man mit in den Schlaf. Menschen aller Kulturen haben diese Erfahrung schon vor Tausenden von Jahren gemacht. Tanz bedeutet Befreiung, Verehrung, Beschwichtigung der Götter und Geister, Schauspiel und Ekstase. Tanz ist ein archaisches Symbol. Wer davon träumt, hat ein glückliches Erlebnis gehabt oder sehnt sich danach.

Taschen Wer von Taschen und ähnlichen Behältnissen träumt, will etwas vor den Blicken anderer verbergen. Leere Taschen verheißen nichts Gutes: Sie bedeuten, dass die Träumenden seelisch am Ende sind. Eine verlorene Tasche weist auf Trauer hin. Handelt es sich im Traum um mehrere Taschen, dann steht wahrscheinlich eine Reise bevor. Eine beschädigte Tasche kann auf eine geplatzte Reise hindeuten. Besonders schwere Taschen signalisieren eine Bürde, die man sich selbst aufgeladen hat oder die andere einem aufgezwungen haben.
→ Rucksack
→ Sack

T

Tasse Der Traum von einer leeren Tasse gleicht dem Traum von einer Schale. Beide Symbole weisen auf den Wunsch der Frau nach Empfängnis hin. Amerikanische Psychologen deuten die Tasse aber noch anders: Nach ihrer Meinung lässt sich aus dem Traum das Bedürfnis nach mehr Wissen ablesen. Man kann noch einen Schritt weiter gehen und unstillbare Neugier unterstellen. Wiederholen sich derartige Erlebnisse sind die Träumenden wahrscheinlich klatschsüchtig.

→ Gefäß
→ Schale

Taube Während der Adler bei vielen Völkern das Sinnbild des Männlichen ist, steht die Taube für das Weibliche. Sie verkörpert Sanftmut, Zartheit und Friedfertigkeit (»Friedenstaube«). Erscheint sie im Traum, weist sie auf zärtliche erotische Gefühle hin. Manche Traumdeuter sehen in der Taube das Symbol des schöpferischen Geistes. Diese Deutung ist vom christlichen Bild des Heiligen Geistes beeinflusst: Er erscheint in frommen Schriften und Bildern als weiße Taube. Eine fliegende Taube wird als Botin guter Nachrichten angesehen, ein voller Taubenschlag ist ein Zeichen dafür, dass der Träumende Freude an Geselligkeit und festlichen Anlässen hat. Ein verlassener Taubenschlag dagegen signalisiert Einsamkeit und seelische Leere.

→ Adler
→ Vögel
→ Tierträume

Tauchen Im Wachleben muss man die Kunst des Tauchens keineswegs beherrschen, um davon zu träumen. Die nächtlichen Erlebnisse haben mit dem Sport nichts zu tun. Die Träumenden wollen in eine andere, fremde Welt eintauchen, es drängt sie danach, ihr Innerstes ungestört zu erforschen. Damit schließen sie gleichzeitig die reale Welt aus und sehnen sich nach Fähigkeiten, die der Mensch selten beherrscht. Eine andere Deutung weist auf den Wunsch hin, sich vor etwas zu verstecken, unterzutauchen, um eine Blamage zu vermeiden oder um nicht als Lügner entlarvt zu werden.

→ Wasserträume

Taufe Das Symbol ist fest mit unserem christlichen Kulturkreis verbunden. Wer im Traum getauft wird, ist womöglich auf dem Weg zu neuen Zielen. Ein Berufswechsel oder der Wunsch nach einem anderen Studienfach können Auslöser sein, ebenso die Trennung von einem wenig geliebten Partner. Träume von einer Taufe können auch jene Menschen erleben, die sich von einer Sucht befreit haben oder die zumindest die Notwendigkeit einsehen, das zu tun. Eine weitere Interpretation sieht im Traum von einer Taufe ein Warnsignal, vielleicht steht irgendein Ereignis bevor, das die berufliche oder private Zukunft verändern wird.

→ Bad

Telefon Über die Bedeutung von Telefonträumen konnten sich die Analytiker erst Gedanken machen, nachdem das Kommunikationsgerät allgemein verbreitet war. Sie stellten fest, dass die Träumenden kontaktfreudige Menschen sind. Weil die Gespräche mit unsichtbaren Partnern stattfinden, signalisiert ein Telefontraum aber auch die Scheu, sich mit seinem Gegenüber in aller Offenheit auseinander zu setzen. Andererseits wünschen die Träumer neue Kontakte. Sie sind schnell und bequem herzustellen. Wiederholen sich die Telefonträume, dann haben die Träumenden in Wirklichkeit wenig Kontakte und sehnen sich nach neuen Begegnungen.

Telegramm Junge Menschen kennen Telegramme fast nur noch vom Hörensagen, folglich werden sie auch kaum davon träumen. Das Telegramm ist im Zeitalter von Handy, Telefax und elektronischer Post aus der Mode gekommen. Bei älteren Menschen löst ein Telegramm jedoch noch immer eine bange Unruhe aus. Was mag in der dringenden Mitteilung stehen? Telegramme können Gutes und Schlechtes bringen. Das muss der Traumzusammenhang klären. Schlechte Nachrichten deuten darauf hin, dass die Träumenden vor einer ungeklärten Situation stehen. Gute Nachrichten signalisieren eine insgeheim schon lange erwartete freudige Überraschung.

Teller Wer halb verhungert ist, dem kann »ein Teller Suppe« das Leben retten. Vor allem ältere Menschen werden sich noch an Notzeiten erinnern, als das buchstäblich so war. Im Traum steht der Teller für Mitleid und den Willen, etwas mit anderen zu teilen. Ein schlichter, leerer Teller bedeutet Enttäuschung, ein zerbrochener das Ende einer Illusion. Ein besonders reich dekorierter, wertvoller Teller mahnt zur Vorsicht im Umgang mit Besitz. Wenn sich dieser Traum öfter wiederholt, kann sich das auf eine Situation beziehen, die das Eigentum der Träumenden bedroht.

Teppich Ein Teppich macht das Zimmer behaglich. Für die Deutung eines Teppichtraums kommt es nicht darauf an, ob es sich um einen wertvollen oder einen einfachen Teppich handelt. Er signalisiert in jedem Fall das Bedürfnis nach Gemütlichkeit und Luxus. Manchmal erscheint im Traum auch der berühmte »rote Teppich«. Wer auf ihm einherschreitet, fühlt sich im Mittelpunkt, überschätzt aber seine Fähigkeiten. Das ist bedenkenswert.

Testament Wer unter einer schweren Krankheit leidet, denkt meist nicht nur im Traum daran, ein Testament zu schreiben. Häufiger signalisiert ein solcher Traum jedoch das Bedürfnis, sein Leben grundsätzlich zu ordnen. Immer wieder tauchen dabei die unterschiedlichsten Details auf, an die man sich nach dem Erwachen kaum mehr erinnern kann. Das nächtliche Erlebnis taucht aus dem Unbewussten auf und sollte Anlass geben, nach dem Erwachen die eigene Lebenssituation zu überdenken. Das trifft vor allem zu, wenn sich solche Testamentsträume wiederholen. Der Traum gibt meistens keine Hinweise auf konkrete Dinge, die es zu ordnen gilt. Er spiegelt nur das grundsätzliche Bedürfnis nach Regelung der persönlichen Angelegenheiten wider. Andere Deutungen sagen, dass der Traum von einem Testament gerade bei Kranken das Gegenteil von Todesahnung bedeutet: Die Träumenden können sicher sein, dass ihre Krankheit nicht zum Tode führt und sie überhaupt nicht daran denken müssen, eine letztwillige Verfügung aufzusetzen.

Teufel Er ist in unserem christlich geprägten Kulturkreis die Verkörperung des Bösen schlechthin. Die bocksfüßige, gehörnte Figur wird uns schon im jüngsten Kindesalter vorgehalten. Deshalb ist es kein Wunder, dass uns dieses merkwürdige Wesen auch im Traum begegnet. Ausgelöst werden solche Träume zum Beispiel durch den Widerwillen oder gar Hass, den wir einem anderen Menschen gegenüber empfinden. Vielleicht schleicht sich der Teufel auch in unsere Träume, weil wir eine Arbeit übernehmen mussten, die uns innerlich widerstrebt, weil man uns gezwungen hat, uns einem Befehl zu beugen, den wir nicht gutheißen, oder weil wir zähneknirschend etwas verschweigen müssen, das wir lieber offenbaren würden. Alle diese Beispiele zeigen, dass das persönliche Gewissen in Teufelsträumen eine große Rolle spielt. Vielleicht erkennt man im Schlaf die Schwächen des eigenen Charakters. Die

T

Verlockung, etwas Unrechtes zu tun oder einfach feige zu sein, kann unter Umständen groß sein. Weil es dazu andererseits nicht kommen darf, sollte man die teuflische Erscheinung im Traum als Mahnung verstehen.

Theater Das Leben ist kein Theaterstück, sondern bitterer Ernst. Wer davon träumt, in einem Theater auf der Bühne zu stehen, überschätzt sich. Wie bei Träumen von Oper oder Orchester wollen die Menschen im Mittelpunkt stehen, wobei insbesondere die Theaterbühne der Ort großer, ausholender Gesten ist. Die Träumenden glauben, andere Menschen beeindrucken zu können. Von dieser maßlosen Selbstüberschätzung, so mahnen Theaterträume, sollte man sich schleunigst verabschieden. Eitelkeit stößt eher ab. Die Träumenden können sogar in der Gefahr sein, sich zu isolieren.
→ Mitte
→ Oper
→ Orgel
→ Schauspiel

Tier → Tierträume
→ Sexträume

Tiger Wenn der schöne, geschmeidige, aber auch gewalttätige Tiger aus dem Unbewussten auftaucht, müssen Träumende auf ihr Triebleben achten. Meist ist uns der Traumtiger feindlich gesinnt. Wer von der Raubkatze verfolgt wird, muss sich vor einem rachsüchtigen Menschen hüten. Oft deuten Tigerträume auf starke, aber zu wenig gebändigte Vitalität hin.
→ Löwe
→ Tierträume

Tisch Träume von einem gedeckten Tisch deuteten bereits die alten Römer als gutes Zeichen: Gäste kommen und erfreuen uns, es wird ein schöner Tag. Das Traumereignis kann auch durch die Erinnerung an einen solchen Tag ausgelöst werden. Moderne Analytiker neigen eher zu der Auffassung, dass ein gut aufgeräumter Tisch, vor allem ein Schreibtisch, von einem bestimmten Verantwortungsbereich zeugt. Wer an einem Tisch sitzt, hat in der Firma oder in der Familie das Sagen. Manchmal spielt hier ein gewisses Maß an Selbstüberschätzung mit, auch die Hoffnung auf eine Beförderung.
→ Möbel

Tochter Wenn es im Alltag zu Auseinandersetzungen mit der Tochter kommt, ist es kein Wunder, dass dieser Streit sich auch auf unsere Träume auswirkt. Möglich ist auch, dass Tochterträume auf grundsätzliche Schwierigkeiten in der Eltern-Kind-Beziehung hinweisen, obwohl es gerade keinen aktuellen Anlass gibt. Moderne Traumdeuter glauben, dass Tochterträume häufig auch ein Ausdruck für Minderwertigkeitskomplexe sind, die die Träumenden belasten. In der Tochter will man das bessere Bild des eigenen Ich erkennen und projiziert alles, was man selbst nicht erreicht hat, auf sie. Je nach Traumzusammenhang lässt sich auch ein verdrängter inzestuöser Wunsch erkennen.
→ Sohn

Tod → Todesträume

Toilette Ganz vordergründig werden Träume von einer Toilette von nächtlich spürbarem Harndruck hervorgerufen. Ist das nicht der Fall, dann hat die Toilette als Symbol der Reinigung Bedeutung. Die Träumenden wollen sich von seelischem Ballast befreien, haben die Möglichkeit dazu jedoch noch nicht ergriffen oder erkannt. Deshalb ist der Toilettentraum auch ein Hinweis auf Unsicherheit im Verhalten. Ferner ist die Toilette in der Regel der kleinste Raum des Hauses. Je nach Traumzusammenhang weist ein Toilettentraum dann auf den Wunsch nach Geborgenheit und Intimität hin, die man im Wachleben vermisst. Einige Analytiker sehen in der nachts erscheinenden Toilette ein starkes sexuelles Moment.

Tomate Nicht von ungefähr trägt die Tomate in manchen Ländern Namen wie »Paradiesapfel« oder »Liebesapfel«. Wer von Tomaten träumt, ist einem anderen Menschen innig verbunden.
→ Gemüse
→ Obst
→ Farben im Traum

Topf Er ist das Symbol für den heimischen Herd und damit für Geborgenheit. Vielleicht freuen sich die Träumenden auf ein besonderes kulinarisches Vergnügen mit netten Gästen. Dann ist ein guter Tag angesagt oder in Erinnerung gekommen. Alte Traumdeuter sahen im Topf das Symbol für Müh' und Plag', für die schwere Arbeit, eine große Familie zu ernähren. Sie brachten den Topf mit der Gestalt der überarbeiteten Hausfrau und Mutter in Verbindung. Im Zeitalter von Single-Haushalten, Kleinfamilien und modernen Küchenmaschinen kann der Topf im Traum kaum noch so gesehen werden. Schließlich kann man im Topf, wie in vielen anderen Gefäßen auch, ein sexuelles Symbol sehen. Das muss der Traumzusammenhang klären.

Tor → Tür

Tränen Aus dem Traumzusammenhang muss sich ergeben, ob es sich um Freuden- oder Kummertränen handelt. Im Wachleben sind Tränen stets das Ergebnis lange aufgestauter oder plötzlich aufwallender starker Gefühle. Im Traum ist das nicht anders. Tränen befreien, sagt man. Das trifft nur für die Schmerz- und Kummertränen zu. Weinen wir im Traum vor Freude, dann ist das ein Zeichen für eine große Liebe oder für ein überwältigend schönes Erlebnis. Deshalb kann man Tränenträume in jedem Fall positiv sehen.

Traube Wein war bei den antiken Griechen und Römern ein fast alltägliches Getränk, und sie wurden davon nicht weniger »beschwingt« als wir. Kein Wunder, dass sie in der Traube das Symbol der Lebenskraft und Freude sahen und Träume davon in dieser Richtung deuteten. An dieser Deutung halten wir auch heute noch fest.
→ Obst

Trennung Im Traum geht die Trennung von einem Menschen mit starken Gefühlen der Trauer einher, oft mit spürbaren körperlichen Schmerzen. Etwas »krallt unser Herz zusammen«, und wir wissen nicht, wie wir uns davon befreien können. Viele Menschen wachen nach Trennungsträumen mit tränenüberströmtem Gesicht auf. Sie haben im Schlaf tatsächlich geweint. Aber nicht nur der Verlust eines Menschen löst Trennungsträume aus. Vielleicht steht der Abschied von einem geliebten Beruf bevor, der Auszug aus der vertrauten Wohnung oder der Umzug in eine noch unbekannte Gegend, in der wir niemanden kennen. Die Träumenden werden vom Gefühl des Alleingelassenseins überwältigt.
→ Tränen

Treppe Sie kann Auf- und Abstieg bedeuten. Wer auf dem Weg in bessere soziale Verhältnisse ist, mehr Geld verdient, befördert wird oder einen klugen Partner kennen gelernt hat, wird nicht selten von einer breiten, bequemen Treppe träumen. Vorsicht ist geboten, wenn der Treppe das Geländer fehlt. Dann wird die Unsicherheit des Aufstiegs körperlich als Schwindel fühlbar. Die Träumenden bewegen sich also in einer ungeklärten Situation. Abstiegsträume müssen nicht negativ bewertet werden. Immerhin geht es ohne Mühe abwärts, und das ist ein gutes Gefühl. Nicht mehr aufrechterhalten lässt sich die These Sigmund Freuds, die aufwärts führende Treppe sei das Symbol für Erektion oder allgemein für sexuelle Bedürfnisse.

→ Leiter
→ Flug- und Fallträume

Trinken An erster Stelle weist ein Traum vom Trinken auf ein tatsächliches Durstgefühl hin. Meist ist es so stark, dass die Träumenden aufwachen. Als Symbol ist das Trinken jedoch anders zu deuten. Es weist auf ein starkes Bedürfnis nach mehr Wissen hin, auch auf eine gute Portion Neugier, die keineswegs immer negativ zu werten ist. Wer im Traum kühles, klares Wasser aus einer Quelle trinkt, strebt nach Gesundheit oder hofft darauf. Solche Träume stellen sich nicht selten nach erfolgreicher Genesung ein. Wer das Wasser mit anderen teilt, wird auch im Wachleben ein gütiger, selbstloser Mensch sein.

→ Quelle
→ Wasserträume

Trommel Das nächtliche Trommeln geht häufig mit Schlafstörungen einher. Es verfolgt uns selbst im Halbschlaf. Ursache kann das eigene Herzklopfen sein, »es pocht im Ohr«. Meist löst eine Änderung der Lage das Problem. Verfolgt uns das Trommeln ohne diese äußerliche Ursache, dann streben wir nach einem gleichmäßigeren Lebensrhythmus. Dahinter steckt nicht selten ein sehr ordnungsliebender, gar pedantischer Mensch. Schon winzige Abweichungen vom einmal geplanten Tagesablauf können ihn vollständig aus der Bahn werfen. Das zeugt von Unflexibilität, vielleicht sogar von einer gewissen Sturheit. Menschen, die häufiger von Trommeln träumen, sollten ihre Lebenseinstellung überdenken. Sie gehen anderen auf die Nerven.

Trompete Ihre Vorläufer galten schon in der Antike als Symbol der Manneskraft und des Mutes. Moderne Analytiker deuten das Instrument als Signal zum Aufbruch. Es macht uns eindringlich klar, dass es höchste Zeit ist zu handeln. Insofern kann man die Trompete als Warnsignal ansehen, das durchaus ernst zu nehmen ist. Vermutlich schieben die Träumenden ein Problem vor sich her, das sie eigentlich gut lösen könnten. Sie haben es bisher jedoch noch nicht als dringlich angesehen. Hier spielt das Unterbewusstsein mit. »Im Grunde ihres Herzens« spüren sie, dass ein weiterer Aufschub das bislang noch kleine Problem zu einem großen machen könnte. Das Trompetensignal deuten viele Analytiker ganz in diesem Sinne auch als Faulheit.

Truhe → Kiste

Tür Ist sie im Traum verschlossen, dann deutet das auf den Wunsch hin, ein Geheimnis zu lüften. Können wir sie jedoch aufstoßen, öffnet sich sozusagen eine neue Welt. Solche Träume machen die Sehnsucht nach Erkenntnis deutlich. Spüren die Träumenden nach dem Öffnen einer Tür oder eines Tores ein Gefühl der Überraschung, dann gehen sie unvorbereitet in ein Abenteuer. Manchmal zeigt sich hinter der Tür ein gähnender Abgrund. Er warnt uns, die Risikofreudigkeit nicht zu übertreiben. Zeigt sich im Traum nicht die Tür selbst, sondern nur die Türöffnung, dann sind die Träumenden unentschlossen. Sie wissen nicht, ob sie mutig vorwärts schreiten oder lieber innehalten sollen. Ein solcher Traum ist Grund genug, über ein vergangenes Tagesgeschehen intensiver nachzudenken. Vielleicht gewinnt man daraus eine neue Erkenntnis.

Tunnel Ein Tunnel macht Angst. Was mag da in der Dunkelheit auf uns warten? Wir wissen es nicht. Deshalb sind Tunnelträume als Signale aus dem Unbewussten zu deuten. Die Träumenden wollen und sollten sich selbst erforschen, sich kennen lernen. Dabei werden sie auf viel Unbekanntes stoßen, und das sind nicht nur positive Dinge. Die Scheu davor drückt sich in Träumen von Tunneln, lichtlosen Höhlen und Gebäuden aus. Erkennen die Träumenden am Ende des Tunnels ein Licht, dann sind sie auf dem besten Wege, ein seelisches Problem zu lösen. Einige Traumforscher deuten einen Tunnel auch als Symbol für die eigene Geburt, den Austritt ans Licht nach der Dunkelheit im Mutterleib.
➔ Höhle

Turm Wer einen Turm erklommen hat, wird meist mit einem beeindruckenden Ausblick belohnt. Die Träumenden fühlen sich anderen überlegen, weil sie glauben, die bessere Übersicht zu haben. Das deutet auf eine gewisse Arroganz hin. Ein Turm kann aber wie in alten Zeiten auch Schutz verheißen. Wer sich im Traum in einen Turm flüchtet und die Tür hinter sich verriegelt, fühlt sich erleichtert und sicher. Der Traumzusammenhang muss klären, ob man vor etwas flüchtet oder sich nur nach Geborgenheit sehnt. Auslöser können die häuslichen oder beruflichen Verhältnisse sein, vor denen man in die Ruhe und Stille fliehen möchte. Auch übergroße Sensibilität kann Turmträume herbeiführen. Lässt sich der Turm nicht erklimmen, und besitzt er keine Fenster, dann hat er Ähnlichkeit mit der unheimlichen Schwärze eines Tunnels. Das sind Signale aus dem Unbewussten.
➔ Höhle
➔ Tunnel

Übelkeit Das Gefühl von Übelkeit im Traum kann ganz natürliche physische Ursachen haben, durch die man über kurz oder lang aufwacht. Liegen keine körperlichen Befindlichkeitsstörungen vor, symbolisiert Übelkeit im Traum das Bedürfnis, sich von einem Druck zu befreien. Dieser Druck kann ausgelöst werden durch ein akutes Problem, ein vergangenes oder uns noch bevorstehendes Ereignis, das uns peinlich ist, oder durch irgendeine andere Situation, die uns belastet. Der Volksmund sagt grob und eindeutig: »Der muss sich mal richtig auskotzen, dann gehts ihm besser« und meint damit, dass sich jemand über seine seelischen Probleme aussprechen, also Druck abbauen sollte. Das Übelkeitsgefühl im Traum meint nichts anderes.
➔ Angst

Überfahren werden Unsere Seele befindet sich auf gefährlichen Wegen, wenn wir in unseren Angstträumen von schweren Fahrzeugen überfahren werden. Wir lassen, so deutet dieses Unglück an, unseren Triebkräften zu wenig Raum. Falls wir selbst im Traum jemanden überfahren, ist das ein Hinweis darauf, dass wir im alltäglichen Umgang mit unseren Mitmenschen nicht genügend Achtsamkeit walten lassen. Hie und da signalisieren die Träume vom Überfahren werden auch, dass sich die Träumenden im Wachleben von den Mitmenschen tatsächlich überfahren und an den Rand gedrängt fühlen.

Überfall Die Furcht vor einem Überfall, vor einer plötzlich eintretenden Gefahr taucht meist dann in unseren Träumen auf, wenn wir uns auch im Wachleben vor irgendetwas fürchten. In der Regel ist hier jedoch nicht die Angst vor einem Raubüberfall oder gar einer Vergewaltigung gemeint, sondern vielmehr die Angst vor dem strengen Chef,

U

einer bevorstehenden finanziellen Krise oder der lebensbedrohlichen Krankheit eines uns nahe stehenden Menschen. Diese Ängste vor einer plötzlichen – wenn auch nicht ganz unerwartet eintretenden – gravierenden Veränderung sind es, die bei uns Träume von Überfällen auslösen. Auch hier ist es gut, wenn man sich an möglichst viele Einzelheiten des nächtlichen Erlebnisses erinnern kann, um die Gesamtsituation im Zusammenhang analysieren zu können.
➔ Vergewaltigung

Ufer Im Traum erscheint es oft in weiter Ferne, und das ist nicht selten ein Grund zum Verzweifeln. Träumende nämlich, die das rettende Ufer erreichen, können davon ausgehen, dass ihnen nach langer Anstrengung nun eine Phase der Entspannung vergönnt ist. Vielleicht ist es ihnen gelungen, in einem neuen Beruf Fuß zu fassen, einer finanziellen Notlage zu entgehen, oder sie haben eine Prüfung zu ihrer eigenen Zufriedenheit bestanden. Wichtig für die Deutung des Traumes ist jedoch, wie das Ufer beschaffen ist. Steile, kantige Felsküsten sowie betonierte Ufer weisen auf weitere Anstrengungen hin, ebenso sumpfiges Gelände. Derartige Bilder sind negativ zu bewerten. Positiv dagegen sind alle sonnigen Küsten mit feinem Sandstrand. Erreichen wir ein natürlich bewachsenes, verlockend schönes und romantisches Ufer, dann deutet das auf den Beginn einer neuen Liebesbeziehung hin.

Uhr Sie ist stets eine Mahnung aus dem Unbewussten, an die Zeit unseres Lebens zu denken. Sie verrinnt unerbittlich. Der Mensch muss sie sinnvoll ausfüllen. Hat er das versäumt, mahnt die Uhr im Traum, etwas nachzuholen. Merkwürdigerweise können sich die wenigsten Träumer später an eine bestimmte Zeigerstellung erinnern. Sie spielt auch keine wesentliche Rolle – mit Ausnahme vielleicht derjenigen, die die sprichwörtlichen fünf Minuten vor zwölf Uhr anzeigt. Sie hat im Traum dieselbe Bedeutung wie im Wachleben: Gefahr ist in Verzug! Darüber hinaus gibt es ganz profane Gründe für Uhrenträume: Viele Menschen können sich vornehmen, zu einer bestimmten Uhrzeit aufzuwachen, etwa um einen Zug oder ein Flugzeug pünktlich zu erreichen. Diese »Programmierung« versagt bei ihnen nur selten.

Umzug Träume von einem Umzug werden selten durch ein tatsächlich bevorstehendes Ereignis dieser Art ausgelöst. Der Traum zeigt vielmehr an, dass Veränderungen anstehen, die das Berufsleben, die Partnerschaft oder allgemein die Lebensumstände betreffen können. Ist ein solcher Traum von freudigen, erwartungsvollen Gefühlen begleitet, dann steht Gutes bevor. Nicht selten haben die Träumenden die Veränderung schon seit langem herbeigesehnt. Fühlen die Träumenden Trauer, dann ist eine Trennung von liebgewonnenen Gewohnheiten oder Menschen zu befürchten. Umzugsträume stellen sich manchmal auch ganz ohne eine äußere Einwirkung aus dem Wachleben ein. Dann signalisieren sie, dass man im Unterbewusstsein mit irgendwelchen Dingen in seinem Leben nicht mehr sehr zufrieden ist, aber bisher jeden Gedanken an eine Abstellung des Problems verdrängt hat.
➔ Trennung

Unbekannte ➔ Frau, unbekannte

Unfall Wer jemals einen Unfall erlitten hat, weiß, wie einschneidend eine solche Erfahrung ist. Dass uns die Erinnerung an ein solches Ereignis bis in unsere (Alp)träume hinein verfolgt, ist kein Wunder und bedarf keiner weiteren Deutung. Wenn wir nicht auf eine solche Erfahrung zurückblicken können, sollte uns ein Unfalltraum jedoch zum Nachdenken anregen. Er ist ein Signal dafür, dass in unserem Leben einschneidende Veränderungen bevorstehen, die wir entweder nicht wollen oder sogar fürchten. Diese Veränderungen können sich sowohl auf unsere berufliche wie auch private Situation beziehen. Unfallträume stellen sich auch aus Furcht vor einer anstehenden Operation ein, denn auch sie ist mit Verletzungen und der Vorstellung von Blut verbunden. Amerikanische und französische Traumforscher deuten Unfallträume als eine Flucht in die Resignation.

Ungeheuer Da es in der Natur keine Ungeheuer gibt, speisen sich Traumbilder von ihnen aus unserer Fantasie. Es geht also um Bilder, die – auch wenn sie möglicherweise durch die Medien beeinflusst sind – tief in unserem Inneren verborgen sind. Wer mit seinem Leben nicht zurechtkommt, sich ständig von Schwierigkeiten und Feinden umstellt fühlt, träumt von Ungeheuern in nicht konkret definierbarer Gestalt. Wissenschaftler stellten fest, dass selbst zeichnerisch begabte Träumer nicht in der Lage sind, die gespenstischen Wesen,

U

von denen sie in der Nacht heimgesucht wurden, in einer Zeichnung darzustellen. Meist reicht es nur zu einer verzerrten, unheimlichen Fratze, bei der die Augen das Eindrucksvollste sind. Analytiker deuten solche Träume als »Urnatur« des Menschen, denn in jedem von uns sei auch das Böse vorhanden. Ungeheuer weisen folglich auf Begierden und Triebe hin, die wir nur deshalb zügeln können, weil wir zur »zivilisierten« Zurückhaltung in der Gemeinschaft der Menschen erzogen worden sind. Ein Traumungeheuer wie Siegfried den Drachen zu besiegen, heißt, dass wir einer starken Versuchung widerstanden haben. Sind die Träumenden im jugendlichen Alter, dann weisen Träume von besiegten Ungeheuern darauf hin, dass sie mit ihrer Pubertät zurechtkommen.
→ Monstrum

Ungeziefer Eigentlich gibt es gar kein »Ungeziefer«. Jedes Lebewesen, sei es uns auch noch so lästig, hat seine Daseinsberechtigung und erfüllt eine Aufgabe, wie alles, was in der Natur kreucht und fleucht. Dennoch reden wir von Ungeziefer, wenn bestimmte Tiere unsere Lebensqualität beeinträchtigen oder die Mehrheit der Menschen unseres Kulturkreises sie als ekelhaft oder unheimlich empfindet. Das setzt sich bis in unsere Träume fort. Wo Ungeziefer kriecht und krabbelt, fühlen sich die Träumenden verfolgt. Das nächtliche Geschehen wird durch Probleme ausgelöst, die zwar klein, aber vielfältig sind.
→ Insekten
→ Tierträume

Uniform Wer im Traum eine elegante, vielfach geschmückte Uniform trägt oder solche Uniformen bewundert, ist stolz auf sich selbst und wünscht sich, von anderen respektiert zu werden. Die Träumenden streben nach Verantwortung und bedürfen permanenter Selbstbestätigung. Sie trauen sich zu, immer alles im Griff zu haben und Menschen kraft ihrer Ausstrahlung lenken zu können. Das zeugt von einem gewissen Maß an Selbstüberschätzung. Erscheinen im Traum viele uniformierte Menschen, an denen die Kleidungsstücke schmucklos und gleichförmig, also buchstäblich uniform, wirken, dann muss man den Traum ganz gegenteilig deuten. Er signalisiert Unselbstständigkeit und mangelndes Verantwortungsgefühl. Wiederholen sich derartige Träume öfter, dann sollten die Träumenden darüber nachdenken. Ihnen fehlt es womöglich an Selbstbewusstsein.
→ Mitte
→ Orden
→ Schmuck

Universität Wenn es sich nicht nur um Erinnerungen an die selbst erlebte Studienzeit handelt, dann sind Träume von einer akademischen Ausbildung auf zweierlei Art zu deuten. Einmal spricht ein solcher Traum für Wissensdurst und Bildungshunger, zum anderen von Minderwertigkeitskomplexen, weil die Träumenden unter dem intellektuellen Vorsprung von Kollegen oder Bekannten leiden. Solche negativen Träume überfallen nicht selten auch Eltern, deren Nachwuchs »was Besseres« geworden ist als sie selbst.

Unwetter Der Traum ist ein Zeichen für große Unzufriedenheit. Die Träumenden sehen sich von Schwierigkeiten umstellt, für die sie sich nicht verantwortlich fühlen. Da sie glauben, im Recht zu sein, richtet sich ihr oft maßloser Zorn gegen alle, die sich ihrem Willen aus irgendwelchen Gründen nicht fügen. Das können Kollegen, die eigenen Kinder oder jeder beliebige andere Mensch sein. Wie Zeus seine Blitze gegen jeden sandte, der ihm »nicht in den Kram passte«, würden die Träumenden am liebsten ein Unwetter über allen loslassen, die sich ihnen scheinbar in den Weg stellen. Ein solcher Mangel an Selbstbeherrschung sollte zu denken geben. Entgegen der sprichwörtlichen Redensart wirken Unwetter nämlich keineswegs nur reinigend, sondern auch zerstörerisch.

Urin Von Körperausscheidungen zu träumen, ist keineswegs negativ. Sie haben bei vielen Völkern magische Bedeutung. Das trifft zwar für unseren Kulturkreis nicht zu, aber das Unbewusste in uns verbindet mit den Begriffen Urin oder Kot etwas Reinigendes. Das Urinieren kann ferner auf ein starkes sexuelles Gefühl hinweisen.
➔ Exkremente

Urlaub Einmal ausspannen, sich um nichts mehr kümmern müssen und einfach das herrliche Gefühl genießen, von anderen bedient zu werden – welch schöner Traum! Er stellt sich nicht nur bei überanstrengten Menschen ein, sondern auch bei jenen, die im Wachleben viel Kummer und Sorgen bewältigen müssen. Denn es geht nicht nur um die Sehnsucht nach körperlicher Erholung, sondern auch um den Abstand zu den schon lange anhaltenden seelischen Problemen. Insofern bedarf ein Urlaubstraum keiner Deutung. Wir nehmen einfach bekannte Urlaubsbilder von Bergen, Sonne, Sand und Meer mit in die Nacht.

Urne Das Symbol weist einerseits auf Tod und Abschied hin. Mit Urnenträumen sind in diesem Fall Gefühle von Unwiderruflichkeit und Trauer verbunden. Vielleicht steht ein Berufs- oder Wohnungswechsel bevor, vielleicht auch die Trennung von einem geliebten Menschen. Handelt es sich jedoch um eine Wahlurne, dann ist der Traum anders zu deuten. Die Träumenden wünschen sich mehr Mitverantwortung und wollen etwas entscheiden können.

Urwald Die »grüne Hölle«, undurchdringlich und unheimlich, vermittelt uns im Traum Angstgefühle, Angst vor dem Unbekannten. Das Traumbild stammt aus der Tiefe des Unbewussten und stellt das seelische Chaos dar, das in unserem Inneren tobt. Können sich die Träumenden im Laufe des nächtlichen Erlebnisses aus den Schlingpflanzen und dem schier undurchdringlichen Dickicht befreien, spricht das für starke Energie und Zielstrebigkeit. Bleiben sie stecken und werden sie von Tieren angegriffen, dann zeugt das von großer Unsicherheit. Sie wissen nicht, wie sie mit dem Leben zurechtkommen sollen.
➔ Chaos

V

Vampir Im Gegensatz zu den geträumten Ungeheuern gibt es die Vampire wirklich. Und die südamerikanischen Fledermäuse dieses Namens tun tatsächlich das, was man den Vampiren nachsagt: Sie saugen Blut – wenn auch nicht an Menschen, sondern an Rindern und anderen Säugetieren. Unsere Vampirträume stammen jedoch eher aus der slawischen, rumänischen und griechischen Sagenwelt. In Film und Fernsehen treiben die »untoten« Blutsauger seit Jahrzehnten ihr Unwesen. Im Traum verkörpern sie so wie der Teufel das Böse schlechthin. Die nächtlichen Geschehnisse sind mit schwermütigen Gedanken und Todesgefühlen verbunden. Vor allem solche Menschen träumen von Vampiren, die unbewusste Ängste vor sexuellen Kontakten haben oder schüchtern und zurückhaltend sind. Oft sind es auch undifferenzierte Ängste, die Vampirträume auslösen.
➔ Teufel
➔ Ungeheuer
➔ Tierträume

Vase Die Vase und überhaupt alle Gefäße mit runden Formen symbolisieren den weiblichen Körper und die weibliche Sexualität. Manchmal – je nach Traumzusammenhang – stehen sie auch für Kreativität, weil sie in Handarbeit hergestellt werden. Darüber hinaus können Vasen, aber auch Flaschen, auch auf das männliche Glied hinweisen, zumal wenn sie in den Träumen einer Frau erscheinen. Wird ein solches Gefäß geöffnet und Flüssigkeit ausgegossen, denkt die Träumerin an Geschlechtsverkehr.

➔ Sexträume

Vater Vaterträume, ob angenehme oder unangenehme, haben sehr viel mit Ordnung, Autorität und dem bewussten oder verdrängten Ärger über Fremdbestimmung zu tun. Solche Träume können sich auf die Situation im Berufsleben, im Verein, im Freundes- und Bekanntenkreis beziehen. Der Vater steht in der Regel für Dominanz, viel seltener für Unsicherheit und Schwäche, die man als Kind in der Familie kennen gelernt hat. Vaterträume sollte man nie losgelöst von vom Traumgeschehen betrachten und interpretieren. Vaterlos aufgewachsene Kinder träumen wohl eher von einer Vaterfigur, nach der sie sich sehnen, ohne eine Vorstellung davon zu haben, was väterliche Dominanz und die Furcht vor ihr, aber auch der Schutz durch den Vater tatsächlich bedeuten. Besonders in Frauenträumen wird der Vater so auftauchen, wie ihn die Träumerin als Kind erlebt hat. Kam es später zu Schwierigkeiten zwischen Tochter und Vater, werden die guten Erinnerungen verdrängt, und er erscheint oft überzeichnet als der schlechte und angsteinflößende Mann. Vaterträume können neurotische Störungen aufdecken. Brutale Gestalten deuten an, dass sich die Träumerin vor einer Vergewaltigung fürchten könnte. Die archetypische Vaterfigur weist aber auch auf ein großes Anlehnungsbedürfnis hin. In Konfliktsituationen sucht eine junge Frau gern Schutz beim Vater, will geführt und getröstet werden. Angstträume um die Vaterfigur verraten ein schlechtes Verhältnis zwischen Tochter und Vater oder – im übertragenen Sinn – zwischen Frau und dominierendem Partner.

➔ Mann

Verabredung Die Träumenden möchten gerne jemanden treffen, erreichen ihn aber nicht. Ein solcher Traum ist oft mit Angst- und Sehnsuchtsgefühlen verbunden. Er muss sich aber keineswegs nur auf Personen beziehen. Es kann sich auch um ein berufliches Ziel handeln, das man schon lange anstrebt, das man aber aus Furcht vor Versagen noch nicht energisch genug angesteuert hat. Von einer Verabredung träumen ferner Menschen, denen eine unangenehme Erfahrung ins Haus steht. Sie wissen, dass sie ihr nicht ausweichen können.

Verband Er bedeckt Wunden, lindert Schmerzen, stoppt Blutverlust. Träume von einem Verband werden jedoch selten durch eine körperliche Verletzung ausgelöst. Im Wachleben sind die Träumenden vielmehr beleidigt oder missachtet worden. Der seelische Schmerz und die Hoffnung auf Tröstung oder Entschuldigung löst das Bild von einem Verband aus. Legen sich die Träumenden selbst einen Verband an, dann haben sie sich mit dem negativen Erlebnis auseinander gesetzt und machen sich an eine Selbstheilung der Seele durch mehr Selbstbewusstsein.

➔ Wunde

Verbrechen Wer von Verbrechen träumt, hat ein schlechtes Gewissen. Deshalb aber muss er noch lange nicht gegen ein Gesetz verstoßen oder ein Verbrechen begangen haben. Von Kindesbeinen an sind wir dazu erzogen worden, gesellschaftliche Normen ebenso zu achten wie das Gesetz. Wer von einem Verbrechen träumt, hat also nicht unbedingt eine strafbare Handlung begangen, sondern womöglich nur gegen eine oder mehrere dieser Konventionen verstoßen, die das menschliche Zusammenleben regeln. Schon Kleinigkeiten wie ein nicht erwiderter Gruß, ungeschicktes Verhalten oder andere Unhöflichkeiten, die uns im Wachleben gelegentlich unterlaufen, können bei sensiblen Menschen Träume von einem »Verbrechen« hervorrufen.

Verbrennen Träume von Feuer und Verbrennung sind je nach Traumzusammenhang in zwei Richtungen zu deuten. Zünden wir selbst etwas an, dann wollen wir etwas auslöschen, zum Beispiel die Erinnerung an eine Blamage oder an ein anderes unangenehmes Erlebnis. Es kann auch die Erinnerung an einen Partner sein, von dem man sehr enttäuscht worden ist. Spüren wir selbst einen Verbrennungsschmerz – er ist oft mit Angstgefühlen verbunden – dann kann man das als Mahnung aus dem Unbewussten deuten, keine »heißen Eisen« anzufassen, sich also besser aus einer Sache herauszuhalten.

➔ Feuer

Verfolgung Das unheimliche, nicht selten sogar panische Gefühl, verfolgt zu werden, hat beinahe jeder von uns schon mal im Traum erlebt. Meistens versuchten wir zu fliehen, aber plötzlich versagten die Füße den Dienst, der Körper fühlte sich an wie gelähmt, und wir kamen nur noch im Zeitlupentempo vom Fleck. Dieser immer wiederkehrende Traum signalisiert uns, dass wir die Flucht ergreifen wollen. Wir wollen fort von beruflichen oder privaten Problemen, die uns bedrohlich erscheinen. Die Schwierigkeit oder Aussichtslosigkeit des Fluchtversuchs zeigt sich in der bleiernen Schwere der Beine, die uns am Fortkommen hindert. Solche Träume sind ernst zu nehmen. Man sollte seine Probleme akzeptieren und sie beherzt angehen, anstatt vor ihnen davonzulaufen.

➔ Angst

Vergewaltigung Ohne Frage stehen Vergewaltigungsträume mit sexuellen Gedanken in Zusammenhang. Die Furcht vor einem solchen Verbrechen sitzt tief und führt zu schrecklichen Träumen. Manche Traumforscher und Psychoanalytiker vermuten, dass sich hinter Vergewaltigungsträumen der heimliche Wunsch verbirgt, als aktiver oder passiver Teilnehmer dabei zu sein. Meistens jedoch sind die Träume anders zu deuten. Frauen und Männer fühlen sich von irgendjemandem unter Druck gesetzt und wissen kein Mittel, sich aus der Situation zu befreien. Das Gefühl ohnmächtiger Hilflosigkeit löst Bilder von einer Vergewaltigung aus. Wer in solchen Träumen selbst der Aktive ist, will mit Gewalt etwas durchsetzen, was durch Diskussionen nicht erreichbar ist. Diese Menschen sollten darüber nachdenken, ob sie nicht auch im Wachleben »mit der Brechstange herumlaufen«.

Verhaftung Irgendetwas belastet die Träumenden stark. Dies muss kein tatsächliches Vergehen sein, vielleicht aber handelt es sich um eine Notlüge, eine Ausrede, eine kleine Verkehrsübertretung oder Ähnliches. Vor allem bei sehr sensiblen Menschen meldet sich dann das schlechte Gewissen und führt zu Träumen von einer Verhaftung. Ist man selbst der Festnehmende, will man einen anderen Menschen für einen Fehler, den man ihm übel nimmt, zur Rechenschaft ziehen.

Verkleidung In gewisser Weise haben Verkleidungsträume mit Träumen von einer Maskierung zu tun, sie gehen jedoch noch darüber hinaus. Wer sich verkleidet, will vollkommen unkenntlich sein, sich unerkannt unter die Menschen mischen. Er will sie oder irgendein Geheimnis ausforschen, um sich später damit wichtig tun zu können. Amerikanische Forscher sehen in Verkleidungsträumen ein vorauseilendes schlechtes Gewissen: Die Träumenden wollen etwas tun, was am Rande der Legalität liegt. Nach dem Aufwachen sollten sie sich das, was sie vorhaben, lieber noch einmal überlegen. Von Verkleidung träumen auch Menschen, die sich entschieden haben, ein Risiko einzugehen. Das kann zum Beispiel ein finanzielles Engagement sein, eine heimliche Liebschaft, irgendeine Aktion hinter dem Rücken anderer.

Verkleinerung Im Traum erscheinen andere Menschen manchmal winzig. Aus dem Unbewussten steigt eine Geringschätzung für einen anderen Menschen auf, den man im Wachleben gleichwohl respektieren muss. Also minimalisiert man ihn wenigstens im Traum. Fühlt man sich selbst als Winzling, dann kann das für einen Minderwertigkeitskomplex sprechen. Englische und amerikanische Traumforscher interpretieren die Verkleinerung des eigenen Ich allerdings als ein Zeichen für Bescheidenheit und Selbstlosigkeit. Die Träumenden stellen sich selbst um anderer willen zurück und beweisen damit ein hohes Maß an sozialem Verantwortungsbewusstsein.

Verletzung Die meisten Menschen, die im Schlaf eine Verletzung erleiden oder plötzlich aus imaginären Wunden bluten, reagieren auf diesen Traum mit Verblüffung. Traumwunden schmerzen selten, machen aber sehr deutlich darauf aufmerksam, dass unsere Psyche verletzt wurde und geheilt werden sollte. Vielleicht haben wir schmerzliche Erfahrungen gemacht, vielleicht haben wir persönliche Niederlagen und Enttäuschungen noch nicht verarbeitet. Wer die Schmerzen der Seele verdrängt, dem werden immer wieder neue Wunden zugefügt, er wird müde, kämpft nicht mehr, passt sich zu sehr an. Eine im Traum verbundene Wunde lässt vermuten, dass die Träumerin oder der Träumer die erlittene Enttäuschung bald überwinden wird. Ein Schnitt mit einem Messer oder mit einem anderen scharfen Gegenstand ängstigt Männer eher als Frauen. Man interpretiert das als die Furcht vor der Verletzung der körperlichen Integrität.

➔ Messer
➔ Splitter
➔ Spritze

Verspätung »Wer zu spät kommt, den bestraft das Leben« – diese Warnung von Michail Gorbatschow an Erich Honecker, den ehemaligen Staatsratsvorsitzenden der DDR, ist weltberühmt geworden. Menschen, die von einer Verspätung träumen, haben in ihrem Leben mit einiger Sicherheit etwas versäumt. Schlechtes Gewissen und Enttäuschung über das eigene Fehlverhalten drücken sich im Traum manchmal als Zu-spät-Kommen aus. Man steht zum Beispiel auf einem menschenleeren Bahnhof und weiß, dass der Zug längst abgefahren ist. Oder die Träumenden stehen vor einem Gebäude und warten vergebens auf die Ankunft von irgendetwas. Im Wachleben sollte man über eine derartige Warnung nachdenken. Vielleicht ist es doch noch nicht zu spät, an seinem Leben etwas zu ändern.

Verstorbene Erscheint im Traum ein Verstorbener, den man erkennen kann, dann spielt hier zunächst die Erinnerung an einen tatsächlich verstorbenen Menschen mit. Das bedarf keiner weiteren Deutung, denn an ihn denken wir auch am Tag. Bei wiederholten Träumen dieser Art gehen viele Analytiker davon aus, dass die Träumenden Rat suchen. Im Verstorbenen sehen sie einen weisen Menschen, der über allem steht und die besten Ratschläge geben kann. Eine wei-

tere Deutung weist eher auf das Gegenteil hin: Wir wollen einen Schlussstrich unter die Beziehung zu einem Menschen ziehen, der uns enttäuscht hat. »Der ist für mich gestorben« – so drücken wir auch im Leben den Abschluss einer enttäuschenden Bekanntschaft oder Freundschaft aus.
➔ Todesträume

Verteidigung Merkwürdigerweise verteidigt man sich im Traum nur äußerst selten mit der Waffe in der Hand. Im Allgemeinen verlässt man sich auf seine Hände oder bedient sich anderer Mittel, indem man zum Beispiel flieht, sich verbirgt, hinter einer Mauer verschanzt, sich verkleidet oder eine Maske trägt. Welche Strategie man auch immer wählt, sie alle zeichnen sich durch eine Mischung aus schlechtem Gewissen, Angst vor den Konsequenzen und einer Portion Rechthaberei aus. Auslöser für Verteidigungsträume sind häufig belastende Tagesereignisse.
➔ Flucht
➔ Maske
➔ Mauer
➔ Verbergen
➔ Verkleidung

Vertrag Wachsweiche Formulierungen und Zweideutiges stimmen uns misstrauisch. Wir haben ein »dummes Gefühl«, das so dumm eigentlich gar nicht sein kann, wenn wir deswegen im Wachleben auf einem eindeutigen Vertrag bestehen. Zweifel dieser Art verfolgen uns bis in die Träume und schlagen sich im Bild von einem Vertrag nieder. Für italienische Traumdeuter hat das Bild von der Unterschrift unter einem Vertrag eine andere Bedeutung. Sie interpretieren es als ein Zeichen für eine Heldentat, eine Beförderung oder eine Auszeichnung. Amerikanische und englische Analytiker deuten einen Vertragsabschluss als Zeichen dafür, dass ein lange ersehntes Ziel erreicht wurde.

Verwandte Der irische Dichter Oscar Wilde hat den maliziösen Spruch geprägt: »Verwandte sind eine Gesellschaft von Leuten, die weder im Geringsten ahnen, wie man leben soll, noch den Takt besitzen, im rechten Augenblick zu sterben.« Die Traumdeutung ist da ganz anderer Meinung. Verwandte verkörpern im Traum die guten Eigenschaften, die man selbst nicht hat, aber gerne haben möchte. Verwandte gelten deshalb als Vorbild. Solche positiven Bilder erscheinen auch den Menschen, die entweder keine Verwandten oder zumindest keinen Kontakt mehr zu ihnen haben. Hier wirkt so manches aus dem Unterbewusstsein mit: Schon als Kind wurden vielen Menschen Großmütter, Großväter oder andere Familienangehörige als weise Vorbilder präsentiert.

Viereck Es gilt als Ordnungsprinzip und steht für Geradlinigkeit. Die Träumenden wollen nicht vom einmal eingeschlagenen Weg abweichen. Das Symbol weist damit auf eine gewisse Sturheit hin, auf eine Art »Beamtenmentalität«. Häufig sind die Träumenden sogar Pedanten, denen eine gleichseitige Raute anstatt des Quadrats bereits als Sünde wider die Ordnung erscheint.
➔ Quadrat

Vogel Seit vielen Jahrtausenden faszinieren uns die Vögel wie kaum ein anderes Tier. Ihre beneidenswerte Fähigkeit zu fliegen, ihre rätselhaften Wanderungen, ihr schöner Gesang, ihre zum Teil farbenprächtige Anmut und ihre Fürsorglichkeit in Sachen Brutpflege waren Anlass für viele Kulturen und Religionen die Vögel als »Herrscher des Himmels«, als Götterboten und Glücksbringer zu verehren. An anderer Stelle galten sie jedoch auch als Unheilverkünder und Todesboten. In den Sagen des klassischen Altertums verwandelte sich Zeus in einen Adler, die »Stadtschützerin«

Pallas Athene erschien als Schwalbe, Apollo als Rabe. Die Meergöttin Leukothea rettete den schiffbrüchigen Odysseus in Gestalt eines Wasserhuhns, und Hypnos, der Gott des Schlafes, trug Habichtsflügel. Vögel waren es, die den Menschen den Willen der Götter übermittelten. Die Auguren der griechischen Antike waren nichts anderes als Vogelbeobachter. Aus der Vogelart, der Flugrichtung, der Anzahl der Tiere und vielen anderen Details stellten sie ihre Voraussagen zusammen. Auguren und Traumdeuter zogen am gleichen Strang. Erschienen die Vögel im Traum aus dem Osten, von dort, wo die Sonne aufgeht, bedeutete das Glück. Flogen sie hingegen aus Westen an, aus der Richtung des Sonnenuntergangs, dann drohte Unheil. Erschien ein großer Schwarm, dann konnte das nur auf freudige Ereignisse hinweisen.

Was die einzelnen Vogelarten im Traum bedeuten, kann man unter den entsprechenden Traumsymbolen nachlesen. Als Urbilder gehören die Vögel laut C. G. Jung zu den Archetypen. Träume von ihnen stammen nach seiner Erfahrung aus den Tiefen unserer Seele, aus dem kollektiven Unbewussten.

➔ Archetypische Träume
➔ Sexträume
➔ Tierträume

Vorgesetzter ➔ Chef

Vorhang Träume von Vorhängen haben Ähnlichkeit mit den Symbolen Mauer und Schleier. Die Träumenden möchten etwas verbergen, unerkannt bleiben oder sich schützen. Besteht der Vorhang aus lichtdichtem, schwerem Stoff, dann ziehen sich die Träumenden in die Isolation zurück. Auslöser können seelische Verletzungen sein. Vielleicht sind die Träumenden aber auch Misanthropen.

➔ Mauer
➔ Schleier

Vortrag Wer sich selbst gerne reden hört oder andere Menschen ständig belehren will, träumt nicht selten von einem Vortrag. Wenn sich derartige Träume wiederholen, sollte man darüber nachdenken. Vielleicht gehen die Träumenden im Wachleben anderen Menschen gehörig auf die Nerven. Ein wenig mehr Zurückhaltung kann nicht schaden. Hört man im Traum einem Redner zu, dann weist das auf Wissensdurst hin. Einige Traumforscher gehen davon aus, dass ein Vortrag, dem man im Schlaf zuhört, auf Schüchternheit und geringes Selbstbewusstsein schließen lässt: Die Träumenden haben selbst nichts zu sagen, oder sie wagen es nicht, ihre Meinung klar zu vertreten.

Vulkan Das Traumsymbol Vulkan kann man zu den Archetypen rechnen. Vulkanträume spiegeln in erster Linie die Urängste der Menschen vor den unkontrollierbaren Naturgewalten wider. Sie können aber auch durch ein Tagesereignis ausgelöst werden. Mühsam zurückgehaltener Zorn sucht im Schlaf nach einem Ventil. Da kommt ein Feuer speiender Vulkan gerade recht. Nicht von der Hand zu weisen ist auch die These, dass ein Vulkan auf einen Triebstau hinweist. Die Träumenden wollen ihre Sexualität ausleben. Ein erloschener Vulkan deutet an, dass man sich von seinem Triebleben weitgehend verabschiedet hat.

Waage In der Traumdeutung entspricht die Waage nahezu den Aussagen zum Tierkreiszeichen. Sie steht für Ausgewogenheit, aber auch für Abwägen. Steht eine Problemlösung an, signalisiert die Waage, alles noch einmal gründlich zu überdenken, das Für und Wider abzuwägen. Menschen, die es jedem recht machen wollen, träumen oft von einer Waage. Sie wollen keine Entscheidung fällen, weil sie fürchten, irgendwen vor den Kopf zu stoßen. Ob der Gerechtigkeitssinn der Träumenden zu stark oder zu schwach ist, verraten die unterschiedlichen Traumszenen.

Wachs Wer wie »Wachs in den Händen anderer« ist, träumt manchmal von dem weichen, beliebig formbaren Material. Der Traum weist auf Unentschlossenheit und mangelndes Selbstbewusstsein hin.
→ Kerze

Wärme Ein wohliges Gefühl von Wärme steigt im Traum dann auf, wenn es uns im Bett tatsächlich wohlig warm ist. Wird die Wärme unangenehm, dann ist davon auszugehen, dass wir schwitzen. Das alles gilt auch für Kälteträume: Sie können angenehme Abkühlung bedeuten oder quälendes Frieren. In diesen Fällen bedarf ein Traum von Wärme oder Kälte keiner Deutung. Wärmeträume können aber durchaus auch seelische Vorgänge widerspiegeln. Den Träumenden wird zum Beispiel eine wohltuende Freundschaft oder gar Liebe entgegengebracht. Die schlägt sich im Traum als Gefühl von wohliger Wärme nieder. Gelten unsere freundschaftlichen oder fürsorglichen Gefühle einem anderen Menschen, dann zeigt sich das im Traum ebenfalls in einem gewissen Wärmegefühl.
→ Hitze
→ Kälte

Waffe Im Traum können viele Gegenstände zur Waffe werden, es muss sich also nicht immer um eine Pistole, ein Messer oder Ähnliches handeln. Im Allgemeinen werden Waffenträume als Indiz für männliche Triebhaftigkeit und sexuelle Aggressivität gewertet. In zweiter Linie weisen Waffenträume auf Abwehr hin. Die Träumenden wollen sich gegen jemand oder etwas wehren. Weitere Bedeutungen zeigen die einzelnen Waffen.
→ Gewehr
→ Messer
→ Pfeil
→ Revolver
→ Schwert
→ Speer

Wagen → Auto

Wald Viele Traumhandlungen spielen im Wald. Er ist Sinnbild für unser unbewusstes, der Außenwelt verborgenes Leben. In seinem Schatten verbergen wir, was nicht ans Tageslicht dringen darf: Die primitiven, gefährlichen Seiten unseres Inneren. Vor allem junge Menschen wandeln im Schlaf auf wirren Traumwegen durch dunkle Wälder. Diese Träume sind Spiegel ihrer unausgegorene Gefühlslage angesichts der Abenteuer, die sie im Wachleben bestehen müssen. Von ihnen wird erwartet, dass sie sich für eine berufliche Orientierung entscheiden, sie müssen sich von ihren Eltern abnabeln und lernen, auf eigenen Füßen zu stehen, und sie machen ihre ersten Erfahrungen in Sachen Liebe mit all ihren – auch sexuellen – Unwägbarkeiten. Erwachsene suchen im Traumwald nach Erinnerungen, vielleicht nach den Idealen ihrer Jugend, nach ethischen Werten, die ihnen in der harten und nüchternen Alltagswirklichkeit abhanden gekommen sind. Überall jedoch lauern Dämonen, wilde Tiere und Ungeheuer. Man sieht sie nicht immer, man weiß und fühlt jedoch, dass sie da sind. Dies ist eine deutliche Warnung vor

W

Gefahren. Unser Unterbewusstsein ruft uns damit auf, innezuhalten, uns nicht zu weit in das Dickicht vorzuwagen. Verschlungene Pfade zu gehen, wenn wir nach Orientierung suchen, führt letztlich zu noch größeren Ängsten, Irrungen und Wirrungen. Ein dunkler oder kahler Wald warnt vor Unglück, ein lichter, grüner verspricht Glück. Viele Träumer atmen im hellen, lichten Frühlingswald auf, genießen fühlbare Erleichterung und hoffen auf erotische Stunden.

Wallfahrt Nicht nur christlich aktive Menschen träumen gelegentlich von einer Wallfahrt. Der Begriff und das, was er symbolisiert, ist allgemein so bekannt, dass er jedermann im Traum begegnen kann. Eine Wallfahrt bedeutet einerseits Reue. Das schlechte Gewissen meldet sich und mahnt, etwas Ungutes wieder ins Lot zu bringen. Andererseits drückt sich in solchen Träumen die Sehnsucht nach Gemeinschaft aus.

Wand Wenn im Traum etwas »wie eine Wand« vor uns steht, dann erblickt man ein schier unüberwindliches Hindernis. Solche Träume lassen sich in der Regel auf ein Tagesgeschehen zurückführen. Eine Wand oder eine Mauer erscheint den Träumenden aber auch dann, wenn sie ein grundsätzliches Hindernis fürchten. Grundsätzliche Probleme aber haben nicht selten etwas mit den eigenen Charakterschwächen zu tun, die den Träumenden meistens bekannt sind. Mit großer Mühe lässt sich also auch ein solches Hindernis überwinden. Als Ausdruck für ein schlechtes Gewissen steht das Traumbild einer Wand, wenn wir uns hinter ihr verschanzen, um uns vor Verfolgung zu schützen. Der Traumzusammenhang muss klären, ob sich die Wand vielleicht auch als Schutzschild deuten lässt, das eine bedrohliche Außenwelt von einer friedlichen Innenwelt trennt. Dann spielt die Sehnsucht nach Abgeschiedenheit und Stille eine Rolle.

→ Hindernis
→ Mauer

Waschen Es gibt Menschen, die im Wachleben unter Waschzwang leiden. Sie werden auch im Traum von dieser seelischen Krankheit verfolgt. Wer nicht unter dieser Störung leidet und vom Waschen träumt, braucht sich über dieses Problem keine Gedanken zu machen. Waschträume sind häufig ein Zeichen für ein schlechtes Gewissen. Möglich ist auch, dass die Träumenden während des Tages eine Begegnung mit einem Menschen hatten, den sie ablehnen, oder dass ihnen etwas widerfahren ist, was ihren Widerwillen hervorgerufen hat. Vielleicht gibt der Traumzusammenhang Hinweise. Allgemein gilt, wer sich in seinen Träumen immer wieder wäscht, will sich von Schuldgefühlen befreien.

→ Bad

Wasser Traumszenen mit Wasser verkörpern unser eigenes Seelenleben mit allen uns bewussten oder im Unterbewusstsein wirkenden Gedanken.

→ Meer
→ See
→ Wasserträume

Weg → Straße

Weide → Baum
→ Wiese

Weiher → Teich

Wein Ein Traum, in dem unbeschwert ein Glas Wein getrunken wird, weist auf Unternehmungslust, Energie und Lebensfreude hin.

→ Traube

Weinen Wer im Traum weint, baut Spannungen ab. Manchmal verrät über-

mäßiges Weinen einen Angstzustand oder Selbstmitleid.
→ Tränen

Weizen Im Traum lassen sich die einzelnen Getreidearten wohl nicht genau unterscheiden.
→ Getreide

Werkstatt → Fabrik

Wespe Wespen und ihre größeren Verwandten, die Hornissen, werden wegen ihrer angeblichen Aggressivität und überaus schmerzhaften Stiche von fast allen Menschen gefürchtet. Im Traum symbolisieren sie Angriffslust, Hinterhältigkeit und Schmerz. Wer häufig von Wespen träumt, fürchtet sich vor den Attacken anderer Menschen, gegen die er sich kaum wehren kann. Auslöser kann das Tagesgeschehen sein oder ein Mangel an Selbstbewusstsein. Eine Rolle spielt ferner die Furcht vor der Verletzung der körperlichen oder seelischen Integrität.
→ Insekten
→ Spritze
→ Tierträume

Wiese Sie fordert uns zur Entspannung auf. Schreitet man im Traum über eine blühende Wiese, befindet man sich in einer guten Lebensphase. Eine ungepflegte Wiese macht uns auf verdrängte Schwierigkeiten in einer persönlichen Beziehung aufmerksam.

Wind Wenn ein laues Lüftchen weht, fühlen wir uns wohl. Der Wind hat reinigende Kraft. Er vertreibt üble Gerüche. Das teilt sich uns auch im Traum mit. Zu deuten ist der Wind dann als Ansporn, im beruflichen oder privaten Leben neue Wege einzuschlagen. Kommt der Traumwind aus ständig wechselnden Richtungen, ist er eher negativ zu bewerten. Er weist darauf hin, dass die Träumenden zu keiner klaren Entscheidungen fähig sind.
→ Sturm

Winter Träume von eisigen Wintern suchen Menschen heim, die bewusst oder unbewusst unter Depressionen leiden. Der Winter ist eine einsame Jahreszeit, und meist fühlen sich die Träumenden auch im Wachleben verlassen oder allein gelassen. Oft wird ein Wintertraum durch die Trennung von einem geliebten Menschen oder den Verlust eines geliebten Haustieres ausgelöst. Möglich ist aber auch, dass der Träumende einen liebgewonnenen Gegenstand oder gar seinen Arbeitsplatz verloren hat.
→ Eis
→ Kälte
→ Lawine
→ Schlitten
→ Schnee

Wirt Er steht für Gastfreundschaft und Fürsorge, das Wirtshaus für Geselligkeit. Träume von einem freundlichen Wirt und einem gemütlichen Gasthaus haben vor allem Menschen, die sich nach Geborgenheit in der Gemeinschaft und kommunikativem Austausch sehnen. Ausgelöst werden diese Wirtshausträume nicht selten durch Beerdigungen oder infolge von Krankenhausaufenthalten. Die Träumenden brauchen Trost, Mitgefühl und Menschen, die sich um sie kümmern.

Witwe/Witwer Erstaunlicherweise hat ein Traum, in dem man selbst Witwe oder Witwer ist, selten etwas mit dem tatsächlichen Familienstand zu tun. Träume dieser Art weisen vielmehr auf die Befreiung von einer Abhängigkeit hin. Die Trennung von einem Menschen ist zwar in den allermeisten Fällen eine sehr schmerzliche Erfahrung, aber sie bedeutet immer auch einen Zugewinn an persönlicher Freiheit. Diese Empfindung, die wir zunächst gar nicht wahrhaben wollen, begleitet uns bis in unsere Träume hinein. Manchmal wird sie uns erst durch den Traum bewusst.

Wohnung → Haus

Wolf Dieses Tier weist auf negative Eigenschaften hin. Im Märchen verkörpert der Wolf das Böse; in Traumbildern zeigt er an, dass der Träumende in seinem Inneren schwere Kämpfe austrägt. Das Wilde lässt sich nur schwer zähmen und versetzt die Seele in einen negativen Spannungszustand. Wer oft von Wölfen träumt, sollte versuchen, mit sich selbst ins Reine zu kommen. Ganze Wolfsrudel signalisieren innere Zerrissenheit oder die Angst, sich durch ein Fehlverhalten gleich eine Menge Menschen zum Feind zu machen. In manchen Wolfsträumen geht es um Verfolgung und Flucht. Das kann eine Reflexion auf das tatsächliche Geschehen vor allem im Berufsleben sein. Verdichten sich solche Träume, sind sie ein Signal, an dem eigenen Leben etwas zu ändern. In sexuellen Träumen warnt der Wolf vor unbeherrschten Trieben.
→ Raubtiere
→ Tierträume

Wolken Finstere, dichte Wolken verdüstern den Himmel und nehmen uns das Licht. Ein entsprechender Traum kündet von Depressionen, drohendem Unheil, Abschied. Helle Sommerwolken am blauen Himmel bedeuten das Gegenteil. Sie verkörpern Wohlgefühl, Sorglosigkeit und Freude am Leben.
→ Himmel

Wrack Nächtliche Bilder von einem Wrack können alptraumhafte Züge annehmen. Sie verkörpern das Scheitern eines Plans, vielleicht sogar eines Lebensplans. Kommt im Traum auch noch die Unheimlichkeit eines tiefen, finsteren und sturmzerwühlten Gewässers hinzu, wachen die Träumenden oft schweißgebadet auf. Wenn sich derartige Bilder wiederholen, bestehen ernsthafte Probleme. Es ist wichtig, sie nicht zu verdrängen und trotz aller Verzweiflung die Suche nach Lösungsmöglichkeiten nicht aufzugeben.

Würfel Träume von einem Würfel haben enge Verwandtschaft mit dem Quadrat und sind ähnlich zu deuten. Der Unterschied liegt darin, dass wir Menschen an dreidimensionales Sehen gewöhnt sind. Das teilt sich uns im Traum unbewusst mit. Wer im Traum mit Freunden würfelt, hofft auf gute Chancen im wachen Leben.
→ Quadrat

Wüste Kaum ein anderes Traumbild weist intensiver auf Vereinsamung hin, als das Bild einer menschenleeren Wüste. Die Träumenden fühlen sich verlassen und ausgegrenzt. Die Szene kann durch ein Tagesereignis ausgelöst sein, weist aber in weitaus mehr Fällen auf grundsätzliche seelische Vereinsamung hin. Der tiefere Grund liegt häufig im eigenen Charakter. Die Träumenden sind nicht fähig, Kontakte zu anderen Menschen aufzubauen oder scheitern schon beim ersten Versuch. Wiederholt sich das Traumbild öfter, sollte man die Hilfe eines Psychotherapeuten in Anspruch nehmen.
→ Oase

Wunde Fühlt man im Traum den Schmerz einer Wunde, dann ist eine körperliche Verletzung die Ursache. Nimmt der Schmerz überhand, wachen die Träumenden auf. Nächtliche Ereignisse dieser Art bedürfen keiner weiteren Deutung. Meistens jedoch fehlt in einem Traum von einer Wunde jeder körperliche Schmerz. Dieses Phänomen erklärt sich dadurch, dass die geträumte Wunde ein Symbol für eine seelische Verletzung ist. Der Träumende hat eine Enttäuschung zu verkraften oder einen Trennungsschmerz zu verarbeiten. Ist die Wunde bereits verbunden, dann können die Träumenden auf Trost und Mitgefühl ihrer Umgebung hoffen.

→ Verletzung
→ Verband

Wunsch Verdrängte Wünsche können sich im Traum zu einem schier unstillbaren Verlangen auswachsen. Im Wachleben lässt es sich mit vernünftiger Überlegung vielleicht noch verkraften, dass der Wunsch nicht in Erfüllung geht, im Traum aber kann er eine Intensität gewinnen, die einer Sucht ähnlich ist.

Wurm Würmer, vor denen sich vor allem Frauen ekeln, sind im Traum Symbol für unerwünschte Gefühle und Gedanken. Ein Wurmtraum kann auch sexuelle Bedeutung haben: Der Wurm verkörpert das männliche Glied, das der Träumenden widerwärtig ist. Im Traum fühlt sie sich hilflos angesichts dieses Ekel erregenden Tieres und weiß nicht, wie sie es von sich fernhalten soll. Ein solcher Alptraum spiegelt die Ohnmacht der Träumerin, die sich im Wachleben von einem Mann sexuell bedroht oder zumindest bedrängt fühlt.

→ Penis
→ Frauenträume
→ Sexträume
→ Tierträume

Wurst Wie viele andere ähnlich aussehende Gegenstände ist die Wurst von Traumforschern häufig als Penissymbol gedeutet werden. Nicht immer jedoch hat die Wurst im Traum eine entsprechende Form. Dann hat sie eher die Bedeutung von Fleisch.

→ Fleisch
→ Penis
→ Sexträume

Wurzel Sie steht für Standfestigkeit, Solidität und Wachstum, aber auch für eine Ursache, der man auf den Grund gehen will. Im Traum erscheint sie uns meistens in Form eines wirren Geflechts, das kaum aus dem Boden zu entfernen ist. Je größer die Traumwurzel ist, desto sturmfester ist der Lebensbaum, dessen Fundament sie bildet. Die Träumenden hoffen entweder auf eigene Standfestigkeit in Daseinsfragen oder darauf, dass sie sich gegenüber anderen Ansichten als standfest erweisen. Vielleicht wollen sie auch irgendeiner Sache auf den Grund gehen. Nach Sigmund Freud ist die Wurzel ein Symbol für den Phallus.

→ Baum

X Der Buchstabe X symbolisiert das Unbekannte. Er erscheint im Traum meistens als Kreuzzeichen. Wir haben etwas angekreuzt, schenken einem Menschen oder einer Sache erhöhte Aufmerksamkeit. Wird der Buchstabe als Kreuzsymbol gedeutet, weist er auf Opferbereitschaft hin.

Xanthippe Der antike griechische Schriftsteller Xenophon hat das böse Gerücht in die Welt gesetzt, und wir glauben es bis heute: Xanthippe, die Frau des weisen Sokrates, soll ein überaus zänkisches Weib gewesen sein. Das war sie keineswegs, aber die Vorstellung ist nicht auszurotten und verfolgt uns bis in die Träume hinein. Die Gestalt warnt nicht nur vor kleinlichen Streitereien, sondern auch vor Beziehungsproblemen.

Y

Y Es muss nicht unbedingt der Buchstabe selbst sein, der uns im Traum begegnet. Eine Figur mit emporgestreckten Armen nimmt ebenfalls die Gestalt eines Y ein. Die Träumenden erflehen etwas, zum Beispiel den »Segen von oben«. Andere Traumforscher sehen in dem Buchstaben beziehungsweise in der Haltung der geträumten Figur, einen Verzweiflungsschrei. Amerikanische Psychoanalytiker deuten das Y als Zeichen der Vereinigung des Männlichen und des Weiblichen. Es geht dabei nicht um den Geschlechtsakt, sondern um das Zusammenwirken der weiblichen und männlichen Anteile oder Kräfte in uns.

Yacht Die Yacht ist als Schiff das Sinnbild unserer Persönlichkeit und der Unwägbarkeit unseres Daseins. Einige Analytiker sagen den Menschen, die von einer Yacht träumen, darüber hinaus einen Hang zum Luxus nach. Wie so viele Symbole kann der Traum von einer Yacht schließlich auch auf einem Tagesereignis beruhen: Die Träumenden freuen sich zum Beispiel auf eine Reise, für die sie lange sparen mussten und die jetzt endlich finanzierbar ist.

➔ Schiff

Yogi Viele Menschen sind auf der Suche nach dem Sinn des Lebens. Die abendländisch-christlichen Religionen genügen ihnen nicht mehr, und so wenden sie sich östlichen Gurus oder Yogis zu. Erscheinen solche Gestalten im Traum, dann stehen sie für Weisheit und Wissen. Die Tiefen östlicher Philosophien bleiben uns Mitteleuropäern allerdings zum großen Teil verschlossen. Deshalb umgibt die geträumten Gurus oder Yogis die Aura des Geheimnisvollen, was die Sehnsucht nach Erleuchtung steigert.

➔ Priester
➔ Vater

Zahlen Träume von Zahlen sind zunächst einmal als Erinnerungen an Daten zu sehen. Bestimmte Termine wie Geburtstage oder andere wichtige Zeitpunkte haben wir uns fest eingeprägt. Das gilt auch für Telefonnummern, Kontonummern oder ähnliche Zahlenkombinationen. Die unterschwellige Furcht, wir könnten sie trotzdem vergessen, beunruhigt uns bis in die Nächte hinein. Das Unterbewusstsein zeigt sie uns deshalb im Traum. Auf keinen Fall kann man sich darauf verlassen, dass geträumte Zahlen etwas mit Lotto oder anderen Glücksspielen zu tun haben. Träume prophezeien keine sicheren Glückszahlen! Vielen Menschen begegnet im Traum auch die Uhrzeit, zu der sie unbedingt aufwachen müssen, damit sie ihr Flugzeug, ihren Zug oder einen anderen wichtigen Termin nicht verpassen.

Anders sind Träume zu bewerten, in denen Zahlen auftauchen, die mit all diesen Dingen nichts zu tun haben. Schon seit dem Altertum spielen Zahlen als Symbole eine Rolle, wie etwa die 13. Sie steht in manchen Ländern für Unglück, in anderen – Italien zum Beispiel – für das Gegenteil. Auch die Zahl 17 ist dort ein Glückssymbol, in Mitteleuropa hat sie keine Bedeutung. Anlass für solche Zahlenträume ist tradierter Aberglaube in diesem oder jenem Kulturkreis. Mit tatsächlich eintretendem Glück oder Unglück haben sie nichts zu tun. Psychoanalytiker in Mitteleuropa und Nordamerika sind sich ziemlich einig, dass einige Zahlen eine bestimmte Bedeutung haben. Mögliche Deutungen:

Eins Die Eins ist die Symbolzahl der Sonne, sie versinnbildlicht die ursprüngliche Einheit und das Göttliche. Sie steht für Kraft und starken Willen: Wer von ihr träumt, ist mit sich im Reinen, glaubt, seinen Weg zu kennen, lässt sich kaum beirren. Die Träumenden beharren aber auch auf ihrem Recht, sind also rechthaberisch und oft egoistisch. Einserträumer sind oft Einzelgänger, schöpferisch begabt und wagemutig.

Zwei Die Zahl steht für Zweiteilung und Gegensätze. Damit können Gegensatzpaare wie gut/böse, Recht/Unrecht, innen/außen, Widerstand/Toleranz und viele andere mehr gemeint sein. Früher sah man in der Zwei auch das weibliche, zweigeteilte Geschlechtsorgan.

Drei Die Zahl hat einiges mit der Zwei zu tun. Hier kommt jedoch ein drittes Element von außen hinzu, das die Träumenden mahnt, sich nicht auf das Entweder-oder, also die Schwarz-Weiß-Malerei, eines Gegensatzpaares zu beschränken. Es gilt, sich für das Dritte zu öffnen. Diese Erkenntnis führt zu wachsender Toleranz und Einsicht.

Vier Wer öfter von einer Vier träumt, sehnt sich nach Harmonie, Ausgeglichenheit und Naturverbundenheit. Vierermenschen wollen die Zusammenhänge des Lebens ergründen, sind willensstark oder manchmal auch sinnlich bis melancholisch.

Fünf Im Altertum kannte man nur vier Elemente: Feuer, Wasser, Luft und Erde. Das fünfte Element – die Quintessenz, das Wesen der Dinge – haben erst spätere Philosophen, unter anderen Aristoteles, erdacht. Wer von einer Fünf träumt, räumt dem Menschen auf Grund seines Denkvermögens eine Vorrangstellung vor allen anderen Wesen auf dieser Erde ein.

Sechs Ähnlich wie die Vier steht die Sechs für Harmoniebedürfnis. Zudem für die Einheit von Körper, Geist und Seele. Oft sind derartige Zahlenträume mit dem gleichseitigen Symbol Sechseck verbunden. Das deutet auf eine gewisse Pedanterie hin.

Sieben In nicht wenigen Kulturkreisen steht die Sieben für Glück. Moderne Deutungen gehen von einem Sieben-Jahre-Rhythmus der menschlichen Entwicklung aus. Der Volksmund spricht zum Beispiel vom »verflixten siebten Jahr» einer Ehe und meint damit eine Krise. Wer sein bisheriges Leben kritisch analysiert, wird solche Rhythmen immer wieder feststellen können. Die Sieben steht deshalb für Veränderungen und symbolisiert kosmische Energie und Biorhythmen.

Acht Folgt man alten Deutungen, dann steht die Acht für das Auf und Ab des Lebens. Zeitgenössische Analytiker sehen in der doppelt gerundeten Zahl Tod auf der einen, Auferstehung auf der anderen Seite. Sie wird damit auch zum Symbol für Glück und Unglück, Sorgen und Problemlosigkeit, Aufstieg und Untergang.

Neun Wer von einer Neun träumt, ist kämpferisch, strebt nach Selbstständigkeit, ist vielleicht auch jähzornig oder leichtsinnig. Zwar lässt sich die Ziffer durch drei teilen, was auf ein gewisses Harmoniebedürfnis schließen lässt, aber drei gleiche Teile lassen sich nicht noch einmal teilen. Die Träumenden schwanken also zwischen dem Bedürfnis nach Harmonie und der Angst, es nicht allen recht machen zu können. Am liebsten wäre ihnen ein Ausgleich zwischen zwei Gegensätzen. Das dritte Element verunsichert sie.

Zehn In den meisten alten Traumdeutungen spielt die Zahl keine Rolle. Moderne Analytiker sehen darin eine Kombination zwischen dem Nichts, der Null und der Eins. Das deutet auf einen Unsicherheitsfaktor bei ansonsten recht selbstsicheren Menschen hin.

Elf Hier wird es wieder interessant: Die Elf hatte schon im Altertum die Bedeutung von Ausgeglichenheit. Darüber hinaus symbolisiert sie – wie alle anderen »Schnapszahlen« auch – die Weiterentwicklung auf einem höheren Niveau.

Zwölf Seit unsere frühen Vorfahren von zwölf Aposteln redeten, die Zeit in zwölf Stunden, das Jahr in zwölf Monate und zwölf Tierkreiszeichen eingeteilt haben, kamen das Dutzend als Stückzählung, das Gros als 12 mal 12 Dutzend und vie-

Z

les andere Zwölfteilige auf. Die Zwölf war sozusagen das Maß aller Dinge. Die tradierte Vorstellung verfolgt uns bis in die Träume hinein. Die Ordnungszahl 12 steht für Disziplin, Ideale oder auch Weisheit.

Dreizehn In unseren Breiten ist der Aberglaube, dass die 13 eine Unglückszahl ist, weit verbreitet. Je weiter man nach Süden schaut, desto häufiger begegnet sie uns als Glückszahl.

Zahn Falls der Zahn im Traum nicht auf materielle Bedürfnisse aufmerksam macht, ist er in der Regel ein sexuelles Symbol. Ein Zahnverlust weist auf schwindende Energie hin. Fallen einem die Zähne aus, dann ist man möglicherweise sexuell gehemmt. Zahnträume hängen bei jungen Träumerinnen nicht selten mit dem Eintreten der Periode zusammen und sind später typisch für die Wechseljahre. Auch die Scheu vor dem Verlust der Jungfräulichkeit kann bei jungen Mädchen eine Rolle spielen. Wer im Traum öfter Zahnprobleme hat, leidet vielleicht unter Schuldgefühlen, sofern nicht reale Beschwerden den Traumschmerz auslösen. In Männerträumen symbolisieren sie die Angst vor Potenzverlust. Bei Zahnausfall sagten die Traumdeuter des Altertums den Tod eines Angehörigen voraus. Diese Auffassung hat sich in manchen Gegenden bis in unsere Tage gehalten. Derartige Weissagungen sind jedoch nicht ernst zu nehmen.

Z

Zauberer Der Zauberer im Traum gehört nach C. G. Jung zu den archetypischen Symbolen. Er kann Gutes und Schlechtes bedeuten, männliche Kraft oder Schwäche. Amerikanische und israelische Traumforscher gehen über diese allgemeinen Deutungen hinaus. Sind wir im Traum selbst der Zauberer, dann weist das auf eine gewisse Überheblichkeit hin. Die Träumenden glauben, alles zu können und Einfluss auf andere Menschen zu haben. Sehen wir einem Zauberer zu, dann schwingt die Hoffnung mit, »dass schon alles gut gehen wird«, was auf Leichtsinn und Gutgläubigkeit schließen lässt. Wiederholte Träume von einem Zauberer und seinen Tricks sollten Anlass sein, über Probleme und ihre Lösungen nachzudenken. Solche Träume sind positiv zu werten, wenn sie als Warnung aufgefasst werden.

Zaun Das Traumbild ist verwandt mit Mauer und Wand. Der Zaun kann schützen, aber auch ein Hindernis sein. Weil er jedoch durchlässig ist, sind sich die Träumenden nicht sicher, wo und wie sie Schutz und Geborgenheit finden, nicht einmal, ob sie den Schutz wirklich brauchen. Träume von einem durchsichtigen und leicht überwindbaren Zaun deuten auf Unsicherheit gegenüber Problemlösungen hin.
➔ Mauer
➔ Wand

Zeitung Wer vom Zeitunglesen träumt, ist voller Wissbegierde und Bildungshunger. Vielleicht fühlen sich die Träumenden unsicher gegenüber anderen Menschen und möchten mit ihnen gleichziehen oder sie sogar überflügeln.

Zelt Das erste Haus, das sich junge Menschen bauen, ist heute eher ein Zelt als das früher so begehrte Baumhaus. In beiden Fällen sehnen sich die Kinder nach einer selbst geschaffenen Geborgenheit. Sie ist der Anfang von der Abnabelung vom Elternhaus. Das Zelt symbolisiert deshalb Selbstständigkeit und die darin zu findende Geborgenheit.

Zerstörung Im Traum erleben wir Zerstörung oft als einen Akt von brachialer und lautstarker Gewalt. Solche nächtlichen Turbulenzen werden in der Regel durch lange aufgestaute Wut ausgelöst, die ein Ventil sucht. Sie sind in gewisser Weise die Folge unserer »guten Erziehung«, die es uns versagt, negative Emotionen wie Zorn und Wut im Alltag auszuleben. Vollzieht sich die Zerstörung im Traum auf subtilere Art, nämlich heimlich und fast lautlos, dann deutet das darauf hin, dass den Träumenden auch Rachegedanken umtreiben.
➔ Explosion
➔ Gewalt

Zeuge Die wenigsten Menschen stehen gerne vor Gericht, auch nicht als Zeugen, es sei denn, sie sind Wichtigtuer. Dann genießen sie auch im Traum ihren Auftritt. Insofern hat das Traumsymbol Zeuge einiges gemeinsam mit Schauspieler, Theater u. Ä. Fühlen sich die Träumenden unbehaglich in ihrer Rolle als Zeuge, lässt das auf ein schlechtes Gewissen oder auf Minderwertigkeitskomplexe schließen.
➔ Schauspieler
➔ Theater

Zeugnis Die ersten Erfahrungen mit der Bürde der eigenen Verantwortung machen wir in der Schule. Schwarz auf weiß bekommen wir unsere Leistungen und Mängel im Zeugnis bescheinigt. Die Furcht vor diesem Verdikt, das uns in Fleißige, Faule, Schnelle, Langsame, Begabte und Versager unterteilt, prägt unsere Jugend und verfolgt uns noch über Jahrzehnte hinweg. Das schicksalsträchtige Zeugnis vergangener Tage taucht in unseren Träumen wieder auf,

Z

wenn wir als Erwachsene gelobt oder getadelt werden.
➔ Prüfung

Ziege Sie steht für Fröhlichkeit und Übermut, wenn sie mit ausgelassenen Bocksprüngen durch unsere Träume tollt. Die Träumenden fühlen sich leicht und beschwingt. Andererseits verweist eine sture, sich nicht vom Fleck bewegende Ziege auf Starrsinn und Bockigkeit. Solche Träume sollten uns zu denken geben. Sie sind eine Mahnung, die eigene Haltung gegenüber anderen Menschen zu überdenken. Die Traumziege kann auch für Rechthaberei stehen, durch die wir das Leben unserer Mitmenschen ebenfalls nicht gerade leichter machen.
➔ Tierträume

Zigarette Wer im Traum eine Zigarette oder Zigarre raucht, ist ein kreativer und nachdenklicher Mensch. Dieses positive Bild sollte niemanden dazu verführen, sich das Rauchen anzugewöhnen. Von dem Symbol träumen auch Menschen, die nie geraucht haben.
➔ Pfeife

Zirkus Artisten zeichnen sich durch eiserne Disziplin und vollendete Körperbeherrschung aus. Menschen, die sich von ihnen angezogen fühlen und von ihnen träumen, stellen meistens auch extrem hohe Anforderungen an sich selbst. Sogar die kleinsten Fehler nehmen sie sich übel. Von anderen Menschen erwarten sie allerdings den gleichen Grad an Perfektion. Das führt zu Konflikten im Beruf und im Privatleben. Wiederholen sich derartige Zirkusträume, dann sollten die Träumenden über ihre unnachgiebige Haltung nachdenken und sich in Toleranz üben. Einige Psychotherapeuten deuten Zirkusträume, die nicht mit einem Zirkusbesuch zusammenhängen, ähnlich wie Träume vom Theater und von Schauspielern, also als Wunsch, im Mittelpunkt zu stehen.
➔ Mitte
➔ Oper
➔ Orgel
➔ Schauspieler
➔ Theater

Zitrone Für die Zitrone gelten die Bemerkungen, die unter den Stichworten Früchte und Obst zu finden sind. Die Zitrone weist jedoch eine Besonderheit auf: Ihre zusammenziehende Säure hindert uns daran, genüsslich in das Fruchtfleisch zu beißen. Dieser Eigenart kommt im Traum symbolische Bedeutung zu. Zitronenträume weisen nämlich darauf hin, dass man es im Wachleben mit einem Problem zu tun hat, das einem sauer aufstößt.
➔ Früchte
➔ Obst

Zölibat Träume von einem zölibatären Leben weisen nicht auf sexuelle Enthaltsamkeit hin, wie sie katholischen Priestern auferlegt ist. Vielmehr müssen die Träumenden auf etwas verzichten. Das Zölibat im Traum kann bedeuten, dass man sich aus gesundheitlichen Gründen eine gewisse Enthaltsamkeit auferlegen will oder muss. So träumen zum Beispiel Raucher, Alkoholiker oder Drogenabhängige in Entwöhnungsphasen von einem Zölibat.

Zucker Er zählt eigentlich zu den Süßigkeiten. Zucker bedeutet aber nicht nur Genuss, er ist auch ein Grundnahrungsmittel. Träume von Zucker sind nicht leicht zu deuten. Nur der Traumzusammenhang kann klären, wie die Träumenden den Zucker sehen.
➔ Nahrungsmittel
➔ Süßigkeiten

Zug Der Zug – die Eisenbahn – ist ein wichtiges Traumsymbol, das viel über unsere Lebenserfahrung und Lebenseinstellung verrät. Viele Traumszenen mit einem Zug sind einfach zu deuten. Die Abfahrt des Zuges steht für Abschied, ein verspäteter Zug verrät Unsicherheit, eine fröhliche Eisenbahnfahrt verspricht erfolgreiches Vorankommen. In einen Tunnel hineinfahren, darin verweilen und in guter Stimmung herauskommen, lässt – erotisch gedeutet – vermuten, dass sich die Träumenden auf eine sexuelle Begegnung freuen. Wer im Zug Angst empfindet, ist wenig kontaktfreudig. Empfinden Frauen im geträumten Zug Angst, fürchten sie sich vielleicht vor Männern.

➔ Reise

Zunge Wer in erotischen Träumen Zungenküsse austauscht, ist mit seinem Partner sehr zufrieden. In vielen Träumen ist die Zunge im direkten und übertragenen Sinn ein Sexualsymbol und Sexualorgan. Lässt das Traumgeschehen in seinem Zusammenhang eine solche Deutung nicht zu, dann warnt der Zungentraum vielleicht vor Geschwätzigkeit und unbedachten Äußerungen. Sieht man die Zunge im Traum mehr als Organ für Sprache und Gesang, dann signalisiert sie geistig-schöpferische Aspekte. Sieht man die Zunge eines anderen Menschen, ist das ein Hinweis dafür, dass diese Person ihre Zunge »nicht im Zaum halten« kann, also ihre Umgebung durch unpassende oder unhöfliche Äußerungen quält. Oft fühlen sich die Träumenden durch diese Taktlosigkeiten bloßgestellt oder verletzt. Auch im Wachleben ist ja die herausgestreckte Zunge ein Zeichen der Häme oder der Verachtung. Solche Gefühle erlebt man auch im Traum.

Zweikampf ➔ Duell
➔ Kampf

Zwerg In unseren Kindermärchen haben wir Zwerge als fleißige, oft heimliche Helfer kennen gelernt. Im Traum können sie ähnliche Bedeutung haben. Häufig jedoch erscheinen die kleinen Gestalten als unheimliche Kobolde, Gnome und Trolle. In diesem Fall fühlen sich die Träumenden verfolgt und wissen nicht, wie sie ihre Verfolger, deren Absichten ihnen verborgen bleiben, abschütteln können. Der Traum kann aus dem Tagesgeschehen resultieren: Ist der Arbeitsplatz gefährdet? Hat man sich Kollegen zu heimlichen Feinden gemacht? Ist man sich des Partners unsicher? Fürchtet man eine Krankheit? Das sollte der Traumzusammenhang klären.

➔ Gespenster

Zwiebel Sie nimmt eine Sonderstellung unter den Gemüsesorten ein. Wer ihre vielen Schichten im Traum auseinander bricht, versucht sein Inneres, seine verschiedenen Charaktereigenschaften zu ergründen. Es kann auch sein, dass die Träumenden versuchen, das wahre Ich anderer Menschen zu entschlüsseln.

➔ Früchte
➔ Gemüse

So deute ich meine Träume

Ein Weg zur Selbsterkenntnis

Sind Sie an der eigenen Traumwelt interessiert? Möchten Sie sich selbst durch die Analyse Ihrer Träume besser kennen lernen? In diesem Fall sollten Sie Ihre Träume nicht nur gelegentlich zu deuten versuchen. Der schwere Weg zu vertiefter Selbsterkenntnis, zu innerer Ruhe und zu vielen Problemlösungen ist leichter begehbar, wenn Sie Ihre Träume möglichst regelmäßig notieren und nach einheitlichen Richtlinien analysieren. Dazu folgende Vorschläge:

Das Traumtagebuch

Fragebogen kopieren

Kopieren Sie den »Fragebogen zur Traumdeutung« auf der nachfolgenden Doppelseite so oft, dass Sie für jeden Ihnen bedeutungsvoll erscheinenden Traum ein Exemplar zur Verfügung haben.

Notieren Sie Ihren Traum möglichst sofort nach dem Erwachen auf einem separaten Blatt oder benützen Sie ein Diktiergerät. Falls Sie sich nicht mehr an den ganzen Traum erinnern können, halten Sie die noch gegenwärtigen Einzelteile fest.

Wenn Sie ein wenig zeichnen können, ist es empfehlenswert, besondere Traumsituationen in Skizzen oder Bildern festzuhalten.

Ein Symbol allein genügt nicht

Gehen Sie bei der Deutung immer entsprechend der Reihenfolge auf dem Fragebogen vor. So können Sie Ihre Erstdeutung mit späteren Erkenntnissen vergleichen und sich wiederholende Traumszenen besser merken.

Verlassen Sie sich bei der Deutung nicht nur auf ein Symbol. Sie wissen, jedes Symbol kann ganz verschieden gedeutet werden. Zudem hat jeder Träumende auf Grund seiner Erfahrung, seines Wissens und seiner Lebensumstände eigene Symbole.

Zögern Sie nicht, sich an Ihre Gefühle im Traum und nach dem Traum zu erinnern. Berücksichtigen Sie die seelische Seite bei der Deutung. Prüfen Sie, ob Ihre Deutung wirklich Ihrem inneren Wesen und Ihrer Einstellung entspricht.

Wichtig ist, dass Sie Ihre im Traum deutlich werdenden Schattenseiten annehmen und nicht unterschlagen. Ich-freundliche und wohlmeinende Selbstanalysen sind wenig hilfreich.

Träume diskutieren

Lassen Sie den Traum für sich sprechen. Diskutieren Sie ihn mit Gleichgesinnten oder beraten Sie sich mit einer Fachperson, wenn er Ihnen sehr wichtig, aber kaum deutbar erscheint.

Halten Sie nicht nur Ihre Träume in einem Traumtagebuch, im Computer oder sonstwie fest. Führen Sie auch ein kleines »Nächtebuch«. Notieren Sie darin Gedanken und Ideen, die Ihnen nachts kommen, wenn Sie nicht schlafen können.

Erscheinen Sie selbst in Ihrem Traum? Oder treten Sie verkleidet als eine andere Person auf? Wer sind Sie wirklich?

Sind Ihnen die im Traum erschienenen Personen im wachen Leben sympathisch, gleichgültig oder unsympathisch? Stimmt die Alltagsempfindung nicht mit dem Traumgeschehen überein, sollten Sie herausfinden, ob Sie Ihr Traumgefühl oder Ihre Einstellung im wachen Leben täuscht.

Wichtig ist, wo die Traumhandlung stattfindet. Kommen in Ihren Träumen fast immer dieselbe Umgebung, ähnliche Umstände, Verhaltensweisen und Situationen vor, dann träumen Sie auf eine für Sie sehr typische Art.

Wie benehmen sich die Tiere, die in Ihren Träumen vorkommen? Haben sie viele menschliche Züge? Erkennen Sie in den Tieren eigene Verhaltensweisen?Beachten Sie in Ihren Träumen die Gegenstände, die eine besondere Rolle spielen. Sie symbolisieren sehr oft Ihre Wesensmerkmale. Gefäße haben fast immer sexuelle Bedeutung.

Längst Vergangenes ist wichtig

Wichtig sind Träume, die längst Vergangenes, Kindheitserlebnisse oder vor langer Zeit Verstorbene wieder ins Bewusstsein rufen. Versuchen Sie die Ursachen zu ergründen. Sind sie positiver oder negativer Natur?

Fragebogen zur Traumdeutung

Traumzeit

Datum ....

Getträumt

Kurz nach dem Einschlafen	❐
In der Nacht	❐
Kurz vor dem Erwachen	❐

Trauminhalte

Personen

Ich selbst	❐	Partner	❐
Vater	❐	Mutter	❐
Kinder	❐	Geschwister	❐
Großeltern	❐	Andere	
Freunde	❐	Kollegen	❐
Bekannte	❐	Fremde	❐

Orte

Zu Hause	❐	In der Landschaft	❐
In der Stadt	❐	Im Dorf	❐
In den Ferien	❐	Andere	....

Umstände

Tag	❐	Nacht	❐

Wetter

Schön	❐	Regen	❐
Sturm	❐	Gewitter	❐

Erfreuliche Umstände

Liebe	❐	Sex	❐
Reisen	❐	Spielen	❐
Feiern	❐	Erfolg	❐
Sport	❐	Andere	....

Bedrückende Umstände

Streit	❐	Ängste	❐
Krankheit	❐	Tod	❐
Kummer	❐	Andere	....

Alltagserlebnisse

Zu Hause	❐	Im Beruf	❐
Freizeit	❐	Andere	....

Traumgeschehen

Alltagserlebnisse ....
Trauer, Tod ....
Fliegen ....
Stürzen ....
Feuer, Hitze ....
Bekleidung ....
Liebe, Sex ....
Blumen, Pflanzen ....
Gegenstände ....
Krankheit ....
Angst, Verfolgung ....
Wasser ....
Tiere ....
Farben ....
Getränke ....
Speisen ....
Verkehrsmittel ....

Ereignisse vor dem Traum

Eingenommene Genussmittel
(Alkohol, Tabak, Kaffee usw.) ....
Medikamente ....
Gesundheitliche Beschwerden ....
Periode/Schwangerschaft ....
Film, Fernsehen ....
Theater, Konzert ....
Sport ....
Feiern, Geselligkeit ....
Besuche ....
Streit ....
Probleme ....
Liebe, Sex ....
Andere ....

Lebenssituation

	☺	😐	☹
Häusliche Situation	❒	❒	❒
Berufliche Situation	❒	❒	❒
Finanzielle Situation	❒	❒	❒
Gesundheitszustand	❒	❒	❒
Seelische Situation	❒	❒	❒

Stimmung nach dem Traum

Freudig	❒	Bedrückt	❒
Erholt	❒	Voller Ängste	❒

Literatur

Aeppli, Ernst: »Der Traum und seine Deutung«. Knaur Taschenbuch, 1984
Altmann, Leon A.: »Praxis der Traumdeutung«. Suhrkamp Verlag, 1994
Ammon, Günter: »Psychoanalytische Traumforschung«. Hoffmann und Campe, 1974
Bonin, Werner F.: »Das Buch der Träume«. Ullstein Sachbuch, 1984
Diekmann, Hans: »Träume als Sprache der Seele«. Bonz Verlag, 1989
Freud, Sigmund: »Die Traumdeutung«. Fischer Verlag (Original erschienen 1900)
Fromm, Erich: »Märchen, Mythen, Träume«. Rowohlt, 1997 (Original erschienen 1951)
Farady, Ann: »Positive Kraft der Träume«. Scherz Verlag, 1996
Gamwell, Lynn: »Träume 1900–2000«. Prestel Verlag, 2000
Garfield, Patricia: »Kreativ träumen«. Ansata-Verlag, 1993
Garfield, Patricia: »Frauen träumen anders«. Piper Verlag, 1992
Hall, Calvin S./Van de Castle, R. L.: »The content analysis of dreams«. Appleton-Century-Crofts, 1966
Hall, Calvin S.: »The meaning of dreams«. Harper, 1953
Jung, Carl Gustav: »Traum und Traumdeutung«. Deutscher Taschenbuch Verlag, 1992
Jung, Carl Gustav: »Der Mensch und seine Symbole«. Walter Verlag, 1968
Jung, Carl Gustav: »Die Dynamik des Unbewussten«. Walter Verlag, 1987
Jung, Carl Gustav: »Über die Psychologie des Unbewussten«. Rascher Verlag, 1943
Kenneth, Kelzer: »Von Sonne und Schatten. Mein Experiment mit luzidem Träumen». Schafft Verlag, 1995
Morgenthaler, Fritz: »Der Traum«. Campus Verlag, 1990
Signell, Karen A.: »Frauenträume«. Walter Verlag, 1994
Silberer, H.: »Der Traum«. Enke Verlag, 1919
Stevens, Anthoy: »Jung«. Herder, 1999
Strauch, Inge/Meier, Barbara: »Den Träumen auf der Spur«. Hans Huber Verlag, 1992
Vedfelt, Ole: »Dimensionen der Träume«. Deutscher Taschenbuch Verlag, 1999
Windsor, Joan: »Richtig träumen, besser leben«. Ariston Verlag, 1991